吴 慧 著

中国古代经济改革家

（修订本）

镜 鉴 兴 衰 三 千 年

社会科学文献出版社
SOCIAL SCIENCES ACADEMIC PRESS (CHINA)

题　词

—— 为《中国古代经济改革家》一书挥笔

旧版重印，何幸致此。成诗十首，以表我喜。积年辛苦，并非容易。忝置卷前，聊随骥尾。

铄古振今六大家，厥功甚伟世同嘉。先行商管才无匹，继起桑刘气自华。变法荆公诚卓荦，挫豪太岳足咨嗟（太岳为张居正号）。国中尝謦书千册，海上方迎五色霞。（上海人民出版社初版，至今已三十年）

行贾南阳位骤提，"衰征相地"释黔黎。首官山海笼盐铁，继弛市关来角蹄。谋国多方曾服鲁，会盟九合共尊齐。善调轻重民心顺，功业千秋堪品题。（管仲）

去卫莅秦倾所知，举贤执法凛无私。风云变处兴王业，天地动时钦帝师。后世效同系治乱，及身挺岂计安危？猛宽相济斯为美，应记渭流漫赤时！（商鞅）

少日常寻洛下春，深宫宿卫与君亲。烽烟遣将征讨亟，钱谷倚谁筹策频？辟地曾闻边郡设，得时应喜大才伸。怦然掩卷凝思久，哀乐千年几计臣？（桑弘羊）

蒿目疮痍涕泪沱，库空兵乏坎争过？漕舟至处乐方奏，盐廪开时

村共歌。民必爱先官有得，赋能取后政无苛（先予后取）。理财立则应为例，浊世恨逢冤狱多！（刘晏）

下吏情兼翰苑才，力行变法誓无回。兼并势大待摧抑，干济招新凭决裁。启后初闻否多榷（"榷法不宜太多"），为先深悉重生财（发展生产，增殖财富）。文章公亦足名世，灵气钟山冲面来。（王安石）

凤毛只上尽头午（十三岁应举时所作），入阁方看振羽翰。减赋令行苏万姓，丈田法立愤千官。唯求富国病操笔，却乏回天悲阖棺。明祚将终缘自毁，怔忪往事梦难安！（张居正）

此语洵多史可征（"改革家多没好下场"，例外者仅管仲一人。），安危忘只企功成。顶风逆上身无畏，蹈海奋前心有诚。生死同归志难夺，古今异代局全更。自强宜摄凛然气，力展宏图看众英！（今时改革，历史悲剧不会重演）

百代遗风显隐间，富强期与济时艰。应知汉武心原折，竟为秦皇功迭颂。荀孟流分千尺水，管商壁立万重山。当年步蹑梁公后，立传桑羊岂等闲？（梁公指梁启超。立传指拙著《桑弘羊研究》，齐鲁书社 1981 年刊行）

何以平生尊法家？森严幕府信曾加。兴邦商管途堪继，裕国桑刘迹未赊。一辙蹈灾以身殉，千门沾惠足功夸。半年曾此抛心力（受命为法家立传，成《中国古代经济改革家》一书），挥洒人惊笔灿花。

第 1 版
序 言

刘国光

　　当前我国经济战线上正在积极而稳步地进行经济体制的改革，这
是我国体制改革中的一个重要组成部分，是关系到充分发挥社会主义
制度优越性、加速现代化建设事业发展的大事。要促使经济体制改革
工作的顺利开展，在深入进行试点实验的同时，有必要加强调查研
究，掌握多方面的资料，从各个角度来进行对比分析。这就不但要很
好地总结新中国成立以来体制改革的经验，了解国外经济改革的情
况，而且还应该很好地回顾历史，弄清历史上的改革家在什么条件下
做了些什么工作，起了什么作用，其成败得失对今天有什么可供借鉴
和足资徵戒的地方。古为今用，研究古代，可以更好地把握现在，这
确乎不是什么在"发思古之幽情"。历史上财政经济制度的改革，对
社会经济的发展影响甚大。理论工作者固然要整理、研究这一方面的
历史遗产，就是我们的干部，尤其是在经济体制改革中负有实际责任
和担任具体工作的同志，学一点历史，在探求历史规律的过程中，提
高自己的认识水平，这对更好地胜任自己的工作，也不是没有好处

的。正是为了给大家提供一些历史资料，我们组织力量编写了这部《中国古代经济改革家》的专著，作为在经济体制改革中了解、研究历史的一本参考读物，希望能引起有关方面和有关同志的注意。

《中国古代经济改革家》这一著作，是中国社会科学院接受有关部门的委托（国家经济体制改革委员会副主任高尚全同志），为适应改革的需要而提供的一项科研成果。具体执笔人为中国社会科学院经济研究所的研究员吴慧同志。全书多达三十余万字，分量不轻。书中的六大家是：春秋时的管仲、战国时的商鞅、西汉时的桑弘羊、唐代的刘晏、宋代的王安石、明代的张居正。他们都是宰相或副宰相一级的人物，领导或主管当时国家的财政经济工作，既是杰出的政治家，又是卓越的理财家。在财政困难面前，他们挺身而出，锐意改革，取得一定的效果，并对后世产生了不同程度的影响，在祖国历史上他们占有应得的地位。本书对这六位历史人物，侧重从经济方面对他们实行改革的时代背景、改革的内容和改革所起的作用进行叙述和分析，以便让人们从中了解这六位经济改革家的一生经历和他们各自的思想风貌。

政策、法令、制度、办法都是属于上层建筑范畴的东西，但上层建筑对历史的进程，也会发生重要的影响，发生一定的反作用。在上层建筑的各种因素中，经济领域的制度、政策、法令的内容如何，同经济基础的关系更为密切，对后者的影响也更为直接。书中所述六大家在财政经济方面所采取的一些重大的与前不同的新措施，实质上也就是对上层建筑的某些环节所做的局部性的改革。他们注意了调整不适应经济基础的上层建筑，从对上层建筑的某些改革入手，透过经济基础，来对社会生产力起积极的促进或保护作用。提高到理论上来说，史籍中所谓的"变法"、"改制"，无非就是这一意思。由于改革能使生产关系得到某些调节，在不同程度上对生产力的发展有利，所以这些力主改革的人物，就是历史上的进步派，有其不可抹杀的历史功绩。"判断历史的功绩，不是根据历史活动家有没有提供现代所要求的东西，而是根据他们比他们的前辈提供了新的东西。"（列宁：《评经济浪漫主义》）本书所述的六大家，其所以可称杰出，就是因为他们比各自前时代的先辈以至同时代的同辈都提供了新的东西，符合历史发展的新的潮流。

读了这本书可以使大家得到一些什么重要概念呢？我认为，首先，从书中可以看出这些改革家具有一个鲜明的共性，就是他们在改革中所实行的政策措施，都十分重视发展农业生产和安定人民生活。为了振兴农业，他们在农业方面所做的改革，其精神就在于放宽政策：或是调整租税征收的方式与比率，或是减轻农民对国家的赋役负担，或是提高农民的身份等级、政治地位，或是兴修水利、改革工具，替农民的发展生产办些兴利除弊之事。在这一点上他们做得都是比较出色的，适合自古以来以农立国的我国的国情，对今天来说，这种政策和思想也仍然值得重视。

第二，从书中可以看出，改革家中的大多数都要求国家对经济行使一定的管理职能，即实行一定范围内的国家干预经济的政策。他们所维护的中央集权制，在经济上即以国家能实行不同程度的经济干涉政策来做保证的。如果说在农业方面他们主张开放，主张疏导，则在工商业方面他们却是主张对之有所监督、有所控制的。其目的即是想通过对工商业的不同程度的管理，调剂物资的供求，平稳市场的物价，以安定人民的生活；同时在某种程度上调节财富的分配，抑制豪强的兼并，以稳定那个封建政权赖以存在的脆弱的小农经济。农业与工商业情况不同，宜采取不同的政策。对农业宽，对工商业严，可说是大部分古代改革家所实行的经济政策的特色，他们正是按照这一思想来进行当时的经济体制的改革的。

第三，从书中可以看出，基于要发展农业生产、减轻农民负担的思想，这些改革家在为国家改善财政体制增加财政收入时，曾掌握了几条很重要的原则：一是强调在发展生产的基础上增加赋税收入，注意了正确处理财政与经济的关系问题，而不搞脱离生产发展的单纯的财政聚敛。二是尽可能地以举办官营的经济事业所得的收入，或从私营工商业方面所得的收入，来代替向农民强制性增加税敛；在不能从工商业方面增加收入时也以清查豪强地主的瞒产漏税为手段，来整顿财政，开辟财源，仍以减轻、均节农民的负担为依归。三是财政收入主要用于国家的统一事业上面或社会公益事业（如兴修水利）上面，而不是以搜括民财供统治集团奢侈浪费为首要的目的。有的人还非常注意节支省费，坚持量入为出的理财原则。四是非常注意稳定币值，稳定物价，奉行稳健的货币政策，不靠货币减重等通货膨胀的办法来弥补财政亏空。这些财政方面的政策、思想都是比较进步的，与"聚敛之臣"的行径显然有深刻的区别。所以，他们的杰出之处，还不仅仅表现在当困难时刻能为国家有效地增加财政收入而已。

当然，在漫长的历史过程中，由于发展阶段的不同，揭橥共同的进步观点的改革家，在具体行事上也不能不有一定的差别。本书告诉我们：在封建社会的初期和前期，改革家（如管仲、商鞅、桑弘羊）曾着重实行国家对经济的干涉政策，比较多地控制了工商业，并直接发展了官营的经济事业；后来随着商品经济的发展，改革家（如刘晏）就在国家干预经济为主的前提下，允许一定范围内的贸易自由，不把商业完全管死，搞单一的官营。如对食盐这一当时关系国计民生的重要商品实行的专卖，开始时是全由官府统制，直接经营，后来就改为民制官收、商运商销的间接专卖的形式。到封建社会进入后期，那时的改革家就更认为"榷法不宜太多"，把对商业的管理重点，由过去的商品专卖制度转向平抑市场价格、限制垄断居奇和压缩高利贷的活动地盘上面。再后来，已临封建社会末期的改革家（张居正），则更不主张"榷利"，并进而非议过去作为国家的经济干涉政策主要内容的商品专卖制度和厉行这种制度的前时代的改革家（桑弘羊）

了。前后时期的不同的变化，表明了改革家又有其各自的个性，他们的改革是不同时代背景下的产物，并非铸自同一个模式。本书对这种发展变化的脉络梳理得比较清楚。

书中还清楚地勾勒出另一条线索，即：封建社会初期的改革家（如商鞅）实行的是重农抑商（"崇本抑末"）政策，重农抑商曾经成为官方的一种占统治地位的政策思想，其后的改革家（桑弘羊）则在抑商（抑私商）的同时，又充分地表现了自己的重商思想（重官营商业，重整个商业的客观作用），并从理论上概括出农商皆重、"本末并利"的新的提法。再后来的改革家（刘晏、王安石），就不怎么笼统地提抑商，而是把不法的奸商与守法的从事正当经营的商人，把大商人与中小商人，区别对待，有利用也有限制，有扶植也有打击，而且打击面不是很大。所谓的"排商贾"，只是针对那部分投机倒把兴风作浪的不法商人而已。封建社会末期的改革家（张居正），竟至提出"厚商而利农"、"厚农而资商"的新口号，对"常若权衡"的农商关系作出了比较新颖的解释。虽然他也同样痛诋"恃其赢余，役使贫民"的与土地、高利贷、官僚相结合的富商大贾，但对于与生产结合、滋长着资本主义萌芽的新兴商人却是给以满怀热情的支持的。在封建社会末期，商人中间已分化出一部分新的进步的因素，从抑商到厚商，正是这种新事物的出现在进步人士思想上所引起的反映。各个改革家生活在不同的历史时期，有不同的思想、理论，这符合各人所处的时代的需要，体现了各人所处的时代的精神。改革家之所以为改革家，就在于他们能顺应社会经济发展的趋势，对历史的进程起着一定的推动作用。在本书中，不是孤立地写六个改革家，而是前后联系，有比较，有分析，说明了各家思想的特点和发展，这种贯而通之的写法是可取的。

这部著作史论结合，有传有评，对几位改革家坚持大胆改革、反对因循保守的进取精神，作了充分的肯定。书中介绍了他们不屑墨守成规、拘泥旧套，提倡因时而行法、因时而变法的进步的历史观；指出：对前代有作为的改革家的言行，其后来者也并不照抄照搬，而是根据自己所处的环境和新的条件，予以变通，因而有所突破，有所前进。既承继前人的思想遗产，又各有自己的创新，这是他们成为改革家的一个十分重要的标志。

要改革就不能不触犯某些集团的既得利益而遭到保守势力的激烈反对，因之要把革新措施推行下去，就不能不具有坚忍不拔的意志，知难而进，顶风而立。书中正是以大量事实写出了这些改革家为了实现富国强兵的改革目标，而不计一身和一家的安危，以致有的惨遭杀身之祸，有的在死后蒙受极大的耻辱。能施政于一时、后虽被排挤而终于得保首领者，已经算是不错的了。正是这样，他们那种以改革求治、以改革图强的不可摧撼的凛然正气，更值得后人景仰！应当看到，他们虽受辱或被杀，而在改革中所创制的某些新法，正如书中所写的，因合乎历史发展的需要仍然被后人所遵循，就这一点上说，他们仍然是胜利者，而不是单纯地以悲剧的方式宣告自己一生的结束。还应当看到，书中所写的几位改革家的结局，即使说是一种历史的悲剧，但这种悲剧也只有在旧时代，在以生产资料私有制为基础的封建社会里才是难以避免的。因为被改革触动经济利益的人，为了保住自己私有的权益，对改革总是千方阻挠，百计破坏，把改革者视为眼中钉，必欲拔之而后甘心的。而在以生产资料公有制为基础的社会主义社会里，人心所向、大势所趋的改革就一定会排除一切阻难，取得完满的成功。产生旧时代那样悲剧的社会条件一般已不存在了；如果加上指导正确，领导坚定，那么避免那类悲剧就是完全可能的了。改革家下场不好，只是一定历史阶段的暂时现象，决非普遍的历史规律。在阅读本书时，这一点是必须明确的。

本书在概述各个改革家生平的同时，也特别指出各人在某些方面的突出表现。如：有的人背叛了原先所出身的阶层（管仲、桑弘羊是商人或商人家庭出身），不辞辛劳地为国家利益忠诚服务。有的人执法不阿，令出必行，公平无私，赏罚分明，作风雷厉风行，办事机敏果敢（如商鞅、张居正）。有的人知人善任，奖掖年轻的后辈，有一套合理的用人制度（如刘晏、张居正）。有的人长期与钱物打交道，而居家清廉，生活非常俭朴（如刘晏）。有的人好学不倦，学识渊博，个人操行连反对派也不得不表示佩服（如王安石）。所有这些，在漫长的封建社会里的统治阶级人物中，都是不可多见的，对此，书中都给以应有的评价。作为全面评价历史人物的著作，这样处理也很有必要。

不同历史时期的几位经济改革家，诚然其政策、其思想有杰出之处，在一定程度上促进了生产的发展，安定了人民的生活，有其历史的进步性，但是，其改革的目的，归根到底是为了通过给人们改善一些生产和生活的条件，使劳动者能忍受剥削，缓和社会矛盾，消弭反抗意识，以求封建统治者统治地位的长久巩固。从主观上来考察，其出于维护当时统治阶级利益的阶级实质是很明确的，绝不会是真正地在为人民的利益着想。这种发自统治集团内部的、旨在调和阶级关系、自上而下进行的改革，因有来自各方面的反对与牵掣，其所受的限制是很大的；同时，凭借封建官僚机构推行的各项措施，往往立法初意未始不善，在实际执行中也会走样，以致流弊丛生。在最高统治者中途离世或决心动摇时，改革派就会转而倒霉。所以，在封建社会里，改革家以毕生精力以至生命所维护的改革，就不能不具有很大的阶级的和时代的局限性，对其作用就不能估计过高。而且在我国封建社会的历史长河中，越到后来改革的路子就越窄，其作用就越小。如果说在封建社会初期，在领主制向地主制转化的历史关头，改革家（如管仲）所作的改革，有助于改善劳动者的地位，涉及剥削制度的具体形式的更换，属于生产关系的重大调整，带有部分质变的性质，意义比较深远，那么可以说，在封建地主制已经确立很久以后的改革，主要就只侧重在流通领域（专卖形式的改变以及商业上采取的一些政策措施），与农民的关系主要表现为国家赋税数量上的减轻，最多也只是加上劳役负担的稍事均平而已（如免役法、一条鞭法），其意义都不如过去的大。特别是到了封建社会末期，由抑商变为厚商，在流通中既然已不能采取什么有力的措施，那就只能在清查土地、防止隐漏田税逃避赋役上做点文章，收效不大，改革的广度和深度自然是更不如过去了。本书于肯定历史上改革的同时又指出其局限性和前后相比（封建社会的上升时期至没落时期）改革作用日益减弱的历史的规律性，并没有失去分寸。改革的精神可贵，改革的作用有限，封建社会历史发展的结果只能是这样。要解决表现为严重贫富不均、阶级对抗的封建社会里的日益尖锐化的基本矛盾，除了举行农民起义别无出路。只有农民的起义，农民的革命，才能比较彻底地摧毁腐朽的封建势力，革除残酷的封建暴政，在一定时期内使生产力得到恢复和重新发展的机会。作为封建社会统治集团成员的改革家所竭力想加以防止的农民起义（其结果往往是政权更迭），在改革无效时最终还是会出现的。这是历史的必然。虽然由于体例的关系，本书没有具体涉及这一方面，但读者从本书中还是能寻到一定的线索。

本书作者从事经济工作和科研工作多年，目前正专治古代经济史。几年来著述不少，粲然可观。在我看来，写这本书也是用了工夫的。书中史料引用比较丰富，文字表达比较顺畅，观点比较明确，条理比较清晰，适合于广大读者特别是财政、经济、工商、税收、党政等各部门干部阅读。它对教学和科研人员研究有关的课题，无疑也有一定的参考价值。我们预期这部著作的问世，将能帮助大家了解历史上主要经济改革家的主要事迹和主导思想，从而在当前经济体制改革的加强资料研究工作中，能起一点好的配合作用。

1984 年 1 月于中国社会科学院经济研究所

目　录

中国古代经济改革家之一
管仲

相地衰征宽隶农，千秋盐铁始谁笼？

民心能顺推管氏，荣辱知由衣食丰。

一　合贾南阳，秉政齐国，九合诸侯，
　　首开霸业

管仲，春秋前期人（约公元前 730 年～前 645 年），商人出身，后在齐国为相，勇于改革，大力整顿内政，调整农业生产关系，创行盐铁专卖制度，积极发展手工业和内外贸易，辅佐齐桓公，在国富兵强的基础上，崛然兴起，使他成为春秋前期的第一位霸主——是齐、晋、楚、吴、越（一说是齐、宋、晋、秦、楚）"五霸"之首。在中国历史上，这位相齐有功的管仲，实为最早的一位杰出的经济改革家，也是对后世有深远影响的第一位大政治家、大理财家。

一个普通商人出身的管仲，是怎样在齐国秉掌国政，实行改革，而建立功业的呢？这要从原先的齐国中衰、襄公被杀、二公子奔丧争位、管仲追截齐公子小白（即后来的齐桓公）发箭中其带钩的故事说起。

齐国，本来是西周开国功臣姜太公吕尚（吕望）的封国。那时这一带"地潟卤"（土质碱性大），不适于农耕，"人民寡"，劳动力也很缺乏，国家十分贫困。这位当年（商末）在朝歌市上卖过酒、操过屠刀、对做买卖很内行的政治家姜太公，就转而依靠发展手工业和商业来维持国家的生存。史称"太公劝其女功，极技巧"，"通商工之业，便鱼盐之利，而人民多归齐，齐为大国"（《史记·货殖列传》、《史记·齐太公世家》）。也就是说，鱼、盐和纺织，是当时齐国立国的三宝，借此以补"少五谷"的农业之不足。随着手工业和商业的日益发展，齐国"财蓄货殖"，在西周时代已是"冠带衣履天下，海岱之间敛袂而往朝焉"（《史记·货殖列传》），趋利者往齐国做生意的络绎不绝。

进入春秋时期，齐国依然是个大国。"郑小齐大，非我敌"（《齐太公世家》）"齐大非偶"，郑国公子因慑于大国的威势，而不敢与齐通婚。但传到齐襄公手里，政治混乱，齐国就迅速衰败了。齐襄公名诸儿，僖公之子，是个出奇淫乱和狂暴的人。"醉杀鲁桓公，通其夫人（为襄公自己的妹妹），杀诛数不当，淫于妇人，数欺大臣。"（《齐太公世家》）其在位的第十二年，大夫连称、管至父勾结僖公之侄公孙无知作乱，杀了襄公，无知自立为齐君。仅一个多月，无知即为雍林之人袭杀。齐国的大夫重新殡殓襄公，议立新君，二公子奔丧争位之事就此发生了。

当初，齐襄公胡作非为之时，"群弟恐祸及"，先期出奔他国。襄公之次弟公子纠，其母鲁女，出奔于鲁，管仲、召忽为傅；次弟（最幼）小白，适莒，莒小而近齐，鲍叔牙为傅。小白同周王任命的、齐世袭大夫上卿高氏、国氏自小相友善。国氏、高氏先透露消息，"阴召小白于莒"。鲁庄公听说无知已死，一面派人护送公子纠启程回国，一面让管仲带兵日夜兼程去堵击公子小白于归途。在由莒往齐的半路上，管仲与小白遭遇。各为其主的管仲向小白射去一箭，中了小白的带钩（挂在腰间皮带上的钩子）。小白急中生智，假装中箭身亡。管仲被蒙，命人驰报鲁君，鲁国送公子纠的一行人放了心，一路上缓缓而行，六天才到齐都临淄。不料"佯死以误管仲"的小白，换载温车（卧车）急驰，已先入齐，有高氏、国氏做内应，先立为君了。他就是历史上有名的齐桓公。齐桓公发兵抵拒鲁军，战于乾时，鲁军败走。桓公给鲁君去信，要鲁杀死公子纠，并将有一箭之仇的管仲囚送还齐，"不然，将围鲁"。鲁国无奈，只好一一照办。管仲被押送进入齐境，鲍叔牙已先在堂阜地方等候，上前替他脱去桎梏，让他斋戒沐浴，然后陪他去见桓公。桓公出郊亲迎，待以厚礼，拜管仲为大夫，请他执政（以上史事见《史记·齐太公世家》）。一个与齐君有仇的阶下囚，怎么会骤然变成齐廷的座上客，且被一举授以国柄呢？原来这是鲍叔牙极力保举他，使齐桓公相信：要振兴齐国，立大功于世，非任用像管仲那样有治天下之才的能人不可。

管仲名夷吾，字仲或敬仲，颍上人（今安徽颍上县，在阜阳东南，淮河北岸）。他是姬姓之后，管严之子（《史记》《正义》引韦昭之语）；或曰他是周穆王之后。但苗裔疏远，已失掉贵族身份而降为平民。少年时，因家道中落，境遇困顿，同好友鲍叔牙一起，小本经纪，在南阳（齐邑，今山东邹县）一带地方合伙经商。"管仲其鄙之贾人，南阳之敝幽"（《战国策·秦策五》，姚贾之语），这句话说的就是他出身贫贱，曾以经商为业。因为经商，管仲游历了很多地方，积累了丰富的社会经验。据管仲自己说，他还"尝为圉人"，当过养马者（《管子·小问》），可见他早年时所操者尽是些低贱之事。

管仲家境贫困，在两人共分商利时，常欺鲍叔牙，自己多占便宜；鲍叔牙二话不说，始终宽厚相待。贩于南阳时，管仲曾"三辱于市"，鲍叔牙也未因此而看不起他（《说苑》卷六）。后来两人踏入政界，鲍叔牙事奉公子小白，管仲事奉公子纠。公子纠死，管仲被囚，鲍叔牙把他推荐给齐桓公。本来桓公要拜有大功的鲍叔牙为相，鲍叔牙推辞说："若必治国家者，则其管夷吾乎。"列举自己不及管仲之处有五："宽惠柔民，弗若也（柔，安也；《管子·小匡》作'宽惠爱民'）；治国家不失其柄，弗若也；忠信可结于百姓，弗若也；制礼义可法于四方，弗若也；执枹鼓立于军门，使百姓皆加勇焉，弗若也。"（《国语·齐语》）郑重地提醒桓公："夷吾所居国，国重，不可失也！"（《史记·管晏列传》）桓公听从了鲍叔牙的建议，决定重用管仲。为了避免"贱不能临贵，贫不能使富，疏不能制亲"所可能发生的问题，齐桓公用管仲为上卿，厚其禄入，尊之为"仲父"（《说苑·尊贤》），使之"任政相齐"（《管晏列传》），放手让他去发挥自己的才能。鲍叔牙甘居管仲之下，为齐大夫。时人多推重鲍叔牙的谦让而能知人。

管仲自己也说："吾始困时，尝与鲍叔贾，分财利多自与，鲍叔不以我为贪，知我贫也。吾尝为鲍叔谋事而更穷困，鲍叔不以我为愚，知时有利不利也。吾尝三仕三见逐于君，鲍叔不以我为不肖，知我不遭时也。吾尝三战三走，鲍叔不以我为怯，知我有老母也。公子纠败，召忽死之，吾幽囚受辱，鲍叔不以我为无耻，知我不羞小节而耻功名不显于天下也。生我者父母，知我者鲍子也。"（《管晏列传》）有友当如鲍叔牙。管仲有这样好的知己朋友，确实是他一生中的大幸。这也是他后来得以干出一番事业的重要条件。"管鲍之交"，就是这样地传为千古佳话。

齐桓公这个人，好田猎，好酒色，自己也知道缺点很多；但他豁达大度，不记前怨，不拘贵贱，对管仲破格录用，委以重任，推诚相见，用人不疑，这却是很难得的。在乃兄襄公"不听国政，卑圣侮士，而唯女是崇"，弄得"国家不日引（申）、不月长"，齐国姜氏的政权岌岌危殆之时，桓公出来收拾烂摊子，他亟思改革内政，致国于诸强之列，一意收罗人才，求贤若渴，这也正是他有作为的地方。管

中国古代经济改革家之一　管仲

仲后来改革之所以能取得成功，同桓公的全力支持是分不开的。齐桓公曾说："寡人之有仲父也，犹飞鸿之有羽翼也，若济大水之有舟楫也。"（《管子·霸形》，此话系后人的记述）四十年中君臣相得，始终无渝，不猜疑，不忌刻，真正做到知而用之，用而任之，任而信之，其事其例在中国历史上并不多见。

管仲用人，唯贤唯才。史载，管仲相齐，向桓公推荐了"五杰"：以隰朋为大行（办外交），以宁戚为大司田（宁戚未遇时"为商旅，赁车以适齐"，"饭牛于车下"，事见《新序》卷五《杂事》），以王子城父为大司马，以宾胥无为大司理（法官），以东郭牙为大谏（《管子·小匡》）。再加原齐大夫国氏、高氏和鲍叔牙，一时人才济济，组成了一个很强的领导班子。人称"管仲善制割，宾胥无善削缝，隰朋善纯缘（增饰衣服之边），衣成，君（桓）举而服之"（《韩非子·难二》），从这个譬喻可以看出他们君臣之间的合作是多么的协调。

管仲配备官员（"置吏"），重在才能。"匹夫有善可得而举也"，发现人才、推荐人才，被定为地方长官的职责，"有而不以告"，要以"蔽贤"治罪（《国语·齐语》、《管子·小匡》）。齐桓公曾为"官少而索者众"担忧，管仲劝他"无听左右之谒请，因能而受禄，录功而与官"，使无能无功的人"莫敢索官"（《韩非子·外储说左上》）。这些都是对依靠血缘关系或祖宗功勋而享受爵禄的世官世禄制的有力冲击，对请谒成风、用人唯亲的陋习是一个改革。管仲还规劝齐桓公注意自己左右的亲信，别让他们"出则为势重以收利于民，入则比周谩侮蔽恶以欺于君"。这类人，管仲喻之为"社鼠"（鼠寄身于神社的木中，"熏之则木焚"，很难除去），称之为治国之一患（《韩非子·外储说右上》，并见《说苑》卷七）。由于管仲坚持了正确的用人原则，所以在他为相期间，齐国能"修善政"（《史记·齐太公世家》），各项整顿、改革的措施得以较顺利

·005·

地贯彻推行。

管仲治国，以"得民心者得天下"为出发点。管仲整顿齐国国政，提出的口号是"修旧法，择其善者而业（创）用之"（《齐语》），意思就是修改原有的制度，对其中合乎时势的择而用之，不适合时势的则别创新法以行之。管仲十分注意"与俗同好恶"，"俗之所欲，因而予之；俗之所否，因而去之"。（《史记·齐太公世家》）俗即民俗，也就是说要根据民众所要求者或所反对者，采取兴利除弊的措施，以改善统治者与民众的关系。管仲在行商列国的过程中，看到一个国家的兴衰关键在于得心还是失民心，因此他把制定政策的出发点放在争取民心上。"下令如流水之原（平原），令顺民心"（《史记·齐太公世家》），说明他深知民心可用、顺民者昌的道理。史称管仲"论卑而易行"（《史记·齐太公世家》），"为政令卑下鲜少，而百姓易作行也"（《史记》、《正义》），不唱高调，崇尚实干，政出易行，切合民情，这正是他领导作风的一大特色。史又称"其为政也，善因祸而为福，转败而为功"（《史记》、《正义》），看来"贵轻重、慎权衡"的管仲，很善于促使矛盾向有利于自己的方向转化，在思想上颇有一点朴素的辩证法的因素。

管仲自己有几段名言："世主……所爱者民也。"（《管子·七法》）修政"始于爱民"（《管子·小匡》）。"计上之所以爱民者，为用之爱之也。"（《法法》）"政之所兴，在顺民心；政之所废，在逆民心。民恶忧劳，我佚乐之；民恶贫贱，我富贵之；民恶危坠，我存安之；民恶灭绝，我生育之。能佚乐之，则民为之忧劳；能富贵之，则民为之贫贱；能存安之，则民为之危坠；能生育之，则民为之灭绝。……故从其四欲，则远者自亲；行其四恶，则近者叛之。故知予之为取者，政之宝也。"（《牧民》）爱民、顺民心、从民所欲，目的是要民为统治者所用，能给国家出力效命，亲而不叛，以保持政权的巩固与安定，这就是管仲"牧民"之道的自白。将欲取之，必先予之，对民有所"予"，才能取得民的拥护，才能向民有所索求，"予"就转化为"取"了。"予"是为了取，没有"予"也就没有"取"，多"予"才能多"取"，这正是管仲懂得对立的两个方面可以转化的辩证法观点的最好阐释和对它最重要的运用。管仲在经济方面的改革，正是以"知予之为取"作为自己行动的指导原则的。

管仲治国是如何具体入手的呢？管仲治理国家主张实行法治："设象以为民纪"（纪为纪纲；象为象魏，即宫门外悬示教令的高建筑，"悬法于象魏，使万民观焉"），"比缀以度（法度）"，"劝之以赏赐，纠之以刑罚"（《国语·齐语》）。他在齐国国君直属的领地和原分封给各采邑主的领地上建立新的地方行政区划，以"定民之居"："制国（郊以内）以为二十一乡：工商之乡六，士（武士）乡十五。""五家为轨"，"十轨为里"，"四里为连"，"十连为乡"，二十一乡共四万二千户，其中士乡十五，有三万户。轨有一人为长，里有司，连有长，乡有良人，即乡长、"乡士"、"乡大夫"。"制鄙五"（鄙为郊以外的农村，包括直属于齐君的"遂"和原属各采邑主的"鄙"），三十家为邑，十邑为卒，十卒为乡，三乡为县，十县为属。邑有司，卒有卒帅，乡有乡帅，县有县帅，属有大夫，五属立五大夫，各使治一属。五属共四十五万家（按：西周时，周王直属的六遂共七万五千户；诸侯三遂，齐五属，四十五万户，当包括各采邑主鄙内之户数）。乡长与属大夫向国君汇报工作（"复事"），推举贤能。国君设五正管五属大夫，对他们定期进行考察检查，有成绩的提拔，"寡功者而谪（谴责）之"，"一再则宥，三则不赦"，循名责实，赏罚分明（《国语·齐语》）。这样做，对国君直属领地来说，通过法治，权力更好地集中于国君，管理更有效了。对原先不直属于国君的各贵族的采邑来说，收夺采邑主在封邑内的治民权（甚至收夺其封邑，如"夺伯氏骈邑三百，饭疏食"），另设有上下隶属关系的各级官吏管理，按国君统一的法令（"受宪"）办事，采邑主不理民事，与以前相比，国君对这些地方的控制也加强了。这一措施是官僚制度的初建，实开后来各封建集权国家的国君任免地方（郡县）官吏的先声，更具有革新的意义。虽然在管仲之时齐国尚是由姜、国、高三家大的贵族领主联合专政的国家，与后来地主阶级专政的中央集权制的国家还有很大的距离。

管仲治军，实行全民皆兵，寓兵于民。管仲建立新的地方行政区划，目的还不仅仅限于上述这些。他的"制国"，有更深的用意在，即：借此把人民组织起来，纳入军事编制，以大大扩充齐国的武装力量。

相传深患军旅不多、兵势不振而急于称伯诸侯的齐桓公，曾问计于管仲。管仲回答："君若欲速得志于天下诸侯，则事可以隐令，可以寄政。"（《国语·齐语》隐，匿也；寄，托也）意思就是隐其名而修其实，"匿军令，托于国政，若有征伐，邻国不知"（《国语·齐语》注）。这一条策略叫作"作内政而寄军令"。"制国"，即寄军令在内政之中的足兵之法，也就是"连五家之兵"之法（《史记·齐太公世家》）："五家为轨，故五人为伍（居则为轨，出则为伍），轨长帅之；十轨为里（一里五十家，大于他国的一里二十五家），故五十人为小戎，里有司帅之；四里为连，故二百人为卒，连长帅之；十连为乡，故二千人为旅，乡良人（乡长）帅之；五乡一帅，故万人为一军，五乡之帅帅之。"（《国语·齐语》，又见《管子·小匡》）国中士乡十五，五乡成立一军，十五乡共成立三军，军士三万（士乡每家出一人）。国君主中军，国氏、高氏各管五乡（"国子之乡"、"高子之乡"），各领一军。轨、里、连、乡，"以为军令"。"春以蒐振旅（利用春季的畋猎，整理、检阅部队之意），秋以狝治兵（狝，秋天出猎，意即利用秋季的畋猎进行军事演习）。""卒伍整于里，军旅整于郊。内教既成，令勿使迁徙。伍之人祭祀同福，死丧同恤"，"人与人相畴，家与家相畴（畴，匹也），世同居，少同游。

故夜战声相闻，足以不乖；昼战目相见，足以相识。""居同乐，行同和，死同哀。是故守则同固，战则同强。"管仲以为有此三万常备军为主力，就足以横行天下而无敌了（《国语·齐语》）。"作内政而寄军令"，兵属于国，寓兵于民，军事编制与行政组织合一，这种寄兵于政的做法别国还未采用过，是管仲所创。后来别国也步齐国后尘，"正卒伍，修甲兵力"，扩充了军备，但已被齐国占先了一步。齐国本身，郊外之"鄙"在管仲"制鄙"之初还未涉及"军令"，其后随着管仲实行地方行政改革和经济改革的收效，鄙内劳动者身份地位逐渐提高，其中少数优秀分子（如"有拳勇股肱之力，秀出于众者"）更被提拔为士，他们也被赋予正式服兵役以至当甲士的权利。鄙内"五家为轨，六轨为邑"，"武政听属，文政听乡"（《管子·小匡》），三十家之邑也成了军事编制（始于何时不详）。齐兵书《司马法》所说的三十家出士一人、徒二人，就是在原先管仲"三十家为邑"的编制的基础上实行的。那时齐国的兵源又见大增了（四十五万家可出士一万五千人，徒三万人）。管仲相齐初时之所为，实为以后进一步的新变化创造了条件。

管仲的口号是尊王攘夷，功绩是九合诸侯。单说管仲当政初期，他制国以寄军令以后，国中人民被编组动员起来，"有教士三万人，革车八百乘"（《小匡》），这已足使齐国的军事力量很快地发展壮大。有了实力，急"欲从事于诸侯"的齐桓公，就用管仲的谋略，打起"尊王攘夷"的旗帜，"以诛无道，以屏周室"，"天下大国之君莫之能御"（《国语·齐语》）。齐桓的赫赫武功自此开始载入史册。就在管仲相齐的第二年，牛刀小试，一举灭了剡国（即谭国，《说苑》卷九说桓公"围谭三年，得而不自与者，仁也"）。桓公五年，会诸侯于北杏（山东东阿县北）以平宋乱（《左传》庄公十三年），伐鲁，随后又还鲁所献之地，取得诸侯的信任。桓公六年，会诸侯于甄（在今山东濮县东）；七年再会于甄（《左传》庄公十四年、十五年），齐始称霸。八年，"同盟于幽"（幽，在河南考城县东。《左传》庄公十六年）。二十三年，"救燕，遂伐山戎，至于孤竹（河北卢龙西）而还"。"命燕君复修召公之政，纳贡于周，如成康之时。诸侯闻之，皆从齐。"（《史记·齐太公世家》）二十五年，狄人伐邢，齐合诸侯救邢（在今河北邢台。《左传》闵公元年）。二十八年，"卫文公有狄乱，告急于齐，齐率诸侯城楚丘（今河南滑县东六十里），而立卫君"（《史记·齐太公世家》），"天下诸侯称仁焉"（《国语·齐语》）。三十年春，"齐桓公率诸侯伐蔡，蔡溃，遂伐楚"，责其"包茅不入贡于周室"，楚人屈服，不敢北进，盟于召陵（召陵在河南郾城县东。《史记·齐太公世家》、《管晏列传》、《左传》僖公四年）。三十一年会诸侯于首止（首止，今河南睢县东南。《左传》僖公五年）。三十二年伐郑，围新城（《左传》僖公六年）。三十四年，盟于洮（洮，今山东濮县南。《左传》僖公八年），立周太子郑为襄王。三十五年夏，会诸侯于葵丘（今河南考城县东），"周襄王使宰孔赐桓公文武胙（祭文王、武王的祭肉）、彤弓矢、大路（诸侯朝服之车）"，"命无拜"，桓公听管仲之劝，"下拜受赐"（《史记·齐太公世家》）。同年平晋乱，登太行，至高梁（临汾县东北），立晋君。三十八年，周襄王弟王子带与戎狄合谋伐周，"齐使管仲平戎于周"，"周欲以上卿礼管仲"；管仲自称"贱有司"，"陪臣（诸侯之臣）安敢"，"三让，乃受下卿礼以见"（《史记》、《周本纪》、《齐太公世家》）。总计管仲相齐的四十年中，桓公"兵车之会三"（桓公五年平宋乱，三十年侵蔡伐楚，三十二年伐郑），"乘车之会六"（桓公六年、七年、八年、三十一年、三十四年、三十五年），"九合诸侯，一匡天下"（指定襄王之位。《史记·齐太公世家》）。礼乐征伐自齐出，真正做到了"五侯九伯，实得征之"（《史记·齐太公世家》），齐国实际上代替了周天子对华夏诸国的领导地位。在这过程中，齐"并国三十五"（《荀子·仲尼》），其版图"东至海，西至河（隔津河），南至穆陵（今临朐县东南百余里），北至无棣"（《史记·齐太公世家》），真正占有了当年周成王所指封给齐太公的侯国疆界。救邢、存卫、援燕、安周，几次抵御了"夷狄"的进扰，保卫了华夏的先进文化，从而也就较好地团结了中原各国，并以对外的名义较容易地实现了齐国内部的统一。百余年后，思想偏于保守、不求革新的孔子，一方面虽站在"礼乐征伐自天子出"的立场上说"管氏而知礼孰不知礼"、"管仲之器小哉"（《论语·八佾》），但另一方面在事实面前也不得不承认："桓公九合诸侯，不以兵车，管仲之力也。如其仁，如其仁！"（《论语·宪问》）而且还说了一句公道话："管仲相桓公，霸诸侯，一匡天下，民到于今受其赐。微（非）管仲吾其被发左衽矣！"（《论语·宪问》。被发，披发；左衽，衣衿在左边，都是当时"夷狄"之俗）。齐国之所以能争霸、攘夷，对外大有发展，应归功于管仲在内政方面所实行的卓有成效的改革——实行法治，改革军制。管仲一点也没有辜负鲍叔对他的厚望和桓公给他的重托。

但是，强大的军事力量必须以强大的经济力量为后盾。不能富国就谈不上强兵。齐桓公之所以能东征西讨南诛北伐而财用不乏，也正是依靠管仲替他理财，"通货积财"，遂无内顾之忧。管仲在经济方面所进行的改革是尤其出色的，不但为当时齐桓的"伯业"奠定了坚实的基石，而且在历史上，这方面的改革其意义是更大的，更值得后人称道。

二　"相地而衰征"——农业生产关系上的一次重大调整

管仲经济改革的第一个重要方面，是实行"相地衰征"的新的土地租税制度，这是在农业上涉及生产关系的一次重大调整，具有深远的历史意义，也有深刻的时代背景。

齐国，在西周初的太公时代，属奴隶制国家。农业生产者主要是居于"鄙"内、附着于井田上的奴隶，"同井合耦"，依靠粗拙的木、石、骨、蚌工具，进行集体劳动，共同耕作。由于土质不好，农业发展很受限制，更由于奴隶制生产本身固有的矛盾——奴隶怠工、毁物、逃亡、反抗，再加共耕的方式使勤惰相混，耕者观望推诿，劳动生产率越降低，剥削者越感到原有的剥削制度对自己并不有利了。

西周后期发生了转折。早期的铁器——块炼铁，或称原始熟铁，开始发明，并被用于农业，一些农具逐渐由铁锻制或由铁包口，强于木石工具。生产力的发展，使一家一户的个体生产有了可能，而且使每个劳动力负担的耕地面积有可能扩大。于是，精明的剥削者就相继改变剥削方式：把一部分土地分给各家各户耕作，作为份地，同时，令耕者在另一部分土地——公田、徭役田上进行无偿劳役。这种公田比过去奴隶制时代由周王或诸侯国君掌握的、收获物须上贡给周王或诸侯国君的"公田"，面积扩大了，在总耕地中占很大的比重；那部分新增加的公田，收获物即属采邑主所得。分得土地的人，必须在公田上把事干完了然后再治私田（份地。先前奴隶身份的耕者无所谓私田，私田是指采邑主的自营地，至此，收获归上面各级剥削者的土地称公田，耕者的份地为私田）。在份地上各户是独力耕作，收获归己的。这种公私田分开、征收劳役地租的方式，比之原先奴隶制的无偿敛取收获的全部实物，而只在其中分给一点口粮的做法，相对地说有利于提高劳动者的生产积极性，也更有利于剥削者增加剥削收入。分地（部分土地）到户，各户有了对土地的占有权，而且奴役束缚也较前有所放松，这样，奴隶就转化为农奴，奴隶社会的母体里产生了新的封建制的萌芽。西周后期，从王畿到各诸侯国已先后出现这种变化；齐国铁器使用较早（"铁"字或作"铁"，说明齐国的东邻莱夷是冶铁术的较早的发明者），由奴隶制到农奴制的演变，时间也是比较靠前的。

　　周平王东迁，历史进入春秋时期（自公元前 770 年算起）。周天子共主的身份已有名无实，诸侯国实际上都是"独立王国"，上行下效，诸侯国内的卿大夫也争相扩张势力，抢占地盘。原先奴隶制的土地国有制，让位于封建领主的事实上的土地私有制。身为各自领邑内的全权主人的领主，其所拥有的土地并非全由封赐而来，很大部分来自兼并。他们在井邑内剥削农奴的劳役地租，已由奴隶主蜕变成新的封建领主。对已形成封建割据势力的大领主来说，公田上的收获全归他们自己所得，而不再上贡了。春秋时期是中国封建社会初建的时期——封建领主制时期。作为东方大国的齐国，也是个封建领主制的国家。齐国的国君是国中最大的领主。齐国公室直属的领地上（"遂"内），也还保留着"公田"，套用"借民之力助耕"的名义，实行劳役地租制度，对已有自己的份地、自己的家庭经济的新的农奴进行封建剥削。

　　封建性的劳役地租代替奴隶制的实物榨取，在一定时期内有它历史的进步性，但随着岁月的流逝，两个世纪过去，这里面又暴露出新的问题。由于徭役田和份地分开后，公私有别，耕者对之的重视程度也就大有差别。在私田（份地）上精耕细作，用心经营，在公田（徭役田）上则应付差事，得过且过。虽然和过去奴隶制时的全部监督劳动相比，劳动者的劲头总的有了一些提高，但提高是有限度的，有所偏重的。再加在公田上仍然是共耕聚种，所以仍然是责任不明，谁也不肯多出力。"公作则迟，分地则速"，尽力于私田而不尽力于公田的现象越来越厉害了。份地上产量增加，按理全归耕者所得，但领主并不甘心其剥削量局限在徭役田的空间范围内，他们往往加重耕田以外的徭役，或进而向份地进行征敛，或夺取农奴的牲畜，这就必然引起劳动者的反抗，轻则对公田的耕作更趋消极，重则逃亡他乡。这种情况在各国都不同程度地存在着，而齐国在襄公之时，国政不修，剥削加重，问题也就更趋严重。

《诗经·齐风·甫田》篇中云："无田甫田，维莠骄骄"，"无田甫田，维莠桀桀"（无田之"田"读如佃，是动词，治也；甫田即大田，公田）。这就是对齐襄公时（公元前697—前686年）齐国徭役田实况的描述。当时"九妃六嫔，陈妾数百，食必粱肉，衣必文绣"（《国语·齐语》），大量的宫廷糜费都出自对农奴的压榨。徭役劳动者兴趣索然，再也不肯去种好公田，公田荒秽不治，长满了害苗之草。不愿意束缚于土地、遭受残酷剥削的人，纷纷冒禁进入城市，为齐国素称发达的手工业和商业自发地增添新的成员。齐国"民移"（农奴逃亡）的趋势日益突出了。在这种情况下，公田制－徭役地租制再也维持不下去了。齐国的农业正陷入日益加深的危机之中。面对这一现实，当焦虑的齐桓公问"伍鄙若何"（如何对待五鄙之内的人）时，管仲就提出了"相地而衰征，则民不移"（《国语·齐语》）的有名的对策。相，视也；衰（读如吹），差等也；征，征取也。相地衰征，即"视土地之美恶及所生出，以差征赋之轻重也"。（《国语·齐语》韦昭注）也就是根据土地的好坏，实行地租的差等征收制。这是管仲首先提出的农业改革方案。

管仲十分重视发展农业。"务五谷，则食足；养桑麻，育六畜，则民富。"（《管子·牧民》）他主张在搞好粮食生产的同时，发展农村的家庭纺织业和畜牧业。他懂得"不务天时则财不生，不务地利则仓廪不实"（《管子·牧民》），必须适合时令，发挥地力，努力发展生产，国家才能富裕；但要发展农业生产，又必须尽快地改善农奴的处境。"欲为其国者，必重用其民。欲为其民者，必重尽其民力。"（《管子·权修》）调动耕者的积极性，使民能尽其力，是发展生产的必要条件。他告诫桓公："无夺民时，则百姓富；牺牲不略，则牛羊遂。"（《国语·齐语》，遂，成长也）他希望从政策措施上来保证用于农业的劳动力的稳定，减轻劳役，不准妨害农时，耽误生产；保护用于耕作的牲畜的繁殖，不准强征牛羊，影响畜牧业生产。但管仲更认为"地者政之本也，是正地可以正政也"（《管子·乘马》），要发展农业，使民尽其力，最根本的政策乃是"正地"，实行"相地衰征"。他看到劳役地租制的弊病实在太大："故不均之为恶也，地利不可竭，民力不可殚，不告之以时，而民不知，不道之以事，而民不为。"（《管子·乘马》）就是说，劳动者与剥削者之间苦乐不均、劳逸不均，结果是耕者在公田上干活完全被动，不告诉他什么时候干什么活，他就不干或不好好干。这怎么能尽地之利而用民之力呢？要扭转这种局面，已到非从制度进行改革不可的时候了。

　　管仲在农业上实行改革的方案，包括两项纲领性的内容：一是"均地分力"，二是"与之分货"（《管子·乘马》）。这两点内容又可归结于"相地衰征"这一具体政策。在按劳动力平均分配全部耕地（包括公田）的基础上，即在"均地分力"的基础上，实行按产量分成的实物地租制，即实行"与之分货"。每亩地的租额，按土地的肥瘠和产量的高低，而有轻重的差别，即为"相地而衰征"。胸有成算的管仲，已为生产资料占有者与直接生产者之间的矛盾，找到了"调和"的措施。

　　"均地分力"，就是把公田（徭役田）直接分给各农户去种（"均地"），从而扩大了各户所占有的份地数量（也有一部分公田安排新增的农户去种）。私田与公田的界限被打破，都成了农户的份地，都分散经营（"分力"），实行一家一户的个体生产。这样，耕者就由被动变为主动，大大激发了生产者的积极性和责任心。正如管仲自己所说的："均地分力，使民知时也。民乃知时日之早晏，日月之不足，饥寒之至于身也。是故夜寝早起，父子兄弟不忘其功，为而不倦，民不惮劳苦。"（《管子·乘马》）这个办法确实很灵。分地着眼于一个"均"字，是把徭役田连同原先各家的份地都一起拿出来重新平均分配。鉴于地有肥瘠，有的可年年种，有的需休闲轮耕，分配数量划一反不公平，这就需要把可岁耕的好地在数量上少分给人一点（每户按两个劳力计，分田百亩，约合今三十二市亩），需轮耕的次地则多分给一点（"一易"之地，户二百亩；"再易"之地，户三百亩。每年仍种百亩，多给的数量是供易地轮耕用的），以资均平。均地的范围多大？按照管仲的建议，该包括郊外"五鄙"范围内的各属、县、乡、卒、邑四十五万家所耕的徭役田。首先是在齐国国君直接掌握的公田上实行；同时也要求在各采邑主（井邑主）的徭役田上推广。"均地分力"或是说"制地分民"（《国语·齐语》）之后，齐国的井田制基本上已由有公田的井田制变成无公田的井田制了。但还只能说基本上如此，并非公田尽数取消一块也不留。齐国公室按老传统仍保留一小部分公田，以其收成为祭祀尝新之用。不过这时所剩的公田已不再采取役使农奴在耕种其份地的同时又以力役"助耕"公田的老办法，而是除农以外也叫士和工、商一起来参加短期的义务劳动。"距国门以外，穷四境之内，丈夫二犁，童五尺一犁，以为三日之功。正月令农始作，服于公田农耕。及雪释，耕始焉，耘卒焉。士，……与功而不与分焉。贾，……与功而不与分焉。工，……与功而不与分焉。"（《管子·乘马》。二犁指两犁一天所能耕的面积）"与功而不与分"，就是出劳力而不给报酬的意思。士农工商（非官贾官工，而是平民身份的私商和手工业者），都一律耕公田三日，劳动时间短，没有固定的专业的公田耕作者。这种不同于一般徭役田的"公田"，数量不会很多，在生产关系中不占主导地位。从主导方面来说，公田、徭役田是已经分田到户，由农奴来耕种，而"与之分货"了（不是"与功而不与分"）。

"与之分货"，就是按土地质量测定粮食产量，把一部分收获物交给土地所有者，其余部分归生产者自己支配。大体而言，上交部分与留下部分是各占一半（《孙子兵法》佚文《吴问》中说"伍税之"，说明什伍租率可能是通例）。如果说"均地分力"在"使民知时"，则"与之分货"在"使民尽力"。管仲有句话叫作"与之分货，则民知得、正（征）矣。审其分，则民尽力矣。是故不使而父子兄弟不忘其功"（《管子·乘马》）。就是说土地所有者与耕者共分土地上的生产物（"货"），使民知道自己应得的部分（"得"）和有地者征收的部分（"正"）。在这里，实行实物地租的分成制是说得再明白不过了。实行分租制后，分租比例固定，多产多得，耕者为增加产量而尽力，真的会起早贪黑，不惮劳苦。分租比例固定，丰年不增租率，不搞累进，可让耕者多得一些（与提高租率相比），以免增产增租会影响其劳动的积极性；歉年不降低租率，可促使耕者尽最大努力，以减轻天灾的影响。为了避免饥寒之及于身，并进而改善自己的生活，没有人驱使和监督（"不使"），耕者也自然会很好地去安排生产，这就是"与之分货"的妙用。

农户分到土地，土地有好有次，好地次地产量不同，由此所收的租额的绝对数也应不同，于是就很自然地产生"相地而衰征"的分等收租的原则。相地衰征的具体做法是怎样的呢？据说是按土地的肥瘠、水利的丰枯把土地分等，从而确定租额的增减的。如对水旱因素的考虑是："十仞（周尺八尺为仞，一周尺合清营造尺七寸七分）见水不大旱（指高地），五尺见水不大潦（指低地）。十一仞见水，轻征，十分去一；二则去二（即十二仞见水，因易旱，故轻征，十分去二，下同此例）；三则去三；四则去四；五则去半，比之于山（山地征租标准）。五尺见水，十分去一；四（四尺）则去二（十分之二）；三则去三；二则去四；尺而见水，比之于泽（泽地征租标准）。"（《管子·乘马》。文句按诸家之见做了校改）从这一材料可以看出，高旱地和低湿地的租额都比"常征"十分减去几成（"轻征"），"衰征"的差等是定得较细的。所谓常征，就是按标准土地的产量照对半分成的比例来计租额，各种次等土地的租额即按照标准土地的标准产量对分再分等减去几成。这个标准土地的产量，不外乎两种算法：一是每年实际测定；二是以过去通常年份的一般收成为基数，在一定时间内使用，再按各年收成的丰歉情况，或增或减，进行适当调整，至于平收年就以这个标准产量来计租。管仲究竟采取何种做法，不详。但为了简便手续，减少每年实地踏看、估测产量的麻烦，用后一种算法的可能性较大。由于计租的产量视年成丰歉而有所增减（由于生产力的发展，标准产量过一段时间也须再调整），据以算出的租额数字是灵活的不是固定的，固定不变的只是租率（分成比例），所以应属于分成租制，而非每亩租额多少斗（石）、长期固定不变的定额租制。由分成租制过渡到定额租制，是封建社会后来的事。

实物地租即由相地衰征萌芽。相地衰征本身的含义，就说明它是对劳役地租制的否定。在实行劳役地租时，耕者在固定的时间内、固定的空间上劳动，不管徭役田是坏是好，长谷长草，不管收获物是多是少，照数上交就是了，根本用不到"相地"，也无所谓"衰征"。谈"相地而衰征"，正标志着劳役地租已转化为实物地租了。由劳役地租改为实物地租，耕者对土地的占有权增加了（份地扩大），有更多的产品可供自己支配了（多产多得），经营自主权扩大，有较多的活动余地去安排自己的劳动时间、支配自己的作业品种。随着生产积极性和主动性的提高，生产力的发展得到了促进。虽然耕者还束缚于土地之上，还要替采邑主（井邑主）服一些与种田无关的其他劳役，还是井邑内的农奴，但由于土地上的徭役取消，再由于在管仲时的齐国，小的采邑主已无治民之权（另有地方官管），总的说来，耕者对领主个人的人身依附关系毕竟比以前松弛了一些，其身份地位比以前略有提高。有的在农业生产上做出成绩的优秀分子（"秀民"）更可以被选拔为士。所以，取消徭役田，把土地全部分配到户，而实行相地衰征，征收实物地租，比之过去的劳役地租制又是一个历史的进步，顺应着历史潮流，加速了封建制的进一步（向地主制）发展。从中国的情况来看，农奴制并非必定与劳役地租有连带关系，劳役地租和实物地租并不能成为区别农奴与农民（非农奴）的杠杠。中国的实物地租产生时间很早（欧洲在13、14世纪时实物地租才占主要地位），劳役地租存在时间很短，这里面确有管仲这位改革家所起的一份可贵的历史作用。

把徭役田分给耕者，与之分货，次地轻征，增产多得，在经济上给耕者以好处，这是"予"。但在同时，由于生产增加，统治者分得的部分也比公田不治时大有增加，好处也不小，这是"取"。管仲深知取予之道，在"相地衰征"上，他的"予之为取"的原则得到具体的运用，他的"顺民心"的政治主张在此也得到很好的体现。

相地衰征不是解决统治阶级内部上下级之间对剩余产品的再分配问题，而是解决对直接生产者征收剩余产品的数量与方式问题。正因为相地衰征的对象是耕者，而不是井邑主，所征的是租而不是税（对直属国君的耕者来说，所缴的实物也可以说是租税合一，大部分是租，小部分是税；但绝不能说是单纯的税），所以管仲之法并不是赋税制度的改革，并不是按土地好坏征收差额赋税。本来，在周宣王改行彻法——向下级采邑主征收实物税，不分出公田，而对全部土地统一以一定的税率（什一），按产量高低确定收税多少后，齐国国君对下面井邑主的征税方法也很快改用彻法而放弃原先的助法（助法是划出部分公田，公田上的收获物作为税上缴），实物税也较早推行了（这比放弃公田，把土地分给耕者，统治者要容易接受得多）。这个问题（税制的改革）已经解决，不必等一百几十年后再由管仲来旧事重提。管仲对齐桓公说得很明白：实行相地衰征的目的是使"民不移"，即防止耕者的逃亡，只有对直接生产者的剥削量有所减轻和剥削方式有所改进，才能做到这一点，单是国君改变对井邑主的征收方式，与民的移与不移并不相干。对耕者实行相地衰征，与之分货，劳动者地位有所改善，劳动兴趣有了提高，他们就能安居于所分到的土地之上，而不再相率逃亡流徙，从而收到"民不移"的效果。至于赋税制度，则管仲另有一套做法。相传齐桓公践位的第十九年，由管仲建议实行"赋禄以粟，案田而税，二岁而税一。上年什取三，中年什取二，下年什取一，岁饥不税"（《管子·大匡》）。"赋禄以粟"，就是对采邑主授与田地，让他们收取实物（粟），以为食禄。"案田而税"，就是按土地多少，对他们征收田税（史籍有时也混称为"田租"）。周时的彻法是巡野观稼，预测产量，按什一比例向受田的采邑主征收地税（实物税）；管仲的办法是按年成好坏差等收税，中等年景二岁取二，平均每年也是什一之税。地租是相"地"衰征，租率一定（什伍），丰歉不变；田税是相"年"衰征，税率分等，丰歉有变，但税率平均不过什一，远低于什伍之租。两者大相异趣，不是一回事。相"年"衰征的什一低税率，只适用于采邑主和国中郊区内的自由民身份的自耕农向齐国国君缴税的场合，同鄙内的农奴并不发生关系。

管仲的相地衰征，均地分力，注意了"财均力平"，但他这样做并不意味着就此让份地好坏搭配，归各家长期占有，不再定期调整。相反地，正因为地有好有次，生产费用不同，产量不同，所以需要把好地次地定期（如三年）轮换调整，使苦乐均等，在土地分配上做到公平合理（"均地"）。土地固定分配、长期占有，是以后的事，管仲还未走到那一步。《管子·乘马数》中说"相壤定籍而民不移"，这个"籍"是租籍的籍、征籍的籍。落脚于"民不移"上面的相壤定籍，与相地衰征一样，都是根据土地的好坏确定地租的标准，而不是按上膄之壤（上等地）、间壤（中等地）、下壤固定分配份地，登记到户籍中去。在管仲的时候，有关农业的重大改革就是变劳役地租为实物地租，更多的改革还要留待后人来完成。管仲相地衰征后的四十年，晋国"作爰田"，份地才由定期轮换调整，过渡到固定分配不再调整。

管仲改革的特点既是"修旧法，择其善者而业用之"（《国语·齐语》），所以他的革新是有限度的，"相地衰征"并非由此打破了井田。井田的旧形式——规划整齐、沟洫纵横的方块田，向来可以容纳不同的生产关系，包含不同的经济内容。管仲虽然调整了生产关系，但井田的外在形式，他还是保留不变的。他对齐桓公谈了"相地而衰征，则民不移"之后，接着又说："陆、阜、陵、墐、井、田、畴均，则民不憾"（《国语·齐语》）。意思是：高地平陆、谷地（田）麻田（畴），分配均平（《管子·乘马》篇中记有各类土地——高山、丘陵、沼泽、湖泊、荒地、森林等折合标准面积的计算法，称之为"地称以实数"）；九夫为井、有沟有墐（墐为沟上的路），规划整齐。用意正是要通过重整井田区划，分地均等，使人民相安。如打破井田，还要"井"、"墐"作甚？管仲是利用井田的形式来分配份地，以达到其使"民不憾"、使"民不移"的目的。如果一定要说管仲时已开始废井田（明杨慎说"世儒罪秦废井田，不知井田之废始于管仲，作内政已渐坏矣，至秦乃尽坏耳"），那也只是撤掉了井田中的公田（改为份地分掉），广大的份地还是保持井田的形式，其变化无非是由有公田的井田转为无公田的井田而已。所谓"画野分民乱井田，百王礼乐散寒烟"（元人陈孚题《管子》诗）云云，未必合乎管仲当时的历史事实。

管仲实行相地衰征所考虑的是，如何维护剥削耕种份地（利用井田形式）的农奴的封建领主制，是对领主制补漏救弊，而不是别的什么。管仲时，齐桓公既然已是一等封建领主，而不是奴隶主贵族，原先有份地而又共耕公田的耕者，既然已是农奴，而不是奴隶（铁器已发明应用，就有可能分户耕作份地），所以管仲的这一改革的意义就在于局部地调整了封建的生产关系以促进生产力的发展，而不属于奴隶制向封建领主制转化性质的事，不能把它看成由奴隶制的"借田以力"直接变为封建制的实物地租。中国的奴隶制并不是在管仲时才开始向封建制过渡的。管仲的改革也并未脱离领主制的范围而向前迈进。他的改变地租剥削形式，还不是收土地税而承认私田的合法性，还不是代表新兴地主的利益，在土地制度上进行一场大的变革（变领主制为地主制）。在封建地主制下，耕者是农民，其地位处境要比农奴好得多：自由民身份，列入国家的户籍编制，享有各项政治权利；土地永久占有，可以世袭，不再定期轮换；只向国君缴什一之税（是土地国有制条件下国家授田给农民），而非交什五之租。所有这些，管仲时的耕者并未一一做到，而只是向这一方向在转化。只要耕者（即使是国君直属领地上的耕者）仍是农奴，封建地主制就无从谈起。至于管仲的在鄙内设官治民，也不能与战国时的设县一例看待，而说这就是对领主制的否定。因为采邑主仍然是世袭的宗法贵族；他们诚然失去了在领邑内的行政权、司法权，但还保留着其他一些特权，如对农奴仍有权分派耕田以外的徭役；"臣妾、属役、宾客"，仍附籍于主家（《管子·立政》），不是国家的编户齐民，即农奴对主家仍有人身依附关系。这种采邑主仍然应算是领主，不同于非贵族出身，由购买、开垦、受赏而获得土地的新兴地主，也不同于在新兴地主阶级已建立政权条件下，尚允许存在的、只能衣租食税而丧失封建领主的全部特权的宗法地主（或称贵族地主，由领主演变而来，管仲时的领主只是开始在变，尚未变成地主）。总之，管仲不能超越时代去完成自己所不可能完成的历史使命。当然，就管仲的时代来说，他的相地衰征的改革意义还是很大的。不但振兴了齐国的农业，为富国打下了基础，而且当实践证明了实物地租优于劳役地租时，也就会发生连锁反应。由管仲创导于前的这一新的改革，对别国、对后来人必然会产生积极的影响，对历史的发展必然起到推动的作用。

三　推广铁铸农具，直接提高农业的生产力

管仲在齐国发展农业生产，主要靠两条：一是靠政策，实行相地衰征和其他有关的政策，调整农业上的生产关系；二是靠技术，大力

推广铁铸农具，直接提高农业的生产力。

原来，在西周后期铁制农具所用的铁只是原始熟铁——被称为"块炼铁"、"铢铁"或"海绵铁"。这是用木炭将铁矿石在固体状态下还原而得的。在西周青铜冶炼技术发展和利用陨铁的基础上，发明块炼铁的条件已经具备。它需要的温度不太高（1000℃左右），比纯铜熔点（1083℃）还低，这在当时困难是不大的。《诗经·秦风·驷骥》篇的"驷骥孔阜"一语中的"骥"字就是鐵（铁）字，驷骥就是铁色的马，可见铁在周末已是人们习见之物了。这种海绵体的原始熟铁比较软，可锻不可铸，经过锻打，挤出孔隙中夹杂的矿石本身存在的许多氧化物，可以改善机械性能，但不堪制作硬度要求较高的工具。虽然如此，铁在此时的开始应用，毕竟是提高了生产力的，"它是历史上起过革命作用的各种原料中最后的和最重要的一种原料"（恩格斯语，见《马克思恩格斯全集》第 21 卷第 186 页）。铁的原料易得，用以锻造农具（钱、镈、铫、耜等），比之成本昂贵、原料难得的青铜农器，容易在更广泛的范围内排挤掉石器。原先的木耜安上铁制刃部，且把刃部加宽，一个人就可以翻起一大块泥土，无须两人相并的耦耕，一家一户的耕作自此有了可能，从而引起了生产关系的大变革，为封建制的诞生提供了物质条件。

随着时间的推移，冶铁技术也向前发展。进入春秋时期，继块炼铁之后，铸铁也被发明了。当鼓风技术改进、炉温提高到 1100℃ ~ 1200℃时，即可得到液体的生铁（铁含炭量为 4.3% 时，熔点最低，为 1146℃），可铸农具，被称为铸铁。固体还原的块炼铁，炼成后需拆炉取出，生产间断，产量有限制，铁水铸造则可克服这一缺陷。同时，铸铁器较坚硬，也弥补了块炼铁质地较软的不足；铸铁连续操作，燃料消耗较少，矿石出铁率较高，因而成本较低，铸铁器价钱也可比较便宜，更受人欢迎。最初的铸铁虽然还比较脆，但硬而耐磨，适用于作犁铧，有助于促进由耜耕转向犁耕的过程。随后，铸铁术又有改进，即将铸铁经退火处理（"柔化"）变成有一定强度和韧性的"展性铸铁"（又称"韧性铸铁"、"柔化铸铁"），硬而不脆，用于制作锄、斧、镢、铲，更切合实用了。过去的块炼铁硬度不够，不适于作砍伐工具（斧斤），可铸可锻的展性铸铁被发明后，就可以大量地用于这方面，"使更大面积的农田耕作，开垦广阔的森林地区成为可能。"（恩格斯语，见《马克思恩格斯全集》第 21 卷第 186 页）总之，铸铁（尤其是展性铸铁）比块炼铁优越，它的发明，并被应用于制造农具，是春秋时期农业生产力又较前提高的一个重大因素。由此制成的改良农具或新农具，更有利于劳动生产率的提高。"一农之量，壤百亩也"（《管子·臣乘马》），可见每家百亩（约合今三十二市亩），分地而耕，已成为通常的格局了。铸铁术发明并应用于铸造农具这样一件有历史意义的大事，正是在应用块炼铁居先的齐国较早地发生了；而大力试验、推广铸铁农具的人，正是那位深知改进工具与增加生产的关系的齐相管仲。

就在管仲"作内政而寄军令"工作就绪之后，齐桓公向他提出一个问题："夫军令则寄诸内政矣，齐国寡甲兵，为之若何？"管仲答道："轻过而移诸甲兵"（"轻其过，使以甲兵赎其罪也"。《齐语》及《齐语》注）。桓公进一步问："为之若何？"管仲对答了这样一大段话："制重罪赎以犀甲一戟，轻罪赎以鞼盾一戟，小罪谪以金分，宥间罪（"间罪"，刑罚之疑者也，即嫌疑罪犯）。索讼者三禁而不可上下，坐成以束矢。美金以铸剑戟，试诸狗马；恶金以铸锄、夷、斤、斸，试诸壤土。"桓公按此办理，结果使"甲兵大足"。管仲的话意思是：重罪可用犀甲和车戟赎死刑；轻罪可用盾（缀革有文如缋，称"鞼盾"）和戟赎劓刑、刖刑；不入于五刑（墨、劓、刖、宫、大辟为五刑）可用金赎，按罪行情节轻重，赎金有分两之差；刑罚之有疑者（间罪）则赦宥之；对求讼者禁之三日，审实其辞，辞定不可改移后，狱讼已成，讼者以束矢（十二矢为一束）入于朝，乃听其讼。这里面小罪所收的赎金有美金恶金之分，美金指铜，恶金指铁。铜征集后，用于冶铸剑戟等兵器（直到西汉初尚以青铜兵器为贵，以钢铁为兵器是后起之事）；铁则拿来铸造锄（钼）、夷（削草平地的工具）、斤（斫木之斧）和戄（斫器），可供垦地时用。以金赎刑，古已有之。《尚书》曰："金作赎刑"；周穆王时曾制定条例，大开赎金之门，如出金六千两（一两约合今四钱多）可赎斩刑，三千六百两可赎宫刑，等等。但那时的金是指铜，并没有铁，以铁（恶金）赎刑是管仲的补充，征集到铁作为原料用于铸造农具也出自管仲的筹划。管仲的对策，不仅注意收集甲、盾、戟、铜，用于军事，"以足甲兵"，而且注意到要为铁制农具增辟原料来源，这对发展农业有重要的意义。当然，农业生产发展，足食足兵，与军事力量的提高也有密切的关系。

从管仲的允许以铁赎罪并用于铸造农具的那个"铸"字可以看出：他所讲的铁不是原始熟铁，而是比之进步的硬度较高的生铁、铸铁。铸造的工具中有的被用于砍伐林木（《管子·小匡》作"试诸木土"），适应开辟山林荒地的需要。这种"重型开垦工具"所用的铸铁，当然更是针对生铁脆性做了改进的可锻铸铁，而非一般的铸铁。铸铁技术至此已经有了一定的提高。同时，从"试诸壤土"的"试"字可知，此时展性铸铁用于制造农具尚在试验阶段，是管仲发现这一新事物而加以大力倡导和积极推广的。管仲重视收集铸铁原料，并将其定为一种政策，齐国由此进入一个广泛使用较好的铁（铸铁）制农具的时期（块炼铁同时还在使用）。在管仲时，耕地、伐木、开荒，都已使用铁器，只是除草、收割中蚌石工具尚可对付，一时尚未绝迹。

铸铁工具的使用，在世界史上都要落后于块炼铁使用很长时间（欧洲到14世纪才成功地炼出生铁）；而在中国，块炼铁应用后两个多世纪即有铸铁，甚至有展性铸铁发明并广泛用于农业上，进展是非常之快的（欧洲白口韧性铸铁最早于1729年出现，中国比之早2400年，一般的生铁冶铸技术也比欧洲早2000多年）。在较快地、较早地推广使用铸铁的过程中，管仲作为一位组织者，也有一份不可磨灭的历史功绩。

铸铁农具得到试验推广，使农业的可耕地不再局限于黄土层地带和土质较松软的土地；冲积土地带（包含黏土，经雨淋日晒，土会变硬）由此也提高了可供利用的经济价值，甚至"硗埆之地"也不见得艰耕难种，山林荒地也有可能大片开发了。这对于齐国农业的发展是至关重要的。由于农业生产工具的改进而带来生产力的发展，再加生产关系上的调整，齐国的农业生产比之过去大为增长。原先不宜农耕的滨海之邦的齐国，至此，所赖以维持生存的已经不是鱼、盐以及被称为"女红"的纺织业，而是同时以农业为其立国的基础了。而农业的发展在很大程度上是靠了铁器的应用。"齐桓公之所以能够划时代地成为五霸之首，在诸侯中特出一头地，在这儿可以找得它的物质根据。煮海为盐积累了资金，铸铁为工具提高了农业生产，所以桓公称霸不仅仅由于产生了一位特出的政治家管仲，而是由于特出的政治家找到了使国家富强的基本要素。"（郭沫若：《希望有更多的古代铁器出土》）

四 实行"官山海"政策，首创盐铁专卖

管仲在齐国实行经济改革，增加经济收入的办法，不仅仅是发展了农业生产，他的改革更深入到工商业中去。由于管仲出身商贾，对商品、货币、贸易等问题有丰富的实际知识，又由于齐国在历史上久有重商的传统，并有发展工商业的良好地理环境，所以管仲在解决齐桓公所提出的"财用不足若何"的问题时，就利用齐国经济上的特点

和自己从事商业的经验，主张大力发展手工业、商业和对外贸易，并把它们放到与发展农业并重兼顾的地位，以作为增强齐国经济实力的一条重要途径。在这方面，管仲也进行了重大的改革，其中最突出的是实行"官山海"的政策，在中国历史上创行了"盐铁专卖"的制度。

西周时，实行工商业官营的制度。与土地所有权属奴隶制国家所有相适应，手工业的生产资料也归国家占有。官府拥有大量的奴隶，进行山泽的开发和各种手工业品的制造。这些产品以及"公田"上剥削来的农产品，还有从下面缴来的贡物，除了贵族们自用外，剩余的部分要出售，有的还要运往外地，用以交换那里的珍异特产和本地所不能生产的东西，手工业所需的部分原料也要从外地运入。这种贩运、交换活动，就由官府所属的商贾来进行。商业的属于官府同手工业的属于官府是紧密相连的。工商并称，工商连称，这种工商业由官府占有的制度叫作"工商食官"。直接从事工商业活动的人，也处于奴隶的地位，由官员（"贾正"、"工正"）对他们进行管理。当然，当时的商业和手工业也并非全由官府包办。自由农民在农闲时赶着牛车出外经商；在向官府纳税的条件下，平民利用山泽，煮盐、捕鱼……到市场出售，这些情况还是有的。但官商官工在工商业阵地上占绝对优势，私人经营的规模是不大的。到了西周末期，奴隶制的体制日益松弛，封建制的萌芽日益成长，私营工商业也日益兴起。许多小贵族以至平民中的上层，成为新兴的农业经营者（用封建的收租方式剥削农奴），同时也往往经营工商业，开发山泽之利。铁器的发明和应用，就是他们这些人积极从事的新兴事业。煮盐，也有他们在内，而且经营规模较大。"如贾三倍，君子是识"（《诗经·大雅·瞻卬》），他们对做买卖更是特别热衷。他们的财富增长很快，是西周末期的"富子"、"富人"。周厉王为了抑制庶姓家族经济势力的增长，曾实行由国家全面垄断工商山泽之利的"专利"政策，结果引起国人暴动，厉王被放逐而死。在反对者的行列中，很多就是那些经营盐铁的新兴的私营工商业者。

春秋时期，虽已开始进入封建社会，但在一段时间内，"工商食官"的制度仍被保留，官商、官工仍然是奴隶身份。为什么在封建社会里农业生产关系已经改变，分散经营的个体经济已经出现，而在工商业里还执着奴隶制的残余不放，还偏偏要坚持主要由官府来集中经营呢？这主要是因为：手工业较便于集中管理，不全部分散给个体手工业者去经营，一时也还过得去；兵器、乐器、礼器、战车、乘舆等手工业，都是直接为统治阶层服务的，更是需由官府来继续垄断；批发、贩运贸易盈利大，官府自己经营甚有益于财政；坐市列零卖的贾人也便于集中管理，其劳动强度低于农业，叫前代商奴的后裔来操父业一般也还能安下心来。在春秋前期，完全打破"工商食官"的历史条件还未成熟。虽然，自从"国人暴动"以后，统治者对私营工商业有所让步，在春秋前期已形成官工商与私工商大小并存的局面了，而且私营工商业的比重还在逐渐提高着。

生于春秋前期、去西周未远的管仲，不可能革掉官工商的制度，他在齐国所大力发展的工商业，是基本上维持"工商食官"的传统，并努力加以补缀，保证官营经济的主导地位，而不让私人经济占去优势。他对齐桓公提出的"工立三族，市立三乡，泽立三虞，山立三衡"（《国语·齐语》）的建议，就是要在齐国实行由国家统制工商业和经营山泽之利的政策。那么，管仲在工商业方面到底有没有改革呢？改革是有的。具体表现是他虽着重加强了对流通过程的控制，但在生产过程中放宽尺度，不强调搞官营，而尽可能利用私人的力量来发展生产力。对流通（商）严、对生产（工）宽，实行官民分利，这就是他所制定的政策的特点。生产让民营，有利于调动经营者的经营积极性；流通由官营，则可避免开放民营而遗利在下问题的更趋严重。生产、流通，区别对待，趋利避害，管仲考虑得非常周详。"山泽林盬（盬，盐池），国之宝也。"（《左传》成公六年）盐铁是山泽之利中的最大者，工商业中的最大者，所以管仲要"徼山海之业"（《史记·平准书》。徼，通邀，求取之意），山海之利主要要由国家来掌握。但他的"官（管）山海"也并非把盐铁等山泽产品的生产和流通全部归由官办。和周厉王从生产到流通全面垄断山泽的专利政策不同，管仲照顾了各方面尤其是生产者方面的利益，并非由国家独占其利，所以在实践中能取得成功。

在管仲的思想上，国家由经营山泽取得收入，可代替直接向人民加重税敛，好处是更大的。相传齐桓公曾打算通过增加税收来充实财政。他问管仲："吾欲藉于台雉何如？"管仲答道："此毁成也。""吾欲藉于树木。"管仲答道："此伐生也。""吾欲藉于六畜。"管仲答道："此杀生也。""吾欲藉于人，何如？"管仲答道："此隐情也。"（《管子·海王》）管仲的意思是：征收（藉）房屋税会使已建成的房屋日趋损毁；征收林木税会影响人们植树育林，造成乱伐林木；征收牲畜税会促使人们滥杀牲畜，妨害牲畜的繁殖；征收人头税或户税，会使人们隐瞒户口，不报实情。这些强制性的征税，都会引起人民的不满，赋税的征集反而会更加困难，副作用很大，因而是不妥当的。桓公听了管仲这也不是那也不行的回答，不由得着急起来，紧问道："然则吾何以为国？"管仲回答："唯官山海为可耳。"（《管子·海王》）他早就筹之已熟，在桓公面前明确地提出，要通过商业活动，从盐铁的国家专卖中来扩大财政来源的新主张。所谓"官山海"主要内容就是实行盐铁专卖；中国历史上有名的专卖政策，就是由管仲审时度势，在同齐桓公研究国家财政问题时一道确定的。这是前所未有的、在封建国家经济政策上出现的一个新事物。

与现时食盐和铁器（尤其是盐）价格低廉、供应普遍的情况不同，在古代，尤其是在很古的春秋前期，自然经济占统治地位，唯独盐、铁这两项商品是不能随地生产，而又为人民生活和生产所必需，非依赖市场供给不可的。盐，作为人们的生活必需品，谁都少不了它，"恶食无盐则肿"，"十口之家，十人食盐，百口之家，百人食盐"（《管子·轻重甲》、《管子·海王》）。铁，已由块炼铁进而发展到铸铁，用于铸造砍伐工具和农具，生产效率可大大提高，为人们所乐于使用，经营铁器正是一个大有发展前途的新兴行业。盐和铁在当时市场上是销售面最广的两项举足轻重的主要商品。但盐、铁这两项山泽产品，在西周末期以来（周厉王专利政策失败后），一直是实行租税制（征收山泽税和关市税），开放私营，大部分收益归于私人，官府收入不多。把这两项重要的利源控制起来，使之不再散落于正在发展中的私营商业之手，这比利归私商，而另向人民征收强制性的人头税或其他捐税确实要好得多。在齐国主持国政、受命开辟财源的管仲，原为商人出身，深知私商经营盐铁利入之厚，想出盐铁专卖那样的办法是十分自然的。比当年帮周厉王出点子、"好专利而不知大难"的荣夷公高明十倍的地方是：管仲并不赞成赤裸裸地把盐、铁的生产完全收归官府经营，不让人民插手，而是主张把生产放给私人，仅由官府来控制流通环节，在一买（从生产者）一卖（向消费者）、人们不知不觉中把厚利拿过来。这样通过商业、运用买卖方式来取得收益，正是富有经商经验的管仲的拿手本事。在管仲看来，盐铁的生产，官府以不直接参与，而假手于私人为宜。这不仅是因为担心不让私人生产、不让私人分沾一些经济利益，有可能重蹈厉王专利时的覆辙，而且也因为由官府来直接经营生产，实践已经证明是困难重重的。如开矿采铁，官府向来为了满足自己的需用，仍保持一部分官营的矿冶制铁业，而因劳动强度大，生产条件差，在这些官营的生产部门中是驱使奴隶来干活的。但管仲认为像那样由政府自己来组织生产，"以令断山木，鼓山铁"，就会产生"发徒隶而作之，则逃亡而不守"的问题。如果"发民（国人），则下疾怨上"，一旦边境有事，则"怀宿怨而不战"，就有战败的危险（《管子·轻重乙》）。据此，管仲主张官营的制铁业只能缩小，不能扩大，但要实行铁的专卖。比较妥善的办法是由人民（国人）来从事铁业生产，按照山海自然资源属于国有的原则，官府向生产者征收一笔租税（实物税），并统一收购、统一销售（"专卖"）他们的产品，供应市场需要，其中有一部分也可作为官府内部的消费之用。这样做，可以使人们在生产过程中尽力地劳动，而又在官府的控制之下，这叫作"民疾作而为上虏矣"（《管子·轻重乙》。以下出自《管子》者，一般只标篇名，不再标书名）。盐的生产，则放给民营，而不收归官营，也是出于提高经营者积极性的同样理由。在开发山泽中，管仲坚决摒弃了奴隶制生产关系的残余，并尽量少用无偿的封建徭役劳动，在当时这一做法是很有进步意义的。所以，对于"工商食官"，管仲也并非完全不加触动，其实在"工"的方面他已做出很大的革新了。

管仲的盐铁专卖，具体采取怎样的措施呢？

在食盐方面，他称齐国为"海王之国"，"有渠展之盐"（《管子·海王》、《管子·轻重甲》。渠展即济水入海处），主张充分利用这一自然资源，"以负海之利而王其业"（《管子·海王》注）。他为齐桓公筹划的办法，首先是允许盐的生产归私人经营。"请君伐菹薪，使国人煮水为盐，征而积之。"（《管子·轻重甲》，据抄本《册府元龟》四九三，有"使国人"三字。他本无"使国人"三字，因此许多书上都解释为盐由官制。草枯曰菹）意思就是请桓公准许平民（国人）采伐枯柴，煮海水制盐，所产的盐由官府以征税（税不重）和收购方式积存起来。盐的生产虽许民营，但接下来的运输和销售环节却全部由官府掌握。原有的贩盐商人是被排挤了，厚利即从官府自己贩盐、售盐的过程中得来。

当时实行"书社"制度（社的户口书写在版图上），有较严密的户籍，所以对国内食盐的销售有条件采取按户籍计口授盐的办法。管仲对桓公所说的"谨正（征）盐筴"（盐筴犹言盐册，筴即策字），就是按照户籍分配食盐，从中征集财政收入之意。他下令各地，核定吃盐人的户口簿籍，将各户的大人小孩男子妇女，分别登记在册（即所谓的"盐筴"），按人分等定量供应。供应的标准是："终月大男食盐五升少半，大女食盐三升少半，吾子食盐二升少半。此其大历也。"（《管子·海王》，少半为三分之一，大半为三分之二；吾子为小男小女；大历即大数。）齐量一升容量实为187.6毫升，据实测，古齐升一升的盐重为0.371市斤（尹知章注云"盐十二两七铢一絫十分之一为升"，这些古两，约合今十六两秤的6.15两，即0.384市斤，与实测对照，可知尹注大致不差）。男女大小平均月食盐三升，约合1.11市斤，全年食盐十二市斤以上（古时人民生活水平低，吃咸菜、咸鱼、大酱多，用盐量也大于现时）。由于食盐销售面广，人人都要吃这许多盐，只要每升盐酌加一点价钱通过官贾出售（按人配售），积少成多，合起来就是一笔可观的数目。

国家从食盐专卖上能收入多少，这要看加价的多少而定。如果每升盐加半钱（"令盐之重，升加分疆"，疆即强字，钱也，分疆即半钱；或曰附加之价曰疆），一釜（百升）可得钱五十；如升加一钱（"一疆"）则一釜可得百钱；如升加二钱（"二疆"），一釜就可得钱二百。这半钱、一钱、二钱都是在成本之外另加的，大致是离盐场近的地区加价少，离盐场远的地区加价多（其中有运费因素）。如按照每升加二钱的最高收益计算：一釜得钱二百；十釜为钟，一钟得钱二千；十钟得钱二万，百钟二十万，千钟二百万。万乘之国人口千万，男女大小统扯计算，每日可得钱二百万（售盐千钟），一月六千万（售盐三万钟，平均每人月食盐三升）。如果对成年男子征收较重的人头税——每人每月三十钱，应征人口一百万（占十分之一），一个月总共也不过得钱三千万，只及食盐加价的一半。也就是食盐专卖收入"非籍之诸君吾子，而有二国之籍"，相当于两国的人头税。即使按照每升加一钱的折中估计，也相当于收一国的人头税。下令征收人头税，人必"嚣号"反对，隐匿人口；按照盐册（盐籍）给盐收钱，"则百（一说"百"为"自"之误）倍归于上，人无以避此者，数也"。其利弊不是很清楚的吗？（以上引文均自《管子·海王》。桓公时齐国人口实际上没有这么多，只是千乘之国，但比例关系还是对的）

制盐并不伤农。管仲的食盐专卖政策实行之后，既为国家增加了财政收入，又激发了人们制盐的热情，促进了盐业生产的发展。当山泽开放的时候，煮盐的人纷至沓来，人多得像上市赶集一样。"草封泽，盐者之归之也，譬若市人。"（《管子·戒第》）这句话就是对煮盐业兴旺的情景的生动描述。齐国的海盐资源丰富，只要有人愿意去煮盐，就能大量生产出来。为了避免私人经营生产过剩，转使食盐积压难售，同时也为了防止过多的劳动力流向煮盐而影响农耕，管仲对盐的生产是既有鼓励又有控制的。他对煮盐的时间做了一个统一的安排："十月始正，至于正月"，这跨年的四个月是农闲季节（齐地阴历三月至九月是农作物生长期），大家可以去为盐事奔忙，不加禁止。但到二月孟春农事将起，成盐已积至一定数量，他就请准桓公，下令"北海之众无得聚庸而煮盐"（庸，旧注："功也"，近人有解释成聚集佣工的）；在这同时，还以不夺农时为名，下令"大夫无得缮冢墓、理寓室、立台榭、筑墙垣"。从贵族官员做起，不抽调劳动力用于非农业生产上面。这样，从上到下造成一种尚农而不妨农的社会风气，使得北海煮盐之人不致因停止制盐而引起不满（以上引自《管子·轻重甲》）。"人不知其机，斯为权衡"（《管子》注），管仲办事是十分巧妙的。

在铁器方面，管仲也请桓公积极推行专卖制度，具体做法与盐相仿，而稍有区别。他对桓公说："今铁官之数曰：一女必有一针一刀，若其事立（若，然后之意）。耕者必有一耒一耜一铫（大锄），若其事立。行服连（辇人挽车）、轺（一马之车）、辇（大车驾马曰辇）

者必有一斤（斧）一锯一锥一凿，若其事立。不尔而成事者，天下无有。"为此建议："令针之重加一也，三十针一人之籍；刀之重加六，五六三十，五刀一人之籍也；耜铁之重加十，三耜铁一人之籍也。其余轻重皆准此而行。"意思就是按重量多少分别加价（加在销售价上），以代征税。如一根针上加一钱、一把剪刀上加六钱、一个铁耜上加十钱，卖三十根针或五把剪刀或三个铁耜，就相当于收一个人一个月三十钱的人头税。铁器的出售也全由官府所属的官贾办理，按户籍什伍编制，供应给农家，而非开设店铺任人随意来买。管仲认为，这样做，"举臂胜事，无不服籍者"。形式上没有征税，而实际上凡担任劳动生产之人没有不向国家负担租税的（以上引自《管子·海王》）。

铁器主要用于生产劳动，但如上所述也有用于上交官府为赎罪之用的。这部分赎罪之铁，除了开矿冶铁者本身有铁以外，其来源不外两途：一是废铁上交官府重铸，二是向官府购买铁料或铁器再交回官府。不论交的是旧是新，在实行专卖的条件下铁都来自官府，赎罪交铁实际上也等于交钱。

在铁器的售价上加钱，是向消费者征"税"，另外，管仲还向生产者征税。管仲否定了其他官员（"衡"）关于铁器生产收归官营的意见，说服桓公将铁器生产让给民营，国家的收入由征税的方式取得。"故善者不如与民量其重，计其赢，民得其七，君得其三。"（《管子·轻重乙》）这里包括原料税与成品税两类：私人开矿冶炼后，官私分成，铁作为原料按重量（量其重）给官府白拿三成，以充租用矿山之税（实物税，供官府自营的铁器作坊用）；铁的制成品由官府统一收购，计算铁器制造者所得利润（官府收购价减去制造者的生产成本，即所谓的"计其赢"），也按三七分账的办法，以三成扣还官府，作为专卖税。这种三七分成的办法在盐上面没有，只是在铁上面发生。官府向冶铁者和制造铁器者两个环节征税（一为实物税，一为货币税），不劳自己生产，坐收盈利，甚为合算；私人采铁、制造铁器虽要纳税，但比全由官府垄断毕竟是多了一条生财之道，三七分账后仍有相当的利益，所以他们发展生产的劲头还是很高的。事实上正是由于管仲实行铁器民制而非官营的政策，齐国铁器生产的发展得到很大的促进，铁铸农具的推广也就有了可靠的保证。

随着铁铸农具的使用日益普及，本来地多斥卤的齐国，一变而有"膏壤千里"之称。铁再加上盐，使齐国已由立国初期的鱼盐之国转为盐铁之国了。尽管它的渔业仍是相当发达的。

盐铁两项大商品实行专卖政策，所采取的形式可归纳为"民制、官收、官运、官销"八个字。这种专卖形式可称为"直接专卖制"。中国历史上管仲是盐铁"直接专卖制"的创始人。就当时来说，管仲的盐铁专卖既为国家增加了财政收入，政府不必另筹税源而国用足，又发展了民间的盐铁生产，保障了人民在生活和生产上的需要，专卖制度的积极作用显然可见。

盐铁以外的其他山泽产品，管仲也很重视可从中取得的经济收入。他说："为人君而不能谨守其山林菹泽草莱，不可以立为天下王。""山林菹泽草莱者，薪蒸之所出，牺牲之所起也。故使民求之，使民籍之，因以给之。"（《管子·轻重甲》）在他看来对于山泽是必须有所管理的。但他也不要求由官府全面地加以严格的障管，而是主张采取国有民营的做法，允许私人在缴纳租税的条件下去开发、利用山林泽薮的产品。管而不死，管仲的这一观点也是比较正确的。

如对林业，管仲一方面设官管理山林，按时"禁发"，规定禁止进山伐木和开放进山用材的时间，另一方面还提倡人工造林，对"民之能树艺者"给予物质奖励。对人们伐用木材者，"立三等之租于山"："握以下者为柴楂，把以上者为室奉（修缮房屋用），三围以上为棺椁之奉。"柴楂、室奉和棺椁之租若干，各有不同的规定，对后面两种用材还按贫富条件实行差别征税制。"巨家重葬其亲者服重租，小家菲（薄）葬其亲者服小租；巨家美修其宫室者服重租，小家为室庐者服小租。"（《管子·山国轨》）这种"上立轨于国，民之贫富，如加之以绳"的做法，是管仲对租税原则的又一项卓越的新见解。具体到对棺椁用木其租特重这点，则更包含了节约木材、限制厚葬的意思在内（《韩非子·内储说上》更说管仲主张"棺椁过度者戮其尸"）。捕鱼、狩猎，也在国家管理的范围以内，由私人经营，向其征收租税（划地立租）。由于林木渔猎产品比较零星分散，只是收税而已（山泽的租税和关市之税），对流通环节，官府是放给私人不实行专卖的。这与盐铁两项主要山泽产品之实行专卖有所不同。

铁以外的其他矿产，如金、银、铜，因史料不足，如何处置其法不详。但由于其重要性（可为币材，金银更是贵重），很可能从生产到流通都由官营，或部分由民制，其制成品在流通中也实行国家专卖。

总之，山泽产品很杂，采用哪种管理方法当随商品而异。当时所谓的"官山海"，其内容十分复杂，盐铁专卖虽为其主要内容，但尚不能以单一的专卖制度来概括一切。

管仲的以盐铁专卖为主体的"官山海"的收入，基本上都是通过交换方式得来的商业利润，而不是国家直接从事生产活动所获得的。要说管仲主张"无税"政策，也只是就形式上看问题。从流通中所得的专卖利润，实质上仍然是税，一种寓税于价的隐蔽税，去直接税而取间接税而已。不过，通过买卖方式，将这笔"税"拿到手，取之于无形，人们不易觉察，因而就比较容易接受。相传管仲曾说过那样的话："民予则喜，夺则怒，民情皆然。先王知其然，故见予之形，不见夺之理，故民爱可治于上也。租籍者（工商税），所以强求也；租税者（农业的租税），所虑而请也（虑，计也；请，求也）。王霸之君，去其所以强求，废其所虑而请，故天下乐从也。"（《管子·国蓄》）改变强制性的租税征取方法，代之以商业形式的商品专卖，这就是"见予之形，不见夺之理"。盐铁民制，生产者有积极性，生产增加，税收也相应地增加，这也是将欲取之故先予之，"取之"形式比较缓和。管仲一贯强调"予之为取"、"以予为取"，以此作为处理经济问题的基本原则；实行民制官收的盐铁专卖，使他这种思想、这一原则，除在农业以外，又进一步在工商业方面、在流通领域里得到具体运用。在他看来，盐铁专卖正是使民"乐从"而能帮助齐桓公得遂王霸事业的重要政策。同"予之为取"的又一具体应用——农业上的"相地衰征"政策一样，都属于决定国家命运的重大决策。

盐铁专卖的具体做法，见于《管子》一书中所载的管仲与齐桓公的几段对话。《管子》是管仲身后齐人编纂的。虽然其中夹杂了某些反映时代较晚的材料，所述管仲的言论和行事也掺有某些假托的成分，但管仲在齐国实行"官山海"政策，创行盐铁专卖制度，则绝非出自虚构。盐铁专卖在《管子》中也绝非只是一种理论，司马迁写《史记》时并未对管仲实行盐铁专卖表示过怀疑（《史记·管晏列传》中说："至其书，世多有之，是以不论，论其轶事。"司马迁是相信《管子》中记录的管仲的言行的），所说的管仲"徼山海之业"（《史记·平准书》），主要即指盐铁专卖；后来"管山海"这一用语（《盐铁论·复古》），即沿用管仲"官山海"的说法（官即"管"字的假借）。《管子》一书自有古老的传闻和齐国的档案为根据，我们固然不能不加选择、不加分析地把《管子》所记全部作为管仲的言行，但也不能因为其事其语记于《管子》，反而认为全属后人的思想，故意记在管仲名下，而与管仲本人全然无关，只有《齐语》中的管仲之言才可以引用。应该说，《管子》一书中有相当部分的资料经过分析，剔除所夹杂的管仲身后的情况后，是可以在一定程度上反映当年管仲的思想和他所推行的政策的。

五　"轻重"理论与货币政策

　　《史记》说"齐桓公用管仲之谋，通轻重之权"（《史记·平准书》）；《汉书》说"至管仲相桓公，通轻重之权"（《汉书·食货志》）。"轻重"是什么意思呢？简言之，"轻重"就是商品价格的贱与贵，反过来说也就是货币购买力的高和低。所谓"通轻重之权"，就是指由国家来经营商业，掌握货币，通过商品与货币的交互收放，来平衡物价，调剂供求。对市场商品货币情况的相对变化做了观察，而提出的一种理论，就是"轻重"理论。深谙经济事务的管仲，对"轻重"理论已开始有所揭示了。

　　《管子》中记载，管仲主张在物多而贱时（即物"轻"时）进行收购，物稀而贵时（即物"重"时）进行抛售，以平衡过低过高、暴跌暴涨的物价。这就是"通轻重之权"的显例。这里的物，主要指的是粮食。"五谷食米，民之司命也。"（《管子·国蓄》）民以食为天，粮食是最主要的物资，管仲认为粮食的价格要直接由国家来控制。由于齐国实行了"相地衰征"，推广了铁铸农具，农业发展了，粮食增产了，其投入市场的数量也增加了。东西多了，供过于求，价格就会低贱。针对这一点，管仲所采取的措施就是适当提高国家的购粮价格，以鼓励粮食生产，保护小农经济。相反的，在荒歉年份，粮食减产，上市量减少，价格就会腾贵，对此管仲的措施则是由国家来规定售粮价格——低于市场上自发形成的价格，并按照国家的平价来供应国中不在官、不由国家供给廪食的平民，把过高的粮价平抑下来。这样做既有实际可能，也有客观必要。"轻重"之术，作为国家对经济的一种调节手段，作用是不小的。

　　在当时齐国的官营商业中，于盐铁之外，粮食业也是一个较大的行业。在官商私商并行的条件下，它实担负着官府与私营粮商做斗争的任务。《管子·国蓄》中记载了管仲的一段话，这段话为《汉书》所引："岁有凶穰，故谷有贵贱；令有缓急，故物有轻重。然而人君不能治，故使蓄贾游市，乘民之不给，百倍其本。""计本量委（积也）则足矣，然而民有饥饿不食者何也？谷有所藏也。""夫民有余则轻之，故人君敛之以轻；民不足则重之，故人君散之以重。""凡轻重敛散之以时，则准平。"其中心思想是要由国家来根据物价的涨落，适时地吞吐物资，以平稳价格，不允许私商耍奸使滑，囤积居奇，高抬物价，影响人民生活，让"轻重之权"倒持于私人之手。国家管控商业，"轻重敛散以时"，这是管仲轻重理论中的主要内容。

在西周时，管理市场的贾正，是单纯用行政手段来干预价格的（代官府评定价格），但不能有效地阻止因供求变化而出现的商品价格的自发涨跌。管仲懂得用经济方法来影响物价，比之前人是一个很大的进步。对后人来说，他的轻重敛散之法，也开创了一个管理市场的良好先例。

当然，即使以略高的价格收购商品，以略低的价格出售商品，这也并不是单纯地为调剂供求给人民以好处。"予"中有"取"，在一买一卖中国家还是可以获得相当大的一笔差价（季节差价、丰歉差价）来增加财政收入的。这就叫作"敛积之以轻，散行之以重，故君必有什倍之利。""操事于其不平（价格变动）之间，故万民无籍，而国利归于君也。"（《管子·国蓄》）

"通轻重之权"和"徼山海之业"，十个字连在一起（《史记·平准书》），说明管仲从盐铁到粮食，为国家大开财源，他切切实实地在齐国大力发展从盐铁到粮食的主要商品的官营商业，他的经商本领在一国的范围内得以大大施展了。

与商品有密切关系的货币，币值与物价的轻重成反比例的货币，管仲对此也制定了较好的政策，并懂得用调节市场上货币流通量的办法来调节物价。

《管子》中记载管仲的话说："人君铸钱立币，民庶之通施。""黄金刀币，民之通施也。故善者执其通施。"（《管子·国蓄》）意思是钱币的铸造权应属国家，并由官府来控制好这个流通手段，不能分散在私人的手中。过去"太公为周立九府圜法"，齐建邦之初，"太公退又行之齐"（《汉书·食货志》）。虽然文献所述圜法的内容不无附会之处，但齐国一建立就由侯国来铸行刀币，这件事则不假。齐国有国家铸币的历史传统，再加上管仲实行官营商业政策，所持的"轻重"理论，因此他坚持把铸币权集中于齐公室，"谨置公币"，自是理所当然之事了。《史记》也肯定了这一点，说："其后齐中衰，管子修之，设轻重九府，则桓公以霸。"（《史记·货殖列传》记载，九府即九种掌财币之官，是大府、玉府、内府、外府、泉府、天府、职内、职金、职币九官，详见《史记》注），即指管仲修钱法而有所发展，这里的轻重就是指钱的大小轻重，也就是指对币值高低（轻重）的控制。

尽管管仲主张把铸币权集中在国君手中，但他却不赞成利用这一方便的条件，把滥铸含铜量不够规格的轻币、小钱作为财政搜括的手段。他说："币重则死利，币轻则决而不用，故轻重调于数而止。"（《管子·揆度》）在一心发展商业、重视商品正常流通的管仲的思想中，货币数量不能搞得太多、质量不能搞得太次的道理已经被弄得很明白了。否则，钱币轻贱，物价高昂，人们不愿使用它，货币就不能起到它"通施"的作用，就会影响国内市场商品的正常流通。因此，钱币的多少、轻重，应掌握在恰当的程度上。管仲基于这样的认识而制定的货币政策，是一种稳健的政策。

钱币即使由国家来铸造，铸造数量也不宜过多过滥，含铜量也合乎标准，是足值的良币，但由于投放到市场上供流通用的货币数量，即作为商品计价筹码的货币数量，有或增或减的变动，商品的价格也会出现上涨或下跌的现象。富有经商和理财经验的管仲，对商品与货币的关系的认识已达到相当高的水平。《管子》一书中记载管仲的主张：由国家掌握其所垄断铸造的货币的流通量的增减变化，来直接控制主要商品（如粮食）并间接影响其他商品的价格。所谓"执其通施（黄金、刀币），以御其司命（五谷食米）"（《管子·国蓄》），就是这个意思。"国币之九在上，一在下，币重而万物轻，敛万物应之以币，币在下，万物皆在上，万物重十倍。"（《管子·山国轨》）管仲认为：国家收回了十分之九的货币，市场上的货币因抽缩而过少，物价就会下跌；反之，货币大量出笼收购物资，物价就会上升。币重（货币购买力高）物轻（商品价格贱），币轻（货币购买力低）物重（商品价格贵），变化趋势正相反。利用这一关系，他的办法是：国家先以货币预购粮食，粮食收购之外，再用货币来换取布帛等为国家所需用的物资。此时国家掌握了粮食、布帛等大量物资，货币则大量地在民间流通。民间物资稀少。"物藏则重，发则轻"，"散则轻，聚则重"（《管子·揆度》、《管子·国蓄》），是一条规律。币在下，物在上，就会形成商品价格上升的局面。但非农业人口所需的粮食、布帛仍要以货币向国家购买，于是货币逐渐回笼，又出现商品价格下跌的情况。国家又以货币收购商品，币下流而物上流，商品价格上涨。国家再向市场出售物资，随着物资的抛售而物价下跌，跌到一定程度，国家又收购物资。总之，物价下跌到适当水平以下，国家即投放货币，以较高价格回收商品，使其价格回升，此即所谓"以重射轻"；物价上涨到不必要的高度时，国家又以较低价格出售物资，回笼货币，使较高的市场价格趋于平衡，此即所谓"以贱泄平"（《管子·国蓄》）。这样，市场的商品价格就由政府来控制。"国无游贾，贵贱相当"，物价平衡，"此谓国衡"（平衡物价的工作谓之"准平"。《管子·揆度》、《管子·国蓄》）。而国家在币重物轻时收进商品（适当高于市场价），在币轻物重时出售商品（适当低于市场价），从中仍可以得到一大笔收入。国家经办商业，平衡物价，调节供求，固属好事，但仍然不可能不取之于民，从中赚钱，只是赚多赚少而已。"故贵贱可调而君得其利"（《管子·国蓄》），管仲并不讳言他所要营求财利的目的。不过，善于调度的管仲，通过货币的投放与回笼（币轻、币重）来调节、影响商品的价格（物重、物轻），确实又为他的"轻重"理论增添了一项重要内容。

在《管子》一书中，讲"轻重"、讲货币的地方很多，上面所列举的内容可能是管仲本人已具备的基本概念；其他未列入的内容，有的则较难肯定是管仲的观点，有的显然是后人托以管仲之名编入的。那些祖述管仲的继承者，把管仲的思想大加发挥，轻重理论被他们阐发得更加深入、细致而体系化，而内容也就更为庞杂了（《管子》共有《轻重》十九篇，亡其三）。事实上他们已形成了一个重要的学派——"轻重"学派。这些轻重学家，是对经济生活深有研究的中国古代出色的经济学家，但溯源推本其学盖发轫于管仲。管仲可说是轻重学派的鼻祖，中国古代的第一位学识高超的轻重学家。由管仲创始的、以封建国家控制商品、货币和掌握雄厚的物质财富作为分析出发点的轻重学说，其理论的周密和细致，在古代世界中确实是少有的。

六　特加鼓励的境外贸易

管仲在齐国管理好国内商业的同时，又大力发展境外贸易（指对其他诸侯国的贸易）。在这方面他采取了比国内贸易自由得多的开放政策，对自境外来齐贸易的商人给予种种便利和优待，以促使内外交流更趋于活跃。而且，在方法和策略上有许多新的创造。

《国语·齐语》记管仲相桓公时，鱼盐两项主要商品特准商人自由出口而不上税，"使关市讥（稽查）而不征，以为诸侯利，诸侯称广焉"。这就是鼓励境外贸易之一例。表面上对人施惠甚溥，实际上是借助别人之手来推销本国用不完的商品，对自己的好处更大，也是"予之为取"的应用。不过免税出口的只限于鱼盐，其他一般商品还是要收税的，只不过为了多出口，税较轻罢了。

除了以减免商税的优惠条件来鼓励外来商人外，管仲还以生活给养上的优惠来吸引外来商人（包括官商或私商）到齐国做买卖。据说齐桓公有一次问管仲："皮幹筋角竹箭羽毛齿革不足，为此有道乎？"管仲对曰："请以令为诸侯之商贾立客舍。一乘者有食，三乘者有刍菽，五乘者有伍养。"（《管子·轻重乙》）意思就是外来商人来车一乘（一车四马）的免费供给来人伙食，来三乘的更供给马的饲料，来五乘的除享有上述优待外另有服役人员照应。为了争取桓公所要求的军需用品和奇珍异物，管仲对外来商人真是竭尽招徕之能事了。当时来齐国做生意确实很方便，三十里有一驿站，积储食物以供过路者（《管子·大匡》），到了齐国国都还可以按照车乘的多少而得到免费给养。另外，管仲还设置女闾二百，以安行商。于是"天下之商贾归齐若流水"（《管子·轻重乙》）了。在中国古代，相传周文王在岐山时或因年岁荒歉，或为繁荣市邑，曾利用优待四方游旅的办法来解决一时性的困难或需要——如规定"能来三室者与之一室之禄"，等等。除此而外，纯粹从经济观点出发，把公开鼓励境外贸易作为一种政策来实施，那就当推管仲为其最突出的代表。

管仲，作为诸侯盟主——齐国的主政者，有条件以政治力量与经济措施来配合，从各方面为境外贸易的开展铺平道路。他不止一次利用诸侯会盟的机会，把便利商旅和减轻商税列入议事日程，并订到盟约中。桓公三十五年（鲁僖公九年，公元前651年）夏，齐会周、鲁、宋、卫、郑、许、曹于葵丘。就在这次有名的葵丘之会上制定了盟约五条，其中两条有"毋忘宾旅"和"无遏籴"的规定（《孟子·告子下》）。这是要求便利商旅往来，允许粮食调剂，打破闭关封锁，以利于齐国发展境外贸易。在较早举行的第三次盟会中（会于甄），则把降低关市之税列为盟约的内容。"三会诸侯。令曰：田租百取五，市赋百取二，关赋百取一"（《管子·幼官》）。三会诸侯是在齐桓公七年，公元前 679 年），即会上相互约定市税收 2%，关税只收 1%。翌年，第四次盟会中（桓公八年，盟于幽），还规定会盟的各诸侯国要 "修道路，偕（同）度量，一（统一）称数"。（《管子·幼官》）这些同降低商税一样，都是为了有利于商品在诸侯国之间的顺畅流通而提出的。

先秦时代，主张弛关市之征的人很多，各有各的立场，从不同的角度说话。管仲主张自己的齐国对外来商人少收关市之税（一般商品），甚至不收税（鱼、盐），则是为了让需要输出的商品更多地输出，需要输进的商品更多地输进；要别的诸侯国少收关税，是为了让本国多余的商品能更多地进入诸侯国市场，本国所缺的商品能更多地从诸侯国运出。管仲采取轻税政策，与之相对，也要求诸侯国对齐国去的商人不要加重收税。约定彼此减轻关市之税，是双方的一种互惠对等条件。在这里，管仲是从国家的利益着想的，并不是在为私营商人争财利。大概是由于三会诸侯那次规定 "关赋百取一"，税率降低过猛，对靠通商起家、有大量进出境贸易的齐国虽然特别有利，但诸侯国都不能遵守，税率仍普通高于 1%，甚至连齐国本身后来为增加财政收入也觉得 1% 收得太低了。所以十二年后税率又有一次调整。"桓公践位十九年（前 667 年），弛关市之征，五十而取一。"（《管子·大匡》）关税税率和市税一样，都改为 2%。这 2% 可能是当时各国均能接受的关税的正常税率，以后就一直沿用下来。所以 "九合诸侯" 的最后一次的葵丘之会就不再提降低关税的问题了。

管仲发展境外贸易固然主要以齐国的鱼、盐等特产为基础，是他 "官山海" 政策的必然延伸，但管仲并不把境外贸易局限于本国山海之利的范围之内。相传桓公有一次问管仲："然则国无山海不王乎？" 管仲回答："因人之山海假之名。"（《管子·海王》）也就是利用诸侯国的资源来做转手贸易，借他人之利以为己利。这个他人是指齐国东边的莱夷。莱夷滨海（在今胶东半岛），以畜牧渔猎著称，盛产鱼盐，价格非常便宜，制铁也较先进，切合实用。齐桓公时莱夷尚未并入齐国。原先两国互相敌对，不注意通商；管仲当政后，制服了莱夷，与之搞好了关系（《齐语》称"莱"为东方之"淫乱者"，桓公即位数年，即"一战帅服"）。他推广铁器，在齐国国内实行铁的专卖，一部分铁即来自莱夷。而齐国对外大量输出的鱼盐，其中有很大部分也是由官府统一从莱夷买来再转鬻于他邦的。《国语·齐语》中所说的"通齐国之鱼盐于东莱，使关市讥而不征"，就是说取消了早先的禁令，从莱夷打开了运入鱼盐的通道，而不是说把齐国的鱼盐输往盛产鱼盐的莱夷。齐国本身也产鱼盐，自东莱输入鱼盐主要用途也不是为了补充自己的消费，而是借"关市讥而不征"，把它的大部分很快地转输诸侯国，用以扩大自己的境外贸易，从中赚取差价。莱夷远处东陲，与中原各国中间隔着一个强齐，无法直接输出，只好让齐国去做这笔有利的转口贸易。表面上管仲还占了理，"取鱼盐者不征税，所以利诸侯、至远物也"（《齐语》注）。不征税，利从何来？《管子·海王》篇所说的"有海之国售盐于吾国，釜十五，吾受而官出之以百"（《管子》注："彼盐平价釜当十钱者，吾又加五钱而取之，所以来之也。"或曰"十五当作五十"。"出之以百"为每釜加价一百，升加一钱，不是升售一钱），就指自莱夷输入食盐再加价转卖之事。《管子·海王》篇中所说的出口加价仅指其最低数字，实际上用于出口盐的加价是更大的（内销盐加价一至二钱，出口加价决不会只加一钱）。既然有足够大的购销差价，管仲自然可以采取免征关市之税的示惠于人的做法了。

　　管仲还注意到要控制出口的数量。对齐国出口物资，管仲并非无限制地扩大货源，让它无限制地涌入诸侯国市场。他懂得，东西太多了就不值钱，出口数量必须有一定的限制。前述他对食盐生产量所加的控制，一方面是为了避免影响农业生产，另一方面也是为了避免食盐生产过多，超过需求，而使之在境外贸易市场上经常保持求过于供的状态，从而让输出价格经常处于对齐有利的地位。盐的生产数额有限制，供应紧张，"若此，则盐必坐长而十倍"（《管子·轻重甲》）。相传管仲为桓公画策："煮沸水为盐（或曰沸水当作沸水。沸水即卤水，有人认为沸水即济水），征而积之，至三万六千钟为止。"（见《管子·轻重甲》；《地数》中为三万钟）桓公问："行事奈何？"管仲的回答是这许多盐再加东莱输入的盐，除供国内人民食用外（三万六千钟可供一百万人一年食用），多余部分可供输出："请修河济之流"，把盐"南输梁赵宋卫濮阳"。那些地方无盐，"其用盐独重"，虽价高也必买之，从中就可获得厚利。这等于"煮沸水以籍于天下"，即通过煮盐及输往诸侯国，就使得天下的人都为齐国纳税（《管子·地数》）。管仲做买卖的手腕确是很精明的。据说桓公同意管仲之见，"乃以令使桑之（出口部分的盐），得成金万一千余斤"（《管子·轻重甲》）。一斤黄金当时值钱四千（《管子·轻重甲》），一万一千余斤黄金共合四千四百余万钱，所得确是很大。出口盐价与盐的最初成本价（每斗大致为一钱）相比，差距至少十倍（《管子·轻重甲》："盐必坐长而十倍"）甚至达四十倍之多（《管子·地数》："盐之贾必四什倍"）。

上述这种统一境外贸易价格、控制出口数量的做法，当然只有在国家统一掌握货源、实行食盐专卖的条件下，才有可能产生。让私人自由生产、自由运销、自由出口，就无法推行这样的贸易策略。国内产盐以及外盐（莱盐）的统一收购、统一销售以至统一出口（盐的出口即使利用私商的力量也是在国家统一管理下进行的），都是属于食盐专卖制度范围的内容。

管仲的轻重理论不但应用于国内商业上，而且也应用于与诸侯国的关系中。境外贸易或与对外有关的商品价格的制定原则，也包括在管仲"通轻重之权"的概念之内。由于境外贸易对外关系中情况复杂，对于商品价格的安排，管仲根据不同的情况而有不同的说法。他的"以轻重御天下之道"（《管子·山至数》），是灵活多变的。

相传有一次齐桓公问计于管仲，如何才能"内守国财，而毋税于天下，而外因天下"。管仲说："夫善用本者，若以身（或曰身当作舟）济于大海，观风之所起。天下高则高，天下下则下。天下高，我下，则财利税于天下矣。"（《管子·地数》）在另一场合，管仲又说："昔者癸度居人之国，必四面望于天下。天下高亦高。天下高，我独下，必失其国于天下。"（《管子·轻重丁》）"善为天下者，谨守重流（谓严守谷价，不使流散），而天下不吾泄矣。"（《管子·山至数》）意思是说善为国者必须随时注意诸侯国间经济的"风向"、"气候"，使本国商品内销价格的水平随诸侯国间同类商品价格水平的高下而高下，如果"天下高我下"，本国商品必然外流，利益为别人所夺，而自取败亡。在一般情况下，国内价格须与诸侯国价格水平相适应，这是管仲在与诸侯国关系中制定商品价格的第一条原则。

唯恐本国主要物资（尤其是粮食）外泄的管仲，却是不遗余力地设法吸取别国所产而为本国所需的物资。相传齐桓公曾问管仲："致天下之精材若何？"管仲说："五而六之，九而十之，不可为数。"（《管子·小问》。为数，即为定数之意）又说："故善为国者天下下我高，天下轻我重，天下多我寡，然后可以朝天下。"（《管子·轻重乙》。多，指供过于求而抛售；寡，指供不应求而收购）如"彼诸侯之谷十，使吾国谷二十，则诸侯谷归吾矣"。"诸侯谷二十，吾国谷十，则吾国谷归于诸侯矣。"（《管子·山至数》）相反的就要物资外流了。这就是说对于鼓励输入的物资，管仲采取了另一条原则：提高价格，使这些商品在本国的销售价格水平高于诸侯国。管仲认为"可因者因之，乘者乘之，此因天下以制天下"（《管子·轻重丁》）。这是从事进出口贸易所不可不知者。

对于奖励出口本国不能垄断市场的商品，管仲则采取了相反的原则："天下高而我下。"他有意识地使这些商品的外销价格水平低于诸侯国同类商品的水平，以实行对外倾销，与人竞争。当然这是指不能独家垄断的商品，如果某项商品本国资源特富，各诸侯国均不产，可以独步天下（如盐），或经过倾销竞争挤垮别人，而在诸侯国市场据有垄断地位之后，管仲就不肯下其价或再下其价。在那种情况下，就可以独占价格销售商品，而唯我独高、唯我独重了。

"天下高我独下"，管仲一般不取，以免物资外流，但在特殊情况下，他也故意让国内的价格水平低于诸侯国的价格水平。如诸侯国粮贵，齐国粮独贱，而不出口，借以招致诸侯国的人民来归附齐国。不过这个谋略只有在国家已能完全掌握的商品（如粮食）上才能应用，其出境入境都由国家掌握，齐国国内粮价独贱，但禁止商人输出，这时就可避免粮食的外流而促进人口的内流了。

以上五种情况，在《管子》一书中有很多叙述。文字虽然晚出，也添枝加叶，夹杂了后来的材料，但在大国争霸的春秋时代，为了维护本国的经济利益，朴素地总结、提炼出这些理论，并在一定程度上加以实行，对富有经商经验的管仲来说，并不是什么难事。把"轻重"之术用于境外贸易之中，这为过去所无，也可以认为是管仲的一项创举。

管仲在与诸侯国关系中还通过"商战"来出奇制胜。在这方面的例子，《管子》一书中也收集了不少，很有故事性。

相传鲁、梁两国常和齐国冲突，齐国比之为"蜂虿"。齐桓公向管仲请教对付两国的策略。管仲的回答是："鲁、梁之民俗为绨。公（桓公）服绨，令左右服之；民从而服之，公因令齐勿敢为，必仰于鲁、梁，则是鲁、梁释其农事而作绨矣。"桓公应诺了。"即为服于泰山之阳，十日而服之。"泰山之阳，近鲁、梁之境，这是有意做给人看的，让两国之人迅速知道这件事。管仲接着告知鲁、梁的商人："子为我致绨千匹，赐子金三百斤，什至而金三千斤，则是鲁、梁不赋于民，财用足也。"在高价厚利的引诱下，鲁、梁之君"教其民为绨"。十三个月后，管仲派人到鲁、梁察看情况，回来的人报告："鲁、梁郭中之民，道路扬尘，十步不相见。曳跻而踵相随，车毂齰

（相齧），骑连伍而行"，就是说，道路拥挤，车马行人纷纷然，都是为趋绨利而奔忙着。于是管仲说："鲁、梁可下矣！"桓公问："奈何？"管仲对道："公宜服帛，率民去绨。闭关，毋与鲁、梁通使。"桓公依计而行。十个月后，管仲再派人至鲁、梁，见到由于专心织绨而放松农耕的"鲁、梁之民，饿馁相及。应声之征（急速之赋）无以给上"。两国之君虽匆匆忙忙立即"令其民去绨修农"，但"谷不可三月而得"。"鲁、梁之入籴石百"，粮价大涨。就在这时，"齐籴十钱"，即抓了农业而粮食增产的齐国，官府供应人民的粮食每石价只及鲁、梁的十分之一。可是只供国内，不许外流。二十四个月中，"鲁、梁之民归齐者十分之六"。第三年，鲁、梁之君只好"请服"了（《管子·轻重戊》）。

与之相仿的还有莱、莒之谋。据说齐桓公问管仲：莱、莒又有田，又产茈（即紫草，染料作物），国力很强，如何对付？管仲对道："莱、莒之山生茈。君其率白徒之卒（未经训练之卒），铸庄山（庄岳）之金（铜），以为币，重莱之茈价。"莱君（莱，大概是今莱芜之地）闻此消息，对其左右说："金币者，人之所重也。茈者，吾国之奇出也（特产）。以吾国之奇出，尽齐之重宝，则齐可并也。""莱即释其耕农而治茈。"莒（今山东莒县之地）亦如之。这时管仲却"即令隰朋反农"（反铸铜之卒于农）。二年，齐桓公下令停止输入莱、莒之茈。上了当的莱、莒，"籴三百七十"，而"齐籴十钱"。"莱、莒之民降齐者十分之七，二十八月，莱、莒之君请服。"（《管子·轻重戊》）这两件事都是运用"天下高我独下"的办法来取胜的特例。

《管子》中所记的这些故事，尽管有渲染之处，但在当时大国争霸的情况下，在齐"帅服三十一国"的过程中，发生这样或类似的事情，并非没有可能。通过经济活动，给诸侯国以小利，为本国博得大利，深谙取予之道的管仲，在处理与诸侯国关系中如此行事，可能性很大。在大家公认材料比较可靠的《国语·齐语》中，也说管仲以"皮币玩好，使民鬻之四方，以监其上下之所好（观其所好，知其奢俭），择其淫乱者而先征之"。这虽与前引诸例类型不同，但管仲以境外贸易为工具，替他的政治、军事目的服务，性质都是一样的。

自春秋时代开始，大国兼并小国已成为历史发展趋势，这正是为以后中国的统一准备了前提。管仲借助"商战"，虽然使用了一些权术，但在客观上是适应逐步实现统一的历史要求的。比较起来，在管仲的辅佐下，齐桓公在当时还算是"正而不谲"（《论语·宪问》），能仗义执信，而不专尚诡道。即使施些谋略，也比单纯使用武力，不停地征伐杀戮，对人民的为害相对更轻一些。何况在管仲的建议下，齐桓公又归还了先前侵夺诸侯国的土地，而正其封疆——如鲁，归其棠、潜；对卫，归其台、原、姑与漆里；对燕，归其柴夫、吠狗；军谭、遂而不占有其地。在制服邻近诸侯国的过程中，管仲的政策仍是以经济手段为主的。对请服以后的诸侯国，也从经济上给予照顾，除开展优惠的贸易"以为诸侯利"以外，诸侯来使亦往往"垂橐（空橐）而入，稛载而归"。经济与政治、军事相结合，在"结之以信，示之以武"的同时，又"拘之以利"。身"就其利"的小国诸侯，"既许桓公"，就"莫之敢背"了（引自《国语·齐语》）。

七 对工商业者的管理和"四民分业"论的提出

管仲统制国内商业，发于境外贸易，一方面要借助于外来商人，把商品从齐国输出，或自诸侯国向齐国输入，另一方面也要利用本国官商以至一部分私商的力量。除了在国内如盐、铁等主要商品的运输销售以及上述盐的"尽椠之"于境外，要由官府的商贾来做以外（盐的出口可能也有控制地利用私商去做），皮币玩好的"鬻之四方"，乃是本国官私商贾共同担负的任务。其他商品的进出口则更多地有私商的参与。当时所谓的官贾，实际包括两部分人：大多数是实际从事运输、收购、销售劳动的奴隶身份的人；少数是管理商奴，并率领他们外出做买卖的小官小吏。所谓的私贾，则是平民身份，比较自由，有经营自主权的私营商人，即"贾知价之贵贱，日至于市而不为官贾者"（《管子·乘马》）。每年要在公田上参加三天义务劳动的，就是这类私商（管仲本人和鲍叔牙、宁戚都是私商出身）。与官贾私贾关系密切的，还有奴隶身份、直接为官府手工业干活的官工及其管理者，以及平民身份、"日至于市而不为官工"的大小手工业者。盐、铁等商品的归民制，更扩大了私工的队伍。

管仲对官私工商是怎样管理的呢？在西周"工商食官"时，直属官府的工贾是世代为奴以"供其上"的公家人。他们身份低贱，与作为家内奴隶的臣仆并列，次序排在从事农业生产劳动的"庶人"之下。"凡民七尺以上属诸三官：农攻粟，工攻器，贾攻货。"（《吕氏春秋·上农》）攻器、攻货的官工官贾，在官府监督、控制下劳动，由官府给予衣食等菲薄的生活资料（"食官"），官府叫他们怎么干就得怎么干，不改业，不二事，非但没有经营的自由，而且没有人身的自由。只是为了便于官府的统治，便于就近为贵族们服务，才被允许在"国"（城市）的指定地点聚居，可是禁止和贵族、平民混杂，"士大夫不杂于工商"（传说文王在程，作《程典》以告周民，其中有此语），工商"出乡不与士齿"（《礼记·王制》），界线画得很清。官府派有专职官员——"贾正"、"工正"，对他们进行管理，按人户编制起来，定期进行大检查，不准随便迁徙改业，要保证随时听从官府的差遣，为官府效劳。这种状况，进入春秋时代——封建社会的初期，依然没有根本性的改变。官工官贾依然是"官有奴隶"，不像农奴已争得一定的经营自主权和自己对部分劳动时间的支配权。管仲之时去西周末不过一个世纪，"工商食官"体制还被保持，他对官工官贾的管理制度自然仍是很严格的。

据上引《国语·齐语》的记载，管仲整顿地方组织，制鄙（农村）为五属，制国为二十一乡。在国中的二十一乡里，士之乡为十五，工商之乡为六。对士农工商分别设官管理。官私工贾都听从安排，集中住在规定的乡里，世代相传，不许随便迁移，相互混杂，更不许与士杂处。管仲的办法虽承继了许多历史传统，但也有他一些新的发展。在这里，他是按照职业的不同，把人们划分开来，分别安置、固定在一定的居住场所之内，而不是按阶级、按等级来划分社会集团，决定居住区域。他强调职业的划分更重于阶级的划分，对于工奴商奴的歧视、贱视程度已有所减轻，让奴隶身份的官工官贾同平民身份的私工私贾，杂居在一起，互相接触，彼此交往，客观上无形中有利于这两种人阶级差别的逐渐泯灭（后来工奴商奴逐渐上升为平民身份）。可以说管仲提高了庶民（本来是奴隶）的地位，这是不同于过去的一个变化的开始。

工商之乡中的官私工贾，结合鄙内所住的农奴，还有居于士乡的士，构成了整个社会的"四民"。管仲要使农、士、工、商四民各居其地不使杂处的规划，可称为四民专业定居世袭论。在中国历史上，是管仲第一个从理论上提出"士农工商"四大社会集团的划分（《日知录》卷十七："士农工商谓之四民，其说始于管子"）和四民分业定居的主张。相对而言，管仲在历史条件许可的范围之内，确实可算是一个有较多创新的人。

四民分业定居的方案，在《国语·齐语》中有较详细的记载。齐桓公问管仲："成民之事若何？"管仲对曰："四民者，勿使杂处，杂处则其言呢（乱），其事易（多变）。"桓公又问："处士、农、工、商若何？"管仲说："昔圣王之处士也，使就闲燕（清净舒适，使讲道学艺，并组成常备军。当时的士是文武兼备的）；处工，就官府；处商，就市井；处农，就田野"。接着管仲就分别四民一一说明实行专业定居的必要性。

对于士，管仲说："今夫士，群萃（集）而州（聚）处。闲燕则父与父言义，子与子言孝，其事君者言敬，其幼者言悌。少而习焉，其心安焉，不见异物而迁焉。是故其父兄之教不肃而成，其子弟之学不劳而能。夫是，故士之子恒为士。"

对于工，管仲说："今夫工，群萃而州处，相良材，审其四时，辨其功苦（功，牢也；苦，脆也），权节其用，论比协材（比其善恶，和其刚柔），旦暮从事，施于四方，以饬其子弟，相语以事，相示以巧，相陈以功。少而习焉，其心安焉，不见异物而迁焉。是故其父兄之教不肃而成，其子弟之学不劳而能。夫是，故工之子恒为工。"

对于商，管仲说："今夫商，群萃而州处，察其四时，而监其乡之货，以知其市之价，负、任、担、荷，服牛、轺马，以周四方，以其所有，易其所无，市贱鬻贵，旦暮从事于此，以饬其子弟，相语以利，相示以赖（赢），相陈以知贾（价）。少而习焉，其心安焉，不见异物而迁焉。是故其父兄之教不肃而成，其子弟之学不劳而能。夫是，故商之子恒为商。"

对于农，管仲在列举了农者"群萃而州处"，及"旦暮从事于田野"的一系列的辛勤劳动后，也说"少而习焉，其心安焉，不见异物而迁焉。是故其父兄之教不肃而成，其子弟之学不劳而能。夫是，故农之子恒为农，野处而不暱（近）。其秀民之能为士者，必足赖也。有司见而不以告，其罪五（罪在五刑）"，为农奴之优秀者上升为士开了一扇小门。（引文又见《管子·小匡》）

为什么管仲要如此强调划分四民，专业定居，勿使杂处呢？这是有时代背景的。自从奴隶制崩溃进入领主制封建社会以后，周初以来严格的等级限制被破坏了，士、农、工、商已经开始混杂，许多人已经不安于己位了。在农村的问题，是出现了"民移"（"民迁"）的现象，农奴自发逃亡、流徙，进入城市或投奔他乡，从而大大影响了当地的农业生产。在城市的问题，是出现了许多非食于官的私营工商业者，以及弃农而来改业的小工商，工商的人数增多，甚至显得过多了，加重了城市粮食供应的负担；而且工商利大，反过来又加剧了农村的"民移"，更造成农业劳动力的紧张。士这个阶层也在分化、流动，有的变更职业，甚至去经商逐利，这样的人一多就会涣散军心，使军队失去战斗力，不利于统治者政权的巩固。针对这些问题，管仲决心加以整顿，把四民分别控制起来，以扭转当时"四民"已经开始流动、杂处的倾向。

四民分业定居的好处，概括地说就是，同行萃聚，便于彼此交流经验，沟通消息，养成专业气氛，使人人能从小养成习惯，安于本业，不见异思迁，而且可以进一步把专业变为世业，保证社会的各种职业分工世代相传下去。拿工商业来说，在官府管理下，食于官的官工官贾，和适当数量的有技术、有经验的私工私贾，聚居一处，而且子孙相袭，这有利于工匠传授手艺，"尚完利"（贵于完利），"相高以知事"（以其能知器用之事相高。语出《管子·小匡》），技术上精益求精，对提高产品质量和劳动生产率有很大的作用。同时，也能增强商贾的经商本领，使他们更好地"料多少，计贵贱"，通货之有无，调物之余缺，做到"羽旄不求而至，竹箭有余于国，奇怪时来，珍异物聚"（《管子·小匡》），对促进商品生产与商品流通有很大的作用。

工商各自专心本业，不服兵役（士要当兵），既是给了他们一种方便，但不能迁徙改业，而且要工之子为工、商之子为商，这又是一种限制。其实这一点是最重要的。工商和士农一样，都固定居处，父子相承，世袭专业，就能使分配于工商业的劳动力一代一代地接下去，保持各部门劳动力一定的比例关系，保持职业的稳定性。相反的，如果听任民移（迁徙、改业）、杂处，就会打乱职业分工的秩序，破坏劳动力分配的比例。管仲充分估计到了这一点。他不让民移、杂处，主要目的之一正是要堵塞农奴自发逃散、流徙、改业工商的去路，以避免农业人口不适当地减少，工商人口不适当地增多。除了实行相地衰征，减轻剥削，使农不移外，工商业者定居，编户登记，定期检查，不让规定的居住区（工商之乡）以外的人经营工商业，也不让编户以外的别的人进入工商之乡当工商，管仲认为这也是使民不移的必要措施。虽然管仲自己经过商，但在他当政后，立场就变了。在他看来，主要商品实行国家专卖，商业人员主要使用隶属于官府的官贾就行了，私人经商可以适当承认其存在（这也是承认既成事实），让他们对官商做些补充，但只是根据需要加以利用，其人数不必也不应占得很多。新一代的官贾私商，由他们的儿子顶替就是了，不需圈外之人闯入，尤其是农奴的弃农经商更是要不得的。

管仲的"定民之居、成民之事"的"四民分业"论，归根到底是从统治阶级的需要来考虑，当然主要并不是为"四民"中的被统治者谋利益。不过，也不能就此给它打上想维持奴隶制旧秩序不变的复古标记。拿工商业来说，他在"工商食官"的旧形式中注入了新的内容。"工商皂隶不知迁业"，这固然是奴隶制时代遗留下来的旧规，但进入封建时代，即使在管仲身后，"农不移，商不变"，也仍然是封建统治者所坚持的"礼"法（齐景公时相国晏婴之语）。防止农移，防止弃农经商，使农业上保持足够的劳动力，仍然是封建国家长期以来所十分关心的事情。以后，工商定居虽然被突破而变为杂处，不得迁徙事实上做不到了，然而小工商世袭专业，且有专门的户籍（市籍），以保持业务经验与生产技术的连续性，所谓"工商皆为家专其业以求利"（《唐六典·户部郎中》），"利不百，不易业"（《宋书·孔琳之传》），这种情况在封建社会里仍长时间力求保留下来。因此，对封建社会初期的管仲来说，开始提出工商不迁、专业世袭那样的主张，原无可厚非。

其实管仲提出的这个理论，从另一角度看，也还有它一定的合理成分。"四民分业"，揭明了商为四民之一和商业在社会分工中的地位，指出了要有相当数量的人去做这一工作，要保持其在四民中一定的比例，要有职业的稳定性，要精通本行的专业知识，要造就良好的社会技术教育环境，要为从事商业的劳动力的再生产创造一定的条件，这些意思都是不错的。管仲的主张的提出，正是他对商业活动的必要性有深刻认识的必然结果。

在封建社会初期，在严格的等级制下，在"工农皆有职以事其上"（《谷梁传》成公元年），"工商食官"的格局还未打破的时候，既安于在商业劳动中保留奴隶制的残余（指官府所役使的贾人），又充分地注意到商业的重要客观功能，要求在理财富国中尽可能地运用商业的方式，发挥商业的作用，这就是"鄙之贾人"出身的管仲对商业所持的基本态度。

当然，管仲实行的官工商制度、官山海政策，已不是对奴隶制时代"工商食官"原封不动地照搬照转，而是有所改易、有所前进的。尽管在商业方面尚存在更多（比手工业）的奴隶制的残余，但从性质上说，齐国这时运用国家力量兴办的官营商业，已经是封建性的、为封建领主国家服务的官营商业了。把管仲时代齐国的商业看成与西周时一样的奴隶制的官营商业，那就是只看到商业中的奴隶制残余的因素，而没有看到农业上的生产关系的变化和进一步调整——耕者是农奴而不是奴隶，而且已实行实物地租制，也没有看到手工业和山泽开发中奴隶制的生产关系已逐渐被抛弃。社会已经确确实实进入封建制（领主制），而在封建社会里哪来奴隶制性质的商业？

八　管仲的经济思想

管仲作为一位大经济改革家，在齐国理财不断取得突出的成绩。他的经济工作的成功，同他以正确的经济思想为指导是分不开的。分析起来，管仲的经济思想确有许多特点、许多卓越的地方。

管仲的经济思想首先值得称道之处，是他的根本出发点是朴素唯物主义的，把物质生产和物质生活看作政治、伦理观念的基础。《管子》开宗明义的第一篇《牧民》的开头一段话就是这样说的："凡有地牧民者，务在四时，守在仓廪。国多财，则远者来；地辟举，则民留处。仓廪实，则知礼节；衣食足，则知荣辱。"这就是说，管理国家必须从经济入手。国家富裕了，远地人民也会来归附；土地开发了，当地人民就能安居下来。这样，国家的政治影响才大，政权基础才稳固。在这里，管仲把经济问题看作第一位的，把伦理道德看作第二性的，态度十分明确，并无半点模糊。

被认为表达管仲自己思想的《管子·五辅》篇中，提出为政之道曰"德有六兴，义有七体，礼有八经"。德、义、礼这些抽象的伦理观念，在管仲笔下都被赋予具体的物质经济内容。

"德有六兴。……所谓六兴者何？曰：辟田畴，利坛宅，修树艺，劝士民，勉稼穑，修墙屋，此谓厚其生。发伏利，输墆积，修道途，便关市，慎将宿，此谓输之以财。导水潦，利陂沟，决潘（溢）渚，溃泥滞，通郁闭，慎津梁，此谓遗之以利。薄征敛，轻征赋，弛刑罚，赦罪戾，宥小过，此谓宽其政。养长老，慈幼孤，恤鳏寡，问疾病，吊祸丧，此谓匡其急。衣冻寒，食饥渴，匡贫窭，振罢（疲）露（裸），资乏绝，此谓振其穷。凡此六者，德之兴也。六者既布，则民之所欲无不得矣。夫民必得其所欲，然后听上；听上，然后政可善为也。"

"民知德矣"，然后导之以义。"义有七体"。"七体"者何？曰："孝悌慈惠，以养亲戚。恭敬忠信，以事君上。中正比宜，以行礼节。整齐撙诎，以辟刑谬。纤啬省用，以备饥馑。敦蒙纯固，以备祸乱。和协辑睦，以备寇戎。"

"民知义矣"，然后"饰八经以导之礼"。"八经"者何？曰："上下有义，贵贱有分，长幼有等，贫富有度"。

德的六个内容——厚其生、输以财、遗以利、宽其政、匡其急、振其穷，涉及农林、交通、商业、水利、住宅、赋税、刑罚、救济等各个方面，无一不与经济有关。要布"德"，使民得其所欲，没有生产的发展、经济的繁荣是不可能实现的。物质经济内容正是政治、法律、道德的决定因素。义的内容包括了慈惠、节用，"以养亲戚"，"以备饥馑"，也是经济领域里的事。礼的内容中于一般所说的上下贵贱长幼之外，增加了"贫富有度"，说的是财富分配的问题，更属经济范畴的事。在实现"六兴"的物质条件——发展生产的基础上，然后"导之以义"，"导之以礼"，这与"仓廪实则知礼节，衣食足则知荣辱"的思想完全扣合。

正因为管仲深深体会到吃饭穿衣是最富敏感性的人生的头等大事，认识到只有物质生活才是政治、道德的基础，所以他十分重视生产，尤其是重视农业生产，非常强调"务五谷、养桑麻、育六畜"之事（《管子·牧民》）。推广铁铸农具，实行相地衰征，再加上其他措施，用以发展农业生产，这就是为做到"衣食足，仓廪实"创造条件。他的经济改革的根本政策正是以这个虽然是朴素的但却是唯物的经济思想为指导原则的。要使人民吃饱穿暖，生活富足，必须减轻剥削，并由国家给予一定的扶持（予），然后才能在发展生产的基础上满足社会的需要，取得人民的拥护，保证国家的安定、富强（取）。"予之为取"，作为管仲考虑问题推行政策时贯穿各方面的方法论上的指导原则，同"仓廪实则知礼节、衣食足则知荣辱"这一朴素唯物主义的根本思想是紧密联系的。这两点，统率了管仲的整个思想体系，表现在经济方面，使他的经济思想具有鲜明的进步性。

当然，管仲的要使"民富"、"食足"（《管子·牧民》），乃是从封建领主国家政权的巩固着眼的。"善为国者，必先富民，然后治之。"（《管子·治国》）"民富则易治"，因为富则"安乡重家"、"敬上畏罪"（《管子·治国》）。"田畴垦而国邑实，朝廷闲而官府治，公法行而私曲止，仓廪实而囹圄空。"（《管子·五辅》）相反的，"民贫则难治也"（《管子·治国》）；"民不足令乃辱，民苦殃令不行"（《管子·版法》）。那样，许多问题就会发生了。富民、足民，归根到底，目的还是在于治民、牧民。民是被治的，被牧民者支配的，而不是"民贵君轻"，也不是什么以民为本位的"地主阶级的民本主义思想"（这时地主阶级还未兴起）。《管子·霸形》中有"齐国百姓，公之本也"语，但该篇非管仲自己的著作，系后人所述。管仲本人，还没有达到以人民为主体的思想境界。尽管如此，能给民一点实惠，注意民的吃饭穿衣问题，这总是好的。在统治阶级中有此思想已属难能可贵了。

管仲经济思想中第二个突出点是，他主张照顾人们的经济利益，实行"利民"的措施。这个观点同前面的观点密切相关，前面说的是经济与政治（伦理、道德）的关系，这里说的是在经济利益上国家与人民的关系，角度不同，但都离不开经济。

管仲所说"政之所兴，在顺民心；政之所废，在逆民心"。"令顺民心则威令行"，"下令于流水之原者，令顺民心也"。（《管子·牧民》）到底顺民的什么心呢？前已引管仲之言："民恶忧劳，我佚乐之；民恶贫贱，我富贵之；民恶危坠，我存安之；民恶灭绝，我生育之。"（《管子·牧民》）归结起来，也就是《五辅》篇中管仲所说的"得人之道，莫如利之"一语。这里明确地揭橥出一"利"字。被认为反映管仲本人思想的《管子·版法》篇中也有"旦暮利之，众乃胜任"和"高安在乎同利"的说法。什么叫"高安在乎同利"？解释、发挥管仲思想的《版法解》中做了这样的解说："凡人者莫不欲利而恶害。是故与天下同利者，天下持之；擅天下之利者，天下谋之。天下所谋，虽立必隳；天下所持，虽高不危。故曰高安在乎同利。"《形势解》中也说："民利之则来，害之则去。民之从利也，如水之走下，于四方无择也。故欲来民者，先起其利，虽不召而民自至。"所以对于利，要紧的是与人分之，上下同之。即国家要得利，也应照顾人民欲得之利，"足其所欲，赡其所愿"（《管子·侈靡》），使他们的切身利益得到保障，物质生活有所改善。这才是与民同利，这才能"得民"，受到天下人的拥戴；这样，则虽居高位也安然无危了。统治者与百姓的关系是"百姓与之则安，辅之则强，非之则危，背之则亡"（《说苑》卷三，记管仲之语）。与民同利的目的，即在于取得民之"与之"、"辅之"，以维持统治，巩固政权。

基于这一思想，在另外场合管仲所说的"富民"也就是要"利民"之意。"利民"的主要内容在农业上不外乎就是"相地衰征"、"与之分货"。所谓"分货"，还有"分财"（"天下不患无财，患无人以分之"，见《管子·牧民》），在管仲思想上就是与民分利，就是上下同利。在盐铁的生产中允许私人经营，"民得其七"，同样也是"利民"措施，把部分经济利益下放于民。其他山泽产品的让私人采集利用，更是因民之所利而利之的利民之举。管仲在他的各项经济政策中确是贯彻了他的"利民"思想的。虽然他的动因仍在巩固封建秩序（"君尊、国安、民治"），但这种思想毕竟是比较进步的，比之一味加重剥削，肆意榨取，要好得多多了。

管仲一方面承认"民之从利"，将其作为制定政策的根据之一，但另一方面又并不纵容人们不顾国家需要而去唯利是图。在管仲当政时期，在经济事业的许多方面仍由国家来控制，没有完全放给私人去自由经营，去无限制地扩展他们的经济利益。"利民"是有限度的。"富上而足下，此圣王之至事也。"（《管子·小问》）"富上"与"足下"毕竟有"上""下"之分，在"利民"与"富国"、"足下"与"富上"两者之中，富国、富上是第一位的，利民、足下是第二位的。管仲并非为"利民"而"利民"，利民（予）仍是为了让民出力

（取）。照顾下面的经济利益，让他们富一些（予），从而有兴趣增加生产，国家则好从中取得税收，增加经济收益（取）。"足下"、"利民"是手段，"富上"、"富国"是目的。手段（予）是为目的（取）服务的，利民正以利国，富民正以富国，这才是管仲在经济利益上处理国与民的关系的真正指导原则。

与承认解决经济问题居先、照顾经济利益为急相联系，在管仲经济思想上又派生出另一个很重要的观点，即：他主张对人民的征收（即剥削）要适度，要有节制，要注意数量界限。作为一个经济专家，管仲十分注意"审度量"、"度称量"、"明计数"的问题（《管子·权修》、《管子·版法》、《管子·七法》）。他说："不知量，不知节，不可谓之有道。"（《管子·乘马》）"举事必成，不知计数不可"；"不明于计数，而欲举大事，犹无舟楫而经于水险也"。（《管子·七法》）心中缺乏数量概念，就如欲过大河而没有船，这个比喻很生动形象。由于管仲注意经济计量，所以他在处理剩余产品分配——与民分货的问题时，就非常强调不能超出一定的数量的界限。这个数量界限就是管仲所说的"度"。他剀切地陈述："失天之度，虽满必涸；上下不和，虽安必危。"（《管子·形势》）办事不能失度，失了度，满会变成涸，安会变成危。"地之生财有时，民之用力有倦，而人君之欲无穷。以有时与有倦养无穷之君，而度量不生于其间，则上下相疾也。是以臣有杀其君、子有杀其父者矣。故取于民有度，用之有止，国虽小必安；取于民无度，用之不止，国虽大必危。"（《管子·权修》）取于民无度，失掉民心，国家就危险；取于民有度，得到民心，国家才能兴盛。安危系于取民之"有度"、"无度"；超过了一定的限度（"失度"），事物就会向其对立面转化。可见管仲是把"度"提到一个如何的高度来认识了。

取于民"有度"，取于民"有止"，必然要求爱惜人民的生产成果，在财政上注意节支俭用，反对挥霍浪费，这样妥善地安排财政收支，自然是一个正确的理财原则。

取民有度，在另外场合管仲也称之为量民之力。他说："不为不可成者，量民力也。""量民力，则事无不成。"（《管子·牧民》）财货乃民力之所出，所以量民力之可出而取之，即为取于民有度。至于直接动用民力（劳役），也就是占了民的劳动生产时间，与取于民无异，在这上面量民之力，也即为取之有度。量民力而成事，也就是要遵守量力而行的原则。量力而行，可以说是管仲所揭示的又一个正确的理财原则。

取民有度，量民之力，都是为了"顺民心"，使上下相安，以防止上下相疾。而要做到不使"有倦之民"与国君发生冲突，管仲认为当君的不能有"无穷"之欲，对人民的索求必须加以克制。记述管仲言行、解释管仲思想的《管子·外言》的《法法》篇中说："君有三欲于民，三欲不节，则上位危。三欲者何也？一曰求，二曰禁，三曰令。求必欲得，禁必欲止，令必欲行。求多者，其得寡；禁多者，其止寡；令多者，其行寡。求而不得，则威日损；禁而不止，则刑罚侮；令而不行，则下凌上。故未有能多求而多得者也，未有能多禁而多止者也，未有能多令而多行者也。"拿"求"这点来说，上述的一些话应该算是对管仲"取于民有度"思想的很好说明。求之无度则难供，最后是走向反面，所得反而会变少，且大有损于领导者的威信，造成上下关系的紧张，从而使在上者的地位处于危殆之中。"未有多求而能多得者也"，这真是人情练达、世事洞明之言。其思想即源于管仲。相反的，"蓄积有腐弃之财则人饥饿"，"上有积财则民臣必匮乏于下"（《韩非子·外储说右下》），这就是取民无度所致。只有取民有度，量民之力，才能使"民无怨心"，"下亲其上"（《管子·牧民》），才得以保持统治权力的长久，保持剥削权力的长久。管仲为桓公筹划的治安之策，其精髓就在于此。

管仲深谙取予之道。取之有度，轻征薄敛，"勿夺"、"不略"，相对的民即可多得，所以表面上看这是赐惠于民，对民有所"予"了，却又惠而不费。但实质上他所想的仍是有所"取"于民。在"百姓富"、"牛羊遂"的基础上，国家无疑也可多取一些。由寡取而致多得，由取之有节而致取之有恒，这是管仲的希望。取之无度，有取无予，结果只能取之一时，直至无予无取。对此，管仲是要竭力避免的。在这里，管仲的思想方法确实有一定的朴素辩证法的倾向。

取之予民，不但在数量上要有所节制，注意其由"亲"转化为"疾"、由"安"转化为"危"的"度"，而且要注意如何取之的方法。这一点也同时为管仲所强调，成为他经济思想中的又一个很有光彩的论点。前面所述的管仲不赞成增加直接的强制性的赋税（人头税、牲畜税、林木税、房屋税等），而主张发展官营商业，通过商品交换的形式——人们所容易接受的形式，来取得经济收入，就是他这一经济思想支配下的产物。盐铁专卖，寓税于价，形式上无"征籍"，实际上"无不服籍者"（《管子·海王》），"见予之形，不见夺之理"，国家的征取不落形迹，不会引起人们的不满，管仲认为这才是取之于民的最好方式。在他的理财实践中，这一点是做得很突出的，由此也使他成为一位很具特色的理财家。

理财方法，租税原则，总起来说可有两种路子：一是加重赋税，横征暴敛，直接榨取；另一种是由国家经营主要的工商业，把山泽工商之利主要掌握在官府之手，不另外加重人民的负担。显然后面一种方法、原则，给人民好处较多，坏处较少。管仲倡导用后一种方法、依后一种原则来理财。以国家的经济收入来替代直接征税加赋，这就使财政超出了单纯财政的范围，突破了常人所惯持的单纯聚敛观点，无疑有进步的意义。盐铁专卖，是由国家来举办经济事业，取得经济收入，虽然这一收入中除商业利润之外，又包括了一部分赋税收入——隐蔽税，但利润以及这种隐蔽税的取得，必须依靠商业环节的努力，必须通过官营商业的贾人之手，在商品出售后才能实现。专卖利润还不能说仅仅是"赋税的一种转化形态"而已。充其量，专卖制度也只能说是财政与商业的结合，而不是单纯的财政措施。管仲正是为了冲淡财政、赋税的"强取"色彩，因而转了一个弯，采取取之于无形的买卖方式。如果单纯以财政眼光来看管仲的专卖，就不容易发现管仲推行的政策的特点。

管仲用专卖收入来代替赋税，必须通过流通环节，因此他特别重视发挥商业的作用，在他手里，齐国的商业（当然主要是官营商业）于原有基础上又得到很大的发展。他是春秋时代的一位重商主义者。

注意取之于民的方式，同样也是为了贯彻他"予之为取"的原则——予之有形，取之无形，而使民"洽于上"，"上位"自安。由此可见，维护封建统治者政权的长治久安是管仲的最终目的，它贯穿于他的经济思想、经济政策的各个方面。

管仲的经济思想不是支离破碎的，而是已构成了一个完整的体系。就其基本观点看，他确乎超过了前人，使其在实际的经济工作中取得预期的成功。当然，管仲卓越经济思想的形成也是有来由的。他个人睿智过人，虽然是其优势，但毕竟也非生而知之者。少时的贫贱，微时的经商，使他接近了下层人民，也使他懂得了经济，学会了经营；襄公政令无常、齐国中衰的局面，使他从反面汲取了如何善处上下矛盾的经验教训；长期在齐国主管财政经济工作，以及工商业在齐国由来已久的领先地位，更使他有机会试验、推行一套比较切合实际以进一步发展工商业（官营为主）为主的政策措施；再加他善于从实践中加以总结，这样才使他形成了一套比较正确的经济思想。没有他的那些阅历和丰富经验，正确的改革方案和富国强兵之计，将从何而来呢？

九　管仲之死和管仲以后齐国经济政策的改变

管仲采取一系列比较开明的经济改革措施和经济管理政策，缓和了齐襄公时遗留下来的紧张的阶级关系，几十年中使齐国人民能够安居乐业，人们对他是心悦诚服的。史称管仲"设轻重鱼盐之利，以赡贫穷，禄贤能，齐人皆悦"（《史记·齐太公世家》。《韩非子·难二》亦载管仲劝桓公"发仓囷，赐贫穷"之事）。又说："语曰将顺其（百姓）美，匡救其（国家）恶，故上下能相亲爱，岂管仲之谓乎?"（《史记·管晏列传》）这些评语应非过誉。

鉴于管仲修齐国之政，其效甚著，其功甚大，齐桓公不但"委国以听之"（《新序》卷五），尊之为"仲父"，而且从经济上重重给以酬谢。夺伯氏骈邑三百转赐给管仲，管仲成为一个收入不小的食邑主，而被夺者伯氏却没有怨言（《论语·宪问》；《荀子·仲尼》篇中也说："与之书社三百，而富人莫之敢距也"）。齐之市场税收的一部分也赐给管仲，即《说苑》所记"桓公赐之齐国市租"，从而使管仲"富拟于公室"（《史记·管晏列传》），"位在倍臣，富于列国之君"（《史记·货殖列传》）。"镂簋而朱纮，旅树而反坫，山节而藻棁"（见《礼记》、《礼器》及《杂记》下、《孔子家语》卷十二。簋是古代食器；纮是冠冕上的纽带；旅树是陈列木屏于门，以蔽内外，为国君尊己之礼；反坫是反酒爵置于坫上，为国君尊宾之礼；节是斗拱，山是刻为山纹，藻棁是梁上有彩画的短柱）。就当时来说，生活如此豪奢，而"齐人不以为侈"（《史记·管晏列传》）。为什么人无怨言、人不以为侈呢？关键是管仲的这套经济政策，既富国又利民，既功在国家，又为人民办了不少好事，因此从上到下对他都很尊敬，他生活上即使享受一点，"僭越"一点，从上到下也就谅解了（唯后来的儒家批判管仲"失之奢"，"滥矣"，"其侈偪上"）。桓公四十一年（公元前 645 年），管仲病卒。桓公使上卿高氏董其丧，殡葬从厚，生前食邑悉与其子，令世为大夫。管仲身为卿相四十年，半生"名利福禄"（《荀子·解蔽》中语），享年八十多岁，得其善终，子孙也得其余荫。作为历史上的第一个经济改革家，他的结局可以说是很好的了。而且可以说是所有改革家中唯一的幸运者。

管仲病重时，桓公前去探望，问他："群臣谁可相者？"管仲说："知臣莫如君。"桓公说："易牙如何？"管仲答道："杀子以适君（指易牙烹其子以适桓公之口一事），非人情，不可。"桓公说："开方如何？"管仲答道："倍（背）亲以适君（开方为卫公子，去其亲与太子之位而事桓公），非人情，难近。"桓公说："竖刁如何？"管仲答道："自宫（自刑为阉人以进）以适君，非人情，难亲。"（《史记·齐太公世家》、《韩非子·难一》、《说苑》卷十三亦载此事，词意类同）神志尚清的管仲嘱桓公远斥易牙、开方、竖刁三人，荐可称"大仁"的老臣隰朋为相（时宁戚、宾须无已死）。不料十月后隰朋也去世了。桓公使鲍叔牙为相（《说苑》卷六中说鲍叔牙死在管仲之前）。桓公勉强依从管仲临终之言，疏远了易牙等三个小人。但三年之中桓公食不甘、心不怡，忍不住说："仲父不已过乎？""于是皆即召反"（《史记·正义》引颜师古云）。鲍叔牙谏而不听，发病而死。这三个小人益无顾忌，欺桓公已经老糊涂，就专权用事，宛如当年管仲所喻的"社鼠"一般。管仲死后的第三年（前 643 年），桓公病重。这个"好内"博宠的一代霸君，如夫人多，生子亦多。竖刁、易牙谋立长卫姬所生的公子无诡；其他诸子不服，也各求其母为己争太子位。这就造成一场五公子各树私党大闹宫廷的丑剧。竖刁、易牙"塞宫门、筑高墙"，把病得快死的桓公软禁起来，隔绝内外，不许其与任何人联系。桓公又病又饿又气又悔而死。临死前，"慨然叹，涕出，曰：嗟乎！圣人（指管仲）所见岂不远哉！若死者有知，我将何面目见仲父乎！蒙衣袂而死乎寿宫"（《史记·正义》引颜师古语）。桓公死在内宫，外面相攻正急，没有人来收尸，"尸在床上六十七日，尸虫出于户"。等无诡立，"乃棺赴"，"敛殡"（《史记·齐太公世家》）。管仲虽得善终，"无好下场"那句话却应在改革的支持者、推动者齐桓公的身上！

原先管仲所支持的太子昭，在乱中逃出齐国，投奔宋国。"宋襄公率诸侯兵送齐太子昭而伐齐，齐人恐，杀其君无诡"；宋又"败齐四公子师而立太子昭，是为齐孝公。宋以桓公与管仲属之太子，故来征之"。（《史记·齐太公世家》）孝公立，齐国的政局才又一时安定下来。

管仲劝桓公远小人，防社鼠，诚有先见之明；以太子托付于宋襄公，也为日后齐国的平乱伏了一笔。但是管仲死后，除了年事已高的隰朋、鲍叔牙短期内相继代相，竟找不出一个理想的后继者来治齐国之政，致令小人篡权，佞臣乱国，齐无宁岁，病榻论相而莫能荐贤，在这一点上管仲实不如鲍叔牙。而这一条正是关系一国兴衰续绝的紧要之事。无怪日后子贡问孔子孰为贤时，孔子要对以鲍叔牙。因为"荐贤，贤于贤也"。孔老夫子的说法是："知贤，贤也；推贤，仁也；引贤，义也。有此三者，又何加焉？"（《韩诗外传》卷七）对鲍叔牙的推崇、赞赏，也正是对管仲的保留意见和含蓄的批评（《说苑·臣术篇》、《孔子家语》卷三）。

齐国自孝公死后（十年即被其弟所杀），争位之事又不少。除了齐顷公（前598～前582年）"弛苑囿，薄赋敛，振孤问疾，虚积聚以救民，民亦大悦"（《史记·齐太公世家》），尚能遵管氏之遗教以外，其余的国君都不成器，只知道通过官营商业、专卖政策弄钱，封建领主贵族的腐朽性已越来越突出了。到孔子评论管仲之时，齐国已到它的末世。那时，齐景公（前547～前490年）在位（共五十八年），景公本人"好治宫室，聚狗马，奢侈，厚赋重刑"（《史记·齐太公世家》）。整个统治集团都奢侈无度，残酷地剥削人民，管仲所推行的开明政策已被一一抛弃了。史称"民叁其力，二入于公，而衣食其一"，与管仲时的"相地衰征"、对半分租相比，剥削率大大提高，人民的粮食问题、经济利益已不再被重视；"公聚朽蠹"，征收的粮食宁肯在官仓里烂掉，"而三老冻馁"，连小吏都缺衣少食，更何况公室农奴了！在城市里，"国之诸市，屦（鞋）贱踊（刖足罪人装用的假足）贵"，管仲时的"弛刑罚"变为人民动辄受刑了（以上引文来自《左传》昭公三年）。"偪介之关，暴征其私"，轻税政策变为征之唯恐其不重了。"内宠之妾，肆夺于市"，在市场上不搞平稳物价、调剂余缺，而是对正当的商业进行公然的掠夺了（以上引自《左传》昭公二十年）。更重要的是在山泽方面，齐景公竟也改变了管仲的政策，而采取管仲批判过的做法："山林之木，衡鹿守之；泽之萑蒲，舟鲛守之；薮之薪蒸，虞候守之；海之盐蜃，祈望守之"（《左传》昭公二十年）。把官山海搞成了官府对山海的全部垄断，山林陂泽层层设官控制，不许民众利用。食盐完全改为官制，尽夺民利，卖价更贵；铁也是官府役使奴隶来冶制（自齐灵公时——前581～前554年——已是如此。叔夷钟铭文中有"造戠徒四千"的字样，戠即铁字的初文）。盐铁虽行专卖之制，已非管仲之实了。这些统得过多过死的暴政，使得"人民苦离，夫妇皆诅"。晏婴为相，向景公进谏，指出"今君税敛重，故民心离；市贾悖，故商旅绝；玩好充，故家货殚"（《晏子春秋》卷三）。齐景公虽也表示要"使有司宽政、毁关、去禁、薄敛、已责"，但实际上起色不大，已临"季世"的姜齐政权，其颓势再难复振了。这是封建领主制日趋没落，再也不能为社会生产力提供发展余地的一种反映。

就在那时，一心在觊觎姜齐公室政权的齐国大夫陈僖子（田乞），乘机用种种办法争取民众，笼络人心。他在自己领地的范围内，故意同齐景公唱对台戏，允许人民开采、利用山泽资源，政策大大放宽。因不征税，故陈氏领地内山海所产的山木、鱼盐蜃蛤等拿到市场上来卖，和原产地价格一样，不加贵一钱，即所谓"山木如市，弗加于山，鱼盐蜃蛤，弗加于海"（《左传》昭公三年。《韩非子·外储说右上》作"市木之价不加贵于山，泽之鱼盐龟鳖赢蚌不加贵于海"）。陈氏贷给（或廪予）贫民的粮食用大斗出，收回（或收赋税于民）时用小斗进。"民人痛疾，而或燠休之"，这样，人民就纷纷逃往陈氏门下，"其爱之如父母，而归之如流水"（《左传》昭公三年）。这些劳动者，由公室的农奴变为私家的隐民，有的给陈氏当家兵，有的给陈氏开荒地、耕种私田，其身份地位和所受的剥削都比农奴有所改善，而向平民身份的农民靠近。一种新兴的封建地主制正在形成和发展。先世为齐工正的陈氏，就是齐国新兴地主阶级在政治上的代表。经僖子、成子（田常）父子的两世经营，深得民心，宗族益强。最后齐国政权终于转入陈氏之手，原来是封建领主制的齐国，走上了封建地主制的轨道。

战国时期，田齐的封建地主政权又从另一个方面来改变管仲的政策。田氏为了取得工商业者对自己的支持，在建立政权后，进一步开放私营，取消国家专卖，主要工商业——盐铁、粮食、纺织品等全部落入私人之手。行之日久，"一国而二君二王"（《管子·轻重甲》），私营商业中的"游商蓄贾"成了同齐国国君相抗衡的力量。他们乘人之危，施展剥削伎俩，使农夫和小民又陷入困境。许多耕者或破产流亡，或变成商人的奴婢。商与君争民，削弱了封建政权的统治基础。封建统治者同富商大贾的矛盾日益加深。继承管仲思想、追恋管仲业绩的《管子》学派的轻重家们，就在《管子》一书中假托桓公与管仲的对话，说了许多"欲杀正商贾之利"、"欲杀（抑制）商贾之民以益四郊之民"的话，主张在齐国重新推行管仲的"官山海"政策和"官工商"制度，恢复盐铁的专卖，并提出其他一些由国家来干预经济、抑制商人资本和借贷资本的设想。可是，时至战国中期，私营商人在齐国的势力已十分强大，"商贾在朝"，政府中有他们的代言人，《管子》书中的许多建议都无法在实际中施行。私营工商业的势力在齐国继续发展，表面上活跃而繁荣的私人经济、市场经济，使齐国在这方面堪为东方诸国之冠。

管仲相齐四十年，他所做的经济改革，调整了原有经济制度中与社会发展不相适应的部分，从而促进了生产力的发展，符合齐国的客观实际和封建制度进一步演进的要求，所以能使齐国的经济得到振兴，国势由中衰变强盛。他的成功并不是偶然的。管仲以后，桓公的王霸事业虽已成陈迹，但管仲的具有革新意义的经济政策却对后来者发生着深刻的积极的影响。他的"相地衰征"，推行实物分成地租制和改善农奴待遇的种种措施，在各地得到反响。终春秋之世，许多经济改革随之在各国相继出现——晋国的作爰田，郑国的"田有封洫，庐井有伍"、"作丘甲"，鲁国的"初税亩"、"用田赋"，农奴一步步地解放，而终于成为农民，成为封建地主制下的基本群众。管仲旨在修补旧的领主制，却不自觉地为加速新的地主制的诞生起到了积极的推动作用。他为试图运用国家权力促进社会经济发展的政治家们，树立了一个良好的典范。

战国以后，封建地主制已在中国土地上确立，但管仲博大精深的思想，仍对后世具有重要的启蒙意义，曾经在历史的长河中激起过人们智慧的浪花。当为地主阶级中央集权制度服务的法家学派兴起时，他就被奉为法家的先驱者（有人称管仲为中国法治之祖）。以后他的由国家来干预经济的经济干涉主义思想（为法家学派所提倡），一直在中国漫长的封建社会里成为经济思想中的一个重要的流派。诸如他那种由国家举办重要经济事业、以经济收入（如盐铁专卖）来代替赋税征敛的主张，和取民有度、利民富民、在发展生产基础上增加财政收入等观点，都是长时期地溉沏后学，被封建社会前期的一些进步的理财家所遵循，用于调节社会的财富分配，用于调整社会的阶级关系，用于发展封建国家的经济和封建国家的统一事业，并由此产生一定的成果。如桑弘羊、刘晏就都是管仲学说的推崇者和奉行者。即使以今天的眼光来看，管仲的有些思想仍对我们有极大的启发。在中国历史上，管仲确是一位值得注意的重要的历史人物；他在经济方面的进步的思想言论，特别是其中一些卓越的首创性的见解，确是我们民族文化宝库中一份可贵的、可引以自豪的历史遗产。

中国古代经济改革家之二
商鞅

变法尊农破井田，强秦无敌六王屏。

常余国用民无苦，此意商君最可传。

一　身带法经，应募入秦，力争变法，
　　令出必行

商鞅是管仲以后（约三百三十年后）的又一位在经济方面做出重大改革的大政治家。他实行的经济改革比管仲更为深刻，影响更为深远，在社会经济变革的历史进程中起着更大的进步作用。由于他的变法，秦国由落后一跃而变成富强的先进国家，为日后秦始皇统一六国奠定了基础。新兴的封建地主制日后能在全国范围内得到巩固和发展，其中有商鞅一份很大的历史功绩。

商鞅生于公元前390年前后的战国中期，卫国人，为卫国国君的后裔，被称为卫鞅。当时国君的儿子，除太子外，其余习称公子，公子的后代多称公孙，且常有以公孙为氏的，因此卫鞅或称公孙鞅。商鞅这个称呼则是他在秦国执政被封为商君以后才有的——秦孝公封给他于商二县的十五邑，号称商君，自此，在历史上也就习惯地称他为商鞅。为什么商鞅会得到"封君"的殊荣呢？因为他辅佐孝公在秦国

实行变法，收到了显著的效果，做出了卓越的贡献。这一变法就是历史上著名的"商鞅变法"。

提起商鞅变法，有一个故事为人们所熟悉。据说，商鞅在颁布新法以前，恐怕人民不信，特地把三丈长的一根木杆竖立在国都市区的南门，宣布：有能移置木杆到北门的，赏十金。人们都很奇怪，不敢搬动。商鞅再次宣布：能移置此木的，给五十金。有一人抱着试一试的心理把木杆移到市北门，商鞅立即如数赏给五十金，以示守信不欺。变法之令下来，人民也就遵守了（事见《史记·商君列传》）。商鞅的这种做法，先取信于民，以树立法的威信，表明他言出必信、令出必行的决心。"徙木之行必信，此政之始也。"（《刘梦得文集·答饶州元使君书》）这是他日后变法取得成功的一个良好开端。"今人未可非商鞅，商鞅能令政必行"（王安石：《咏商鞅诗》），他的这种政必行的精神，成了后世主张变法的改革家的榜样。

主张改革、倡导变法的商鞅，是战国时法家的杰出代表。这个没落贵族的后裔，从小就"好刑名之学"（《史记·商君列传》），所谓"刑名之学"，即指建立和巩固地主阶级专政的一套法家学说。鲁国人尸佼，"非先王之法，不循孔氏之术"（刘向语，见《荀子叙录》），是个颇有法家思想的"杂家"（《汉书·艺文志》把他列为"杂家"，"兼儒墨名法"，于各学派的思想都有涉猎），商鞅也曾向他请教过。当时的卫国是魏国的属国，为了在政治上找出路，商鞅于青年时期（公元前365年起，二十几岁）来到魏国。魏国在战国初即进行经济改革，是法家思想浸润很深的地区。著名的法家李悝、吴起在魏文侯时出任要职，为扶植新兴地主阶级、建立集权的封建地主制国家尽了力，使魏国成为战国的首强。年轻的商鞅在魏国进一步研究法家思想，总结了李悝、吴起等人的变法经验，完善了自己的法家理论。李悝虽已去世，但"余教"尚在，他所订的《法经》对商鞅影响很大。

《法经》旨在维护新兴地主的利益，保护私有财产，在惩治盗贼的同时，矛头就针对那些旧贵族的不法行为，这是中国历史上第一部集大成的地主阶级的法典。商鞅心向往之，很想能有机会作为李悝的私淑后继人，认真实践自己所信奉的法家学说。

可是，商鞅到魏国后并没有受到特别的赏识，只是在魏相公叔痤的门下当一名被称为"御庶子"的家臣（据《战国策·魏策一》及《吕氏春秋·长见篇》。《史记·商君列传》中作"中庶子"。御庶子、中庶子、少庶子都是家臣），并不得志。这时，魏武侯已死，在争夺君位的内讧中公子罃取得胜利，立为魏王——魏惠王，即梁惠王（公元前370年～前335年）。魏惠王是个既无定识又乏远见、自恃强大而又无能的人，开始时还重用具有革新倾向的公叔痤为相，打败了韩赵的联合进攻（前362年），但不久公叔痤就病死了。公叔痤了解商鞅的才能，因此，当其病中惠王亲来探望，问：您的病一旦不治，国家将怎么办？公叔痤说：我的家臣公孙鞅，年虽少，却有奇才，愿大王举国而听之。但惠王嘿然，没表示什么。将走时公叔痤屏退左右，对惠王说：如不能起用公孙鞅，一定要把他杀了，别让他出境。惠王应了一声就走了。公叔痤又召来商鞅，说：今日王问我谁可继任相国，我推荐了你，但从王的脸色看没有答应我。我讲究先君后臣的道理，对王说如不能用你，当杀了你，王答应了。你可赶快逃走，否则就将被抓起来。商鞅从容不迫地说：王不能听您的话任用我，又怎能听您的话来杀死我呢？就这样，他没有马上出走。惠王回去后对左右大臣说：公叔痤病得太重了，真可悲！竟要我在国事上听从公孙鞅，岂不是病得神志悖乱了（事见《史记·商君列传》）。公叔痤的话被惠王置于脑后，商鞅既未被擢用，也未被杀。鉴于魏国大败于秦后（前365年），惠王把国都由夏邑（今山西夏县）迁往大梁（今河南开封），改行东进路线，法家的政策已被冷落，旧贵族势力又重新抬头，商鞅感到待下去已事不可为，而秦国新胜魏国，秦孝公正公开张榜招贤（前361年），表示要厚待能使秦国臻于富强之人，不如西去，或能施展平生的抱负。于是商鞅拿定主意，带了李悝所定的《法经》，悄然离开魏国，启程往秦国去了。

为什么秦孝公要思才若渴地下令求贤呢？因为在激烈相争的战国之世，秦国不能再照老样子过活；而要自立于诸强之林，必须吸取各国的经验，迎头赶上，整顿国政。为此，就必须广延人才，加强辅佐力量。年轻的秦孝公（名渠梁，当时才22岁）颇思有所作为，下求贤之令就表达了他雪耻图强的急切心情。

秦在西周时原是一个小小的附庸（居于今甘肃天水一带）；平王东迁，秦襄公护送有功，始被封为诸侯。其后，秦赶走戎族占有岐山一带之地，迁都于雍（今陕西凤翔东），今陕西中部和甘肃东南一角即在秦的势力范围之内。春秋中期，秦穆公凭借武力，争霸中原，实际上未获成功，只是得到向西扩展的机会，"益国十二，开地千里，遂霸西戎"（《史记·秦本纪》）。进入战国，秦政局动荡，国势衰弱，屡受东边魏国的攻击。秦简公二年（前413年）起，魏国开始攻秦，五六年之内全部占领了秦国的河西（黄河以西、洛水以东）之地，并设西河郡，任命吴起为魏国的西河守，构成了对秦国的严重威胁。秦国只能退守洛水（今陕西北部的洛水），沿河修筑防御工程，建城固守，与魏国对峙，陷于被动挨打的局面。春秋时军事力量尚强的秦国，之所以在战国时会惨败于魏国，根本原因是魏国任用李悝、吴起进行整顿改革，已建成一个集权于国君的、新兴的封建地主制的强国，而秦国却依然故我，仍停留于已过时的封建领主制的阶段，而且还保留了许多奴隶制的残余。封建领主有很大的分散割据性，秦国的政权就旁落在若干个被称为"庶长"的大领主贵族的手中，国君的废立生死全由庶长操纵，秦简公（前414至前400年）也就是由庶长从晋国迎入而被立为国君的。秦国土地上的耕者仍是农奴。虽然秦所占的原西周畿内之地（"六遂"之地）的井田，已是无公田的井田，已和各国一样，实行实物地租制，但其他广大地区仍然有公田私田之分，仍然保留着落后的劳役地租制，劳动者所受的剥削很重，生产不出力，与魏国的自耕小农有"劝耕之心"相比，情况大不相同。附着于土地的农奴，全由领主管辖，国家对他们无户籍编制，无权征赋派役。各个领邑形成国中之国，国君政令达不到那里。农业生产不发达，商品交换也很不活跃。贵族们死后还杀人殉葬，大施过去奴隶制时代的淫威。另一方面，秦国还杂有戎狄的风俗，父子兄弟同室而居，上下无别，男女混杂。中原诸侯以"夷狄遇之"（《史记·秦本纪》），很看不起这个西陲之国。所有这些都说明了故步自封的秦国，其社会经济是相对落后的。制度落后（领主制）的秦国，在制度先进（地主制）的魏国面前，自然要被逼得步步后退了。

魏国连年入侵，在沉重的劳役地租剥削下的河西之地的农奴本来就已在反抗秦的统治，他们宁愿魏国的入侵，而不支持秦军，这一严峻的事实迫使秦简公不得不考虑改变剥削方式、改善劳动者的待遇。就在尽失河西之地的同年，即简公七年（前 408 年），宣布实行"初租禾"，开始废除劳役地租，改行实物地租（比管仲相地衰征的改革落后了近二百八十年），取消了井田制中的公田。虽然同魏国李悝的扶植自耕小农的政策相比，尚差一大截，但死水一潭的秦国总算起了一些波澜。

秦简公死（前 400 年）后，守旧的贵族拥立惠公（前 399 年）。惠公死（前 387 年）后，守旧势力又把年仅二三岁的惠公之子——出子，推上君位，其母听政，反对任何一点改革。"群贤不悦自匿，百姓郁怨非上"（《吕氏春秋·当赏》）。流亡在外的公子连，依靠新兴势力的支持，回到秦国，夺得政权。这就是秦国史上开始实行改革的秦献公（前 384 ~ 前 361 年）。秦献公留居魏国多年，对李悝所实行的使魏富强的改革有所了解，他深感要摆脱内外交困的局面，只有从改革中去找出路。为此他采取了四条措施：一是"止从死"。于献公元年（前 384 年）即宣布实行，长达几个世纪的落后的人殉制度，从此被废除了。二是即位元年就迁都栎邑（今陕西临潼），并局部推行县制，把蒲、蓝田、善明氏三邑改建为直属于国君的地方行政和宰事合一的组织——县；第二年（献公二年，即前383年）在首都也设置了栎阳县（辖郊区）。军事性质的县在过去虽已有一些，但为数不多（只有两个），献公推广县制，企图将更多的地方直接置于国君的管辖之下，加强国君的权力，对领主贵族的势力则是一个削弱。三是"为户籍相伍"。于献公十年（前375年）宣布把全国人口按五家为一伍编组起来，初步摸清各领主的领邑中的劳力和壮丁数目，以便于征集兵员作战（通过领主），但领邑内的人口（"庶人"）仍由各领主（"庶长"）统率，尚未由国家直接管理。四是"初行为市"，献公七年（前378），开始在城里建立正规的市场（有特定的市区，四周有墙垣，市门按时开闭），设官管理，而不再如过去那样未设特定的市场，只是找块空地，通过定期集市来进行商品交易了。这一措施是与"初租禾"以来生产有所发展、交换逐渐频繁的情况相适应的。

由于旧势力的强大，献公的改革仅仅是个起步，还很不彻底，但作用已显，国家的实力开始增强，军事上由失败转向胜利。就在献公十九年（前366年），秦在洛阳击败来犯的韩魏联军；两年后（前364年）秦军越过黄河深入河东，在石门（今山西运城西南）和魏军大战，斩首六万。这一仗震动很大，连挂名的天下"共主"——周显王也向秦祝贺，献公自称为"伯"，以示秦国地位的再度升高。又过两年，秦国乘韩国、赵国同魏国大战之机，向魏进攻，大败魏军于少梁，俘虏了魏将公孙痤，还把庞城（即繁庞）占领了。秦军事上的胜利，一方面固然由于魏国自坏长城，逼走了吴起，政治渐趋腐败所致，但和秦国本身的改革也有直接的关系。

少梁之捷的后一年（前361年），在位二十四年的献公年迈去世，子渠梁继位，是为孝公。孝公感到长期以来秦国国乱、兵弱、主卑的情势虽经献公的努力，开始有了扭转，但与东方诸侯相比，仍处于劣势。要收回失地，恢复穆公（缪公）的旧业，光做小的修补还是不行的。为了与东方诸国争雄，建立一个真正强大的国家，"孝公于是布惠，振孤寡，招战士，明功赏"，并下了有名的求贤令。求贤令指出："昔我缪公自岐、雍之间，修德行武，东平晋乱，以河为界（龙门河），西霸戎翟（狄），广地千里，天子致伯，诸侯毕贺，为后世开业，甚光美。会往者厉、躁、简公、出子之不宁，国家内忧，未遑外事，三晋攻夺我先君河西地，诸侯卑秦，丑莫大焉！献公即位，镇抚边境，徙治栎阳，且欲东伐，复缪公之故地，修缪公之政令。寡人思念先君之意，常痛于心。宾客群臣有能出奇计强秦者，吾且尊官，与之分土。"接着采取了一些军事行动，"东围陕城，西斩戎之獂王"（《史记·秦本纪》）。商鞅就是从这"丑莫大焉"、"常痛于心"的话中，体味到孝公强秦求贤的决心和诚意，在"尊官、分土"的"招聘"条件下，他急忙赶到秦国，通过孝公宠臣景监的关系，终于见到了孝公。

商鞅初次见孝公，谈了良久，孝公时时欲睡，不听他的话语。接见完了，怒斥景监：你的客人只是个妄人，怎能任用！景监责怪商鞅，商鞅回答，我"说公以帝道"，不合他的志趣。五天后，商鞅再次见孝公，谈了一大套"王道"，孝公仍不愿听。第三次求见，商鞅说的是"霸道"，孝公虽"善之"，仍未打算采用，但对景监说与你的客人还谈得来。所谓"霸道"就是法家学说。商鞅看到时机成熟，第四次求见孝公，大事鼓吹"强国之术"。一心想继承父志奋发图强的孝公越听越高兴，不知不觉"膝之前于席也"，凑近到商鞅的面前。一连谈了几天，也不厌倦。孝公为得此贤臣而"大悦"（《史记·商君列传》），开始相信商鞅的学说，准备按商鞅的意见实行变法，对秦国现有的制度来一个大的改革。

对变法这件大事，秦国大臣中不少贵族领主出身的人表示反对。孝公把商鞅与持反对意见者召在一起，让双方面对面地展开辩论。据记载，先是由孝公来一个开场白："今吾欲变法以治，更礼以教百姓，恐天下之议我也。"商鞅说："疑行无成，疑事无功，君亟定变法之虑，殆无顾天下之议之也。""法者，所以爱民也；礼者，所以便事也。苟可以强国，不法其故；苟可以利民，不循其礼。"孝公说："善！"大夫甘龙急忙说："不然。圣人不易民而教（易民，指改民之礼俗），智者不变法而治。""今若变法，不循秦国之故，更礼（制度）以教民，臣恐天下之议君，愿熟察之。"商鞅当时批驳了甘龙的那套"常人安于故习，学者溺于所闻"的"世俗之言"，指出："三代不同礼而王，五霸不同法而霸。故智者作法，而愚者制焉（受法度的制裁），贤者更礼，而不肖者拘焉。拘礼之人不足与言事，制法之人不足与论变。"大夫杜挚插进来说："利不百，不变法；功不十，不易器。法古无过，循礼无邪。"商鞅说："前世不同教，何古之法？帝王不相复，何礼之循？……各当时而立法，因事而制礼。礼法以时而定，制令各顺其宜。……臣故曰治世不一道，便国不必法古。汤武不循古而王，夏殷不易礼而亡。反古者不可非，而循礼者不足多。"孝公最后做结论说："善！拘世以议，寡人不之疑矣。"于是制定命令，宣布变法（语见《商君书·更法》和《史记·商君列传》，《新序·善谋》亦载此事）。商鞅在辩论中主张不法古不守旧，表现了他进步的历史观及由此而产生的对改革的坚定不移的态度。经过辩论，秦孝公给商鞅以完全的信任。这场交锋，是为变法在思想上扫除路障而取得的一大胜利。

商鞅于孝公元年入秦，经过三年的用心活动，至此才争取到变法的实现。《史记·秦本纪》中说：孝公"三年（前359年），卫鞅说孝公变法修刑，内务耕稼，外劝战死之赏罚，孝公善之。甘龙、杜挚等弗然，相与争之，卒用鞅法，百姓苦之；居三年，百姓便之"。这是把变法之始断在孝公三年。但在变法开头的三年中，还是试验性质，由孝公自己出面来发号施令，商鞅仅系客卿身份，没有实权（只有建议权，没有指挥权）。三年后，即到孝公六年（公元前356年），因"百姓便之"，变法即全面地正式地推行——"卒定变法之令""以卫鞅为左庶长"（《史记·商君列传》），全权主持变法之事。左庶长是秦国卿一级的大臣，掌握军权和政权。商鞅有了实权，雷厉风行，变法就大规模地开展了（《战国策·秦策一》说"商君治秦，法令至行，孝公行之十八年"，是从拜左庶长之时算起的）。孝公十年（前352年），商鞅为"大良造"，当秦国二十级爵位的第十六级（即"大上造"。"左庶长"为第十级。十六级"大上造"以下既是爵名又是官名），官职很高，是相国兼将军。孝公二十二年（前340年），因商鞅变法、治国、统军有功，孝公封以於（今河南内乡东）、商（今陕西商县东南商洛镇）之地，号为商君，至此商鞅已是秦国最有权势的人物之一了。

商鞅变法重点放在两个方面：一是废除旧的封建领主制，把秦国建成一个封建地主制的中央集权国家；二是推行农战政策，发展秦国的农业生产，增强秦国的军事力量，企图通过变法，使秦国治安富强，以达到更远大的政治目的。

变法分两个阶段。第一次变法（孝公三年开始的那次）主要内容包括：编造户籍，实行什伍连坐；奖励军功，颁布按军功赏赐的制度；奖励农耕，制定"垦草"开荒的法令；等等。第二次变法在秦孝公十二年（前350年）开始，比上次变法又进了一步："开阡陌封疆"，废除封建领主的土地所有制；普遍推行县制，设置直属于国君的县一级行政机构；直接征派赋役，按户按人征收军赋（"初为赋"，于孝公十四年起实行）；统一度量衡，取消各领主的家量；革除残留的戎狄风俗；等等。为了摆脱旧贵族习惯势力的影响，以利于变法的开展，同时为了进一步向东发展，争夺中原，商鞅还在孝公十二年把国都迁往咸阳，筑冀阙、宫廷（冀阙类似城门建筑，又名魏阙，巍然而高故名，魏即巍字），悬法令于阙门。在前后两次变法中，第一次变法已对领主贵族的许多特权进行剥夺，第二次变法更彻底地从经济基础至上层建筑摧毁了旧的封建领主制，其改革更多地涉及具体的经济问题。当然，第一次变法也是很有利于封建地主制经济的发展的。

商鞅的两次变法，完成了秦国从封建领主制到封建地主制的历史性的转变。这种转变，姗姗来迟，比之中原各国时间上是晚得多了。但商鞅对社会经济所做的改革，比中原各国的变法运动是更为全面而且彻底的，对旧势力的扫除、对旧基地的清理，搞得是比较干净的。所以秦国能够很快赶上并且超过中原各国，最后完成统一事业的历史使命也就落在秦国的身上。商鞅的两次变法，许多内容是学自李悝、吴起，在其他国家（魏、楚）早就试行过了。变法一事绝非商鞅首创。但商鞅的变法中又加进了若干新的东西，为前人所无。青出于蓝而胜于蓝，商鞅继承早期法家的思想而又有自己新的发展。就变法而论，就经济改革而论，在战国时期，当以商鞅的成就为最大。在战国法家政治家中，也以商鞅最为著名。至于管仲在春秋时所做的改革，在主观上没有想动摇封建领主制，但在当时仍是进步的，而到战国时如仅对领主制进行修补，那就很不够了。商鞅的改革，其步子超过管仲，其性质异于管仲，这也是理所当然、势所必至的事。他们两个人处于两个不同的时代，为推动历史的发展尽了各自最大的努力。

二　打击领主贵族，扶植军功地主

说商鞅变法意在否定秦国的封建领主制，比李悝有发展，比管仲更超过，他到底采取什么办法来进行如此巨大的社会改革的呢？从变法的主要内容之一来看，商鞅用的是这两手：一是以守旧的封建领主贵族为打击对象；二是扶植军功地主，以此作为政权的依靠力量和新的社会基础。

商鞅在第一次变法中就明确规定："宗室非有军功论，不得为属籍（列入公族的簿籍）。明尊卑爵秩等级，各以差次名田宅（名田是"以名占田"之意），臣妾衣服以家次（各随其家爵秩之班次确定其衣裳服饰和占有家内奴婢之数，不得僭侈逾等）。有功者显荣，无功者虽富无所芬华。"（《史记·商君列传》）这是一个大的改革，在政治上废除了旧的宗法贵族世袭官爵土地的特权，重新制定按军功授予官职爵禄的等级制度，即以新的地主阶级的等级制来取代旧的领主阶级的等级制。

在过去，封建领主沿袭奴隶制时代的旧礼，王侯大夫的子孙，他们世世辈辈是大大小小的政治上的统治者和经济上的剥削者。商鞅变法，取消了除国君嫡系外一切贵族的世袭特权，即使秦君的本族，没有军功，也不准在宗室名册上登记，取消宗人的资格，不得以血缘关系取得官、爵、田宅，占有臣妾，穿戴表示尊贵的衣裳服饰。对秦君本族尚且如此，更无论他姓贵族了。"所谓壹赏者，利禄官爵，专出于兵，无有异施也。"（《商君书·赏刑》）这句话说明了商鞅重定等级的唯一标准是军功，贵族没有军功一律得不到利禄官爵。领主贵族一开始就受到沉重的一击。当年李悝在魏国变法，曾制定"食有劳而禄有功，使有能而赏必行，罚必当"（《说苑·政理》）的原则，废除了世官世禄制度，惩罚那些无功而富有僭侈的旧贵族（《法经》中有严禁生活享受"逾制"的条文），奖励有功于国的人，扶植了新兴的地主阶级。吴起被迫离魏奔楚（前390年前后），辅佐悼王变法，也曾主张对楚贵族的子孙"三世而收爵禄"（《韩非子·和氏》），下令"贵人往实广虚之地"（《吕氏春秋·贵卒》），把旧贵族逼迁到荒凉地区去。"大臣太重，封君太众"，自来是"贫国弱兵"的根源（《韩非子·和氏》），其他诸侯国的变法就是整治那些旧贵族的，商鞅变法中规定的这一条内容，显然受到了其先行者——李悝、吴起的直接影响。只是商鞅的行动更坚决，搞得更彻底，因此收效也更大。其变法虽后于其他诸侯国，但旧势力在秦国，比在其他诸侯国更无立足之地和翻身之日。

根据变法的要求，商鞅对秦国过去的官爵做了系统整理，重新制定了二十等爵制。这二十个等级是：第一级公士，第二级上造，第三级簪袅（又称"谋人"），第四级不更，这四级相当于士；第五级大夫，第六级官大夫，第七级公大夫，第八级公乘，第九级五大夫，这五级相当于大夫；第十级左庶长，第十一级右庶长，第十二级左更，第十三级中更，第十四级右更，第十五级少上造，第十六级大上造，第十七级驷车庶长，第十八级大庶长，这九个等级属于庶长一类，相当于卿；第十九级伦侯，第二十级彻侯（见《汉书·百官公卿表》、《后汉书·百官志》刘昭注引刘劭《爵制》。汉承秦制，二十等爵为秦之旧。唯十九级关内侯为汉时名称，秦时应按《琅邪台石刻文》称为"伦侯"才是）。秦制：军队中没有爵位的"校、徒、操"称"小夫"，地位最低，有爵位的步兵称"公士"（刘劭《爵制》），即二十等爵中的第一级。有第二级至第四级公爵的人（包括行政部门的吏员）也编入军队，统称"卒"。不过待遇不同：二级"上造"可以"乘兵车"（《汉旧仪》）。三级"簪袅"可以"御驷马"，"袅"是"以组带马"，"簪袅者言饰此马也"（《汉书·百官公卿表》颜师古注；刘劭曰："驾驷马者，其形似簪，故曰簪袅也"）。四级"不更""主一车四马"（《汉旧仪》），在车右（刘劭《爵制》），可"不预更卒之事"（即平时可免除更役，见颜师古注）。五级"大夫"以上才可当军官、"长吏"。"大夫主一车，属三十六人"，"在车左"（《汉旧仪》、《爵制》），得任"县尉"（《商君书·境内》）。六级"官大夫领车马"（《汉旧仪》）。七级"公大夫领行伍兵"（《汉旧仪》）。八级"公乘"，"得乘公家之车"（颜师古注），这第八级公乘是"军吏之爵最高者"（刘劭《爵制》）。"吏民爵不得过公乘"，超过公乘的爵级可移赠给其子弟。第九级"五大夫"为"大夫之尊"（颜师古注），至此才算是"官爵"（前面是"民爵"、"吏民之爵"）。第十级、第十一级"左、右庶长""为众列之长"（颜师古注）；第十二级、第十三级、第十四级"左、中、右更"，"更言主领更卒，部其役使也"（颜师古注）；第十五级、第十六级"少上造、大上造"，"言皆主上造之士也"（颜师古注）；第十七级"驷车庶长"，"言乘驷马之车而为众长也"，第十八级"大庶长""又更尊也"（颜师古注）。自左庶长以上至大庶长，又都是"军将"，"所谓皆庶人更卒也，故以庶更为名"，大庶长就是大将军（刘劭《爵制》）。各个等级的含义大致就是如此。爵位越高，特权也越多。爵级可用来抵罪以及赎免亲属中有奴隶身份的人；生前身上衣饰、死后坟前植树都依爵级而定。不过更主要的是：爵位越高，占有的土地和劳动力也越多，其经济收入就越多。

按照商鞅的办法，晋爵全视军功，"有军功者，各以率受上爵"（《史记·商君列传》）。具体晋爵多少以"斩敌首"的多少来计算。凡士兵能够斩得敌方甲士一颗脑袋（首）者赏爵位一级（故称首级），赠给田一顷（"顷"为百步为亩之"小亩"一百亩）、住宅地九亩，还拨给"庶子"（又称"弟子"）一人替他服役——这种"庶子"无爵位，是依附农民的身份，在国家没有役事时，每月给服役六天，国家有役事时，庶子随同前往（《商君书·境内》）。如果愿意当官，可"为五十石之官"（《韩非子·定法》）。依此类推，斩得"甲首"两个，赏给爵位两级，可为俸禄较多之官吏，这就是所谓"官爵之迁，与斩首之功相称也。"（见《韩非子·定法》。按：百石以下只是"斗食、佐史"之秩，属"少吏"，二百石至四百石才为"长吏"，始可担任县的丞尉）如果斩得五个甲士的首级，就可以役隶乡里五家之人（《荀子·议兵》："功赏相长也，五甲首而隶五家"），即可役使五名庶子，五六三十日，每天都有人可供使唤。"名不上闻，不得私籍于农"（《吕氏春秋·上农》），没有爵位是不准使用这种依附性的徭役劳动的。即使奴隶身份的人作战时获得"甲首"也大有好处："隶臣斩首为公士。"（《秦律·军爵律》）有了"公士"的爵级后，再得"甲首"，其晋爵、占田、为吏就同常例一样了。商鞅还规定了每次战役斩首的指标。攻城围邑，斩首八千以上（一般的斩首，非必定是甲士之首），野战二千，就算满数，自操、徒、校至大将都加赏赐，各人按原先的爵位递增一级。例如，"不更"可得"大夫"爵，由小吏升为"长吏"，可当县尉，并赏给六名战俘奴隶（"虏"）和钱五千六百。旧爵是"大夫"的，让他掌管一种政务，升为"官大夫"，"官大夫"升为"公大夫"，"公大夫"升为"公乘"，"公乘"升为"五大夫"。"五大夫"是一个杠杠，"五大夫"以下只有赏田，升至"五大夫"的，就有"税邑三百家"。旧爵是"五大夫"升为"庶长"，"庶长"升为"左更"；旧爵是三更（左、中、右三更），依次升至"大上造"（《商君书·境内》篇中称"大上造"为"大良造"）。庶长、三更及大上造，除税邑三百户以外，还赏给三百户的封邑（"皆有赐邑三百家，有赐税三百家"。赐邑与赐税不同。有人说赐邑是把邑赏给臣下，作为封邑，让他自己去收税；赐税是由公家收税，把若干户的税转给臣下。也有人说赐邑三百家是给予三百家所缴给国家的地税——粮食，赐税三百家是赐给三百家的赋税——钱）。有了六百户的税和封邑，就可以养家客为自己效劳。作战有功，斩首满数，大将、御（驾战车的军官）、骖乘（陪乘的军官）都赏爵位三级。原来是客卿参战当谋士辅佐的，升为正卿。对军官也分别规定了斩获敌首的任务：凡屯长（五人设一屯长）、百将（百人设一将）所率军队（百人）能"得三十三首以上"者，即算满数，百将、屯长都赐爵一级（以上取自《商君书·境内》）。商鞅的这套奖励军功、因功赐爵（故称"军功爵"）、依爵授官的功、官、爵合一的办法，直接目的是鼓励人们奋勇作战，保证秦国在同魏国以及同其他诸侯国的抗争中不断取得胜利，但其更深刻的用意则在于打破过去那套无功受禄，仅按宗法、血缘关系占有高爵高位的旧的世袭制、等级制，取消领主贵族的特权，削弱他们的势力，与此同时，通过军功，陆续选拔能为封建地主政权卖力效忠的骨干力量，为巩固国君的权力创造条件。

商鞅的这一改革，果然使宗室贵族中出现了"毋爵者"，而一批新的军功地主则在战争中兴起。其中的高爵者更拥有许多权益，成为一个新的特权阶层。那么在这个新的特权阶层中是否会产生又一茬的新的大小的封建领主呢？不会的。按照奖励军功的办法，至第五级大夫，于原有土地外益田五顷，役使庶子五人，他只是一个地主而已。所役的庶子是半有偿劳动，非典型的农奴（有人称为半农奴），因而他并不具备领主——农奴主的性质；而且按军功家次占田宅，也缺乏稳定性，占有土地数量随家次的多变而时有升降，从这里根本谈不上会产生领主。第九级五大夫除了益田（九顷）、庶子以外，开始有赐税三百家，庶长以上再加赐邑三百家，但他们也只是大地主，而不是领主。有封邑虽可称为封君，但他们实际上也只是衣租食税，不掌握邑内的政权和军权，邑内治民之权属于国家。爵位和封君称号一般不是世袭的，即使传代，也传不长。这种人仅可被称为"食封贵族"，是一种新的贵族地主，而不是旧的分封制下产生的、在封土内有统治权的领主贵族。商鞅把原属封建领主的财产和权力拿过来（其无军功者），转入封建地主之手，这种财产占有关系的变化是在新旧两个阶级之间发生的，促进了领主制向地主制的转化，因而有很大的进步意义。

商鞅对付领主贵族，一方面是通过"壹赏"的原则，论功行赏，无功不得受禄，使未立军功的旧贵族在重定等级的过程中丧失爵位和土地；另一方面，他采取了"壹刑"的原则，取消了贵族不受刑律制裁的特权，"刑无等级，自卿相将军以至大夫庶人，有不从王令、犯国禁、乱上制者，罪死不赦"（《商君书·赏刑》）。于是那些领主们厚赏往往无份而重刑则可能轮到他们身上。

商鞅这个法家，把李悝《法经》的条文用于秦国，未做大的修改。他主张对轻罪用重刑，加强地主阶级的专政。刑法，作为一把两面锋刃的利器，既用于压迫被统治的人民，又用于打击旧的领主贵族，惩治那些人对新法的反抗。当时是怯战罚必重，私斗罚必重，作奸罚必重，被罚者中很多就是旧贵族。

与作战有功者受重赏相对的规定是，临阵畏缩、逃跑、降敌者要严厉处罚（开小差回家者，没为奴隶）。作为一名军官，如百将，带着部队作战，如果没有获得敌人首级者，就要处斩。这对于不能打仗的旧贵族子弟来说，真是给他们出了一道大难题。

"为私斗者各以轻重被刑"（《史记·商君列传》），商鞅的这条规定，主要是针对那些为争夺土地、财产经常发生械斗的大大小小的封建领主（下面的人是为其操纵的），而非主治一般的打架斗殴者。所谓"邑斗之勇"（《韩非子·八奸》）的"邑"字即领邑之邑，表明是领主之间闹的事。商鞅给邑斗者处刑，目的是使"民勇于公战，怯于私斗"（《史记·商君列传》），引导好勇斗狠者不再为领主去卖命转而为国家立军功。领主贵族的势力于此又受到一个限制，国君的武装力量则可得到加强。

商鞅严禁作奸、匿奸，规定了告奸之法。史称商鞅"令民为什伍，而相牧司连坐。不告奸者腰斩。告奸者与斩敌首同赏；匿奸者与降敌同罚"（《史记·商君列传》。牧，读"纠"；司，读"伺"；牧司即纠察之意）。在这里，商鞅特别强调要相互纠察，告发奸人奸事。失察未告者，一人有罪，他人要受株连，名为连坐。隐匿不告者其罚更重。匿奸告奸的刑赏被提到与降敌斩敌的同一高度来处理。当时连坐告奸之法实行范围很广，并不局限于民间一伍（五家）一什（十家）的户籍编制之中，而且是用于客舍（旅店收留没凭证的旅客住宿，主人与"奸人"同罪连坐），用于军队（五人为伍，一人逃跑四人连坐受刑），也用于上层阶级内部［官吏不法，罪死不赦，刑及三族，告发者可接替其官长之官爵田禄（见《商君书·赏刑》）］。这样，领主贵族就难逃许多人监视的眼睛，不能再像过去那样作奸百端而无人敢碰了。所谓"奸人"、"奸事"，除一般的偷盗和刑事犯罪以外，对领主贵族来说，在政治上反对变法、反对国君，在经济上规避国家赋役的征收，隐匿人口为其"私属"，都是罪不可赦，都在连坐、告奸的范围之内。劳动者为避徭赋而逃亡者，也是奸人奸事；原先他们"逃事藏匿，附托有威之门"（用《韩非子·诡使篇》中语，这种情况长期存在），商鞅变法后窝主就犯"匿奸"之罪，而要重罚了。这对惯于隐匿人口的旧领主贵族，无疑也是一个很大的打击。

商鞅的这种种轻罪重罚的做法，主要就是要摧毁领主贵族的反抗势力，以维护新兴地主阶级的利益，对所实行的社会经济制度改革的取得成功，曾起了巨大的作用。当然，对于人民，其压迫也更甚，统治也更严，所以又有其反动的一面。

上述商鞅的"连坐法"是在"令民为什伍"的整顿户籍的基础上实行的。什伍的户籍编制于献公改革时已经开始，但只是了解丁口底数，人还属于领主。商鞅再次按什伍编造户籍，"令四境之内，丈夫女子皆有名于上，生者著，死者削"（《商君书·境内》），使户籍制度更臻完备。其重大的改革意义在于：他把各邑内的人口直接置于国君的控制之下（据《秦简·法律答问》可知，伍有"伍老"，编入什伍组织的称"伍人"；什伍之上有里，里有"里典"），使之进一步摆脱对领主的人身依附关系，在法律上开始承认鄙野之人同"国人"处于同等地位，赋予当甲士的权利，同晋国的"作州兵"有同样的作用。军队中"伍"的编制，与"为户籍相伍"的编制相一致。但这样一改，再加日后实行的县制，原有的农奴就一步步地变为平民身份的农民，只有政府才能对他们进行支配，并加以严密的管理（相纠察、连坐）。原先领主身份的人已不能随便征调他们当私兵、服徭役，随便对他们用私刑、行私罚了。如果这些领主因有军功而能继续存在，他们也只是贵族地主而不成其为贵族领主了。商鞅变法中的这一重大措施，完成了秦献公未了的心愿。

商鞅的整顿户籍，不仅限于对下民，贵族的人口也登记不漏。"禄厚而税多，食口众者，……则以其食口之数，赋而重使之。"（《商君书·垦令》）这对于贵族们的权益也是一个很大的限制，他们不但不能藏匿、荫庇依附人口，而且连自己家里众多的吃闲饭的人（如亲戚和食客）也要一一登记，按规定缴税，并负担更重的徭役。对贵族大家无职业的子弟，一样要按名册均派徭役，提高了解除徭役的条件（《商君书·垦令》）。

上面这些措施，都是在第一次变法中就实行了。"有罪可以得免、无功可以得尊显"的故俗旧习（《韩非子·奸劫弑臣》），由此而破除，对在秦国荡涤旧的领主制建立新的地主制，作用已经显见。韩非认为商鞅的"法术""未尽善"："斩首者勇力之所加"，而"治官者智能也"，"以斩首之功为之，则不当其能"（《韩非子·定法》）。这个问题可能存在（也未必尽然，秦制行政官吏也参加战争，能武又能文者常有之），尽管如此，商鞅这些对社会制度有除旧立新作用的措施，合乎历史发展的要求，积极的进步的意义乃是主要的。就是韩非本人同时也说："公孙鞅之治秦也，设告坐而责其实（不得诬告），连什伍而伺其罪，赏厚而信，刑重而必。是以其民用力劳而不休，逐敌危而不却，故其国富而兵强。"（《韩非子·定法》）商鞅变法中的这些措施，有利于秦国的富强，这一点是无可置疑的。

三　废井田，行县制，进一步从经济基础到上层建筑摧毁旧的领主制

和第一次变法之始相隔九年，即孝公十二年（前350年），商鞅为大良造的第三年，他又进行了第二次变法。在第二次变法中，废井田，开阡陌，革除了封建领主的土地所有制，从法律上确立了新的封

建地主制的土地制度。这一改革是商鞅整个经济改革的核心。旧的井田制在秦国终于被彻底破除。"画野分民乱井田"，管仲时没有做的事，到这时由商鞅来最后完成了。

井田制原是一种阡陌相间、沟洫交错、规划整齐的方块田。在长期的历史发展过程中，井然方正的井田形式所含的经济内容前后发生了很大的变化。在奴隶制时代，井田归奴隶制国家所有，分封给贵族功臣享用，在井田上劳动的是集体耕作、对土地无占有权的奴隶，西周前期的情况就是如此。西周后期，块炼铁发明，用作农具，分户各耕代替了"同井合耦"，劳动者的境况有所改善，奴隶就变为农奴，在农村公社的形式下被组织起来，有各家的小块份地和家庭经济。这时，奴隶主也就变为封建领主，但土地仍属国有。春秋时，奴隶制国家崩溃，大小领主割地自雄，相互兼并，土地实际上已属领主私家所有，封建领主的土地所有制取代了奴隶制的土地国有制，劳动者是领主私家的农奴。但是从外表看，在过去能实行井田制的地方（平原），还保留着井田的形式；与前不同的是，各国先后实行了实物地租制。在实行实物地租的地方，井田中就没有公田、徭役田，都是各农户所耕的份地了。所有权属于各个领主贵族的井田，各有一定的疆界（"经界"），封住其四周，故称为"封疆"——以土堆、沟池、树木等连接而成。以土堆筑封疆、挖起泥土而成的深沟，称为"封洫"。封疆、封洫内的井田，划分给各家农奴耕种。井田之内又有名叫"阡陌"的田间道路。陌用来划分百亩（一夫）之界，阡则用来划分千亩（十夫）之界。阡、陌是堆土为路；挖起泥土的低处，则形成一条条小的沟、洫。道路和水沟都是一纵一横的。在河流向东时，东西曰陌，南北曰阡（河流南北向时，南北曰陌，东西曰阡）。外有封疆，内有阡陌，长期以来是井田制的特征。这一方面表示了各级领主（原先为奴隶主）圈占土地的范围，另一方面则是督责农奴耕种土地的地段划分。由于土地有好有次，为了"公平"起见，各家分种的土地（份地）是要定期轮换的，所谓三年一"爰土易居"即指此而言。这时，劳动者对土地只有暂时的不稳定的占有权。无恒产者无恒心。这种做法不利于调动耕者改良土壤、兴修水利的积极性，同时换地手续也很烦琐费神。所以到春秋中期，有的领主就开始废除土地定期重新分配的制度（晋国先做），让耕者长期地、固定地占有份地，不再轮换；其他地方也跟着实行。再后来，除了对绝户要收回土地以外，其父年老本该交还的土地接着又该分配给其子，为免去授受手续的烦扰，索性让耕者世代相袭地占有某块土地了（当然，他们还只有对土地的占有权）。不过，即使在这种情况下，领主的土地仍是由封疆、阡陌构成的井田。新兴的地主只能远离领主土地的封疆之外，或挤在两个领主的封疆之间，开垦少量的荒地。鲁国的"初税亩"即是对这种私人开垦的土地按亩计税，并承认其存在的合法性。但土地主要仍按等级分配，由领主圈占，地主们想多占有土地，其发展余地不大，所受的限制很多。新起的地主阶级，在土地的占有上（不甘于只占零星分散的土地，而希望占有大片整齐的土地）、劳动人手的占有上和官职爵位的占有上，同有世袭特权的领主贵族矛盾日益加深。

春秋末期，有些国家的有些卿大夫，采取种种收揽人心的措施，取得商人、地主的支持，而其本身也在减轻农奴的租税劳役的过程中转化为新的地主制经济的剥削者，并成为新兴地主在政治上的代表。其力量日益壮大，逐渐从旧公室——封建领主贵族手中夺得了政权。在相互作战中，他们所实行的奖励军功的办法，既解放农奴，扶植了许多自耕农，又赏赐土地，造就了许多地主（军功地主）。这些都是封建领主的对立物。进入战国时期，许多国家实行变法，更使封建领主制面临末日。所谓变法，其内容无非就是把在井邑内掌握全权（行政、司法、劳役、兵役、征税、铸钱等权）的领主阶级这个多余的社会层次搬掉，实行国君集权制，取消大小领主私人的土地所有制，而重建一种新的土地国有制（指诸侯国），以此作为中央集权的经济基础。原井邑内的农奴，变成直接受国君设官管理的、国家授田下的"公民"。他们拥有比较自由的身份（平民身份），在为国家服兵役、劳役的同时，和早先"国中"的平民一样，只缴什一之税，比过去当份地农奴向领主交什伍之租（甚至更多），负担一时有所减轻，生产积极性因此有了很大提高。受田的农民是自耕农，有完全的经营自主权，对土地拥有更大的支配、处置权（可继承、分割、转让、买卖），但土地的最高所有权属于国君，国君是最大的地主。另外，还有非贵族出身的一般地主——由开垦、军功、购买土地而成，以及由领主转化而来的贵族地主——只能收租不能治民。高高在上的最大地主、一般地主和贵族地主，构成封建地主制下的地主阶级。变法正加速旧的封建领主制的崩溃，并促使新的封建地主制的建立。战国初的魏国就是用李悝变法而首先称雄一时的。李悝，这位法家的创始者，在魏文侯时"行地力之教"，从调整生产关系入手，大力扶植自耕农。每家分给百亩（百步之亩）土地，收什一之税（见《汉书·食货志》）；而原有的领主的土地则被收夺上来（"夺淫民之田"），同国家掌握的土地一起分配给直接耕作者。史称李悝时使"沟洫为墟"（明人董说《七国考》引《水利拾遗》），"井田废，沟洫堙，水利所以作也本起于李悝"（《事物记原·水利调度部》）。所谓"沟洫为墟"，不是不要排水不要灌溉，而是填平了标志原井邑内领主土地所有权的"封洫"，让分得土地的农民按新的土地占有状况，重新规划水道，把旧的占地太多的沟洫填平，加以开垦利用，以尽地力。随着生产关系的变化，井田制的旧形式再也不能保持下去了。李悝的变法宣告了井田制在魏国的消亡。其他诸侯国的变法也有这方面的意义。只有秦国落后，领主制在战国时一段时间内还存在，井田制旧形式一时也还保留着。商鞅第二次变法的任务，就是要学前辈李悝的样，在秦国补上一课，废除领主的土地私人所有制以及为领主贵族所利用的井田制旧形式，建立新的封建国家的土地所有制，把土地方面的权力集中于国君，在秦国彻底铲除井田制的形迹（东方各地井田制虽已瓦解，但原来的阡陌制度并未全变，到西汉前期某些地区还有井田时代的百步之亩）。

史称：商鞅"为田开阡陌，东地渡洛"（"尽秦地"之意，见《史记·秦本纪》）；"商君为孝公……决裂阡陌，教民耕战"（《战国策·秦策三》）；"决裂阡陌，以静生民之业而一其俗。劝民耕农利土，一室无二事"（《史记·蔡泽列传》）；"为田开阡陌封疆，而赋税平"（《史记·商君列传》）；"秦孝公用商君，坏井田，开阡陌，急耕战之赏"（《汉书·食货志》）。这些都是关于孝公十二年商鞅除井田、开阡陌一事的记录。

本来，在第一次变法中商鞅已制定按军功重定等级及占地的办法。但具体实施要有一段时间，即需待几次战争以后才能分出有功无功、功大功小，或无功有过、过大过小，从而才能据以"明尊卑爵秩等级"，各以差次名田。所以在几年之中，等级和占地的调整是局部的，渐进的。到了孝公八年（前 354 年），秦军趁魏赵相攻之际，与魏军战于元里，斩得首级七千，攻占了魏的少梁，军事上首次取得胜利。秦孝公十年（前 352 年），大良造商鞅统率大军攻入魏的河东，包围魏之旧都安邑，降之。孝公十一年（前 351 年），商鞅又攻魏固阳，降之。这是变法后接二连三的军事胜利。在这几次战争中因功受赏、因罪受罚的等级变动面就不小了。孝公十一年，魏同齐言和又迫赵结盟后，回过来大举攻秦，秦做了战略退却，归还一些土地给魏，与魏"修好"（以河为界，河以东为魏，河以西为秦）。军事形势暂时安定下来，商鞅就腾出手来进一步开展经济改革，解决战争以后等级和土地的变动问题了。经过战争的检验，许多领主贵族因无功或有过，降低或失去了爵级，其土地就被迫部分地以至全部地交给国家，而立了军功的人则提高爵级，增加了对土地占有的数量。这样原属同一井邑内的土地就会分属几个主家，而同一主家则会占有不连成一片、散在不同井邑、不同地段内的土地。井井方方的地块，因土地占有者的易手，原来的封疆阡陌已经无用，而需要调整，做很大的变动了。商鞅明令"开封疆阡陌"就是同这种土地再分配、此疆彼界需重新划定的要求相适应的。他干脆宣布旧的经界一概无效作废，从根本上剥夺了领主的土地所有权。土地收归国有，就可由国家根据新的办法来重新分配了。"开封疆阡陌"的意义还不仅仅在于铲除井田制的旧形式，尤为本质的是它标志着生产关系的一次重大改革。

商鞅的开封疆阡陌还有另一层意义，即他这样做又适应了生产力发展的要求。早先井田制是以宽一步长百步为亩，在以六尺为步时（一尺长 24.63 公分）百亩合 32.8 市亩。一家两个劳动力，每个劳动力负担五十亩，约合十六市亩。过去按阡陌划分的千亩、百亩就是以宽一步长百步为一亩的。耒耜耕作，百步已经够长；可是后来铁犁加固加大，并且牛耕取代人力拉犁的做法日渐推广，情况就变了。用铁犁牛耕不是像使用耒耜那样向后退着挖地，而是向前进着翻地，耕作又快又省力，一下子就到头，原百步为亩就显得太短了。虽然耕地难免要掉头拐弯，但如果地块太短，老是到头转弯，那就很不方便了，不用人力找补，田头地角还翻不好。在这种情况下，就自然地要求放长每亩的步数，减少犁耕的转弯。不同地区就不同程度地把百步为亩的步数扩大（有的仍维持百步不变，直到汉武帝时）。如春秋后期，晋国的范氏、中行氏以百六十步为亩，韩、魏以二百步为亩，赵氏以二百四十步为亩（《孙子兵法·吴问》）。商鞅变法时，吸取三晋的经验，统以二百四十步为亩（《新唐书·突厥传》引杜佑言："周制步百为亩，亩百给一夫。商鞅佐秦，以为地利不尽，更以二百四十步为亩"；《玉篇·田部》亦云："秦孝公二百四十步为亩。"）。步数扩大，原来的阡陌就要打破，而需按新的亩制来重置阡陌。即此一个原因，井田制的旧形式也无法保持下去。一亩步数扩大 2.4 倍（可称"大亩"），并不意味每家负担的耕地面积也扩大 2.4 倍。按新步数计算，每家并非种一百大亩，实际上只种 41.7 大亩（100 小亩 ÷ 2.4 = 41.7 大亩）。而且商鞅规定的尺较短（只长 23.1 公分），以六尺为步、二百四十步为亩，一百大亩合市亩 69.12 亩；41.7 大亩（或一百小亩）只合市亩 28.8 亩，即每家耕种土地约合市亩 29 亩。事实上并没有扩大到 69.12 市亩，要一家农户每年种这么多亩的土地，是种不过来，而必致"地力不尽"的。商鞅的思想是宁愿让农民少种一些地，可把力量花到精耕细作上去，而不是要劳动力有限的每家农户扩大耕地，搞粗放的经营（开垦土地是另外安排劳动力的）。除了便于犁耕、加大步数，要改变旧阡陌这一点以外，过去的阡陌尤其是封疆，占地太广，不得为田者多，也使商鞅对此有所考虑（春秋时用车战，田间道路需通兵车，故阡陌占地广；战国时用步、骑作战，兵车极少用，田间无须留宽敞的车路）。为了避免浪费土地，不使地力有遗，也有必要取消旧的田界，重建新的阡陌（新的田界也称"封"，律禁"盗徙封"）。这种阡陌占地就很窄，随地为田，随田为路，尖斜屈曲，无所不可，迥不同于旧观。"决裂"旧阡陌同"开立"新阡陌是同时进行的统一过程，并不是废井田之后遂无阡陌之设了。

商鞅废除了旧的封疆阡陌，收夺了无功有过的旧贵族的土地，再加国家原先直接掌握的土地和鼓励垦荒新增加的耕地，使秦国国君拥有大量的土地，成为全国最大的地主，对这许多土地拥有机动的自由支配的权力。除了以一小部分土地租给依附农民耕种（刚由奴隶上升的贫苦农民不能一下子成为自耕农；又，"赘婿后父"也"勿令为户，勿予田宇"，《魏户律》有此规定，秦法亦然。他们都只能租种公家或私家的土地）和役使奴隶耕种（"公作"）外，其他就由官府统筹"为国分田"（《商君书·算地》），把大部分的土地按户计口分配给立有户籍的受田农民（其无爵者称"士伍"；有爵者，一级为"公士"，余依次递进）；还有一些土地赏给军功地主。在这两者之间，受田农民在新的封建地主制下占人口的最大多数。

"制土分民"（《商君书·徕民》篇中用语），把土地一份一份地分给受田农民，可称为"授田制"。与其他变法的国家一样，这类农民是平民身份、缴纳较轻的租税并服兵役劳役的自耕农。不过，据《秦律·田律》可知，与缴纳粮食作为主要的地税的同时（訾粟而税），在秦国还要交刍藁之税（后来还要交口赋），按照授田数量（一顷，即一百亩），收刍三石（一石为一百二十斤）、藁二石，无论田已垦或未垦，税一样收（粮食的税也如此），这里面有督促农民耕作、不荒废土地之意。授田的工作由田官（"田啬夫"）主管，土地所有权属于国家，受田者只有支配权、占有权和使用权。对这类国有土地，田官管得很严，不仅要掌握播种的顷数和受灾的面积，而且要监督农民从事生产。《秦律》（云梦睡虎地出土）虽写于商鞅之后，但与商鞅之法有历史的继承性。土地国有制下的授田制及其管理方法当是或基本上是从商鞅时沿用下来的。

受田农民与农奴的一个主要区别是其租税（田租或称地税）负担的减轻。商鞅把一亩的步数扩大为二百四十步，耕地面积（"耕作亩"）并未扩大，仍是百步为亩的"小亩"百亩或说是一顷（"小亩"二字见《商君书·算地》），但仿照三晋的做法，农夫的负担却有所减轻。过去韩、魏两家以二百步为亩，原一百小亩即折算为五十大亩（"负担亩"），如每小亩平均产量为粟二石五斗，"伍税之"，每亩交租1.25石，步数加倍后即按五十亩计税，共缴粟62.5石，为原负担百亩之租（125石）的一半。赵氏更以二百四十步为亩，一时更予免税。这些都是各家竞争、收揽人心之法。商鞅制亩的步数比韩魏更大，向当年的赵氏看齐。按二百四十方步为亩重划后，原先以一百方步为亩的一百亩（小亩）即折算为41.7亩（大亩，后人称之为"商鞅田"、"秦田"）。在每亩租税出谷数量不变的情况下，地税就按新的亩数——41.7亩（"负担亩"），而不按老的亩数——百亩征收。这样，农民的负担就减轻了一半多。农民负担减轻了，就有利于激发其生产积极性。商鞅的这一做法是从三晋学来的，但贯彻得比三晋更好（三晋是一时的措施）。本来，农奴变为平民身份的自耕农后，"伍税之"即变为什一之税，什一为"天下之中正"，古时候自由平民向国家所缴的地税率一向是这个水平（"国中，什一使自赋"，见《孟子》）。李悝变法也收什一之税。但商鞅不是如李悝那样，按百亩收什一之税（《汉书·食货志》记李悝时每户一百小亩，产粟百五十石，缴什一之税十五石，此石为大石，合小石缴税二十五石，百亩产二百五十石），而是按新的亩数——41.7亩收什一之税（小亩的平均亩产×1/10×41.7亩），无论按小亩计数还是按大亩计数，实际上税率都不是十分之一，而是4.17%（10%÷2.4 = 4.17%）。也就是同他国缴什一之税的农民相比，秦国农民的负担是更轻的，而轻就轻在步数扩大、负担亩数减少上（后来汉武帝改关东的百步之亩为二百四十步的大亩，也由百亩改按41.7亩收税，但每亩负担的租粟数量仍然不变。这样原先的三十税一就变为七十二税一，再加亩产增加，税率更见降低，所以荀悦有"今汉民田或百一而税"、"官收百一之税"的说法）。地税轻而易办，这是封建国家与农民关系的一次重大调整，有利于招诱诸侯国人民流入秦国从事农垦，大大提高了秦国对诸侯国的竞争能力。后来秦国"兵动而地广，兵休而国富"，"无敌于天下"（《战国策·秦策三》），与商鞅的废井田、开阡陌，授田于自耕小农，而减轻其租税负担，提高其生产热情，自有密切的因果关系。

秦国实行授田制，在《秦律·田律》中有确凿的记载（"入顷刍藁，以其受田之数，无垦不垦，顷入刍三石、藁二石"，见《睡虎地秦墓竹简》第27～28页。农民之受田，于国家即为授田；《商君书》中的"为田"、"分田"亦即授田之意），但史籍又记秦"孝公用商鞅制辕田，开阡陌"（《汉书·地理志》），把制辕田同废井田的开阡陌联系起来。这个"辕田"制是什么意思，同"授田制"又有什么关系呢？其实辕田制与授田制正是同一件事情从两种角度出发的不同说法。

废井田、开阡陌，同"制辕田"之间确有不可分的联系。"辕田"就是"爰田"，"作爰田"也不始于商鞅，而有更古的渊源。据史载，最早始于春秋前期的晋惠公时（前646年）。当时秦晋交兵，惠公战败被俘，甲兵丧亡几尽。为了挽救危局，晋大臣召集国人议事，假托君命，把土地赏给耕者，名之曰"作爰田"，由此激励了大家的斗志，使之愿为"州兵"，替晋君效命（《左传》僖公十五年）。所谓"爰田"，即"换田"，"为易田之法，赏众以田"，"分公田之税应入公者，爰之于所赏之众"，"此欲赏以悦众"（见《国语·晋语三》和《左传》注）。为了赏得公平，在分地时按上、中、下田进行肥瘦调剂（上田一百亩，中田二百亩合一百亩，下田三百亩合一百亩），打乱平分，调整、变动了各家的"疆畔"，"辕"、"爰"（换）就是"易"的意思，"易者，易疆界也"。但土地经这次分配停当后，就归耕者长期地固定地占有，不再授还重分。休闲、轮耕由各家自行安排。"爰田"的"爰"字是"自爰其处"，而非过去的"爰土易居"了。这一改革，使耕者对土地有终身的世袭的占有权，促进了生产的增长，加速了土地私人占有制的发展；同时也使原来的农村公社丧失了定期调整土地的经济职能，邑、里、社变成了单纯的基层行政组织，加速了古代村社形式的瓦解，因而是具有深远的历史意义的。晋国首"作爰田"，以后各国也跟着改，只有秦国比较落后，直到商鞅变法前还处于"爰土易居"的状态。由于秦国农业生产力较低，不能像别国那样较普遍地实行岁耕制，而需要休耕以养地力，所以，商鞅实行授田制时，也实行春秋时代晋国那样的"作爰田"之法："上田不易，中田一易，下田再易，爰自在其田，不复易居"（孟康注），即让耕者"自爰其处"，自己安排休耕轮种（"三岁更耕之"，见《汉书·食货志》）。为了使财力均平起见，在行爰田时，原先占有的以及新加的土地，也都要按上中下田来一个搭配或折合，进行抽补调整。

既然要调整，就发生换田（爰田）的问题，田块换主，而且在田块换易中各家之田不免插花交错，这样，田界自然就要重新一一划定。破旧阡陌立新阡陌的又一个原因就在这里。土地经过交换和地界的重新划定，次性授田手续即告完成。各家受田后不再定期重新分配，可以长期占有土地，父子相传，具有更大的支配处置权力了。所以"爰田制"是与"授田制"同时发生的，是后者的一种具体内容，而不是另外的一种土地制度。由于爰田使耕者比较公平地占有土地，其所负担的地税也就比较公平；同时，旧领主在转化为贵族地主时，经过重新分配和交换调整（"爰田"）虽留有部分土地归其占有，但已失去往日不课不纳的特权，须和普通的地主、农民一样平均地负担国家的地税了，这也使税负趋于公平。所以商鞅说"訾粟而税，上壹而平"（《商君书·垦令》），《史记》也称他"为田开阡陌封疆而赋税平"（《史记·商君列传》。除公平之意外，也有"容易"之意，赋税轻而易办也）。

商鞅在实行授田制、扶植大批自耕农的同时，又扶植了相当数量的军功地主。他们作为最大地主——国君的地主阶级政权的支柱，在各次战事中因功获得土地。赏田比赏钱的办法好（齐国规定斩敌一首，奖赏黄金八两）。赏钱要增加国君的财政支出，赏田可促使这些新起的地主努力耕好土地，充分利用土地。"多地以征"（《荀子·议兵》），既可增加粮食生产，又可增加国家的财政收入（征收地税），商鞅在这上面算得是很精的。

赏田只是地主土地的来源之一，地主（包括军功地主及别的地主）的土地还来自垦荒。秦国地旷人稀，可耕地占全部土地面积的十分之六（"恶田处什二，良田处什四"），而已耕地还占不到十分之二（"而谷土不能处二"，均见《商君书·徕民》）。为了发展农业生产，商鞅大力奖励垦荒。"辟草莱，任土地"（《孟子·离娄上》），这类事情他十分重视。史家说他"废井田制阡陌，任其所耕，不限多少，数年之间，国富兵强，天下无敌"（《通典·食货典》序言）；"任民所耕，不计多少，而随其所占之田制赋"（《文献通考·田赋考》按语），这些话就是指他奖励开荒而言的。谁有力量（家中劳动力较强，或有钱"买佣"，或占有奴隶可供役使）多开荒地，就让谁开去，不论多少都归谁占有。这样，自耕农开荒就变成富裕农民，富裕农民再开荒就上升为地主或大地主了。当然，开荒也非真的漫无畔岸，任意占垦，劳力与土地的比例仍须搭配适当，使之既尽人力又任地力。粗放经营并不为商鞅所提倡。

地主土地的第三个来源是购买。在战国中期，土地买卖早已在中原诸侯国发生。一方面，这是因为小农经济容易分化，在遇到天灾人祸急征暴敛无以为生时，往往要卖田宅，鬻妻子，以救燃眉之急。其受之于国家的土地，已归个人长期占有，世代继承，个人对此已有支配权，从转让、交换到买卖，都可由自己做主。另一方面，从分化中上升的农民和地主，为了扩大生产、扩大经营，也有购入土地的强烈要求。商鞅"作爰田"后，土地既然也归个人长期占有，个人也有对土地的支配权，土地的买卖也必定会发生。例如，授田之初每户百亩（小亩），后来有的农户劳力较差（死丧、疾病、缺少主要劳动力等原因），家底薄，种不了这么多的田，而另一些农户或地主，户主劳力强壮，且有辅助劳力（商鞅变法后，兄弟成年是要分出去另外立户的，但妇女和未成年的男子可作为辅助劳力），善于种田，并且家财富裕，有的更有钱雇佣工助耕，或有奴可供役使，所占的田感到不够使用。在这种情况下，就会产生前一类人户将土地让给后一类人户经营的现象。由于农民对土地已有支配权，又曾为改良土壤、施肥、灌溉下过本钱，所以随着土地支配权和经营权的转移，接种田地之户就得支付一笔钱作为报偿，在当时这就叫作土地"买""卖"（以钱雇工也称"买"，"买庸"是也）。商鞅承认这一早已存在而无法再加禁断的客观事实，索性从法律上规定"民得买卖"土地（《汉书·食货志》董仲舒语），实是一个"顺人心"之举（《通典·田制》中记汉时区博之言说："秦顺人心改之可以获大利"）。这一政策性的决定，为农民家庭经济的上升以至为地主经济（一开始就雇人或使奴耕种的，或由富裕农民中上升的）的发展都提供了方便的条件。正因为允许土地买卖，人地之间的比例可得到自动的调节（不经官府），有利于更好地利用土地，发挥地力；允许土地买卖，也有利于推动竞争，促使富者多置产业，致力于扩大生产的规模，这就可增加粮食产量和财政收入（地税），对国家来说，从中也有好处可得。说商鞅是"信并兼之法，遂进取之业"（贾谊《治安策》，见《汉书·贾谊传》）、"尊奖并兼之人"（崔寔《政论》），与史实相去不远，只是刚开始时兼并还不太炽烈，土地还不太集中，贫富差别还不太悬殊，"富者田连阡陌，贫者无立锥之地"是后来才出现的问题。

新兴地主从受赏、开垦、兼并得来的，超过一般农民按人受田水平的大量土地，所有权仍属国家。即使是用钱购入的土地，也没有取得土地的所有权。已如上述，买地所出的钱，只是付给原主开垦、改良土地的费用，和对其转让土地支配权、产品收益权在经济上所做的补偿（犹如后世的出卖"地面权"、"永佃权"），并不是一说土地买卖就是所有权转移了。土地国有，所有权与支配权（享有权）、占有权、使用权相分离，后者可以转让买卖，前者则不能，这种复杂现象的存在，是确凿的历史事实。秦始皇统一全国后，宣布"六合之内，皇帝之土"（《史记·始皇本纪》）；在商鞅变法时，在秦国的范围内，"封略之内"也"何非君土"（《左传》昭公七年），他是不肯把好不容易才收回的领主的土地，再无条件地转归私人所有的。所以，可说商鞅的变法并没有创造出封建地主私人的土地所有制，地主用各种方式占有土地只是土地国有制下的地主私人的大土地占有制。按等级占田（"名田"）有个制度，如"田宅逾制"国家会出来干预；而且，国家仍可用种种名义收回地主所占的土地（追夺、追收、逼献、逼迁、籍没之事，在汉代以至更晚的时候仍有发生）。地主对土地并没有完全的所有权，占有与所有不能混为一谈。因官、因功所得赐田，不能世袭，身死要交还（经王命"复赐"，才得传子孙），其没有所有权更是明显。地主的大土地占有制（包括新兴地主所占有的土地和由领主转化而来的宗法贵族所占有的土地），和自耕农的小土地占有制，再加国有土地的国家自营制（出租和役使奴隶等人耕种），构成了商鞅变法后秦国的一套新的土地制度。

变封建领主制下的土地私人所有制为封建地主制下的土地国家所有制（在此前提下又采取多种占有形式），这是经济基础方面的改革。经济基础变动，上层建筑也需与之相适应。为此商鞅在第二次变法时，一面废井田，改革土地分配制度，一面又行县制，改革地方行政组织，从经济基础到上层建筑全面地荡涤旧的封建领主制。

改封邑为直属于国君的县，向来是国君削弱领主的一项政治措施，秦国三百多年共设县六个（献公时设四县），迈的步子不快。商鞅大刀阔斧，于孝公十二年（前350年）开裂阡陌的同时，普遍实行县制。他把原先属贵族领主全权管辖的乡、邑、聚（村落）等组织都合并成县。开始时是设县三十一个（"集小都乡邑聚为县，置令、丞，凡三十一县"，见《史记·商君列传》），后来增加到四十一县（"并诸小乡聚，集为大县，县一令，四十一县"，见《史记·秦本纪》）。县是直属于秦国中央政府的封建地方政权的基本组织形式。孝公十三年（前349年），商鞅开始在各县设置定额俸禄的官吏（《史记·六国年表》）：满万户以上的县设县令，俸禄为六百至一千石；不满万户的县设县长，俸禄为三百石至五百石。令、长为一县的最高行政长官，下面设有丞、尉（丞管民政，尉管军事），为其助手，他们的俸禄为二百至四百石，称为"长吏"。还有一些百石以下的"少吏"（见《汉书·百官公卿表》）。爵"五大夫"、相当于县令的六百石以上俸禄的官吏，称为"显大夫"（"显"是为王所知的意思，见《睡虎地秦墓竹简·法律答问》）；百石以下称为"斗食"；百石以上的小吏始称为"有秩之史"（见《睡虎地秦墓竹简·秦律·仓律》）。官吏们领取朝廷俸禄，国君对之可以随时（或定期）任免、考核、选拔（令长一级），用人权操在国家之手。这套完整的制度是商鞅开创的（后来可能再加充实）。县制的普遍推行，是为了把全国的政权兵权集中于朝廷，建立中央集权制的统一的封建政治体制，以便于巩固封建统治，发展地主制经济。商鞅认为："百县之治一形，则从，迁（一作"迁"）者不饰，代者不敢更其制，过而废者不能匿其举。"（《商君书·垦令》）意思是：各县的政治制度都是一个形式，则人人遵从，邪僻的（或调走的）官吏就不敢玩弄花样，接替的官吏就不敢变更制度，由于错误而废弛职务的官吏就不能掩盖他的错误行为（用高亨《商君书注译》中的译文）。可见他建立县制以加强中央集权的用意所在。

县在春秋时虽然已有，但为直属国君的边地军事重镇性质，而且那时的一些诸侯国（楚、晋、秦）的"县大夫"是世袭的（管仲的做法例外）；商鞅时的县是地方行政组织，各县的官吏取消了世袭制和终身制，领主制时代的世官世禄的余风至此清除干净了。可以说商鞅的县制是小农经济广泛出现、世袭贵族统治体制瓦解和君主集权政体确立的条件下的产物。县代表国君行使治民权；原先领邑内的农奴上升为平民身份的自耕农，通过户籍编制，成为国家的"编户齐民"——国家根据户籍直接向他们计口授田，收取地税，调发徭役，征集口赋，民户与领邑主的关系完全割断了。原先的领主从经济到政治上都失去了往日的统治基础，领主制也就彻底完蛋了。所以推行县制是商鞅在政治上的一项重大改革，这项改革是随着经济改革而来的。在经济上摧毁了旧的领主土地所有制，县制的普遍推行才有可能，而县制的普遍推行又有利于新的土地占有形式的巩固和发展。政治与经济不能分开，行县制也就必然要与废井田同时并进。新的县制，适应于封建地主制政权的需要，为以后数千年各封建王朝所继承和发展。商鞅的这一改革在历史上同样也是影响深远！

废除领主土地所有制，扶植自耕农，推行县制，这些工作其他国家也做过，固不独商鞅为然。商鞅的突出之处是在于他的改革更为彻底更为有效。他既扶植军功地主，为国家效劳，又限制地主的势力过分膨胀，与国君争权。尤其是他想方设法不让由封建领主转化而来的食封贵族地主得到发展的机会。"公平无私，罚不讳强大，赏不私亲近"（《战国策·秦策一》），通过严刑峻法使贵族们很容易丧失土地，一套严格的军功定级制度又给这些人想多占土地设置了难以逾越的关隘。这就有效地防止了贵族领主残余势力的变相复活。所以终商鞅之世秦并未出现"大臣太重，封君太众"的局面，主尊、法一、兵强、国治，使秦国很快变成一个新兴的、生气勃勃的封建地主制的集权国家，崛起于战国之世。而别的诸侯国，领主制不甘于完全退出历史舞台，尾巴还拖得很长，旧势力的残余又以宗法贵族地主的面目，袍笏登场，同国君唱对台戏。他们作为一种分裂势力、离心因素，大为私门谋利，削弱了集权国家的力量，越来越厉害地冲销变法的功效，使国家很难保持富强。这样，在变法彻底、有效，"主以尊安、国以富强"（《韩非子·和氏》）的秦国面前，就越来越显得居于劣势了。

四　在"农战"方针下大力发展生产的措施

商鞅实行经济改革，改革土地制度，以调动农民的生产积极性，为发展生产提供了首要的前提，但他也深知要很快地发展生产还必须制定具体而切实的措施，使身份地位已有所提高的受田农民，劳动热情能有增无已地持续下去。为此，在两次变法中他都把奖励耕织作为中心任务来抓，许多法令都落脚到发展生产上。

商鞅明确地提出"农战"的方针（"农战"又称"耕战"）。他极其重视农业生产，在农业居于支配地位的古代社会，要解决全国人民的吃饭穿衣问题，要实现国家的富足、政权的巩固，作为一个政治家，主张重农是很自然的事。但面对诸强并峙、争战剧烈的严重形势，商鞅并不单纯限于发展生产，他又进一步把重农与重战统一起来，力图通过农业的发展不断增强国家的军事实力。亦农亦战，农战结合，构成了秦国的基本国策。重农才能富国，重战才能强兵。富国强兵，农、战缺一不可。"国之所以兴者农战也"，"国待农战而安，主待农战而尊"（《商君书·农战》）。只有对内使人民尽力于农业，辟草垦田，多致粟帛，对外使人民勇于克敌制胜，开疆拓土，才能坐致"富强之功"（《商君书·算地》）。而在农、战两者的关系中，农业发展是战争胜利的基础。所以说"治国之要"在于"令民归心于农"（《商君书·农战》）。足食足兵，兵和粮既然都以农民的力役和力耕为来源，获得解放（免其农奴以至奴隶身份）、分得土地的农民就有责任专心致志地去发展农业，戮力耕作，多产粮食，同时，也有义务服好兵役（"任地待役"，这是取得土地支配权的一个条件），在战争中去奋勇杀敌，为国立功，并保卫自己的家园。商鞅在土地制度上面所做的改革，正是他农战政策之所以能顺利推行的关键点，而推行农战政策又正是他改革土地制度后在治国方略上的进一步充实与发展。

商鞅重战有一套奖励军功的办法，重农，又是采取哪些奖励措施呢？合前后两次变法一起来看，主要措施有以下几条。

措施之一是发布命令奖励垦荒。早在商鞅入秦的第三年，即孝公决心变法之始（前359年），他就建议秦孝公下了首道政令——"垦草令"，提出二十种办法来促使人们开垦荒地。这些办法涉及地税制度、商品税制度、徭役制度、刑罚制度和取消贵族特权、防止官吏贪污、限制商人剥削、制裁奢侈游惰等各个方面，集中到一点，即：要人们乐于务农，"农则草必垦矣"（《商君书·垦令》）。荒地开垦，粮田扩大，粮食就可大大增产。对地广人稀、土地未获充分利用以致生产上不去的秦国来说，扩大实际的耕地面积是发展农业的途径之一。商鞅一开始就通过法令，运用国家的政治权力来推行奖励开荒的政策，可说是抓住了问题的要害。

商鞅重农的第二条奖励措施是，实行轻税免役的办法，来减轻农民的负担，促进他们多多增加生产。如上所述，商鞅的制亩步数扩大，已足使受田农民的地税负担轻于诸侯国自耕农的什一之税；不仅如此，为了进一步提高生产积极性，他还给劳动好的农民以特殊的优待，生产越多，负担就越轻。史称商鞅在第一次变法时就曾规定："大小僇力本业，耕织致粟帛多者，复其身，事末利及怠而贫者，举以为收孥。"（《史记·商君列传》）就是说：凡是努力（僇音戮，努力之意）从事耕田纺织这一"本业"（指耕织结合的小农经济），而生产粮食布帛多的人，可以免除本身的徭役赋敛（"复其身"，按颜师古在《汉书·高帝纪》中的注："复其身及一户之内皆不徭赋也"。"复"一般解为"免除赋税徭役"，"免租免役"，也有人解为单纯"免除徭役"的）。相反的，放弃本业而去图谋"末利"的（指非法经营工商业，解释见下节），因怠惰而致贫穷的，要连同妻子儿女没入官府为奴婢（举是纠举，收孥是收录其妻儿为奴婢）。当时，只有爵位至五大夫以上才能免徭役（包括兵役和劳役），爵级低的都得服徭役——每年在县内为一个月的"更卒"，一生为"正卒"一年，屯戍一年，十五岁始役，无爵士伍六十岁老免，有爵者五十六岁免（"不更"，不预更卒之事，其他力役和兵役仍不能免）。租税虽轻，众役繁重，一个自耕农是不大好当的。商鞅特准生产多的人，可以免赋，且可免役，这样就可以增加农民自由支配的劳动时间，且可进一步减少其经济支出，当然对于增加生产能起鼓励作用。尤其是免除沉重的徭役负担更属不可轻得的赏赐，对促进生产意义更大。

征收军赋，从人不从地，地多者并不增赋，这是商鞅奖励农业生产的第三条措施。史载孝公十四年（前348年）"初为赋"，此举也属改革中的一项重要内容。赋是军赋，和税本义不同："税以足食，赋以足兵"，赋原先主要为下级领主对上级领主或国家提供军需的贡赋（"有禄于国，有赋于军"）。春秋末，鲁国实行的"用田赋"，是改按土地亩数向有地者征收军赋，新兴的地主阶级以承受这项负担来换得统治者对他们占有土地的承认。战国时经过变法的国家，农奴上升为自耕农，领主这一层被搬掉，军赋就直接由耕者以及地主来负担了，但征收时仍以田亩数量为计算的依据，往往根据战争需要，不定期地进行赋敛。李悝在魏国就是这样做的。秦国的"初为赋"，事在废井田开阡陌后的两年。自此开始，军赋向受田农民和地主征收，这是社会经济制度改革的结果，反映了耕者的身份地位已经大大提高了。过去名义上出兵赋，实际上战争结束军队武器仍归领主，现在大小领邑已被摧毁，武器和军队已经从旧贵族领主之手转由地主政权统一掌握，这就从政治上大大加强了中央集权。征收军赋，同时在经济上为国家增加相当多的收入，和秦国的急需扩充军备的财政需求正相适应。但商鞅的"为赋"，更有其革新的意义，即不再"因地而税"，而是"舍地而税人"（《通典》杜佑语），开始实行定额、定期、按人（包括男、女）征收军赋的办法。与"因地而税"相比，这样做，在提倡开荒时，解除了增加垦地会加重军赋负担的顾虑，有利于促进人们扩大耕地面积，对发展生产有积极作用。而对封君和地主富家，则可使他们不敢多养"食口"，并迫使已有的众多的"食口"去务农垦荒。以供应军需为目的的人头税，作为一种正规的税制，就是发端于商鞅，而为当年管仲所未取的；后来秦国的"头会箕敛"，按人头数收钱，钱用畚箕装（"千钱一箕"，见《秦律·金布律》），即指这种军赋而言（又称"户赋"）。直到汉代，仍有民年十五至五十六岁每人每年出一百二十钱，"为治库兵车马"的"算赋"（见《史记·高祖纪》注引如淳之说），其源盖来自商鞅在孝公十四年时的"初为赋"。

秦国的财政机构有两个系统："少府"掌管王室的收支（《汉书·百官公卿表》："少府，秦官，掌山海池泽之税，以供给养"）；"大内"掌管国家的财政（在地方称"少内"），"公""私"分开。按人征收的军赋既是供军事需用的，它就属于国家财政收入，为"大内"所管（"头会箕敛，输于少府"，《淮南子·氾论训》的这句话当指秦二世时的情况而言）。商鞅变法并没有把军赋作为王室的私用，汉代算赋由大农征收，以治库兵车马，而非入于"少府"，就是沿用了商鞅的原制，而非到这时才做更改的。

商鞅奖励农业生产的第四条措施是以官爵为饵，开创入粟赐爵的先例。商鞅给人晋爵的标准，非战即农，别无他途。他说："凡人主之所以劝民者，官爵也。……善为国者，其教民也，皆从一空（孔）而得官爵。是故不以农战，则无官爵。"（《商君书·农战》）军功晋爵的做法上面已经提到，以农晋爵又是怎么做的呢？办法是以余粮上交，换取官爵。"民有余粮，使民以粟出官爵。官爵必以其力，则农不怠"（《商君书·靳令》），"出官爵"就是捐官爵之意。"按兵而农，粟爵粟任，则国富"（《商君书·去强》），"粟爵粟任"就是用粮谷捐爵捐官之意。这些都是商鞅按照人们捐粮的多少给以爵位和官职的明证。这种做法对富裕农民和地主好处很大，可促使他们多开土地多产粮食，也有利于增加国家的粮食储备。后世（如汉）的纳粟买爵即与商鞅之制有历史渊源。

奖励农业生产还有一条措施是提高粮食价格。商鞅认为"农之用力最苦而赢少"，应该提高粮食的价格，增进农者的利益。"欲农富其国者，境内之食必贵"，"食贵则田者利，田者利则事者众，……故民之力尽在于地利矣"（《商君书·外内》）。国家实行高粮价的政策，可增加农民和地主阶级的收入，提高他们发展粮食生产的积极性。这说明商鞅也懂得要利用价格这一经济杠杆来调节生产，而不是只靠行政手段来推行他的重农政策。

商鞅采取许多奖励性的措施来促进农业生产的发展，这是一方面；另一方面，他又采取许多限制性的措施来惩罚妨害农业生产的行为和人，而且罚得很重。

这方面最主要的，除了"怠而贫者举以为收孥"的规定以外，该数变法中的另一条法令："民有二男以上不分异者，倍其赋。"（《史记·商君列传》）这条法令与"初为赋"一起实行。按规定：家有两个或两个以上的儿子到一定年龄（成年）必须分财分居，自立门户，受田各种，否则要加倍征收按人计算的军赋。其目的在于确定小生产规模，确立以小家庭为单位的农民经济，鼓励各自谋生，努力从事生产，防止一家人劳逸不均，不能充分发挥生产潜力。原有的自耕农家庭，兄弟二人不分家，种田百亩（小亩）也可维持生活，如有不足，则会以副业来弥补，或去从事工商业；商鞅法令规定，二男必须分家，各耕百亩（小亩），耕地就可扩大一倍，粮食生产也可倍增，国家收入亦相应增加。这是增加农业劳动者的劳动强度和提高劳动生产率的好办法。男子成年必须分家，土地的占有状况由此趋于零星化，还可限制大地主的形成或使大地主受到限制和削弱，一些不耕而食的富者，不得不变成自食其力的自耕农，从而可以增加农业劳动力。即使无家可分的多子的贫苦家庭，其"余夫"也不得游手好闲，变成游民，而必须出赘给有女无子的人家去当"赘婿"（身份较低），去替别家种地，结果也可以增加农业劳动力。所谓"秦人有子，家富子壮则出分，家贫子壮则出赘"（贾谊《新书·时变》），就是对商鞅变法后这种情况的概括。不但兄弟要分居，而且父子也不能同室："令民父子兄弟同室内息者为禁。"（《史记·商君列传》）这一规定有利于改进过去秦国父子同室男女无别的落后习惯，铲除戎狄的遗俗（原始社会对偶婚之类风俗的残余）或家庭公社的残余；更重要的是这同样有利于发展一家一户的小家庭式的小农经济。违反这条法令当然也要受罚。商鞅以"倍赋"之罚禁止父权制大家庭的存在，不准父子兄弟同居共财，吃"大锅饭"，免得人有遗力、地有遗利，用意很深。用这样的做法来促进生产，为前人所无，为别国所无，而是商鞅的独创。据说商鞅的这一法令行之三年，秦国风俗大变：儿子成年分立门户后，"借父耰鉏，虑有德色；母取箕帚，立而谇语；抱哺其子，与公并倨。妇姑不相说，则反唇而相稽"（《汉书·贾谊传》）。可见商鞅推行小家庭制度的措施，对原先父家长制的大家族，是起了如何的瓦解作用。

商鞅还规定了其他一些法令，直接以政治手段来限制不利于农业的活动。如禁止声色娱乐下到各县，使农民心志专一；禁止农民擅自迁徙，不安心务本；禁开旅店，使逃亡人口无所寄食；家中余夫如不务农，均须担负官役；重刑连坐，禁止怠惰之民游手好闲，或者去干农业以外的活动；不许雇用佣工，大兴土木，妨害农事；不许官吏侵扰农民；等等。这些都被列为"垦草令"中的具体内容，显然有利于农业生产，虽然有的规定严厉得流于偏激了（如废逆旅、禁声色等）。

相传商鞅又曾规定"弃灰于道者刑"（《说苑》）。虽然这是因为灰可肥田，所以要禁止弃灰，和商鞅发展农业生产的政策有关，但也可见商鞅用法之严、处罚之重了。

就这样，商鞅运用赏和刑两手，在重战的同时又着意重农，大大推进了农业生产的发展，为军事力量的壮大，准备好物质基础。农战方针的贯彻，使人民见到利禄只出自一个途径，就"作壹"（一心农战）而"不偷营"（《商君书·农战》），"喜农而乐战"（《商君书·壹言》）。"民之欲利者，非耕不得；避害者，非战不免。境内之民莫不先务耕战，而后得其所乐"（《商君书·慎法》）。商鞅结合军事发展农业生产的这一套政策措施，取得了很大的成功。秦国的富强确是有来由的。

在商鞅以前，管仲也十分注意发展农业生产，加强军事力量，但管仲未把农战结合起来，形成一条方针，他的寓兵于农，仅限于国中

"士乡"的自由平民，不及于鄙野之农奴。商鞅把农村中由农奴上升而来的广大自耕农都动员起来，使之围绕着农战的方针而出力效命，历史又大大前进了一步。

五 控制山泽，抑制工商，在农业以外所采取的另一种政策

商鞅想方设法促进农业生产的发展，奖励私人多开荒多种粮，受田农民分地而治的"私作"是农业经营的主要形式，而效率低下的"公作"（国家直接经营农业）不占重要地位。但是，对手工业和商业，商鞅却采取另一种政策：不是鼓励工商业的迅速发展，而是加以相当多的限制；不是鼓励私人去从事工商业，而是工商业的主要阵地由官府来控制，私人只能在一定的范围内进行有限的活动。抑制工商业的政策也是商鞅变法的重要内容之一。在这方面他也曾采取了许多措施，加以有力的推行。

商鞅抑制工商业首要的一条是从限制工商业的从业人员数量来抑制工商业过分膨胀的发展。他从法律上规定"事末利者""举以为收孥"，即未经准许非法从事商业和手工业的要全家没为奴隶，处罚很严，对这些人是同农村中的二流子一体对待的。即使经许可从事正当经营的工商业者，人数也不许占得过多，"令商贾技巧之人无繁"（《商君书·外内》），以免影响农业人口的增加。为了防止人们过分热衷于经商，商鞅更规定了一条法令："以商之口数使商，令之厮、舆、徒、重者必当名。"（《商君书·垦令》）即按照商人家庭人口数（包括仆役），加重其劳役负担，不但对商人家属要分派徭役，而且商人家里的奴仆也要编入名册，按名册应役。在这一点上同对旧贵族的"以其食口之数，赋而重使之"是一样的待遇。而与农民生产搞得好的可免役，是一个鲜明的对比。商鞅竭力想一反旧状，造成一种"农

逸而商劳”的声势，促使人们因商农之间役有轻重而不去从事商业。同时，也限制商人多用家奴，减少他们兼并农民为奴的兴趣。

商鞅在孝公十四年的“初为赋”，按人口征收军赋，其理由一方面是为了避免把负担偏加于农民，另一方面正是为了叫商人多出钱。商人每人所出军赋是同于农民还是有所加重，没有史料说明，但根据商鞅变法中规定两个男子不分家的“倍其赋”而罚之，和汉代“贾人与奴婢倍算”的情况来分析，对商人加倍征赋这种做法，在商鞅手里就已开始，不是没有可能性的事。

商鞅加强户籍管理，“使民无得擅徙”（《商君书·垦令》），目的即在防止农民盲目流入城市，而致工商业人口不适当地增加。春秋战国以来，诸侯国都注意了这个问题，不过商鞅的控制更严。

国家控制山泽之利，实行盐铁专卖，是商鞅抑制工商业的第二个主要措施。所谓“专山泽之利，管山林之饶”（《汉书·食货志》），说的就是这件事。在这一点上和管仲有共同之处，并且又有新的发展。

商鞅认为：“壹山泽”，则厌恶农作、靠山泽谋生的人，就“无所于食”；他们“无所于食”就必然务农；务农，荒地就必然被开垦了（《商君书·垦令》）。这主要是从保证有足够的劳动力用于农业生产的角度来考虑，主张从生产环节由国家统一控制山泽之利。控制的方法不外乎是征收重税，使之无利（或少利）可图，以达到驱民归农的目的。所谓“外设百倍之利，收山泽之税”（《盐铁论·非鞅》），就是说“禁山泽之原”（《非鞅》：“外禁山泽之原，内设百倍之利”）是通过收税的方式来进行的。秦国的山林川泽资源虽属国有，但商鞅不是完全采取封禁的办法，完全搞山泽的官营。在这里商鞅用的还是经济的方法（收重税）。控制山泽之利，免得更多的人向那里奔忙，而致妨害农业，同时也免得更多的人靠非农业发财致富，而去兼并农民，商鞅的用意无非就是如此。

国家独占山泽之利，历史经验已经证明是行不通的，"壹山泽"的"壹"字是统一管理而非国家专有、独占的意思。对于一般的山泽产品来说，由于品类繁多，零星分散，国家无法全部包揽，让私人从事一些生产活动，开发、利用自然资源，国家也可从中得到一些税收，这反而是比较有利的。只是用较高的税率加以限制，不让过多的劳动力占用在这上面就是了。至于流通环节，这些零星分散的产品更是允许私营的。

但是对山泽产品中最重要的盐铁这两项来说，情况就不同于一般了。商鞅采取了专卖的办法，从生产到流通都由国家来加以严密的控制。秦辖区，关中有铁，陇西有盐（一度还占据了魏安邑池盐），盐铁为人民生活和生产所必需的主要商品，所以备受商鞅的重视。在生产比较集中的地方，特设官管理——《秦律》中有"左采铁"、"右采铁"之称，即为主管矿山开采之官，另外还有主管冶炼的铁官，以加强统制，实行盐铁官营，防止私铸私煮，从生产环节上排除了私人自由经营。非集中产区，即使允许私人搞点生产，产品也由国家统一征购，并要比一般山泽产品收更高的税，使大部分收益归官府所得。盐铁产品集中于官府之手后，统由官府组织流通。铁除了一部分原料供官手工业作场作生产消费用、一部分成品留作官府自用以外，其余即供应市场。盐（境内所产及外地运入）除了一部分供官消费并按口供给廪食者以外，其余作为商品通过官营商业来供应非廪食的平民。私人都不能自由运销盐铁产品，在流通环节上也管了起来。盐铁成为当时秦国两项最重要的官营手工业和两项最重要的官营商业。当然，食盐和小铁器的销售（尤其是对农村的销售）零星繁杂，按照商鞅不使官贾人数太多以节省廪食和开支（"商贾少，则上不费粟"，见《商君书·垦令》）的思想，他也并不主张完全由官府把零售业务全包起来，而是利用商人现成的销售能力，把专卖品交给（或部分地交给）商人分销——仅指零售，不包括运输和批发。商人须缴纳很重的税（可能包括在批购价中）以换取经销权。所得的利润只是一个"小头"，经销商人是经过特许的，人数也是有限制的。

商鞅的"收山泽之税"中，除了一般山泽产品的租税外，当也包括对非集中产区的盐铁生产者所征的重税，和对零星分销盐铁产品的商人所征的重税——"专卖税"。广义言之，盐铁的官制官销，对消费者也是寓税于价，在山泽产品——盐铁的价格中包括了一部分隐蔽性的消费税。税，不一定就是一般的征税制。商鞅"收山泽之税"的做法，与允许商人纳一点税（税不重），即可自由地生产、销售盐铁产品的一般的征税制是不同的。单从一个"税"字不能说商鞅实行的就不是专卖制度。如果说商鞅也只是采取一般的征税做法，或是说像西汉前期那样盐铁私营，包商征税，那么其大部分收益就必然落入商人之手，国家的财政收入就不能比变法前有突出的增加了（"盐铁之利二十倍于古"），对商人也就无抑制可言了。

正由于盐铁实行专卖，价格由国家统一规定，利润由国家统一支配（留小部分给私营工商业者），这就可以解决财政收入的问题。"田租、口赋、盐铁之利二十倍于古"（《汉书·食货志》），每年盐铁之利连同其他税入（口赋即按人计算的军赋），比过去竟有如此大幅度的增长，不能不说商鞅实行盐铁专卖取得了很大的理财效果。所有这些收入（田租、口赋、盐铁之利）都是国家的财政项目，由"大内"统一支配，供军国之用，不是归"少府"收支，为王室的"私奉养"（汉初盐铁山泽之税归少府管，供皇帝私用，是盐铁私营时的情况，改了商鞅的制度），这与诸侯国以山泽为国君的私产、其利由国君享用的做法是不同的。所以，商鞅的盐铁专卖政策可以说为秦国的国家财政开辟了大宗财源。虽然"秦卖盐铁贵"，价格有所提高，不能不增加消费者的一些负担（见《汉书·食货志》如淳注），但"不赋百姓"，比直接增加农民的赋敛毕竟要好一些。而且巨额的盐铁之利并非都来自消费者，绝大部分夺之于原先自由经营盐铁的私商（《汉书·食货志》师古注曰：官更夺盐铁之利），而转归国家所有了。盐利擅于豪强，盐价遂亦激贵，奸恶富逾王侯，那样的情况在商鞅时并未发生。相反的，商鞅实行专卖政策，只是困了私营的大商人，是财富分配比例在国家与商人之间的调整。盐铁之利，所以佐百姓之急，足军旅之费，务蓄积以备乏绝。赞成商鞅政策的人，认为这是做到了师赡财裕，"利用不竭而民不知，地尽西河而民不苦"，"所给甚众，有益于国，无害于人"（《盐铁论·非鞅》）。秦之国富兵强，"战胜攻取，并近灭远"，在相当程度上也正是以专卖政策所动员的巨大财力为后盾的。而有了这笔巨额财政收入来做捐注，就可以不向农民增税，而保证小农负担的稳定性，"民不知"、"民不苦"就是指此而说的。

在战国时期私营商业势力大为发展的条件下，在盐铁都由私营，即使首创盐铁专卖的齐国也概莫能外的情况下，只有秦国才真正实行了盐铁专卖，总其事的商鞅是管仲之后力主实行专卖政策的第二个最著名的人物。由于时代不同，商鞅的专卖制度也不尽同于管仲。管仲时齐国弃农经商的问题尚不如战国时之严重突出，经营盐铁的尚多系平民而非豪民，所以管仲在生产环节上是允许私人较自由地去经营的。而商鞅时的秦国，地旷人稀，劳力不足，唯恐搞盐搞铁的人太多而妨害了农业，同时也怕豪民从中而起，山泽之利擅于私门，所以限制就加紧了。不但控制流通环节，而且控制了生产环节，比管仲的办法（生产由民营）统得是更多，管得是更严了。

在盐铁以外，秦国的铜冶、织绣、兵器、漆器和其他精美工艺品的制造，也归官府直接经营，成为重要的官手工业，这些产品除主要供统治阶级内部自用外，作为商品出售的部分，也统由官营商业来经营。有些产品则是官私并营，有官营的工商业经营，也有私营的工商业经营。总的说来，秦国官营手工业和官营商业的范围大大扩展了，与同时代诸侯国私营工商业占主导地位的局面有很大的不同。这些产品虽无一套完整的专卖制度，在排挤私营工商业者这一点上，则与实行专卖作用类似。

商鞅抑制商业的第三个措施，是管制粮食贸易，不准商人插手粮食买卖。一方面，他下令"使商无得籴"，认为禁止商人参加粮食贸易，就可以杜绝他们利用年岁丰歉进行粮食投机的发财门路。即所谓"多岁不加乐"，丰年不能因贱价收粮而乐得暴利；"饥岁无裕利"，荒年不能因有丰年囤积的粮食而大捞一把。"无裕利则商怯"，商人胆怯就愿意去当农民了。另一方面，商鞅还下令"使农无得籴"。他认为农民该自己努力生产，获得所需的口粮，并把余粮售与政府，不得靠购买粮食过日子。令"农无得籴"就可促使生产技术差的和懒散的农民去勉力搞好耕作。这样，荒地就必然开垦了。要使农民无处购买粮食，不但需禁止商人出售粮食，而且农民相互间在集市上的粮食买卖调剂看来也在被禁止之列，否则，是做不到农无得籴的（以上见《商君书·垦令》）。商鞅的这一措施又有鼓励农业生产之意，不仅仅是为了抑制商人。不过，禁止商人参与粮食贸易，作为一项政策思想来说，在古代中国的历史上见于记载的就只有商鞅一家而已。

商人被禁止参与粮食贸易，那么粮食由谁来收购供应呢？商鞅的办法是实行粮食购销的完全官营。在秦国，对军士、官吏、官工商、官奴婢等公家人实行廪食制度，按各人不同的身份和工种，按月供给不同数量的口粮。这是免费分配实物，不通过货币作价，不走买卖的形式。不在廪食范围内的人就得拿钱买粮食吃，完全仰求于官营商业。但对官营商业来说，由于很大部分的人口实行廪食制，作为商品粮在市场上出售的，其范围已大大缩小了。

为了鼓励农业生产，商鞅提高了粮食价格，这一措施同时也含有抑制商人的意图在内。商鞅认为"食贱则农贫"，"钱重则商富"（《商君书·外内》）；"本物（指粮食）贱，事者众，买者少，农困而奸劝"（《去强》）。如果粮价低廉，生产的人虽多，收买的人却很少，这样农民就困苦（谷贱伤农），奸商就得到鼓励而活跃起来（压价抑买）。"食贵，籴食不利"（《商君书·外内》），粮食价格规定得高，购买粮食就不合算，"而又加重征"，这样，人们就乐于务农，自己生产粮食，从而也就可以从经济上抑制商人往这方面去伸脚。这同用行政手段禁止商人参与粮食贸易可起到相互配合的作用。在粮食贸易上既然排挤了私商经营，提高粮食价格就表现在国家的粮食收购价上，这样是否会增加官营商业的购粮成本而减少其销售利润？不至于如此。因为商鞅采取了高进高出的政策，收购价格高，销售价格相应地也提高。粮食售价高，就会加重籴粮而食的私营商人和手工业者及其家属的生活负担，比较起来使人觉得还是开垦土地有利，该自己去种田解决粮食问题。结果，"则民不得无（不）去其商贾技巧而事地利矣"（《商君书·外内》）。至少商人、手工业者的家属会有一部分人被迫去务农，本来务农的人则不敢抛弃本业，贸然地去经营商业和手工业。商鞅的高粮价政策也确是控制工商业者的很厉害的一手。

"重关市之赋"（《商君书·垦令》），是商鞅抑制商业的又一项很重要的措施。这适用于专卖和官营以外的其他商品。和战国时许多人（如孟子和《管子》的作者）以至春秋时管仲的"关市讥而不征"、"轻关市之征"的观点完全相反，商鞅主张"不农之征必多，市利之租必重"，使"市利尽归于农"（《商君书·外内》）。他认为对商人征重税是发展农业的保证。一方面，对国内经商之人加重关市之税，以限制商贩的活动，防止农民去跑买卖；另一方面，大大提高某些商品的税率（消费税），使商人少利可得。如对酒和肉，就开征特别重的税，使它的价格十倍于成本（"贵酒肉之价，重其租，令十倍其朴"）。酒、肉采取高价政策，是借以限制消费，使"农不能喜酣奭"，"大臣不为荒饱"，能将精力集中到生产、工作中去（见《商君书·垦令》）。酒肉采取重税政策，是使高额利润不落入贩卖酒肉的私商之手，而由国家来掌握，好用于发展农业生产，减轻农民负担。

关、市、货物之税重，商人因商业利润微薄而可能改业为农，从事商业以及与之关联的手工业的人数就可减少，降低商品粮的消耗。农民则不会如过去那样因商业利润优厚而弃农经商。这样，"农恶商，商有疑惰之心"（《商君书·垦令》），农民减少、商人增加的趋势，就可以从一个方面受到有力的遏止，荒地就必然耕垦了。商鞅的重商税政策，既抑了商，又重了农，也是一举两得的打算。

由于商鞅采取了上述种种抑制工商业的政策，秦国的工商业形成了与东方诸侯国不同的特点，即在这里不是让商业和手工业自由地发展，而是在国家的干预下有控制地发展工商业。总的精神是：限制工商业人口；在几个重要的方面：盐铁实行专卖，主要手工业由官府经营，粮食只准官营，再加上一般商品重征商税，这样，私营工商业者的活动余地就很小了。在秦国，工商业官营占主导地位，私营只起辅助作用。只有贩运珍贵物产和军需用品的外来商人才受到例外的优待，因为这并不影响国内的农业生产，而他们所运来的东西却是统治阶级所急需的。所以，从主要方面来说，商鞅在秦国对工商业的政策还是限制较多，与对农业的重在鼓励有明显的不同。

商鞅对手工业和商业严加管制的政策，与当年管仲的"官山海"、控制工商山林川泽之利的做法有一脉相承之处，都是主张由国家管理国民经济的干涉主义思想指导下的产物。但管仲时的齐国工商业十分发达（通过官营，私营为辅），商鞅时秦国工商业发展是不快的。私营工商业备受限制且不必说，就是官营工商业本身，商鞅也怕多费粮食而不让从业人数占得太多，其发展也有一定的限度。之所以产生这样的差异，正是由于齐国素有工商业发达的历史传统和地理环境，管仲有条件因势利导，以盐铁、渔业、纺织业和境外贸易同农业一起，作为立国的经济支柱；而秦国经济落后，工商业素不发达，农业劳动力缺乏，实际上也只能首先抓农业而不能脱离农业让工商业畸形地发展。管仲十分重视发展工商业与商鞅限制工商业发展的思想，各有其产生的背景，各自反映了本国发展的客观需要，而不仅仅是因为一个是商人出身一个不是商人出身，以致对工商业有不同的态度而已。

六　重农、抑商、禁末——商鞅的
一套完整的思想体系

作为一位经济改革家，商鞅的经济思想也有自己的特色。他重视农业，抑制商业，又提出"禁末"的口号，重农、抑商、禁末，构成一套完整的思想体系。

首先，商鞅的重农思想显得非常突出。他把耕、织和粟帛作为农业的代称，从政策上大力扶植耕织结合的个体小农经济，中国历史上这种小农经济形式，在商鞅手中得到较早的有目的的提倡。他所重的农，就是这样的农，而不仅是一般地主张发展农业生产。其所以把耕织结合的小农经济正式称为"本业"，提到"立国"的根本这一高度来加以重视，除了农业是人民衣食和国家税入的源泉和农民朴实易治的一般认识以外，商鞅的创新之处就在于他在考虑政策时，每事每处都把发展小农经济的同加强战备相挂钩，强调指出，如不重视发展小农经济，"与诸侯争权"就"不能自持"（《商君书·农战》）。他从经济与政治的关系立论，充分表露了要求取得统一战争的胜利的政治倾向，反映了当时的时代精神。

在发展农业、发展小农经济的同时，商鞅为什么又如此积极地抑制商业，把商人作为他变法中仅次于旧贵族的第二个打击对象呢？从各项具体措施看，抑商正是为了重农，不抑商就无法实现重农。重农是目的，抑商是手段，两者相互结合，构成一个政策的两个侧面。小农经济，作为国家富强的基础和战争胜利的保证，地位十分重要，但又处于经不起打击的脆弱状态，有时其境遇还很困苦。这是由于战时

农民要对国家负担很重的征役，而在平时农民还要受到商人的严重剥削。商人以压价收购、高利盘剥和囤积居奇等种种手段，来"牟农夫之利"，加速了农民的贫困化。这种情况东方诸侯国如此，秦国也只是程度不同而已。在这里，"民之内事，莫苦于事农"，在"食贱钱重"的情况下徒然肥了商人。"食贱则农贫，钱重则商富"，"故农之用力最苦，而赢利少，不如商贾技巧之人"（《商君书·外内》），"商贾之士佚且利"（《商君书·算地》），真是得意得很。正因为"商贾之可以富家也，……民见此……之便且利也，则必避农。避农则民轻其居。轻其居，则必不为上守战也。"（《商君书·农战》）民避农轻居到何处去了？一部分是流入城市去当小工商，也有一部分人因商人剥削而被迫破产，沦为奴婢。市与野争民，商与君争民，封建政府徭役兵役的负担者减少了，可供征收的粮食数量减少了。这对国家是很不利的事。秦国虽因经济落后商业发展较晚，但在商鞅变法前这个问题也开始发生了。秦国还有一个与诸侯国不同之处，即除楚燕外，东方诸侯国地狭人稠，耕地不敷分配，而秦地居关中沃野，是天然的农业区，当时苦于人少，劳动力不足，弃农就商的风气滋长，使劳动力的紧张状况越发严重。这个问题的解决更有其迫切性。商鞅清醒地看到这些矛盾。他觉得"农者寡而游食者众"，国家就要陷于贫弱和危险的境地，如果境内之民皆"事商贾，为技艺"，逃避农业生产，离亡国就不远了（《商君书·农战》）。商鞅坚信，国家之所以能振兴，在于实行"农战"。要保证国家的财源、粮源、兵源，必须稳定小农经济，叫农民安于"本业"，不弃农经商；而要使农民不弃农经商，又必须改变原先放任商人自由发展的做法，定出措施，抑制商人的活动，防止商人过分盘剥农民，逼使农民失去生产的条件或诱使农民脱离生产。商鞅的逻辑就是如此。当年重农的李悝，曾创行"平籴法"，抑制商人操纵粮价剥削农民。随着时代的演进，商鞅对商人的抑制，比之他的前辈李悝，立场更为坚定，措施更为全面了。

同是抑商，管仲的后学，《管子》学说的鼓吹者，也充分表露了这个思想，但商鞅的抑制私营商业和商人，有他自己的思想特点，即他要限制、打击的主要对象是可由农民转化而来的中小商贩和商业劳动者，以及独立手工业者，还不是像齐国那样"一国而二君二王"的"万金之贾"。自然，对大的商人，也是绝不容其势力的暴长，绝不容其过分剥削农民。不过，相对而言，商鞅确是把注意力较多地放在前一种人身上。这是由当时秦国社会经济的特殊情况决定的。商业比较落后的秦国，虽有一些"大贾"在剥削农民，但还未形成对封建政权的重大威胁，成问题亟待解决的倒是地旷人稀，劳动力不足，必须想方设法稳住农民，防止农民因商人利厚而弃农经商。农民想转入商业，当然是放下耒耜去做一般的中小商贩或手工业者，而不是一步登天地向往成为富商大贾。唯其中小商贩、手工业者对农民引诱力大，有实际的、直接的影响，农民转化为中小商贩和手工业者很容易，其人数可以很多，牵涉面可以很广，此风如不能刹住，就无法发展农业，无法贯彻农战方针，无法使国家富强。所以商鞅大声疾呼的就是要重农，加倍注意解决弃农经商的问题。他所策划的就是如何限制中小商贩和手工业者人数增加以保持农业劳动力的稳定性。抑商措施的内容主要都与此有关。而东方诸侯国条件不同，如《管子》所提出的抑商主张，其重点也就不同——主要放在抑制富商大贾的投机活动和兼并行为上。每一种政策、每一种思想都有它的客观基础。就商鞅的抑制工商的主张来说，不仅是先时所无，而且也异于他的当代，他确是个"不法古，不修今"、善于独立思考的人。

商鞅主张抑商，又曾说过要"禁末"，禁末是什么意思？是否就是抑商？不是的，这里面有所区别。据《商君书·壹言》篇所载，商鞅有言："治国能抟民力而壹民务者，强（抟力是集中力量，壹务是统一于一个努力方向）；能事本而禁末者，富。""禁末"一语见此。韩非也说商鞅教秦孝公"困末作而利本事"（《韩非子·奸劫弑臣》）。

"困末作"即"事末利者举以为收孥"的意思。"末"、"末作"，不能直接与商业手工业画等号。"举以为收孥"者不可能一般的指工商业者，事实上不可能凡是经营工商业的人都要受到全家为奴的严厉惩罚。因为商鞅抑商政策中，在官府管理下还是有私营的商人和手工业者存在的，只是要加以限制，并非全禁绝之，否则就不能有收税征商之说了。商鞅自己曾解释："末事不禁，则技巧之人利，而游食者众之谓也。"（《商君书·外内》）据此，禁末主要是指禁奇技淫巧之人，即从事奢侈性手工业品生产的人。游食者中间包括了贩卖奢侈性手工业品的商人，也包括不经官府批准登记的弃农经商的人。对他们，商鞅是当作"淫僻游食之民"看待的，禁末也指禁止这类人的存在。总之，禁末就是取缔"技巧"、"游食"，这是为了事本，增加农业劳动力，减少非农业人口，以增加粮食生产，而不是一般地取消手工业和商业。商鞅所说的技巧，与李悝所说的"禁技巧"的技巧，概念相同，都是指"雕文刻镂"和"锦绣纂组"等高级奢侈品生产而言，所不同的是李悝尚未称之为末，在商鞅之时则进而称之为"末事"了。时至战国中期，"末"字已被赋以特定的含义——"奇技淫巧"，商鞅是沿用了当时已通行的"末"字的概念，只是商鞅的"末"字范围更广些，除"奇技淫巧"外还包括了商人中间的非法存在者，这是商鞅的发展。不过，以"末"指一般工商业，和以农为"本"相对的"农本工商末"这个提法，在商鞅时还未形成（韩非时始有此提法）。禁末另有其独立的意义，不在抑商范围之内。商鞅的政策完整地说，应是"重农抑商禁末"。"重农抑商"或"崇本抑末"四字，严格地说尚不足以概括商鞅政策思想的全部内涵。

商鞅是限制商人，而非取消商业。禁末并非禁商，这在商鞅的其他言行中也可得到证明。他说过："农、商、官三者，国之常官也"，"农少商多，贵人贫、商贫、农贫。三官贫，必削"（《去强》。商鞅后学所记的《弱民》篇也有类似的话，也反映了商鞅的思想）。即他承认商业也是社会的一种职业分工，懂得真正弄到商人穷极无聊，国家也会削弱。可见他对商业的客观作用并未一笔抹杀。商鞅变法中还有一个措施，就是统一度量衡，"平斗桶权衡丈尺"（《史记·商君列传》），这也有利于正常的商品交换，所以其作用还不仅在于取消各领主的"家量"后有一个统一的标准，便于收税，便于统一俸禄制度而已。商鞅本人明白地说过："夫释权衡而断轻重，废尺寸而意长短，虽察，商贾不用，为其不必也。"（《商君书·修权》，不必是不准确之意）他是有意识地把统一度量衡作为方便商贾从事正常商品流通的条件的。如果他要否定商业，那为什么又要为商人干这件好事呢？

尽管商鞅并没有厌恶商业，并达到必须取消之而后快的程度，但是在他的心目中商业的分量毕竟是不能与他极端重视的农业相比的，重农业轻商业的倾向是很明确的。在商鞅看来，只有农业才是生产性的，才能创造财富。治国必须"作壹"、"壹之农"（《商君书·农战》），除此以外，都不能找到增加财富的源泉。商鞅更认为，商人是白吃饭的，"工商游食"之徒增多，只能使农"殆"国"危"（《商君书·农战》），而于富国无益。重农业轻商业正也含有重生产轻流通的意思。与商鞅轻商业轻流通有连带关系的是，他对货币的作用的认识也不甚了了。他认为："金生而粟死，粟死而金生"。"金一两生于境内，粟十二石死于境外；粟十二石生于境内，金一两死于境外"。"国好生金于境内，则金粟两死，仓府两虚，国弱；国好生粟于境内，则金粟两生，仓府两实，国强。"（《去强》）他把黄金（货币）与粮食看成完全排斥的。他重物而轻币的观点很突出。在这种思想支配下，他只注意了控制山泽之利和控制商业，而没有注意该如何控制货币的铸造和发行。直到他死后第三年，秦国才开始由国家专铸货币，把铸钱权的统一作为进一步强化秦国中央政权的措施。这件事可证明商鞅当政的二十年，秦国的商品货币经济还是不很发达的。商鞅的不重视货币与他的不重视商业的思想相表里，都为秦国原先商品经济落后的状况所决定，但反过来也延缓了秦国商业向前做更大发展的步伐。商鞅这个经济改革家，其经济观点也有肤浅和模糊之处。

由于商鞅对农业和工商业有不同的看法，所以他对两者也就采取不同的政策。可以说，商鞅的政策是对农业宽，对工商业严。商鞅大力扶植小农经济，给予种种奖励和优惠，让农民富起来，甚至允许多开荒多占地，从法律上允许土地买卖，产生地主，政策是放得很宽了。至于工商业，则由国家控制山泽，垄断粮食贸易，重征商税，控制工商人口，凡此种种，未闻鼓励，但见限制，管得是够严的。商鞅的由国家来干预经济、加强经济上的中央集权的思想，具体就表现在工商业这一方面。经济干涉政策（工商业）和一定范围内（农业）的经济开放政策相结合，有严有宽，商鞅办事并不太绝对化。"公作则迟，有所匿其力也；分地则速，无所匿迟也。"（《吕氏春秋·审分》）商鞅相秦，对农业放宽政策，主要分地给个体农民自己去种（"私作"），对于生产力的发展是有促进作用的。如果仍由官府紧抓土地不放，役使奴隶、依附农民去搞"公作"，劳动生产率不高，反而不利于农业的发展。在农业上当时是宽比严好。重农、优农、宽农，农业的稳步发展，是秦国经济上富、军事上强的真正的物质基础；工商业政策都服从于发展农业这个目标，对后者的严正是便于把前者搞活。对工商业当时应该是严比宽好。如果不把工商业管严管好，放任商人自由地去坑害农民、破坏好不容易才扶植起来的小农经济，在秦国当时的条件下，反而会阻碍农业生产的发展的，其坏处就不仅仅是利权下移、影响国家的经济收入而已。

商鞅的对农业宽、工商业严的政策比较适合时宜，和他的轻商业、轻流通、轻货币的模糊观点是两回事。主张对工商业进行严格管制的人，也可以有重视商业、重视流通、重视货币的思想，甚至工商业在他手中也可以有很大的发展（主要是官营商业的发展，私营商业也有发展但只占辅助地位），如管仲。商鞅与管仲不同，在发展正常的商品流通的问题上，可能偏于过分谨慎了，这是他的不足之处；有些管得太死的做法（如取消粮食的集市贸易）即可能与他轻流通的思想有关。不过，总的看来，比之先前，秦国的工商业（主要是官营的工商业）还是有一定的发展的，商鞅对工商业的政策，积极的一面还是主要的。它既比较适当地处理了农商关系，保证了农商各业人口比例的合理性，稳定并增加了农业劳动力，有利于农业生产的发展；又比较适当地处理了官私（私商）关系，保证了工商山泽之利大部分由国家来掌握，限制并防止了私人商业的过度发展，减轻了农民来自商人的剥削。农战方针，如果没有适当的工商业政策与之配合，也就难以得到很好的贯彻。单靠农业上的放宽政策，而工商业政策不对头，秦国要富强起来也是成问题的。总之，实行抑商政策，有利于保护农民，扶植小农经济的成长，在当时的秦国是起着进步作用的。

过去，管仲思想上重视物质生产、重视人们的经济利益，把"利"作为道德规范的基础。商鞅这位法家，同样也重利，以"自利"为人的本性。《商君书·算地》说："民之求利，失礼之法；求名，失性之常。"又说："名利之所凑，则民道之。""故民生则计利，死则虑名。"这话表达了商鞅的思想。而且商鞅更为激进，除经济利益外，根本蔑视任何道德规范，竟以仁义为"六虱"之一，而不像管仲那样还讲讲德义礼节。不过，商鞅言利，也并不完全放任人们在"自利"观念的驱动下自由地去进行经济活动。他有一个特点是利用人们求利避害的"自利"动机，充分施展封建统治者手中掌握的法与禁的权力，来达到其政治统御的目的。他通过政治权力，有意识地把人们对经济利益的追求，纳入国家管控、指导的轨道，使之为国家的最高利益服务。厚赏是使人愿意出力卖命，重罚是让人不敢违法触禁。尊农重战方针的贯彻，抑商禁末政策的推行，就是在晓以利害的情况下，以赏罚为有力的杠杆的。管仲虽也主张法治，主张"顺民之所欲"，也要求指导人们避害就利，做到"财多而过寡"，但还没有像商鞅那样把人之所求（利）所避（害）与赏罚鲜明地相联系，而有一大套具体的做法。以赏为饵，驱民以利，是商鞅的发展。商鞅的看法与做法尽管有偏激之处，但实际上还是有助于促进秦国的富强的。

七　变法的成功和商鞅的被害

以经济改革为中心的商鞅变法，经过孝公君臣不懈的努力，终于获得日益显著的成功。封建领主贵族的经济势力和政治势力逐步消除，封建地主制的新兴政权日益巩固。农业劳动力增加，耕地扩大，以粮食为主要内容的农业生产日益发展。工商山泽之利主要集中于封建国家之手，政府的财政收入日益富裕。农战方针具体落实，军事实力日益增长。这样，富国强兵的预期目的就在秦国一步步地实现了。

在国内，商鞅把秦国治理得很好。《史记》追述商鞅的政绩说："行之十年，秦民大悦。道不拾遗，山无盗贼，家给人足。民勇于公战，怯于私斗，乡邑大治。"（《史记·商君列传》）《战国策》也说："期年之后，道不拾遗，民不妄取。"（《战国策·秦策一》）后来的李斯，更把秦国的"移风易俗，民以殷盛，国以富强，百姓乐用"（《史记·李斯列传》）归功于商鞅的变法。这些赞美之词当不是没有根据的。

对诸侯国关系方面，秦国在"蓄积殷富"的基础上（《淮南子·要略》），"兵革大强，诸侯畏惧"（《战国策·秦策一》）。"秦人富强，天子致胙于孝公，诸侯毕贺。"（《史记·商君列传》）在此基础上，"外连衡而斗诸侯"（贾谊《过秦论》），"征敌伐国，攘地斥境"（《盐铁论·非鞅》），不断取得军事上的胜利。就在变法后的第十三年（秦孝公十六年，公元前346年），秦城商塞（陕西商县南）取得楚之武关（《七国考》第139页），遂掩有关中之地。变法后的第十八年（秦孝公二十一年，公元前341年），商鞅东伐魏国，败之；次年，与魏决战；用计俘虏了魏的主将公子卬，大破魏军，收回了过去割让与魏的部分河西之地（这年商鞅受於、商十五邑之封）。两年后（孝公二十四年），秦军渡黄河在岸门（今山西河津南）与魏交战，虏其将魏错。这时，秦国已压倒魏国而居于优势地位，俨然"战国霸君"了（《新序》中语）。魏惠王不由得后悔地说："寡人恨不用公叔痤之言也。"（《史记·商君列传》）可见商鞅变法对改变秦魏两国的力量对比所起的作用是何其之大！

商鞅变法成功，并不是偶然现象。在战国时封建地主制代替领主制是历史发展的必然趋势；改变不适合生产力向前发展的生产关系和上层建筑，也是一场大的革命。作为新兴地主阶级的先进代表人物的商鞅，以其清醒的头脑认识到时代的要求、客观的需要。他审时度势，所设计的改革方案正合乎潮流、顺乎民心，因而能对历史发展的进程起到加速的作用。时势造英雄，这是变法成功的根本原因。

对商鞅本人来说，他事业的成功也有其较好的主观条件。从进步的历史观出发，他坚信只有改革（变法）才能强国利民。当变而变，国家则兴；当变不变，国家则亡。不管保守派怎么反对，他都不动摇，不妥协。没有这种坚定的革新精神，也就不可能有变法的成功。固然商鞅的变法有李悝在魏国的经验可资借鉴，但他决非照抄照转，而有自己许多新的发展。"秦国之俗，贪狠强力，寡义而趋利，可威以刑，而不可化以善；可劝以赏，而不可厉以名"（《淮南子·要略》，同样意思的话可见诸《荀子·议兵》），商鞅正是根据秦国的具体情况在变法中提出了他这一套刑赏奖罚的具体办法。秦国的"锐士"，实行征兵制，衣物用费由战士自己出，国家开支省，立功者赏以土地，国家地税收入也增多（"多地以征"）；魏国的"武卒"则是挑选能负重行捷者，待遇优厚（"复其户，利其田宅"），各项开支巨大，年老力衰，所享的权利仍不可剥夺，"是故地虽大其税必寡"。两相比较，商鞅的做法是"最为众强长久"（《荀子·议兵》）。正因为商鞅充分考虑到秦国的特殊条件，办法切合实际，所以其改革就易于奏效。

在推行新法、实施改革的过程中，商鞅还有两点突出之处：一是他令出必行，取信于民，"赏厚而信，刑重而必"（《韩非子·定法》），使得"妇人婴儿皆言商君之法"（《战国策·秦策一》）。变法这样深入人心，自然能得到贯彻了。"革法明教，而秦人大治"（《盐铁论·非鞅》），"明教"就是"明法"，即把法令公之于众使人相信。二是他的"守之以公"（《新序·善谋》），执法公平。他从事变法，"极身毋二，尽公不还私"（《战国策·秦策三》；《新序》云"极身无二虑，尽公不顾私"，语类同）；"法令至行，公平无私，"（《战国策·秦策一》）；"塞私门之请，而遂公家之劳"（《韩非子·和氏》）；"法令必行，内不阿权宠，外不偏疏远，是以令行而禁止，法出而奸息"（《新序》）。这种不徇私情、能"明公道"的精神，要"任法去私"、不"以私害法"（《商君书·修权》）的原则，也是新法得以贯彻的重要原因。如果缺乏这种精神，不坚持这种原则，改革也就会归于失败。商鞅在变法中抓了一个"信"字和一个"公"字，可以说确是抓到了关键所在。他能这样做，诚然有秦孝公给予的支持，但他个人的胆识与魄力也的确非常人之所能及。

商鞅的改革既然以旧的领主制为对象，大损旧贵族的切身利益，所以就必然遭到这些人的激烈反对。在法令宣布后的头一年中，"言初令之不便者以千数"（《史记·商君列传》）。以后还是议论纷纷，反对之声不绝。有一年旧势力故意怂恿太子驷触犯法禁，给商鞅制造麻烦。商鞅不畏亲贵，向孝公进言："法之不行，自于贵戚。君必欲行法，先于太子。太子不可黥，黥其傅师。"（《史记·秦本纪》）于是"刑其傅公子虔，黥其师公孙贾"（《史记·商君列传》，黥是面上刺纹）。第二天"秦人皆趋令"，"秦人帖然"，新法得以顺利推行。过了一段时间，秦"乡邑大治"，"初言令不便者，有来言令便者"，商鞅看准这些人看风使舵的投机嘴脸，说："此皆乱化之民也！"把他们尽数迁到边城去充实广虚之地。商鞅还杀了个叫祝懂的名人。改革中的障碍扫除得比较干净，从此没有人再敢妄议法令了。

在打击旧贵族的反对势力的同时，商鞅还推行了"燔诗书而明法令"的政策（《韩非子·和氏》），打击了儒生。因为儒家学派的思想同商鞅的法家思想正相对立，是竭力反对国家干预经济而主张经济放任的，在农业上也否定商鞅"辟草莱、任土地"的政策。在商鞅看来，"虽有诗、书，乡一束，家一员，独无益于治也"（《商君书·农战》）；这些"恶法"、"非兵"、"羞战"的"学民"、"言谈游士"是要不得的。禁儒术犹如除掉虱子，能使变革法令得到贯彻。商鞅是这样想的，也是这样做的。（《商君书·靳令》中云"……好用六虱者亡"。六虱指"礼乐、诗书、修善孝弟、诚信、贞廉、仁义、非兵羞战"）

反抗势力虽被压了下去，但"宗室多怨鞅"（《史记·秦本纪》），"宗室贵戚多怨望者"（《史记·商君列传》），他们并不甘心屈服。孝公十六年，"公子虔复犯约，劓之"，商鞅把他的鼻子也割了，这个人杜门不出八年，对商鞅更是恨之入骨。商鞅自己也知道积怨甚多，有人要对他加以暗害，所以严加防范，每次出门"后车十数，从者载甲，多力而骈胁者为骖乘，持矛而操阇戟者旁车而趋"，"此一物不具"，就不敢出行，气氛十分紧张。孝公二十三年（前339年）冬，有个叫赵良的人去见商鞅，给商鞅上了一课。赵良指出商鞅的"刑黥太子之师傅，残伤民以峻刑，是积怨畜（蓄）祸也"；"南面而称寡人，日绳秦之贵公子"，"非所以为寿也"。他转引《诗》《书》之言说："得人者兴，失人者崩"，商鞅之行事"非所以得人也"。"恃德者昌，恃力者亡"，商鞅的处境已"危若朝露"了。要想延年益寿，何不归还受封的十五个都邑，自己到鄙野之地去灌园种菜过隐居生活呢？如再"贪商於之富，宠秦国之教，畜（蓄）百姓之怨"，那么

"秦王一旦捐宾客而不立朝"，身亡族灭就"可翘足而待"（《史记·商君列传》）了。对赵良的警告，商鞅并不理睬，不管有多大危险，他还是决心要干到底的。五个月后秦孝公病重，想把君位传给商鞅，商鞅"辞不受"。不久，孝公死，太子驷继位，是为秦惠王。"莅政有顷"，商鞅即请"告归"，可是事情已经迟了，由不得商鞅了（《战国策·秦策一》）。

这时，商鞅的政敌纷纷活动，思图乘机报复。有人对惠王说："大臣太重者国危，左右太亲者身危。今秦妇人婴儿皆言商君之法，莫言大王之法。是商君反为主，大王更为臣也。且夫商君，固大王仇雠也，愿大王图之。"（《战国策·秦策一》）公子虔之徒更"告商君欲反"。惠王在他们的多方煽动下，"发吏捕商君"。商鞅闻讯出逃，至关下，天已晚，投宿客舍，客舍主人不知他就是商鞅，说："商君之法，舍人无验（凭证）者坐之。"商鞅听了，喟然叹道："嗟乎，为法之敝一至此哉！"无可奈何，他想越境到魏国去。魏人对他过去用欺骗手段诱捕魏主将公子卬，大破魏军，记仇很深，拒不让他入境。于是，商鞅只得奔回自己的封地——商邑，和他的徒属发邑兵"北出击郑"，想找一个立足之地。但没有容他获得喘息的机会，秦惠王派来大军，在黾池（或作彭池）这个地方将商鞅俘获，然后用最残酷的刑罚——车裂，处死商鞅，同时杀了商鞅的全家，还发出通令："莫如商鞅反者！"（《史记·商君列传》）。就这样，烜赫一代的大改革家，在出色地完成他的历史任务之后，竟得到一个极其可悲的结局。

商鞅虽然被害，但"秦法未败也"（《韩非子·定法》）。由于变法比较彻底，在秦国已经生了根的新的封建地主制，在商鞅死后仍继续得到发展。近年云梦出土的《秦律》，就是在商鞅之法的基础上，经过历代秦国君主的发展、补充，积累而成的，所以与商鞅著作中的许多内容（《商君书·垦令》、《靳令》、《开塞》等篇）有共同性与连贯性。商鞅的法制并没有随人而废。从这一点说，商鞅是他的事业的胜利者。

商鞅是一位改革家，管仲也是一位改革家，为什么两人的下场会如此不同？原因是管仲只是对封建领主制进行修补，他的改革对领主贵族有利，不会受到猛烈的反对（夺伯氏邑三百户，伯氏也不出怨言）；商鞅则是要革除旧的领主制，剥夺旧贵族的种种特权，这当然要遭到疯狂的反扑了。在新旧制度的更替、改革中，两个阶级的斗争是你死我活的斗争，改革者往往为此做出牺牲。李悝死得早，免遭横祸；吴起被迫离魏入楚，楚悼王用他变法，悼王一死，吴起就死于旧贵族的乱箭之下。商鞅与他的前辈吴起一样，都是为实现其革新理想的殉道者。但吴起变法未久，人死法即废，而商鞅则比吴起幸运得多，人死法犹存。这也正是商鞅高于同代人的地方。

商鞅的被害还不是单纯出于旧领主贵族的反攻倒算，实际上也由于他用刑太峻，引起新的统治阶级内一部分人的严重不满，以致酿成矛盾的激化。秦惠王未改商鞅之法，可说他是新兴地主阶级的首领，而其所以不容商鞅者，一是旧怨——刑及太子师傅，二是新嫌，对这个权势太重、刻薄少恩的大臣有疑虑（《战国策·秦策一》、《吕氏春秋·无义》）。由这一点来分析，商鞅之死也是地主阶级内部相互倾轧的结果，还不能算是旧制度复辟所致。旧领主贵族的残余势力阴谋搞掉商鞅，是通过新的封建地主的政权来起作用的，商鞅在本阶级内树敌过多，不善于争取人、团结人，知法而"无术"（《韩非子·定法》），这也未始不是他致死的一个重要原因。

不但如此，商鞅在轻罪重治、"以刑去刑"的思想支配下，用刑实在过滥，打击面实在过宽，"大臣苦法而细民恶治"（《韩非子·和氏》），其求治之心过于操切，使"百姓斋栗，不知所措手足"（《盐铁论·非鞅》）。这在很大程度上伤了人（"细民"），而致失去民心。虽其法不敢不遵，但其人不觉可亲。身遭惨死，"而秦人不怜"（《战国策·秦策一》）。与春秋时郑国的改革家子产死时，人哭之如丧父母相比，情景大不一样。其中的道理难道还不够明白吗？

后人评论商鞅也常指出其"虐戾"于民这一点。如说他"刻深寡恩，特以强服之耳"（《战国策·秦策一》）；"为秦立相坐之法而百姓怨矣"（《淮南子·泰族篇》）；"商君，其天资刻薄人也"（《史记·商君列传》）；"商鞅峭法长利，秦人不聊生"，"商鞅峭法盛刑，以虐戾为俗"（《盐铁论·非鞅》）。固然其中不乏党同伐异的偏见和幸灾乐祸的浮言，可是商鞅的"内刻刀锯之刑，外深铁钺之诛，步过六尺者有罚，弃灰于道者被刑，一日临渭而论囚七百余人，渭水尽赤，号哭之声动于天地"（《新序》），如此迷信暴力，迷信刑罚，不能不说是过了头，轻税等政策的好处因此大打折扣。他这样做，实在不足为训。但说他"畜（蓄）怨积雠，比于丘山，所逃莫之隐，所归莫之容，身死车裂，灭族无姓，其去霸王之佐亦远矣"（《新序》），也似乎否定得多了一点。他毕竟致国于富强，为秦之大治打下了坚实的基础（见《荀子·强国》），可算霸者之佐了。作为当时尚处先进地位的地主阶级的杰出代表，商鞅有其重大的历史功绩，在改革中的进步作用是基本的，不可一笔予以抹杀。就历史的经验来总结，商鞅之失，在于不注意为政应该宽猛相济。当年管仲就认为鲍叔牙的短处是善恶过于分明。"夫好善可也，恶恶已甚，人谁堪之？"鲍叔牙自己也觉得"宽惠柔民"不如管仲。"法严而酷，刑深而必"（《新序·善谋》）的商鞅，缺的正是"宽惠"这两个字。"使卫鞅施宽平之法，加之以恩，申之以信"（《新序》，见《史记·商君列传》《集解》引文），则他的成就可能更大些，结局也可能会稍好些。

八　商鞅以后秦国的政策

前面提到商鞅死后而"秦法未败"，这是从总的、基本的情况来说的；事实上历史是复杂的，在几十年中事情也有曲折，商鞅之法、新的封建地主制，还是经过反复的斗争才在秦国得到发展和巩固。

秦惠王（即惠文王）统治二十七年（前337～前311年，原称"惠文君"，即位十三年称"王"），在这时期情况还好。他虽车裂商鞅，但并没有任用公子虔等贵族。其弟樗里子号称"智囊"，统兵伐魏，爵才至"右更"（第十四级），十七年中屡建战功始得封君之号（事见《史记·樗里子甘茂传》）。而一些来归之士却因有本领而被任用为客卿。商鞅的用人唯贤而不唯亲的原则仍被继续坚持。惠王取得巴蜀后，使张仪与张若城成都，"置盐铁市官并长丞，修整里阓，市张列肆，与咸阳同制"（《华阳国志·蜀志》），盐铁专卖和官府直接管理商业的制度也仍然坚持，并且推广到新开辟地区（《通典·职官九》："秦郡国有铁官，诸郡国出铁者，置铁官长丞"）。

惠王死，武王继立（前310～前307年），四年即死，其弟昭王（昭襄王）争得王位（前306～前251年），情况一度发生变化。其母宣太后和太后的异父弟魏冉专权，再加上昭王之弟泾阳君、高陵君，形成"四贵"集团。魏冉采取舍近求远的政策，越过韩魏而去远征齐国，目的是夺取东方的工商业城市，由"籍城市"（征收工商税）来大饱私囊，并增益自己的封邑。他初封于穰（河南邓县）；秦从齐手中夺得定陶后，又以定陶这个商业要地加封给自己。魏冉还想"伐齐刚、寿，以广其陶封"，而不顾士民疫病，国库空虚（《史记·范雎列传》）。原先商鞅变法时，虽有封君之赐，但对新起的食封贵族还是注意加以限制，不使大臣太重、封君太众的。宣太后改变了用人原则，让她的亲族一一占据了军政要职，瓜分了新得的土地（作为封邑），培植起一个由食封贵族构成的强大的权势集团。这些依靠裙带关系发迹的新贵族，"有封邑，以太后故，私家富重于王室"，"妒贤嫉能，御下蔽上，以成其私"（《史记·范雎列传》），"战胜则大臣尊，益地则私封立"（《韩非子·定法》），因此，这时秦国实力虽很强大，在军事上总不能取得很大的胜利，有时还常遭失败，甚至"闭关十五年，不敢窥兵于山东"。对比商鞅的刻意加强中央集权的变法精神，这种局面是一个大倒退。实际上这正是背离了商鞅的原则才出现的不良后果，而不能认为商鞅有法"无术"，"以其富强也资人臣"（《韩非子·定法》），要商鞅来对他身后的这种情况负责。

食封贵族地主势力的膨胀，加深了他们同王权以及拥护国君中央集权的一般封建地主之间的矛盾。商鞅变法后新得利的统治阶级内部第一次发生了分化。魏国人范雎入秦，见到昭王，指出"秦王之国危于累卵"，以加强王权、打击宗室贵族专政之说打动了昭王。昭王"乃拜范雎为相"，"废太后，逐穰侯、高陵、华阳、泾阳君于关外"。魏冉被放归定陶时，"县官给车牛以徙，千乘有余。到关，关阅其宝器，宝器珍怪多于王室"（《史记·范雎列传》）。范雎整顿朝政，采取远交近攻的政策，使秦国复振。四贵用事——商鞅变法后秦国历史上的第一个插曲，就这样结束了。

秦昭王后期，四贵既除，宣传商鞅法家政策的言论又活跃起来。针对秦国劳动力缺乏的问题还未解决，商鞅死后重农政策执行得不好，"爱爵而重复"，赏赐过于吝惜等现象，商鞅思想的继承者向昭王提出建议：招徕三晋人民到秦国来垦荒，"利其田宅，而复之三世"，让这些"新民"供给粮草，而叫原来秦国的农民去对敌作战。这种"徕民"政策是商鞅用"复"的办法来奖励农民生产的政策的进一步发展（《商君书·徕民》）。就在昭王末期（范雎为相时），荀子到秦国考察，发表了一通观感。一是"入境观其风俗，其百姓朴，其声乐不流污，其服不挑（指不为奇装异服），甚畏有司而顺"。二是"及都邑官府，其百吏肃然，莫不恭俭敦敬忠信而不楛（楛，意为滥恶）"。三是"入其国，观其士大夫，出于其门，入于公门，出于公门，归于其家，无有私事也；不比周，不朋党，偶然莫不明通而公也"。四是"观其朝廷；其闲，听决百事不留，恬然如无治者"，由此得出结论，认为从孝公到昭王，能"四世有胜，非幸也，数也"

（《荀子·强国》）。商鞅变法后在秦国树立的好传统，在这时重新得到了发扬。

可是昭王死后秦国历史上又出现第二个插曲，即吕不韦专权之事。吕不韦是大商人出身，通过资助秦国在赵的质子子楚回国当上秦王——庄襄王，自己也封了侯，为秦的相国。三年后（前246年）庄襄王死，嬴政（即后来的秦始皇）即位，年才十三，国事由吕不韦等大臣主持。吕不韦执掌大权，号称仲父，他代表了大商人的利益，贬低商鞅，力图改变商鞅的抑商政策。在他主编的《吕氏春秋·上农篇》中虽然说重农，反对农民"舍本而事末"，但对大商人并无片词加以贬斥；而在《孝行篇》中还把"本"字另作解释："所谓本者，非耕耘种植之谓"，"务本莫贵于孝"。"本"与农无关，与之相对的"末"字自然也与工商业无关了。他也说了一句"必务本而后末"，本末只有先后之分，连"技巧末事"也不提什么"禁"和"抑"了。吕不韦的出身与思想，决定了他只会抬高商人而不会抑制商人。乌氏（今甘肃平凉县西北）人倮，从事畜牧业和丝织品非法买卖，发了大财，"畜至用谷量马牛"，对这样一个"鄙人牧长"，令可和封君相比，"以时与列臣朝请"。巴邑的寡妇清，以挖丹砂为业，"而擅其利数世"，家财多得数不清，对这样一个"穷乡寡妇"，朝廷竟"以为贞妇而客之，为筑女怀清台"（《史记·货殖列传》）。这些事如果不是吕不韦乘嬴政年幼而一手操纵着办的，也是在他的政策的影响下才会出现的。这表明商鞅变法后受到抑制的商人，其势力大大增强了。吕不韦本人也仍然是个大商人。他不仅作为一个大的食封贵族地主，"食蓝田十二县"，"食河南洛阳十万户"，而且拥有万名僮仆，主要用于工商业等各种劳动，并自行铸钱（"文讯钱"），独立流通于洛阳一带。另外，在政治上吕不韦还主张君主要无为而治，而大权操于相国（"虚君制"），并反对根据法律来实行严罚厚赏，鼓吹以"德义"治民。这些也都同商鞅的法家学说相左。如果说"四贵"用事是食封贵族地主同王权的一次较量，那么吕不韦的专权可以说是大商人想从新兴地主手中争夺领导权的一次尝试。不过好梦不长，赢政二十岁亲政，次年即免了吕不韦的相位，迫令迁蜀，吕不韦自杀。商人势力再次被压了下去。

秦王政继承商鞅的思想，又大力推行重农抑商政策，提出要"上农除末"。为了补充兵员的不足，还把贾人谪发去远征和戍边。在统一六国的过程中更把各国的那些盘剥农民、破坏本业、兼并土地、掠买奴隶的富商大贾迁往外地，没收了他们的大部分家财。与商鞅变法中的抑商政策相比，其内容又有新的发展。

由商鞅开始，而秦王政加以发展的抑商政策，是封建国家的一种经济干涉政策，其出发点是为了保护封建社会的基础——农业，为了保证封建国家的财源和兵源，从经济上加强中央集权制，但也在一定程度上调整了农业与商业的关系，限制了弃农经商，抑制了商人对农民的兼并活动，有利于促进当时农业生产的发展。对于需要发展个体农民经济、巩固新兴的封建制度、建立统一的封建国家的先秦晚期特定历史条件来说，这种政策还是具有积极意义的，不能认为它阻碍了商品经济的发展，是逆历史潮流而动的。

在战国末年，商鞅思想适应统一的需要，所以"藏商、管之法者家有之"（《韩非子·五蠹》）；但只有秦始皇才真正地继承并实践了商鞅的思想，从而有助于他统一事业得到成功。"秦任商鞅，国以富强。其后，卒并六国，而成帝业。""蒙恬征胡，斥地千里，逾之河北，若坏朽折腐，何者？商君之遗谋，备饬素修也。"（《盐铁论·非鞅》）秦"六世而并诸侯，亦皆商君之谋也"（《新序》）。日后秦之所以能统一中原，建立并发展多民族的中央集权制的封建地主制国家，商鞅先前的改革确是为之铺平了道路。

商鞅的改革帮助秦国形成了一个与六国不同的模式：农业上比较开放，采取了奖励政策，比较注意照顾农民的物质利益；工商业管理较严，以官府经营为主，私人经营为辅，山泽工商之利大部分集中于国家，成为财政收入之大宗，在这些方面实行的是国家干预的政策；在政治上则更多地注意强化中央集权，防止贵族专政，商人窃权。而在六国，情况就有所不同：官府本身对农民剥削较重，对于商人的榨取、兼并农民也不加限制；工商业主要放给私人经营，国家不加干预，采取了经济放任的政策；财政收入不是夺之于富商大贾而是加重对农民的赋敛。在政治上，各国是在不同程度上容忍贵族与国君的分权，"商贾在朝"，官僚成了商人的代理人，各项政策也不能不考虑商人的利益。总之，是经济上分散、政治上多头，私门富于公府，农民困于商贾，这样就当然敌不过政治上统一、经济上集中的后来居上、国富兵强的秦国了。就当时当地来说，究竟是哪种模式好，哪种政策好，历史已经给出了明确的答案。商鞅以很大毅力推行的、涉及封建社会两个阶段（领主制与地主制）发展变化的经济改革，在历史上具有进步的以至革命的意义，对于在全中国范围内第一个统一的封建国家的建立起着很大的推动作用，在历史上产生深远的影响。单从财政经济的角度来看，商鞅继管仲以后，实行国家干预经济的政策；通过工商业的国家经营，以经济收入来扩大财政来源，不加重农民负担，而做到"蓄积有余"，"利用不竭"，这一点也是很值得称道的。在后世，商鞅虽然常常被儒家学派批评：日益炽烈的兼并之害被说成商鞅破井田、土地许民买卖的后遗症，秦二世而亡也诿罪于商鞅的变法，但一些进步的改革家（如桑弘羊、王安石）却是很推重商鞅的，并从商鞅的经济干涉主义思想中汲取营养。

商鞅的经济干涉主义具体表现在他的抑商政策上。抑商包括两大内容：一是要抑制富商大贾不合法度地任意兼并农民，把私人商业活动的规模限制在一定的范围之内——不触动封建统治者根本利益的范围之内；二是抑制中小商贩和独立手工业者人数的过多增加，把社会上从事工商业的人数限制在一定的范围之内——不影响农业生产这个封建经济基础的范围之内。后一内容为商鞅变法时所侧重，在后世也常在一个新王朝建立之初被作为一种政策来实行——因为当时生产凋敝，劳力不足，亟须招集流亡，重建农村经济，抑一下商，刹一刹弃农经商之风的滋长，这差不多成了一种规律性的现象。这可以说也是商鞅重农抑商思想的延续了。前一内容的抑制富商大贾的抑商思想，在漫长的封建社会里也曾发生过一些影响，即一些进步的改革家，如桑弘羊、刘晏、王安石，在所制定的国家干预经济的政策中，包括了不同程度的抑制富商大贾的内容。因为越到后来富商大贾的势力越有增长，其对农民的剥削、兼并问题也越严重，不能不引起这些改革家的注意。商鞅的专卖政策、官营商业制度对他们就有了参考价值。这些政策，比之让私营工商业自由发展，助长投机活动和兼并势力的经济放任政策，对国家、对社会、对人民是好处较多、坏处较少的。

当然，历朝历代能采取抑制富商大贾的政策的人实际上很少——有名的就只有桑弘羊、刘晏、王安石几个。"商贾在朝"，后来更甚，更多的时期是官商分利（虽然也有些争吵），共同剥削人民，谈不上有什么抑商政策。至于有些朝代有些时候，苛捐杂税，刻剥商民、打击中小商人的做法，则是病商之例，与抑商政策的本来含意并无共同之处。除了限制弃农经商以外（后来也不限了），中国历史上并不存在一条一以贯之、影响深远的抑制富商大贾、限制商业资本发展的抑商政策。在封建社会后期的明清时代，更没有什么抑商政策可言（盐的专卖是"商专卖"，委托特权商人办理，官府只是课税而已），所以此时私营工商业才得有较大的发展。因此，认为由商鞅开始的抑商政策长期发生作用，以致在后来阻碍了商品经济的发展和资本主义萌芽的成长，这并不符合历史事实。总之，对于商鞅的评价，还是应该按其本来面目，放到当时的环境中去进行历史的考察为好。

中国古代经济改革家之三
桑弘羊

万里烽烟动北陲,弘羊筹策处忧危。

身亡法在名难废,得佐君方大有为。

一　学本管、商，才显汉廷，变更制度，富国强兵

桑弘羊是继承管仲、商鞅思想的西汉时期的大理财家。他在汉武帝要"变更制度"的时候，改革了汉初以来的财政经济政策，对发展经济，巩固统一的、多民族的、中央集权制的封建国家，做出了非常重要的贡献。在整个封建时代里，他可算参与国家财经领导工作时间最长的人之一，称得上一位创新很多、成就很大、影响很久的代表地主阶级改革派的大政治家。他的经济政策和理财思想在中国历史上占有突出的地位。

可是对这样一位杰出的人物，史书却不为之立传，读史见到的只是其谋反的罪名、逆臣的形象。与桑弘羊同时代的"不学无术"的霍光，却被吹捧为汉室的中兴名臣，桑弘羊正是因为与这个霍光政见不合而遭杀害，以致两千年来不得翻身。

　　据记载，事情是这样的：在汉廷任职五十四年的桑弘羊，当汉武帝病危时（公元前87年），以"掌副丞相"的御史大夫的身份，"拜卧内床下"，受命托孤，辅佐八岁的幼主刘弗陵——昭帝。一同接受遗诏的有出入宫禁二十余年、深得武帝赏识的霍光以及太仆上官杰、丞相田千秋等人。田千秋不多说话，大权落在大司马、大将军霍光的手里。霍光要搞外戚专政（其外孙女是昭帝的皇后），一心排挤居财政权要地位的桑弘羊，同时和他的亲家上官杰（上官杰的儿媳是霍光之女）也形同水火，不能相容。昭帝有个哥哥叫刘旦，被封为燕王，因未当上皇帝内心不服，他和其姐姐盖长公主、右将军上官杰以及上官杰的儿子上官安结成一伙，打算除掉霍光，废掉昭帝。燕王为人有辩才，有胆略，而又博学，且要表彰武帝功业（此事为霍光否决），所以桑弘羊对他很有好感。昭帝在位的第八年（元凤元年，公元前80年），燕王旦多次派人来长安和盖长公主、上官杰等联络，约定这年八月由盖长公主出面请霍光吃酒，埋伏甲兵，杀掉霍光。不料这事被盖长公主家舍人的父亲、管公田田租收入的燕仓得悉，燕仓通过关系把消息告诉大司农杨敞，杨敞透露给杜延年，杜延年马上向霍光告密。九月，霍光以昭帝名义下诏逮捕了上官杰，把他满门抄斩，盖长公主和燕王旦都被迫自杀。桑弘羊也被牵涉进去，在"数以奸邪枉干辅政，大将军不听而怀怨望，与燕王通谋"的罪名之下，全家被处死刑，当时他儿子桑迁逃亡在外，也被霍光抓回来杀了。这就是所谓的桑弘羊谋反之事。废昭帝，立燕王，杀霍光，桑弘羊是否真的参与其谋并无确证，上官父子想先杀霍光、再诱杀燕王，然后拥立上官杰为帝的阴谋，桑弘羊当然更不知其中的隐情，所以此事很可能是霍光欲剪除政敌所加的诬陷。即使桑弘羊真的想以拥立燕王来继续武帝时的政策，也无所谓"谋反"的问题，关键要看政策是错还是对，而不在于谁立为顺谁立为逆。历史上桑弘羊一案实是千古大冤案。澄清这一点，可以更好地了解桑弘羊，了解桑弘羊所推行的经济政策的革新意义，实事求是地对他的经济改革的成败得失做出客观的评价。

历史回到西汉景帝前元四年（前153年）。就在这年，桑弘羊诞生于洛阳的一个富商家庭里。当时洛阳是"富冠海内"的全国最大的五个中心城市之一（长安、洛阳、邯郸、成都和宛），这里商业发达，有悠久的历史传统。战国时，洛阳人就是"治产业，力工商，逐什二以为务"，"巧伪趋利，贵财贱义，贵富下贫，喜为商贾，不好仕宦"（《史记·苏秦列传》、《汉书·地理志》）。有名的大商人白圭同农民做生意，"岁熟取谷，予之丝漆；茧出取帛絮，予之食"，赚取丰歉和季节差价，经商本领高强，被当时的商人推为祖师，所谓"天下言治生祖白圭"（《史记·货殖列传》）。西汉时，洛阳又出了个大商人师史，"转毂以百数，贾郡国，无所不至"，"贫人学事富家，相矜以久贾，数过邑不入门"，师史就是任用这些人当伙计跑买卖，而致财七千万（《史记·货殖列传》）。桑弘羊既在这样一个商业城市里成长，自己家里又是经商的，耳濡目染，从小就对商业有较深的了解。"夫白圭之废著（卖出、买进），子贡之三至千金，岂必赖之民哉？运之六寸（王先谦云：六寸，算法也），转之息耗（盈虚），取之贵贱之间耳。"（《盐铁论·贫富》）桑弘羊的这段话，说明他对白圭以及亦儒亦商的子贡是十分推崇的，白圭——天下商家的祖师爷，他的一套经商术，商人之子的桑弘羊更是曾经用心揣摩过的。

但商人家庭出身、熟悉商业这一行的桑弘羊，并没有步其前辈白圭、师史之后尘，走上私人经商的道路，相反的，后来他却变成了西汉政府的一个官员，大力发展官营商业，对当时私营商人资本的发展却极尽其抑制之能事。

桑弘羊的一生怎么会向那样的方向发展呢？原来他幼年读了几年书后，到十三岁时（景帝后元三年，即公元前141年，这年正月景帝死，武帝即位，第二年改为建元元年），就到长安宫廷里去当一名侍从，侍候那位比他年长仅三岁的青年皇帝——汉武帝刘彻（前 141 年～前 88 年，在位共五十三年），开始是为郎（一般侍从），后来当上了侍中。所谓侍中，就是皇帝的高级侍从，掌管车马服物，在生活上常和皇帝接触，一旦被宠信，就可能越级提拔，得到高官显位。桑弘羊虽是商人子弟，但到他那时，"法律贱商人，商人已富贵矣"（晁错语），商人子弟不得仕进的禁令已经废弛，家无"市籍"者更不受这个限制，"以赀为郎"的方式往往成为他们进身的捷径。桑弘羊家是秦大夫子桑之后，属于无市籍的富商，身份地位较高，所以也就更容易凭其资财把十三岁的幼童送进宫去，当上人所歆羡的侍中。桑弘羊到武帝身边后，随着年龄的增长，政治上渐趋成熟，终于背离了他原来商人家庭的立场，参加到地主阶级改革派的行列中。

桑弘羊之所以能完成这样大的转变，一是时代的造就，二是前人（管、商）的影响。他是在一定的历史条件下被推到政治舞台上来的。

回溯桑弘羊的青年时期，这正是一个矛盾交织的风云激荡的时代。

西汉开国之初，汉高祖刘邦分封刘氏子弟为王，这个错误的决策招致严重的后果：诸侯王闹割据，搞分裂，与中央产生了尖锐的矛盾，以致酿成吴楚七国之乱，不得不诉诸武力削平叛乱。但如何进一步铲除地方割据势力，防止新的割据势力的再生，以便从政治上、经济上不断地巩固中央集权制，这件事还有待继续努力，妥善处理，在一定时期内仍是制定政策时需要考虑或至少需要连带考虑的因素之一。

西汉初年，由于连年战争人口锐减，生产被破坏，统治者不得不暂时实行休养生息的政策，鼓吹黄老学派的"无为而治"。在经济上完全自由放任，一方面鼓励个体小农和中小地主努力从事农业生产，以期在此基础上使封建政府也能自然地"蓄积岁增"，税入年加；另一方面，下放山泽工商之利，盐铁取消专卖，开放私营，铸钱权也让给私人（王侯、幸臣和富商），以此作为交换条件来取得过去曾占盐铁、工商之利的那部分反秦反项势力在政治上对汉的支持，同时也有利用私营工商业的生产和经营能力来开发山泽资源增加社会产品的意图在内。自此，盐铁就和一般的山泽税一样，和工商之税一起，都只作为皇帝以至封君的私用，不列入国家的财政收入之内了（"山川园池市井租税之入，自天子以至封君汤沐邑，皆各为私奉养焉，不领于天下之经费"，见《史记·平准书》）。替皇室管理这部分收入的机构是"少府"）。这是对商鞅时以盐铁之利、山泽之税佐军国之大用的财政体制的一次大改变，也是对商鞅抑商政策的一次大倒退。当时所谓的崇本抑末就只剩不准商人穿绸、坐车、乘马、仕宦为吏，借以贬低中小商人、防止弃农经商之风抬头而已。经济放任政策虽出于形势需要，一时有利于生产的恢复和振兴（主要是对农业方面的政策），但大土地占有者兼并农民和一部分农民贫困化的现象也随之日益严重起来。"当此之时，网疏而民富，役财骄溢，或至兼并豪党之徒，以武断于乡曲。"（《史记·平准书》）这种情况在武帝即位之时已很突出了。在兼并势力中，除贵族、官僚、地主、豪强外，由工商业自由经营而发迹的、拥有更多资财、同农民常打交道的富商大贾，扮演着尤为重要的角色。"以末致财，用本守之"，已成为商人们的信条，他们热衷于兼并土地，既当商人，又兼地主，两方面剥削，经济势力增长更快了。虽"无秩禄之奉，爵邑之入"，但乐比封侯，被称为"素封之家"。"商人所以兼并农人，农人所以流亡"的问题，直到武帝即位以前还一直悬着，封建政府与兼并主力——富商大贾之间的矛盾正日益加深。

在汉武帝即位后的一段时间内，由于平了淮南、衡山之乱，又采取若干对诸侯王权力的限制性的措施，割据与反割据的矛盾，同兼并与反兼并的矛盾相比，就不如后者那样吃紧了。相对地说，与兼并势力的矛盾则上升为当时社会的主要矛盾了。兼并势力如不有效抑制，封建统治者同日益困苦的农民之间的基本矛盾就要激化，中央集权制的封建国家就不能巩固；继反割据后，再反兼并，以加强中央集权，巩固国家统一，发展封建经济，这已成了封建最高统治者为维护自己的政权所必须认真对待的头等大事了。汉武帝就是在这样的时代背景下登上皇位履行他的历史使命的，而桑弘羊正是协助汉武帝围绕当时的社会主要矛盾而提出解决办法的智囊人物。

汉武帝和文帝、景帝不同的地方就是：由汉初以来的所谓"无为而治"转向大有作为，对内对外都力求进取，"兴树功业"；在又一次沉重打击割据势力以后，从元狩四年（公元前119年）起更采取经济措施，有效地打击以富商大贾为代表的兼并势力，力图解决西汉前期以来这个还未及时触动的问题。这些变化，都是在生产有了发展、人口有了增长的新的条件下，汉武帝政策中的新的发展，具有很大的改革意义。

为了制定新的政策方针，武帝常同亲信们——侍中、给事中议论国事，有时也让这些人和其他大臣辩论，这样就逐渐形成了"中朝"与"外朝"的区别。由皇帝的亲信大臣、亲信侍从们构成的"中朝"，实质上是大权在握的决策机构；以丞相为首的"外朝"只是秉承皇帝的指示、执行一般政务的行政机构而已。这同武帝以前权在丞相的情况相比，又是一个很大的变化。桑弘羊出入禁闼，和武帝非常亲近，他是以"中朝"人物的身份来参与决策，在经济改革上发挥自己的作用的。

要给解决复杂的政治经济问题提出好的意见，并非轻而易举，需要有相当的学识。年轻的桑弘羊的学识从哪里来？原来他深受管仲、商鞅的富国强兵学说的影响，从这两位前辈的思想武库中获得了不少精锐的思想武器。这样，他的见地就往往高人一筹，言必有中，甚得武帝的赏识。

　　对于春秋时商人出身的政治家管仲，桑弘羊是十分崇拜的。他称颂管仲"负当世之累而立霸功"（《盐铁论·复古》），并把管仲作为自己学习的榜样，决心"修太公桓管之术"（《盐铁论·轻重》）。管仲在齐国的一些治国、理财方法和言论，在战国时经人整理发挥，编写成《管子》一书。这部书的作者，经常从封建国家的角度出发来谈经济问题，要求防止商人、高利贷者的投机兼并活动，以减少社会的矛盾。他们缅怀管仲当年搞官工商制度、行官山海政策的成效，主张由国家采取经济干涉政策，恢复管仲时官营商业所占的主导地位，抑制与国君分庭抗礼的富商大贾势力的增长。桑弘羊接受《管子》一书中的经济思想。特别是西汉时的富商大贾（包括高利贷者）同战国时一样，施展其贱买贵卖、重利盘剥的手法，残酷地压榨农民，迫使农民"卖田宅，鬻妻子"，破产流亡，或沦为私家的奴隶、雇工，或变为脱离户籍、投依大家以避徭赋的佃客、荫户，这既加剧了社会矛盾，又减少了政府所能控制的赋税和劳役的来源，削弱了封建政权赖以生存的基础。桑弘羊的家庭出身使他对于商人那套增殖财货、追逐盈利的门道有清楚的了解；而他的政治地位更使他深刻地体会到商人这样兼并农民会危及自己所依附的皇权的封建统治。宣传管仲学说的《管子》一书，正好帮助他找到了解决矛盾的办法：像管仲那样，利用经商的经验，由官府来经营商业，开辟"富国""足民"的新途径；同时由官府通过收夺商业的阵地，来限制、打击私人商业的投机和兼并行为，以巩固封建政权的经济基础。在这里，桑弘羊已完全从维护封建政权的利益出发，从加强中央集权制的封建国家的要求出发，站在同商人相对立的立场，来为汉武帝出谋划策了。以后他推行的以商（官商）制商（私商）、以扩大经济收入来代替增税的财政经济政策，就是以《管子》中所记的管仲的思想来做指导的。

　　在服膺管仲的同时，桑弘羊又非常推崇在秦国变法成功的商鞅，从商鞅那里接受了法家思想。不管秦亡以来人们怎样非议商鞅，桑弘羊独独认为商鞅"革法明教"，"为秦致利成业"，"功如丘山，名传后世"，真是十分了不起。尤其在经济上商鞅"外设百倍之利，收山泽之税，国富民强，器械完饰，蓄积有余"，"不赋百姓而师以赡"，"利用不竭而民不知"（《盐铁论·非鞅》），桑弘羊以为这也和管仲一样值得取法。在桑弘羊的思想上，已俨然以商鞅这个法家学派的伟大改革家的后继者来要求自己、激励自己了。

正因为桑弘羊忠诚于中央集权的西汉政府，忠诚于建立并巩固中央集权制封建国家的法家学说，他的政治见解就和"内法外儒"的武帝经常一致，所以君臣之间处得非常融洽。桑弘羊还有一个特长，就是他很有数学才能，不用算筹（古代的计算工具）就能心算，武帝常把财政经济上的一些账目拿来叫桑弘羊计算。这样，桑弘羊虽身居内廷，却很熟悉国家的财政经济情况。所以在西汉政府财政发生困难时，桑弘羊就能适时地提出合理的建议，在汉廷群臣中显露出他卓越的才能。

桑弘羊的一生是不平凡的一生。他十三岁进宫，当侍中，开始他的政治生涯，整个青年时代就是他的政治见习期，也是他开始继承法家经济思想的时期。三十九岁时（元鼎二年，前115年），由宫廷到政府，出任"大农丞"（财政副长官），掌管会计事务，五年之中，他先后建议试办"均输"，改革币制，经营"公田"，增产粮食；建议在河西走廊设郡，实行屯田，以御匈奴。五年后（元封元年，前110年），四十四岁的桑弘羊升任"搜粟都尉"，管理全国粮政，并代行全国最高财政长官的职务（大农令，太初元年大农令改称大司农），达十年之久（至太初四年，前101年）。在这期间，他大力发展盐铁官营事业；全面推广"均输"制度，开始建立"平准"机构，并进一步统一全国财政经济，把财权集中于中央。十年后（天汉元年，前100年），54岁的桑弘羊正式担任最高财政长官——"大司农"，在任内创设了酒类专卖制度。任大司农三年后（天汉三年，前98年），因事被贬官（仍为"搜粟都尉"），被取消大司农名义，但全国财经领导工作实际上仍由他来担任。这种情况又维持了十年。到汉武帝死前的一年，67岁的桑弘羊更被升为御史大夫。昭帝时又居官七年，直到被霍光杀害为止，终年74岁。历史以悲剧结束了这个理财家的一生。

到底桑弘羊是怎样进行经济改革的？他的理财有什么成绩和特点？下面就以历史事实来评析他应占的历史地位和所起的历史作用。

二　倡议推行盐铁专卖政策，大力发展盐铁官营事业

桑弘羊为汉武帝设计的改革方案中，最早的、最著名的就是倡议推行盐铁专卖政策。这一政策是为了解决西汉政府的财政危机而提出的，而财政危机的出现则同北抗匈奴有关系。"笼盐铁"，"以佐助边费"，政策的制定有其明确的目的。

匈奴是中国北方的一个古老的游牧部族。楚汉相争之际，已进入奴隶制社会的匈奴军事贵族乘机崛起，东征西掠，控制了中国的东北部、北部和西部的广大地区，并常常派出骑兵到汉族地区进行骚扰，屠杀汉族兵民，掠夺人口和财物。汉初由于社会生产未恢复，对匈奴只得采取和亲政策，以宗室女嫁给匈奴单于，每年赠给絮、帛、黄金、酒、粮食等大量物资。但是，匈奴"反复无常，百约百叛"，往往借通市为名，搞突然袭击，长城一带，人民仍然不时遭受匈奴铁骑的蹂躏，农业生产无法正常进行。文帝、景帝时，西汉政府对匈奴加强了防御。武帝时，社会生产已有较大的发展，那些闹割据搞叛乱、同匈奴贵族相互勾结的诸侯王的势力已经摧毁，抗击匈奴已具备物质条件和政治条件。武帝元光二年（前133年）发动三十万人伏击匈奴，从此大规模的战争就一次接一次地发生了。

同战争连在一起的必然是财政支出的激增：军械、马匹、粮饷、

衣服、对将士的奖赏、降人的给养和赏赐、新辟朔方郡（秦末被匈奴所占的河套一带之地）的筑城固塞、移民实边和水利兴修等各项费用大得惊人。"行者赍，居者送，中外骚扰而相奉，百姓抏弊以巧法，财赂衰耗而不赡。""转漕甚辽远，自山东咸被其劳，费数十百巨万。"（《史记·平准书》）元朔五年有功将士受赐黄金二十余万斤，为赏来降的匈奴浑邪王及有功之士，元狩二年这一年中，"费凡百余巨万"（巨万即万万）。起初还有文景时代的积蓄可以动用，后来"府库益虚"，当年的财政收入不敷支出。从元朔二年起，西汉政府就规定，富人入（交纳）羊可以为郎，入物可以补官，入奴婢可以终身免役，入钱可以买爵（"武功爵"，共十一级，最多只能买到第八级），但杯水车薪，仍无济于事，有时几乎连军饷都发不出来。元狩三年（前120年），山东又发生一场特大水灾，无数人民陷于饥寒，打开各地粮仓来救济还不够；于是把七十多万贫民迁徙到边郡安置，衣食都由政府负担，费用以亿计。面对不可胜数的开支，西汉政府困窘的财政几乎到了山穷水尽的地步，解决这个问题是武帝君臣的当务之急。

当时，农民负担已经够重（除交地税、服劳役外，还要以现钱交纳为数很大的算赋、口赋、更赋），与国家矛盾已经够大，要稳定小农经济，加以赈恤、优抚还来不及，如再向农民增加赋税，将会导致农民的反抗，动摇封建政权的统治基础。摆脱财政困境的出路，看来只有一条，那就是从那些剥削兼并农民的富商大贾身上打主意，从他们手中夺回一部分工商业的经营权，把他们过去占有的经济利益转为国家的财政收入。继承管仲和商鞅思想的桑弘羊就是主张采用这一种办法的。当时那些"富商大贾，或滞财役贫，转毂百数，废居居邑（囤积居奇）"，再加"冶铸煮盐，财或累万金。而不佐国家之急"，使"黎民重困"（《史记·平准书》），确实已经到了应该同他们清算的时候了。于是在武帝身边议论开了，提出了各种打击商人的办法，桑弘羊的意见是实行盐铁专卖，把当时两个获利最厚的大行业收归官营。

自汉初以来，在"弛山泽之禁"（《史记·货殖列传》）、"纵民得冶铁煮盐"（《盐铁论·错币》）的放任政策的纵容下，大盐铁主垄断了盐铁的生产和流通，从中积累了上亿的家财。蜀卓氏、程郑、宛孔氏，他们的先人都是六国的铁商，秦统一后作为"迁虏"而被远配各地；至汉代，他们重操旧业，又成巨富。还有曹邴氏，"以铁冶起，富至巨万"。在盐商中，有齐地的刁间，"逐渔盐商贾之利"，"起富数千万"（《史记·货殖列传》）。他们已非管仲时平民身份的煮盐冶铁者，而是有财有势的豪民了。所谓"豪强大家得管山海之利，采铁石鼓铸，煮海为盐，一家聚众或至千余人，大抵尽收放流人民也"（《盐铁论·复古》），就是指这些豪民驱役大量的流亡农民，作为他们的"依附"，替他们从事盐铁的生产。在西南蓄奴地区还有人掠买真正的奴隶，在盐铁生产中使用奴隶劳动。煮盐冶铁的好处，大部分为大盐铁主所得，付给国家或封君的租税很轻（如文帝以蜀中铜山赐邓通，邓通转包给卓王孙，"岁收千匹"）。他们"上争王者之利，下锢齐民之业"，"规陂池"，占土地，兼并无厌，剥削无度，生活奢侈，行动出轨（《汉书·货殖列传》）。有的更仗着手下聚众已多，"私门成党"，强暴自恣，连官府对他们也难制驭了。

针对这些情况，桑弘羊很向往管仲在齐国所办的食盐专卖和铁山国有的"官山海"事业，也十分赞同商鞅在秦国实行的"壹山泽"政策。他认为要支援抗御匈奴，抑制土地兼并，只有改变盐铁私营的现状，像管仲、商鞅那样实行盐铁专卖。盐铁专卖，作为国家统一的财政收入，可"足军旅之费，务蓄积以备乏绝"，并且从买卖中获得利润，不必增加农民的赋税，财源不断，而人民不觉得直接加重了负担。盐铁专卖，可以防止豪强富商垄断生产，操纵市场，可以阻塞他们剥削、兼并、役使贫民的"利途"，"损有余，补不足"，有利于缩小贫富差别（"以齐黎民"），缓和社会矛盾。盐铁专卖，还可防止贵族、诸侯、豪强大家借工商业来扩充经济力量，同中央对抗；消弭由于"奸猾交通山海之际"，在社会治安甚至政治上可能发生的大问题（"恐生大奸"）。盐铁专卖，又可扭转原先"鼓金煮盐"，"乘利骄溢"所引起的"散朴滋伪，则人之贵本者寡"的风气，有助于制止农民背井离乡，弃农经商。（见《盐铁论》中《本议》、《非鞅》、《复古》、《禁耕》、《错币》、《刺权》等篇）。桑弘羊从财政、社会、政治、经济各方面剖析了实行盐铁专卖政策的好处和可行性，当朝廷研究这一问题，"其沮事之议不可胜听"的时候，桑弘羊作为倡议人之一，坚决站在主张盐铁专卖这一边。武帝元狩三年（前120年）秋，"中朝"已内定采纳盐铁专卖的方案，加紧了对这一工作的准备，并决定在下一年（元狩四年）全面实行。

由于盐铁的生产、运销需有一套专门的业务技术，要实行专卖，没有几个富有实际经验的人是不行的。为了解决这个困难，西汉政府决定以高官厚禄吸收一些肯和官方合作的大盐铁商来组织这一工作。就这样，在大农令（财政长官）郑当时的保荐下，家富千金的齐地大盐商东郭咸阳和南阳（宛）大铁商孔仅来到长安，着手筹备盐铁专卖之事。在尚未宣布实行专卖的一段时间里，先改变汉初以来盐铁收入（在"山泽税"中）属皇帝私用、由"少府"掌握的陈规，拨归大农，以助国用。紧接着由东郭咸阳、孔仅出面，通过大农，奏请政府实行盐铁专卖。汉武帝当即批准了这个"建议"。东郭咸阳、孔仅两人奉命乘了专车巡行天下，去宣传盐铁专卖法令，设置盐铁专卖机构。在这一过程中，东郭咸阳和孔仅同被任命为"大农丞"（财政副长官），"领盐铁事"（称"盐铁丞"）。同一年（元狩三年），年方三十三岁的桑弘羊也以武帝近臣的身份，一起参与管理财政。这三个人以善于理财齐名，人们形容他们"三人言利事析秋毫矣"（见《史记·平准书》）。桑弘羊这时虽还未担任行政职务，但实际上他是沟通外朝与中朝的桥梁，武帝特地派他作为亲信去监督、推动盐铁政策的实施。

元鼎二年（前115年），即盐铁专卖全面实行了三年以后，孔仅"拜为大农，列于九卿"，"而桑弘羊为大农丞，管诸会计事"（《史记·平准书》）。但是孔仅其人虽在盐铁问题上和西汉政府有条件合作，他对武帝抑制商人资本的政策，在内心是不满意的，武帝对他也不完全信任。因此，孔仅的大农当了不过二年就被免去，只保留了盐铁丞的职务。即便关于盐铁专卖，孔仅推行得也不很得力，而且他还和御史大夫商人地主出身的卜式一起，上书抨击"算商船"的法令，说"船有算，商者少，物贵"（《史记·平准书》），很可能是因商船征税有损于他家的贩运贸易而发。这一下使武帝大为恼火，孔仅的盐铁丞也就被撤掉了。在多年的相处中，武帝越来越觉得桑弘羊所提建议大都是正确的，工作是有成效的，于是在孔仅免职的元封元年（前110年），桑弘羊就升任为治粟都尉（军职），并代理大农令（后改称大司农），盐铁也由他兼管（"尽代仅筦天下盐铁"）。以后，桑弘羊一直担任大农的领导工作，武帝对他的信任经久不衰。桑弘羊主管大农后，盐铁专卖政策推行得更有力了，盐铁官营的事业也就有了更大的发展。

桑弘羊从创议实行盐铁专卖，到直接主管盐铁专卖，在武帝一朝，前后共历三十三年。到底桑弘羊的盐铁专卖是怎样做的呢？与管仲的盐铁专卖相比又有什么特点呢？

由史料所记可知，桑弘羊对盐的专卖是采取民制官收的做法：招募愿意煮盐的平民（非豪民），自己准备费用（"自给费"，主要是生活费用，见《史记·平准书》、《盐铁论·刺权》）煮盐，官府供给主要生产工具——煮盐用的铁锅，称为"盆"。煮成盐后，由官府按盆给予一定的工价（"牢"。按盆给工价，故云"官与牢盆"），以抵偿费用，并使之保持合理的利益，盐全部收归官有。铁矿的开采、冶炼和铁器的铸造，则是由官吏指挥有一定年限的罚作苦工的罪人（"徒"）来做，并征发一部分民夫（"卒"，一年轮流服役一个月）

来从事生产和运输。还有一部分工匠（有技术者）作技术指导，一部分有技术的官奴（"工巧奴"）作一些细活。生产出来的铁器全归官府所有，由官府运销。任何人都不得私自煮盐制铁，违反这一法令的，要受到钛左趾（左脚带六斤重的铁锁）的刑罚，作为刑徒，剥夺政治权利，有时甚至要戍边，工具和生产物都要没收入官（《史记·平准书》）。

铁和盐的专卖相互联系。铁专卖后，煮盐的盆，即由官营的铁工场来供给。生产工具既掌握在国家之手（"官器"），盐的生产虽由民营，实际上也间接由国家控制起来了。在两种产品的专卖中，盐允许民制，是用管仲之法；铁则由政府直接掌握生产过程，控制更为严密，比管仲之法有所发展，可说用的是商鞅之法了。为什么这样做？因为铁在汉武帝时已是制造兵器的基本材料，为"天下之大用"，抗击匈奴、镇压叛乱，都离不开它，军需民用之间的用铁要有个合理的分配，其生产就不宜由民间来从事了。同时，开采铁矿聚人众多，地处偏远，有了武器在手，很容易被豪强分裂势力所利用，因此，对这一行业封建政府也是不放心让私人去搞的（《盐铁论·复古》）。管仲时之所以允许民制铁器，是由于那时的铁是毛铁，不是钢铁，只能铸农具；兵器是青铜制的，铁原料部分落在民间并不妨事。而且管仲时制铁的是平民，还没有分化出多少豪民，也不像桑弘羊时制铁业操于豪民之手，厚利归于他们，如不改为官营，国家就不能控制这部分经济利益。对不同产品采取不同的做法，桑弘羊倡议盐铁专卖时对政策的设计，是很周密的。

盐铁的分配和大规模的转运，由产区或设在中转地的盐铁机构来负责，按照销区的人口数和田亩数匡算出应予供给的食盐和铁器数量；销区也必须按数从附近的产区或中转地调入盐铁，不能擅自制铁煮盐，冲击国家盐铁专卖的统一安排（见《汉书·终军传》）。盐铁的运销由调入地区的官府自己组织劳动力，准备运输工具，一直运到县里。一般是向民间分派。所谓"良家以道次发，僦运盐铁"（《盐铁论·禁耕》），就是说有钱有地位的人家按地段依次分担盐铁的发运任务（运到销售点），运输时雇人租车船就由承担任务者出钱。与过去私营时这些事都由商人包干相比，实行专卖后有钱人的负担加重了。但由有钱有地位的人家负担运输，总比叫农民出劳役出车牛义务运输要好得多。加重有钱人的负担而减轻农民的负担，桑弘羊思想上总是要"损有余补不足"。

盐铁在销售环节上自然排挤了过去操纵市场的商人。在有条件的地方（如城市的"市"内），由官府自置吏员，设点卖盐。但食盐销售零星分散，在不设市的小邑和乡村，派吏销盐并不合算，供应也难普及深入，在这种场合，特准中小商人，在缴纳重税的条件下，逢圩赶集，把盐分销给消费者，车载人挑，散之于阡陌之间，那样的做法既保证盐利入官，又利用了商人的销售力量，应该说是有可能采用的。所谓"笼合税之，令利入官"（《史记·正义》），或即就这种情况而言。这与商鞅的"收山泽之税"，可能有内容相似之处。如完全由"官自销售，无商贩"，则就无"税之"可言了。至于铁则不然，不管城乡，全由官府置吏设点销售，农民买农具，也只能"弃田远市"。因为铁器可改铸兵器，还为匈奴等所急需，为防止铁器更多地流入民间，或流出境外，以致发生问题，铁器销售全由官府掌握，不假手于商人，这是有政治上的考虑的。由官府设肆售卖也好，假手商人分销也好，都不同于管仲时的按人（盐）定量分配或按户（铁）分配供应。时至西汉，人口比春秋时增长了不少，书社制度已不存在，迁徙流动频繁，户籍管理已难以像有严格人身隶属关系的农奴制时代那样控制严密：专卖商品由官府直接分配到人到户很麻烦，不如由消费者自己来买更方便。桑弘羊的盐铁官卖较有灵活性。少数例外是，对军士官吏仍按人按量实行廪盐制度，所以这部分食盐不在商品流通范围之内。

实行专卖后，盐价和铁器价都由官府统一掌握，"一其价"，"平其价"，改变了私营时商人玩弄价格、操纵市场的混乱状况。盐粮比价根据当时情况做了调整。管仲时，食盐在销地的价格（每石一百二十二钱）约四倍于每石粟价（三十二钱）；武帝前期粮食不足、粮价上涨，而食盐私营，产量多，商人竞销，盐价上涨慢于粮价上涨，因此一时出现了"盐与五谷同价"的反常现象（《盐铁论·水旱》）。食盐专卖后，随着粮食的增产，粮价下降，盐价则保持在高于粮价的水平之上。一来过去历史上的比价关系就是如此；二来政府寓税于价，为了财政收入也不能把盐价降得太低了。总的来说盐粮比价还没有大到不合理的程度（以后，长时期内，无论官营还是私营，粮五石换盐一石，一直是盐粮的正常比价，因当时制盐成本高，非近世盐价之贱可比）。铁器价格有的显得贵了一些，那是较重较大的"大器"；同一规格的小铁器，其价格与私营时比还是比较公平的、稳定的（《盐铁论·水旱》："平其价，以便百姓公私"）。桑弘羊并没有用滥提价格的办法来增加专卖商品的利入。

盐铁专卖，要管生产，管分配，管禁私，任务繁重，为了管好这两项专卖事业，西汉政府在实行专卖之初即在各地特设专门的机构和官员主其事：盐，在产地设"盐官"管理；铁，设"铁官"管理。盐铁官的正副长官——令、丞，级别相当于县的令长和县丞。不出铁的地方置"小铁官"，负责废铁的回收、冶铸和铁器的专卖工作，由所在县的县官来兼管。原诸侯王国内盐铁的主要产区，同样设盐铁官管理，直接归中央领导，盐铁之利收缴中央。诸侯王不得擅自煮盐铸铁，过去他们经营盐铁（自营或包给商人经营）的经济利益也就被剥夺了。

桑弘羊主持大农后，对盐铁专卖的人员和机构进行了一次再充实。一方面调整了原专卖机构某些不适当的人选，把过去孔仅"除故盐铁家富者为吏"所造成的人员不纯的现象予以纠正，不让一些办事不力、品质不良的人占据位置影响政策的贯彻。另一方面，他又在新设的郡县和重点产区增置盐官铁官，所有的盐官、铁官由中央派出的"分部主郡国"的"大农部丞"（数十人）划片进行垂直领导。这些特派官员既管盐铁，又管农业和其他官营商业。在大农内部则设"铁市长、丞"总管各郡国铁的生产（三辅各有铁长、丞管关内自己铁的生产），并设"斡官"总管盐铁的专卖收入。

盐铁官的设置看来已较普遍了。据《汉书·地理志》所载，西汉时期全国共设三十六个盐官，分布在二十七郡。河东、上郡的池盐（河东池盐是晒制，非煎煮），渤海、会稽的海盐，雁门、巨鹿的碱盐，益州（云南安宁县）、犍为（四川宜宾）的井盐，都归官府专卖。东至辽东、辽西，北至朔方、五原，西至陇西、安定，南至番禺、苍梧（非产地，只办理转运），也都设立了盐官。铁官分布更广，全国共设铁官四十九处，遍及四十郡国。临邛（今四川邛崃）、南阳、临淄、太原等地都是著名的冶铁中心，而且冶铁点已发展到西北和辽东等边远地区。在这许多盐官铁官中，未必没有桑弘羊以后的人所增设，但绝大部分是桑弘羊创议专卖以来就有了，有些郡（新设的郡），更是桑弘羊直接管理盐铁后才设置的。

桑弘羊亲自抓盐铁后，盐铁官营事业蒸蒸日上。西南益州、犍为郡的井盐，就是桑弘羊在那里增置盐官后新发展起来的。在铁的方面，铁矿的开采规模和官营铁工场的生产规模更为扩大了。每一铁官手下的人员平均在二千以上，在鼓风炉旁冶铁的也有达千余人的。工场面积有几百亩的，已出现了从采矿到冶炼到制成品联合在一起进行的大型冶铁基地。官营铁工场有雄厚的资金，有较完备的生产工具，有统一的规格，有专门的管理人员和熟练的工匠，技术专门化，生产有所改进，避免了私人经营时铁力不销炼、刚柔不融和的情况（见《盐铁论·水旱》）。当时制铁的生产技术大有提高，出现了战国以来的一个新的飞跃：冶铁炉温提高（至1500℃），使用了反射炉和坩埚

（巩县和南阳的遗址中发现），已能生产出由灰口铁（战国时所无）、优质熟铁和低碳钢制成的铁器；生铁柔化处理方法改进，已能制成铁芯石墨化的"黑芯韧性铸铁"（在国外，是美国人在 1831 年才试制成功）。炼钢技术也达到前所未有的新水平，各地都能炼钢制造精良的兵刃了，从而加快了青铜兵器被排除的过程。生产技术的这些提高，是官营冶铁的大生产条件下才出现的事，专卖政策、官营制度对制铁业生产的发展还是起到了很大的促进作用。

铁器官营的主要任务是制造农具，"以赡农用"（《盐铁论·本议》）。当时供应的农具犁、锸、耙、锄、镰、钁，以至轴承、车轴，种类繁多（当然，也供应不少种类的手工业工具和家用器具）。桑弘羊更力主推广新式改良农具——厚重锐利的新式大型铁犁（中铧长、宽各三十厘米左右，由二牛合犋架长辕曳引，用于耕田；大铧更大，用于开沟）。铁官多制"大器"，少造耒耜和小犁（《盐铁论·水旱》。小犁犁铧只宽三市寸，重不到二市斤），用意就在于促使农民放弃落后的工具，而多使用新式铁犁。新式铁犁价格贵，用二牛曳引，虽然贫苦农民暂时会感到不便，但"器用便利，则用力少而得作多，农夫乐事劝功"（《盐铁论·水旱》），从长远看对生产的发展是有利的。铁官还大量制造起土工具，供当时大规模兴修水利之用，从另一个方面有助于农业生产的发展。西汉中期农业生产力的提高，和铁器官营事业的发展有密切的关系。桑弘羊是继管仲以后，十分注意推广铁器以发展农业生产力的又一位卓越的经济改革家。

盐铁专卖，作为已被前人证明收效可以很快的理财措施，也为当时的西汉政府提供了越来越多的财政收入。"总一盐铁，通山川之利而万物殖，是以县官用饶足"（《盐铁论·轻重》），财政困难得以很快克服。武帝的军费动辄"以亿万计"，盐铁之利是其主要的来源（《盐铁论·轻重》）。尤其是在北方，为了防御匈奴再度大举侵扰，修筑长城，列置亭障，边防费用数额巨大，一直靠盐铁等收入来挹注。盐铁政策和防御匈奴的政策密切联系，已成为西汉政府的基本国策。武帝的一套新的经济政策即以盐铁专卖为重点。

盐铁专卖还不是单纯的生财之道，更有抑兼并、摧豪强的作用。这一层意思是管仲盐铁专卖时所没有的。桑弘羊自己说过："今意总一盐铁，非独为利入也，将以建本抑末，离朋党，禁淫侈，绝并兼之路也。"（《盐铁论·复古》）事实上盐铁专卖迫使富商大贾退出了最主要的阵地，在很大程度上抑制了兼并势力，延缓了农民破产的过程，有利于维持和发展农业生产。过去大盐铁主中有些人驱使奴隶生产，保留着落后的生产关系，盐铁专卖后，官府对盐民不是采取奴隶制的剥削形式，制铁的民伕也以劳役形式出现，都保持一定的自由身份，劳动者的境况和当私家的奴隶比，是有相当的改善的。盐铁专卖也挖掉了诸侯王割据一方，再搞独立王国的物质基础，打破了豪强大家聚众于私门，"成奸伪之业，遂朋党之权"的迷梦（《盐铁论·复古》），大大巩固了正处于上升时期的中央集权制的封建政权。不但兼并势力，而且割据势力、分裂势力、奴隶制残余势力也都在盐铁专卖中受到沉重的打击，桑弘羊大力推行的盐铁专卖政策，在封建社会的前期，从各个方面来说，都有其历史的进步性。尽管盐铁专卖也存在许多缺点，如价高、质次、购买不便、硬性摊派等，但这是"吏或不良，禁令不行"（《盐铁论·复古》），主要是执行中的毛病。总的看来，专卖制度在当时还是利大弊小，不失为"理财之良法，未可深訾也"（见《文献通考》卷十九）；何况它还有促进农业生产发展、调节社会财富分配的更重要的意义。不能说它在财政上是成功的，而从经济的角度来看，是"失败的"、"彻底失败的政策"。

盐铁专卖本身从性质上说，确实还不是一项纯粹的财政措施。盐铁的利润较高，是在正常的商业利润以至生产利润之外，寓税于价，又包括了一部分赋税收入——隐蔽税。但与管仲、商鞅时一样，专卖利润不仅仅是"赋税的一种转化形态"。利润（包括税）之取得，有赖于商业环节（官营商业）的经营得法，必须在商品售出后才能实现利润，否则也会在严重的浪费下经营无利（或少利），或因商品卖不出去而利润实现不了。单凭国家的政治特权是未必能占有所欲得到的高额利润的。管仲、商鞅的盐铁专卖是财政与商业（或是工商业）的结合；桑弘羊的盐铁专卖，性质也是如此。自管仲首创盐铁专卖至桑弘羊时，已经历了三起（管、商、桑）两落（田齐、西汉初）的过程，桑弘羊的推行盐铁专卖是对这一制度的恢复而非始创，但他毕竟对西汉初期以来积重难返的经济放任政策做了一次大胆的切中时弊的改革。从这一点意义上说，他确是一个反对因循守旧、主张因时施法的具有革新精神的人。

盐铁专卖可以说是汉武帝新经济政策的核心。正由于从私营改为专卖是一个巨大的改革，牵涉许多人的经济利益，所以在推行过程中一直受到代表各种旧势力的反对派的攻击和破坏。早在盐铁专卖实行不久（元狩四年），儒家学派的董仲舒即赶忙上书表示异议。他把商鞅的"专山泽之利"，"盐铁之利二十倍于古"大骂一通，借古讽时，攻击武帝的推行盐铁专卖，并明白地提出了"盐铁皆归于民"的建议（《汉书·食货志》）。只是"内法外儒"的汉武帝，骨子里还是喜欢维护中央集权、提倡经济干预的法家学说，在财政经济政策的制定上并不听为"群儒首"的董仲舒的话，反对派的气焰才被压了下去，董仲舒本人再也得不到武帝的青睐了。可是斗争还在继续。元鼎初年又发生博士徐偃矫制破坏盐铁专卖政策的事件。这个儒家的门徒原是奉命到郡国去"举兼并之徒"的，可是他到胶东鲁国之后，却以"钦差大臣"的身份，擅自决定让这两个诸侯王国自己鼓铸冶铁、煮海水为盐，并交给私商去具体经办，名义上由王国向他们收税，实际上是诸侯王与商人上下其手，分肥共利，只把一点余沥上交中央。徐偃回来后，被张汤案治，以"废格"国家的专卖政策定罪处死。徐偃虽死，还有人不死心。大商人大牧主大地主出身的卜式，混入政府，官至御史大夫的高位，曾得武帝的信任，于元鼎六年也在武帝面前告状："郡国多不便县官（指朝廷）作盐铁，铁器苦恶，价贵，或强令民卖买之"（《史记·平准书》），抓住具体执行中的某些缺点来否定整个盐铁政策。"上由是不悦卜式"；"其明年，元封元年，卜式贬秩为太子太傅"。反复的斗争，说明盐铁专卖的推行并非一帆风顺。没有齐桓公，不可能有管仲的"官山海"政策；没有汉武帝，桑弘羊的盐铁专卖政策也可能会半途而废。

三 确立五铢钱法，保持币值稳定

西汉政府财政上还长期遗留着一个非常棘手的问题，就是币制紊乱、币值低落。这个问题也是到桑弘羊手里才获得较好的措置。

汉高祖在开放盐铁私营的同时，又下放了铸钱权，私人铸钱，钱如榆荚（称"荚钱"），既多又轻，物价高涨。文帝时改铸"四铢"新钱，但币面文为"半两"（十二铢），币面值为实际重量的三倍，铸钱极为有利，且继续采取放铸政策，诸侯王吴王刘濞和文帝的宠臣邓通都以铸钱发财：一个是"富埒天子"，一个是"财过王者"，以致有"吴邓钱布天下"的说法。豪民也纷纷铸钱，减重掺杂（铅铁）：使钱的轻重、成色紊乱，"市肆异用，钱文大乱"。在铸钱厚利的诱惑下，连农民也"释其耒耨"，去采铜铸钱，极大地妨碍了农业生产。于是景帝时下铸钱之禁，但盗铸的地下活动仍然猖獗。到武帝财政支绌时，官府又"即多铜山而铸钱"，于是官钱私钱，"钱益多而轻"，"物益少而贵"，商人们浑水摸鱼，从中大捞一把（《史记·平准书》）。

武帝在公布实行盐铁专卖之前，曾采用御史大夫张汤的建议，打算"更钱造币"，以赡国用，并借以打击"不佐国家之急"的商人，"摧浮淫并兼之徒"。元狩三年秋批准实行了白鹿皮币和白金币的方案。白鹿皮方尺，四边绣上五彩，名为皮币，值四十万，规定王侯宗室朝觐聘享，必须用这种皮币和璧作为进献之物。白金币则是针对商人的，想通过这种作价奇昂的货币，来套取商人的物资和旧钱。白金币是一种银锡合金，分三品：龙文圜币，重八两，值三千；马文方币，重六两，值五百；龟文椭币，重四两，值三百。各品名义价值都远远超过金属的实际价值。同时，成分很有伸缩余地，用锡多，成本就更低，获利就更厚。因此尽管规定盗铸者死，但盗铸风还是席卷全国，"吏民之盗铸白金者不可胜数"。后来政府虽稍抑白金币的作价，但"民不宝用"，到元鼎二年不得不明令废除。

张汤建议的另一内容是销毁原半两钱，"更铸三铢钱，文如其重"，想和白金币一起流通，大小相济。第二年（元狩四年），就因"三铢钱轻，易奸诈"，搞不下去。"乃更请诸郡国铸五铢钱，周郭其下，令不可磨取镕焉"（镕是铜屑。钱有周郭，防止磨取铜屑，以铸私钱）。但由于铸币权分散于郡国，"郡国多奸铸钱（多杂铅锡），钱多轻"，私人盗铸也多。元鼎二年白金币废，提高货币作价的目标就落在铜钱之上。于是改由京师钟官专门铸造一种"赤侧"五铢钱。赤侧钱为赤铜所铸，摩郭错边，都呈赤色，精铜精工制成，但故高其价，法定一枚赤侧钱当郡国五铢钱五枚用，又规定交纳官赋和官府支出非赤侧钱不行，实质上又是一次严重的变相减重行为。二年之后，"赤侧钱贱，民巧法用之，不便，又废"（《史记·平准书》）。

总计汉武帝从元狩三年到元鼎二年（前120～前115年）的五年中，币制屡变，因盗铸按律当死者杀了不少；适逢大赦（元鼎元年）侥幸免死的有数十万人；自首赦罪有百余万人，不敢自首的人当比自首的人还多；盗铸金钱的豪强率众互相斗杀的"不可胜计"，"天下大抵无虑皆铸金钱矣"（《史记·平准书》）。每次币制变更，都大大扰乱了社会秩序，而"商贾以币之变，多积货逐利"（《史记·平准书》），造成市场的混乱；受害的仍然是老百姓，原想借更币铸钱来打击商人兼并势力的目的并没达到。

赤侧钱实行不久,张汤因被人告发有出卖经济情报、同商人勾结的嫌疑,而被迫自杀。整顿币制的工作于是就由当时已任大农中丞的桑弘羊来主持了。桑弘羊从现实教训中认识到张汤的这一套做法,徒然导致盗铸的加剧、物价的上涨、币值的下降和社会的动荡不安,对国家反而不利。只有稳定币值、稳定物价,才能使人民生活安定。因此,不靠铸钱来弥补财政亏空,归根到底对巩固封建统治还是有好处的。怎样使跟前混乱的币制趋于稳定呢?桑弘羊认为必须让货币的币面值和实际重量相一致("文如其重"),以前那种不增加货币重量只提高名义价值以增加财政收入的办法再也不能采用了。但是光从法律上规定币面值与实际重量相一致,那还是不能消除币制的混乱现象。如果铸币权仍然分散于郡国(如郡国五铢钱),地方官会营私舞弊,钱中掺杂,结果钱币的轻重、厚薄、成分仍然不能一致,好钱劣钱并行("奸贞并行"),仍然会使人发生疑虑,不易识别,影响货币的流通。更可虑的是地方的经济权力太大了(能铸钱)也不利于中央集权,而有利于地方割据。在桑弘羊看来,要加强中央集权,不禁止地方铸钱是不行的。想彻底解决币制统一的问题,就必须集中铸钱权,由中央政府来统一铸造钱币。铸钱权集中于中央,币制统一了,豪强私铸、地方作假的"奸伪"之风就可平息下来;"奸伪息则民不期于妄得",原先参加铸钱的贫民就可"各务其职",返于本业。同时,币制统一,制止了"奸铸钱"的进入流通,也有助于币值的稳定,就不会引起人民对货币信念的动摇。"故统一,则民不二也;币由上,则下不疑也"(《盐铁论·错币》)。统一,是管理货币的最高原则,也是桑弘羊丰富古代货币学说的一个重要的理论概括。

桑弘羊经过深思熟虑,向武帝说出了自己的看法,武帝接受了桑弘羊的建议。元鼎四年(前113年),西汉政府再一次宣布实行币制改革。一方面禁止郡国铸钱,另一方面统一货币,命令郡国销毁以前的各种旧钱，熔成铜输交中央，另造新的五铢钱。新钱具体由掌管上林苑的水衡都尉所属的钟官、辨铜令、技巧令三官分别负责铸造、审查成色和铸币的技术工作。由于新钱是上林三官合力铸造的，所以又称"上林钱"或"三官钱"。三官钱是唯一合法的钱币，"令天下非三官钱不得行"。货币由此归于统一。三官钱制作技术较高，质量较好，币面所记重量（五铢，重 3.25 克）与法定的实际重量一致，轻重适宜（三铢钱太轻，半两钱太重），便于流通，且吸收了旧五铢钱有周郭的合理做法，可防止私铸者的盗磨。对这种钱很难盗铸，"惟真工大奸乃盗为之"，再加盗铸被刑悬为禁令，于是"民之铸钱益少"，一般盗铸者因工本太高，无利可图，就此歇手了。

为了供给铸钱所需的原料，西汉政府设官指挥徒卒采铜，一年之中常出动十万人之多。在政府特准下，农民可采铜矿石代替赋税，由各地收纳运输，交给水衡所属的管铜料收纳的均输官。另外，也向民间作价收集旧铜，以便把铜料更多地掌握在政府手里。铜料之被集中控制，也是私人盗铸减少的原因之一。

经过桑弘羊的整顿、改革，多少年来紊乱不堪的币制终于变得井然有序了，以后数十年中也出现了一个币值相对稳定的局面。自武帝时初铸三官钱到元帝元始中，一百余年间总计成钱二百八十万万余，保证了当时流通的需要，还有相当一部分作为储藏手段存在官府和"积钱满室"的富人家里。

在过去，秦始皇统一中国后，曾施行过统一货币的政策；秦亡，刘邦出让了铸钱权，货币乱了近一百年。到汉武帝时，在桑弘羊的正确主张下，才建立起较健全的货币制度，重新实现了币制的统一，从而安定了人民的生活和生产，有效地制止了货币私铸，打击了豪强兼并和分裂割据势力，从经济上巩固了中央集权制的国家的统一。同时，也促进了当时封建社会内部商品经济的正常发展。这是桑弘羊在经济改革（改革币制）中所做出的可喜成就。还有，桑弘羊的币制改革是在财政支出浩大的情况下进行的，既保证了财政支出的需要，又保持了币值的稳定，这一点最为难得。

桑弘羊的货币思想也有师承。当年管仲曾主张铸币权集中于国君手里，对货币实行严格的控制，主张"轻重调于数而止"，使货币流通量保持适当。桑弘羊的"币由上""统一"的原则和不搞通货膨胀的稳健的货币政策，显然是受到管仲的影响。但桑弘羊更十分注意货币的含铜量（含铜量达90％以上），注意货币本身的价值，而不仅仅把货币数量的多寡视为币值降升的决定性因素，在这一点上他又比管仲以及表述管仲思想的《管子》有所前进（管子是货币数量说者）。至于商鞅，则对货币的作用不甚重视，桑弘羊的货币思想更是大大超过了他。根据现实情况，"因时而行法"，对解决货币问题，正确地运用货币，提出一整套比较完善的办法，这是对商鞅经济政策、经济思想的一个重大提高。不重视货币绝不是法家之所以为法家的思想特征。桑弘羊对于他的前辈，也敢于突破，敢于发展，这种不袭故常的创新精神确实非常可贵。

四　经营公田：在西北边境实行军民屯垦

商人以经商所赚的钱兼并土地，又以土地剥削收入扩大商业经营，打击商人就必然要连及商人所占土地的问题。汉武帝对待商人正是把他们作为兼并势力（"浮淫并兼之徒"）来打击的。在这方面采取的直接措施有两条：一是禁止于原有土地外再以名占田（名田）。法令规定："贾人有市籍者，及其家属，皆无得籍名田，以便农。敢犯令，没入田僮。"（《史记·平准书》。《汉书·食货志》作"没入田货"）但范围只及于有"市籍者"，无"市籍"的经商者尚不在其内。二是对现有土地，找一个罪名予以没收。如商人身为地方豪强，则作为"豪猾"收捕，籍没田产；对一般商人也以隐瞒家产漏交税款之罪没收其所占的土地。虽无市籍也不能逃脱，著名的算缗、算车船的法令就是为这个目的而发布的。"出此令，用锄筑豪强兼并、富商大贾之家也。"（张守节《史记正义》）

算缗和算车船都为张汤所建议，元狩四年与盐铁专卖一起明令施行。算缗就是向商人（包括无市籍者）和高利贷者征收百分之六的财产税（每二千钱征一算，即征一百二十文；对手工业者则四千钱征一算），过去虽已算过缗钱（每千钱征二十文），但只算现钱，至此税率大大提高，而且所有的资产（货物、放款、土地、房宅、奴婢以至畜产）都折价和现钱一起征税。商人的担负加重了。算车船就是商人的车辆税提高一倍征收（出"二算"），船五丈以上也征税一算。车船是商人进行贩运贸易的运输工具，要另外缴税，不在算缗之内。算缗和算车船都是一年算一次，不是纳税一次就完事。征税前叫商人"各以其物自占"，自报财产数字，"匿不自占，占不悉"的瞒产漏税者要严厉处罚：戍边一年，包括土地、缗钱等财产没收。有能告发的，以其半数赏给检举人，称"告缗"。有个叫杨可的，主持告缗，告缗的人遍于全国，中等以上的饶有财产的商人大都被告发。这样一来，除没收了数以亿计的财物和数以千计万计的奴婢以外，还没收了大量的土地："大县数百顷，小县百余顷。"（《史记·平准书》）告缗法收到了抑制富豪、摧毁不法商人地主之效，商人们多年来兼并农民而吃进的大量土地被迫吐了出来。

没收商人的土地就作为政府直接掌握的公田，连同新辟的河堧地、绝户的撂荒地、罪犯的籍没地，公田数量大大增加了，而告缗所没收土地则是公田增加的一个主要来源。大量的公田分给诸官管理，"水衡、少府、大农、太仆各置农官，往往即郡县比没入田田之。"（《史记·平准书》）大农所管的公田是公田中的大宗。因为大农既是主管国家财政的机构，又是管理农业生产的部门，安置农民、开垦公田、劝助农业生产原是大农的本职任务。由大农管辖的公田的经营

（大农下的"籍田"即为管公田的职能部门），这一项工作主要就在当时已任大农中丞的桑弘羊的主持下进行。

桑弘羊对公田采取租佃的方式，租借（"假"）给贫民耕种，而不是直接将土地分配给农民。耕种公田者是国家的佃农，交的租被称为"假税"，数额高于受田的自耕农所交的地税（三十分之一），因为自耕农对土地有支配权（可转让、买卖、抵押，并可将土地传给子孙），耕种公田者只有对土地的占有权和使用权，土地支配权仍属国家，所以税负较重。但他们能得到一级爵位（"公士"），取得自由民的资格，这却是一种优待。同时，政府对公田还注意兴修水利，多供应铁器，有时还贷给种子、粮食，不增加徭役，以利于生产的发展。当国家佃农，比交什五之租的私家佃农，状况是好一些，生产积极性也高一些。桑弘羊主持的公田经营，使被兼并而失去土地的农民有一部分重新回到土地上，免于流亡，对他们生产、生活条件的改善有一定的好处。当然，减少农民的流亡，缩小社会矛盾，在政治上、经济上起缓冲作用，有利于巩固封建统治秩序，并且收其"假税"还可得到一笔很大的收入，以助国用，对西汉政府好处还是更大的。

没收商人土地，改为公田租给贫民耕种，应属于生产关系上所做的某些调整。即在土地最高所有权属于国家的前提下，改变了土地占有的形式：缩小大土地占有制的范围，而扩大国家直接经营的土地的范围，扩大无地农民对土地的占有权和使用权（公田的佃农有土地占有权和使用权）。公田制的扩大，由国家授田的个体自耕农民的小土地占有制的稳定，是加强中央集权、巩固国家统一的最重要的经济条件之一。向商人地主开刀，变他们所占有的土地为国家经营的公田，就是汉武帝君臣为巩固统一的中央集权制的封建国家所做努力的一部分，在中国历史上公田制正是在汉武帝时有了突出的进展。过去李悝、商鞅注重扶植国家授田下的自耕农民，桑弘羊辅佐汉武帝，在抑制兼并以稳定自耕小农的同时，又把收为公有的原富家的土地，借与贫家耕种，以调整土地占有的严重不均，比之其前辈在政策上是有所发展的。在兼并之风已甚炽烈的新的条件下，如果把没收来的土地与国家授田一样分配给农民，这样做未必妥善，因为农民有了土地支配权，在两极分化中其贫困破产者仍会把土地出售与兼并者（豪强富商），新的土地兼并问题又会产生；倒不如把这部分土地变为公田更好，这样，土地支配权抓在国家手里（国家佃农不能出售土地），豪强富商就无法对之进行再兼并了。实行公田制有它更有效地抑制兼并之意，并非单纯着眼于多收一点假税而已。没收商人土地改为公田，是对大土地占有制的一种改革。如果说实行盐铁专卖，只是收回山泽的占有权和使用权，"占租"经营的商人没话可说，推行还比较容易，那么，可以说，以没收方式收回土地支配权的公田制的推行就比较困难，中间就需经过剧烈的斗争了。在这里，张汤等人是花了不少力气的；但土地没收后改为公田，以适当方式很好地经营，发展生产，增加粮食来源，则有桑弘羊一份很大的贡献。"开园池"、"广田牧"的"公田"经营，与"总山海"、"笼盐铁"的专卖制度一起，都是西汉政府"以助贡赋"、"以赡诸用"的不可或缺的重要财政经济措施，前者属于农业上的改革，对当时农业生产的发展具有密切的关系。

西汉政府的公田，除了由没收、垦殖而来的在内地的公田以外，还有更大面积的公田分布在西北边郡，这类公田是随着对匈奴战争胜利而新开辟的，在这广大的土地上，桑弘羊实行大规模的屯田，其作用更大于内地公田的经营。

屯田分民屯和军垦两种类型。民屯开展较早。元朔年间收复河南地，移民十万至朔方，元狩三年因灾移民数十万至西北边郡，那时已搞了不少民屯。到元鼎年间桑弘羊出任大农中丞时，屯田规模就越来越大，由朔方等边郡进而扩展到新开辟的河西走廊，在民屯的同时又大搞军垦。

自从元狩二年（前121年）匈奴浑邪王杀了休屠王来归顺汉朝

后，武帝在二王原有的领地上设置酒泉郡（元鼎二年），后又分置武威郡。元鼎六年，桑弘羊管财政后，西汉政府又分武威、酒泉地置张掖、敦煌二郡，都处于河西走廊之上，合称河西四郡。酒泉设郡时"稍发徙民以充实之"；张掖、敦煌二郡新分出后，更从内地迁去大批贫民安家落户。大农设置田官领导他们修渠灌溉，从事屯垦（民屯）。屯垦户由官府贷给耕牛，开始屯垦时还供给衣食。其他边境地区也继续扩大民屯。屯田的土地是公田，"假与产业"（《史记·平准书》），采取租借（假）方式，收其"假税"，税率也高于自耕农所交的地税，与内地公田的"假税"当是一致的。徙边的贫民大都是因灾无法生活的，或是被兼并而丧失了土地的，叫他们到边塞屯田，既充实了边防，又部分地解决了农民的土地问题，更为政府增加了收入，是一举三得之事。

军垦的范围也很广。元鼎时"数万人渡河筑令居"（今甘肃永登。见《史记·平准书》）。"汉度河自朔方以西至令居，往往通渠置田官，吏卒五六万人"（《史记·匈奴传》）。总计上郡、朔方、西河、河西，设置田官、派驻戍卒，参加守卫和屯田的共有六十万人之多。开办时"中国繕道馈粮，远者三千，近者千余里，皆仰给大农"（《史记·平准书》）。以后屯田又再扩大，居延（太初时）等地也都有军队屯田。屯田卒每人耕种二十亩地（汉大亩合今市亩六分九厘），亩产谷约四石（大石），每亩交租四斗，占产量的十分之一（可能这就是公田的"假税率"）。每人自食谷二十四石，二十亩地尚有余粮四十八石，供戍所其他人员所食，如自给再有余则由官府收购（所得之钱留作奖励），不需像屯垦初期由内地老远地运去粮食了。就每一屯田卒本人来说，月俸钱三百五六十钱，全年合四千二百钱，所提供的田租和余粮五十六石约合钱一千九百六十钱，可弥补俸给的二分之一弱，因此，屯田也减轻了国家的军费负担。

在桑弘羊主持下，屯田工作逐渐制度化了。除民屯在边安家外，愿长期留在边疆的田卒也许接来家属，据有自己的"田舍"；并许在屯田以外开垦新地，归个人享有（可以买卖）。田卒死丧，官府给钱和敛衣，为敌人所杀，则厚加抚恤。一般说来，屯田卒的生活好于内地的贫苦农民，所以吸引了一些"移民"到军垦地区一起来屯田。民屯和军垦相结合，边地出现了乡市里亭。大农对屯田自始至终给予支持。除开办时供给粮食外，所产粮食不够时，屯田士卒及其家属的口粮仍由官府补足。田卒所需的食盐、衣服、农具、耕牛也由官府供给。粮食有余时，官府收购后，积谷暂时仍由戍所代为保管，供当地以丰补歉之用或听命调内地灾区以救灾荒。边郡财用不足时，则由大农拨"调钱"，以助边用。边郡诸官还可请大农帮助他们同内郡之间进行物资的余缺调剂。作为大农的主管人桑弘羊，对边郡的屯垦工作一直是抓得很紧的。

在屯垦区，治河穿渠，兴建水利，是十分重要的事。"朔方、西河、河西、酒泉皆引河及川谷以溉田"（《史记·河渠书》）。河套一带，渠道成网；在河西，祁连雪融，开渠引水灌溉；渠水不足则凿井，井下相通成渠，称为"井渠"。河渠卒专门掌管水利。桑弘羊思想上常把"修沟渠"与"立诸农"连在一起考虑，对下面也是一个很大的推动。

在开展屯田的同时，桑弘羊还在长安以北、朔方以南的新秦中大力发展畜牧业。人民愿意在边县放牧的，可向官府借用母马繁殖，三年归还，缴十分之一的"马息"。鉴于张汤的"告缗"虽制了商人，财政上救了急（济边用），但副作用很大："民偷甘食好衣，不事蓄藏之产业"（《史记·平准书》）；在有了"马息"收入后，边用已充，桑弘羊就"以除告缗"，停止了张汤的那一套做法（元封元年，桑弘羊令民入粟甘泉，以复终身，并再次宣布不告缗）。

依靠劳动人民的努力开发，长城以南，边塞诸郡，"马牛放纵，畜（蓄）积布野"。河西四郡更是当时与西域通商的门户，从荒凉的人烟稀少的旷原变成了相当繁荣的农业区。在开拓边疆、发展西北的农牧业生产上，桑弘羊作为一个组织者，也发挥了他的积极作用。

屯田开边不仅有经济上的意义，而且有军事上的价值。兵民屯垦，因田致谷，因地为粮，因民为兵，因屯为守，这样，解决了粮食转输的困难，保证了军饷的供应，节省了财政的支出，就有可能贯彻长期守卫的方针，防御匈奴的南侵。尤其河西设郡更有深远的意图：一是切断匈奴与西羌（居于今青海一带）的交通，不让他们联合起来侵扰汉境；二是开辟通往西域的走廊。建张掖，开田官，为执行西联西域、北制匈奴的战略方针迈出了重要的一步。由此可见，桑弘羊岂止是一个埋首于米盐的计臣，实行屯田，开发西北，以进一步联络西域，这一切都说明他拥有远大的战略思想，是管仲、商鞅后又一位既能富国又能强兵的政治家。

五　创设均输制度，开展平准业务

除盐铁专卖、统一铸币、经营公田外，桑弘羊还实施了均输法和平准法。这两项是直接在流通方面所施行的改革措施，对商人的打击又多了一种办法。

均输法，就是封建政府利用各地的贡赋收入作底本，进行某些大宗商品的地区间远程贩运贸易，以调剂物资余缺的一种商业经营方式。元鼎二年（前115年）桑弘羊初为大农中丞时开始试办，五年以后在全国普遍推广。

汉时，各郡国对中央政府每年都有"方物"贡输，道远的郡国把贡物运到京师，按市价计算，很可能还不足以抵偿傲雇车船的运费；贡物在长途运输中又容易损耗，更加大了费用；有些贡物在当地是上品，到京师和各地同类产品一比，很可能变成次品，大老远运来很不合算；也有时贡物非当地所产（或所产不足上求），而需到远方去购办，更难免受商人的中间剥削，并增加了运费。郡国苦于远道运输，中央政府也因运费过大而在财政上遭受损失（运费由赋税收入抵付），桑弘羊深察贡输过程中存在的这些弊病，决心进行改革。

怎么改革呢？这个商人家庭出身、懂得买卖之道的桑弘羊，灵活地运用商人在地区间从事贩运贸易的经验，创设了均输法。具体做法是：把郡国应缴贡物连同运输所抵充的财政上缴额，按照当地正常的市价，折合为一定数量的、当地出产的土特产品（原先的贡物或另折他物），这些产品是商人所一向贩运出境的物品，郡国只要就地缴给均输官就行了。均输官则将所收土产品像过去商人那样运往需要这些物资的其他地区去出售。除了一些体小、价高、质优、轻便易输的土特产品，或虽不便于运输而为统治者所需要的物品，尚有一部分需上贡京师外，其余都不必由郡国远程跋涉运往长安。这样做，免除了上述种种缺点，省得郡国为运输操心，可解决过去实物贡输时因道里有远近而输送有劳逸不均的问题，所以称之为"均输"。同时，把贡物商品化了，当地丰饶的土产品价格一定较廉，折收的均输物数量一定很多，运往缺货的地方去卖，价格一定很高，盈利一定很大。西汉政府不必再加一文本钱（盐铁则要花本钱），就可以从土特产品的辗转贸易中获得巨额的利润。过去不必要的运输所花的过大的运费则在财政支出中减除了。均输如同商人贩运货物一般，合于商品的合理流转方向，而私营大批发商的贩运贸易却部分地被官府取代了。

"均输"一词过去虽也有过（如《越绝书》载：吴两仓，春申君所造，西仓名曰"均输"），但充其量也只是所谓"齐劳逸而便贡输"之意（远地贡输数量少点，近地则多些），而没有把贡输之物进行贸易活动取得经济收入的。由过去的以行政手段、实物输送的形式来办贡赋，改为以经济方式，通过商品货币的关系来使贡赋"商业化"，这样的做法是自桑弘羊创始的。管仲虽在齐国办官营商业，但没有贡物商品化的均输之法。商鞅变法的秦国，对外来的批发贩运商并不多加限制；秦始皇统一中国，关梁无阻，不收关税，地区间的贩运一直是私营商业的"世袭领地"（不同于盐铁）。只有桑弘羊才既由官办贩运贸易，又把贡物商品化，在主要商品的批发贩运中排除了私商。在这个意义上说，"均输"正是桑弘羊在经济改革中的一大创新，也是中国经济史上的一件大事。

试办均输的元鼎年间，"汉连兵三岁，诛羌，灭南越"，再通西南夷，从番禺（今广州）以西到巴蜀以南，新设十七个"初郡"，当地"以其故俗治"，不收赋税，其吏卒"俸食币物，传车马被具"等费用都由大农进行财政调拨，"以均输调盐铁助赋，故能赡之"（《史记·平准书》）。均输法刚一实行，就在平衡财政收支、加强中央集权制的多民族国家的统一事业方面，收到了很大的经济效益，和盐铁专卖是可以并称的了。

均输法的实行，明确了任土所宜的原则，不像过去，因贡物非所产，郡国摊于农民，农民向商贾购买要出重价，而为了求得钱币，又不得不贱卖货物，贵买贱卖遭受双重损失。实行均输后，由均输官出僦费（雇佣工钱），官府自己组织力量运输，不像过去贡输实物时，劳动人民要"义务"参加长途运输，担任徭役，出运输工具，会耽误生产，加重负担。对人民来说，"令输其土地所饶"（《史记》《集解》）的均输，部分地变徭役为雇役的均输，在客观上也带来了一定的好处。至于有的地方官吏不是以平价，而是以低价向人民收购均输物资，有时还提高均输物的品级标准，强征非当地所产物品，这些都是执行中的问题（其实，有的问题在实物贡输时还更严重），并非建立均输的制度上的毛病。总的说来，均输是利大弊小，取得了相当的成功，所以才有随后的全面推广。

全面推广均输制度是在元封元年（前110年）。这年桑弘羊由大农中丞升为代理大农令。职权既已扩大，他就统一全国的财经制度，把许多过去归地方管的财经工作（如诸仓、农监、都水等）连人带机构收归中央直属管理，均输也是直属于大农的一个部门（设均输令、丞）。全国的主要商品贩运贸易业务都统一由均输管理，各地设均输官，与盐铁官一起作为中央专使的大农部丞分片领导。

原来，在告缗法时，没收了许多财物，西汉政府分发给各官僚机构，让他们作本钱，从事经济活动。为了贩运求利，"诸官各自市，相与争，物故腾跃"（《史记·平准书》），产地商品在他们的抢购下价格被哄抬起来。桑弘羊认为这样各自为政、相互竞争，不利于财经的统一和物价的稳定，发展官营商业，进行贩运贸易，得有统一的管理才行。同时，已实行均输的地方功效显见，而未实行均输的许多地区"赋输或不偿其僦费"的状况依然严重存在，需要及时改变。为此，他奏请武帝，获得同意，在全国范围推行均输制度，并把主要物资批发贩运的经营权都集中于中央，其他机构一概不能分散地来做买卖。自此均输法又进入一个新的阶段。

均输全面推行后，均输官的分布比较普遍，大凡有土特产贩运出境的地方都有均输官的设置，以"输其土地之所饶"。许多产品比较单一的地方就不笼统地称均输官（长），而以当地主要土特产品的名称来命名。如巴郡朐忍（四川云阳县）、鱼复（奉节）产橘柚，即称橘官；蜀郡严道产木材，称木官；南海（广州）多庶羞（多种菜肴），称圃羞官；九江（安徽寿县一带）多水产，设湖官；辽东郡多畜产，设牧师官；南郡（江陵）编县和江夏郡西陵县各设云梦官（湖产品）；等等。这些地方在办理均输的同时又担负该种土特产品向京师长安的贡输任务。另外，齐的临淄和陈留的襄邑设立主管服物进贡的服官，有些地方（八处）设立了"主工税物"的工官（金银器、漆器等），他们于收贡税的同时也兼搞均输业务。丹阳郡的铜官，除以铜上交上林的均输官供铸钱外，也有小部分出售于民间。还有少数地方仍用"均输官"或"均输长"的名称（如千乘、河东）。就这样，西汉政府通过大农部丞和各地的均输官（还有盐铁官），在全国建立了一个官营商业网，"尽笼天下之货物"，实行垂直领导，高度集中，财政经济随着均输的全面推广而更加统一于中央，中央集权制从经济上更得到加强了。

全面推广均输法后，有一个突出的新情况，就是：均输官已不限于在贡输的额度内做生意，而且自备本钱，收购产地价廉丰饶的产品，用以贩运转卖，或以变卖土产所得的收入再在销售地收购其他产品，易地出卖，辗转交易。在收购的产品中，以粮食、布帛为大宗。其所以这样做，是因为粮食可暂时储存起来，以丰补歉，赈救水旱灾荒；布帛等织物可以组织外销。

随着均输法的全面推广，"通委（积压）财而调缓急"（《盐铁论·本议》），地区间的物资交流大大活跃。隋、唐的木材供应到缺乏林木的地方，莱、黄的鲐鱼行销于没有鱼鲜的区域，南方的橘柚在北方市场上大量出现，北方的毛织品源源运往南方各地销售。当年"山东被灾，齐赵大饥"，就"赖均输之蓄，仓廪之积，战士以奉，饥民以赈"（《盐铁论·力耕》），均输征购的粮食派了大用场。总之，有无相通，余缺互济，均输法充分发挥了商业的职能。受灾地区也有粮食调来供应民食。

均输法全面推行后，一年之中给西汉政府上缴的利润就达五百余万匹帛，大大充实了财政收入，并继续减少了原先郡国贡输时人力和物力的浪费。比之试办均输期间，私营大批发商贩运贸易的范围则在更大程度上受到限制。再加粮食和布帛由均输官收购，最便于盘剥兼并农民的农产品收购商的阵地又被陆续收夺。在盐铁之外，均输法更进一步打击了商业资本的投机和兼并活动。

和均输密切相连，由桑弘羊建议推行的另一项新措施就是平准。平准也在元封元年实施。所谓平准，即由官府来吞吐物资，平抑物价。"置平准于京师，都受天下委输"（《史记·平准书》）。平准也是大农的一个部门，具体由平准令、丞主管。各地运来的贡物，均输收购物资运往京师的部分，大农诸官所掌握的物资，以及官营手工业制造的器物、织物的商品部分，都储存在"平准"这个机构里。工官还制造了大批车船和器具，作为运输工具。当长安市场上某种商品价格上涨，平准就以较低价格抛售；反之，如某种商品价格过低，就由平准收买储存（"贵即卖之，贱则买之"），使物价保持在一个比较稳定的水平之上（"万物不得腾踊"）。前几年币制未改革前，物价波动是令人头痛的问题，要求稳定物价是摆在理财家面前的重要任务。币制统一，虽为稳定物价提供了必要条件，但要真正实现这个目标，还必须运用市场规律，做好货币和商品的交互收放工作，平准就管这件事。其任务是"抑天下物"，稳定物价，赢利倒不是其直接的、最大的目的（当然，也有一定的收入）。物价稳定，对政府、对人民、对正常的商业活动都是有好处的。"贵贱有平"，"平万物"，从稳定货币价值到稳定商品价格，这是桑弘羊管理财经所揭示的一项重要原则。

平准设于京师，是"坐贾"（坐商）的性质；在物价波动时调节商品的贵贱，贱时买贵时卖，购销差价较小。均输分布于各郡国，是"行商"性质；在地区之间调剂物资的供求余缺，贱地买贵地卖，较大的地区差价是其获得巨额利润的主要来源。两者，一是管理零售市场，一是掌握批发环节，内容有所不同。但两者又是互相配合的。一方面，平准要靠均输来提供货源；均输的利润多折成绢帛上交京师，很大部分要通过平准在京师市场上出售；均输征收或收购的运往京师的物资，也交由平准发卖。这些都是平准的后盾，平抑物价的物资力量。另一方面，平准在京师收进的物资，有时也通过均输运往其他需要这种物资、价格较贵的地区出售。平准等于均输在京师的总经理处，均输、平准构成盐铁专业机构以外的官营商业的统一体系。

平准法的推行，在一定程度上限制了商人玩弄价格投机倒把的活动，尤其是打击了投机商和垄断性经纪商操纵市场的不法行为。"县官设衡立准，人从所欲，虽使五尺童子适市，莫之能欺"（《盐铁论·禁耕》）；"如此，富商大贾无所牟大利"（《史记·平准书》）。以平抑物价、排斥富商大贾为务的平准，对人民也有一定的好处。在实际执行中，虽也有不法官吏暗中与奸商勾结，买贱卖贵，"未见准之平也"（《盐铁论·本议》），但这是因为他们的行为违反了平准法的本意。从制度上说平准法还是"平万物而便百姓"（《盐铁论·本议》）的一种较好的措施。

平准的理论最初为管仲和《管子》的作者所提出（"准平"），对桑弘羊自然是有启发的。战国时李悝在魏国实行的平籴法——粮食贱时收购，贵时抛售，也是平准原理的运用，桑弘羊是受到其影响的。但桑弘羊把平准作为一项稳定物价的重要政策来加以有力推行，并运用于粮食以外的商品，则不但是继承了其先辈的思想，而且还有其新的发展了。管仲和《管子》的平准，要求在价格的"一高一下"、"不得常固"中，替国家牟取较大的利入，是商人（非奸商）的经营方法为封建国家所应用，而没有道及要稳定物价；桑弘羊的平准，则要求把价格水平稳定在一定点上，以抑止物价上涨或下跌（他主张缩小同一市场不同时期的季节差价、丰歉差价及供求差价，而保留不同市场之间的较大的地区差价），保持市场供应的稳定。出发点不同，各有所侧重。应该说桑弘羊的思想比起前人是提高了一步。在中国经济思想史上，这种稳价思想是一个很有价值的贡献。

从元封元年到太初四年（前110～前101年），十年间桑弘羊独掌财政大权，大力推行了盐铁、均输、平准政策，再加上经营公田获得的大量粮食，国库富饶了，太仓、甘泉仓粮食又贮满了。在此基础上西汉王朝国势强盛达到顶点。元封元年，武帝亲率十八万骑巡边，至朔方，临北河，旌旗千余里，向匈奴示威，匈奴气慑，不敢和汉军对面作战（《史记·匈奴列传》）。同年五月，武帝又东到"泰山，巡海上"，"所过赏赐，用帛百余万匹，钱金以巨万计，皆取足大农"（《史记·平准书》）。依仗雄厚的财力物力，关中等地的水利工程纷纷完工了，齐赵等地的自然灾荒安然度过了，北方的防御力量大为加强，沿边保持了一定时期的安宁。所有这些，都是以桑弘羊的经济政策所取得的巨大财政收入为基础的。武帝对他理财的斐然成绩大加褒奖，元封元年桑弘羊"赐爵左庶长，黄金再百斤焉"（《史记·平准书》。武功爵最高为十一级，第十级是左庶长）。连主张经济自由、对桑弘羊的经济干涉政策颇有微词的司马迁，也不得不承认桑弘羊做到了"民不益赋而天下用饶"（《史记·平准书》）。但是富商大贾、贵族、豪强及其代理人却对桑弘羊恨得咬牙切齿。就在元封元年，"是岁小旱，上令官求雨"，因攻击盐铁政策和算商船事，与孔仅一起罢官的卜式，恶狠狠地说："县官当食租衣税而已，今弘羊令吏坐市列肆，贩物求利。烹弘羊，天乃雨！"平准政策竟被说成天不下雨的原因了。

从发展官营商业中去开辟财源，这是桑弘羊理财的特点。张汤理财依靠法律权力、借助行政命令，重罚重赏，颇有点商鞅的作风，其算缗、告缗对商业资本的打击虽然很大，但行之长远对发展经济不利，终究是只能适可而止的、临时性的措施。桑弘羊则更多地借助于经济措施来解决财政问题。对稳固地增加财政收入来说，桑弘羊推行的这一套常规的官营商业制度，才是真正把财政建立在经济发展基础之上的根本性措施。这些治本的政策措施的推行，同时也收缩了商业资本重新活动的地盘，使原先的工商界巨子如田氏、栗氏、杜氏、卓氏、孔氏都从此一蹶不振，出现了"前富者既衰"的局面（《汉书·食货志》）。西汉政府同以富商大贾为主角的豪强兼并势力的斗争，至此才真正获得了胜利的定局。

六 酒类专卖： 经济政策中的又一创举

从天汉元年到后元元年（前100～前88年），是汉武帝在位的最后十三年。武帝一代是西汉的全盛时期，但在他晚年却是向下坡路走的。随着财政收入的日益宽裕，武帝奢侈日甚，粉饰太平、腐化享乐、迷信求仙、营造兴作等事层出不穷。其他显贵人物也都群起效尤，糜烂日甚。而在农村，官吏"大抵多苛暴"，重敛久役，法所难禁，再加水旱蝗灾，许多农民又被迫流亡，以致发生了零星的反抗起义。桑弘羊在这一时期仍然主管国家财政，想方设法开辟财源。大量的财政收入固然仍为巩固国家的统一、保证军事和外交上的胜利起着积极的作用，但也加深了统治集团的腐朽性，使得他们更加有恃无恐地挥霍浪费。统治集团腐朽性的加深，也正反映了农民与统治者之间矛盾的深化过程。为统治者服务的财经政策的这一消极因素，过去已经存在，到武帝后期就显得更为突出了。

在这十三年中，桑弘羊仍大力推行他的盐铁、均输、平准政策，不过又添了一个新的措施——酒类专卖。这一措施从天汉三年（前98年）二月起开始实行（《汉书·武帝本纪》）。原因是武帝的挥霍浪费既在财政上有了很大的漏洞，而太初元年（前104年）又用兵大宛，拖了好久，财物大量消耗，国力转虚，财政上急需补充。酒类专卖就是在这样的条件下产生的。

酒类专卖这一政策，据桑弘羊自己说是由少府建议的（《盐铁论·忧边》："故少府丞、令请建酒榷以赡边"），而反对专卖的人却认为这是桑弘羊所制定的（《轻重》："大夫君以心计，策国用，构诸侯，参以酒榷"）。当是此议发自主管皇家酿酒事务的少府，而由主管国家财政、身为大司农的桑弘羊采纳，呈请武帝决定举办，并在实际中认真予以贯彻。大司农下所设的"斡官"即统管酒类专卖之事（也管盐铁专卖），酒专卖收入即成为国家一项新的财政来源了。

酒类专卖，当时称为"榷酤"、"榷酒酤"、"酒榷"。"榷"音却，就是独木桥，借以表示官府独家专卖的意思；酤就是卖酒的意思。实行这一政策后，"县官（政府）自酤榷卖酒，小民不复得酤也"（应劭注）；"禁民酤酿，独官开置，如道路设木为榷，独取利也"（韦昭

注），也就是政府控制酒的生产（酿）和流通（酤），私人不能再自由酿酒卖酒了。酒的酿造较简便，投资少，原料广，产区分布本来很普遍，而当时酒的度数低，易酸败，不易保存，不便运输，这些特点决定了酒只能以当地产当地销为主，所以，官酿官酤，酿酤就分散于各地，具体事务就由地方（郡国）的"榷酤官"来办理（见《史记·昭帝纪》），实质上是替中央代办，利润上交，作为中央政府的财政收入（由大农的"斡官"汇收）。

由榷酤的"酤"字，可知官府不仅控制酒的生产，而且也控制其流通，而非只由官府垄断生产，销售仍由私商办理。榷酤的目的之一也在于"排富商大贾"（《盐铁论·轻重》），让那些本钱百万、富可比"千户侯"的大酒商所得的厚利（一年之内卖酒千酿，获利二十万钱）转归政府所有。所以，不控制流通就失去专卖的意义。当然，酒的销售零星分散，从城里的市到乡村的"会市"、阡陌之间，都有酤酒的，官府不能完全自行设点卖酒，由一些交纳重税后（加大酒的批发价，缩小批零差）的零售商来进行小额分销，这种做法当时是可能采取的，但酒的流通从总体上看仍是由政府控制的。

酒的生产容易，各地的官府自设酿酒作坊从事商品生产并非难事。刻有"槐里市久"、"咸阳亭久"、"临淄亭久"、"新泽市久"的陶瓮（久即酒），即是官府榷酤卖酒的器物。但为了利用原先分散于各地的部分私人制酒作坊的生产能力和经验、技术，由官府供给原料，加工订货，给以一定的报酬，以作为官府自酿酒的补充，那种做法当时也可能采取，但这不否定原则上还是以官酿为主。

在过去私人酿酒的条件下，灾年节约粮食消耗，只能靠行政命令来禁酒；而在实行榷酒后，官府可根据粮食生产的丰歉来自行调节酒的生产和消费，歉收年要节约粮食，不酿或少酿酒就是了。原料、成品既然都由官府控制，即使不下令禁酒，事实上也比一纸行文禁得更为有效。至于在丰收年份，粮食充足，官府反而要多酿多酤，以增加收入，此时更谈不到要禁酒。除了增加国家财政收入、剥夺酒商经济利益以外，由官府来调节酒的生产和消费，也是实行榷酒政策的一大功能。

由于酿酒业与粮食直接关联，也是兼营工商业的、拥有大量粮食的官僚贵族和地主们的大利所在，所以在考虑实行酒榷时，曾引起激烈的反对。反对者提出另一主张：向农民要钱，每人增收三十钱的"助边费"，这是与桑弘羊针锋相对的聚敛措施。最后武帝还是采纳了榷酒的建议。在国家用度又告不足，"子弟劳于外，人主为之夙夜不宁"的时候，酒类专卖给西汉政府带来了巨额收入，起到了"赡边、给战士"的作用（《盐铁论·忧边》）。列亭至盐泽（今罗布泊），屯田至昆头（即轮台），都与酒榷收入的支持有关。应该说实行这一新的财经措施，还是有它的积极意义的，比之向农民加征赋税的办法要好得多。

桑弘羊实行盐铁专卖，这还比较容易，有过去管仲、商鞅的前例可援，而酒的专卖则完全是一个创新。酒，在当时主要不是一般人民的生活必需品，而是有钱人的消耗品。实行专卖，等于向有钱人征收一笔消费税，而不致影响一般人的生活。这样，因民所靡而税之，比之"因民所急而税之"，即对生活必需品如食盐实行专卖，叫一般老百姓人人都负担一点，应该说是更为适当的。这两类专卖品的性质不同，专卖原则也不同，由此更可见桑弘羊理财思想比前人的发展。再说，西汉时规模较大的商家，百万本钱一年可得利二十万钱，相当于"千乘之家"的收入，在通都大邑里，不下二十几个行业，酿酒业不过是其中一行而已。桑弘羊等人独看准了酒这一行，于盐铁之外，初次选择酒这样的商品实行专卖，实在是很有眼力的又一个创举（较欧洲的酒类专卖先行了一千多年）。与盐铁专卖相比，酒类专卖遭到的反对更为广泛，除专业酒商之外，更来自统治集团内部的地主、官僚，桑弘羊冲破阻力，坚持实行榷酤政策，这又是一个十分果敢而有勇气的行动。由桑弘羊倡行的酒类专卖为理财者开了一个头，给后世实行专卖政策选择合适的专卖品增辟了一个新的门路，在中国财政经济史上应占重要的位置。

七　断匈奴右臂，通中西商路

酒类之所以要实行专卖，与用兵大宛需要财政上的补充有关，那么用兵大宛到底是怎么一回事呢？这就有必要回顾一下汉武帝通西域的经过并考查它的起因。

西域，泛指甘肃玉门关、阳关以西的今新疆和中亚、西亚以及更远的地方；但就狭义而言，则主要是指我国新疆天山南北、葱岭以东、敦煌以西的地区。当时，西域处于匈奴奴隶主贵族势力的统治之下。匈奴右部直接占领天山北路；在天山南路设"僮仆都尉"，对这里的各个弱小地方性政权（"国"）征收苛重的赋税，掠夺当地人民为奴。葱岭以西各国也畏服于匈奴，匈奴使者拿着单于一封信，就到处传送食物不敢怠慢。在对匈奴作战中，于攻其正面的同时，从侧面来削弱匈奴的力量，不让他以西域为根据地，"赋税诸国，取给富焉"，回过头来对汉发动新攻势，这是西汉政府很有战略意义的重大部署。这一战略方针的形成，中间颇具曲折。武帝即位不久（建元元年），即派出张骞，出使西域，以寻找与国，夹击匈奴，张骞于中途被匈奴捕获，拘留十年，才得隙逃出，辗转西行经大宛、康居到大月氏，元朔三年（前186年）回到长安。元狩四年（前119年），张骞第二次出使西域，到达乌孙，并遣副使分赴大宛、康居、大月氏、大夏、安息（今伊朗）、身毒（今印度）等国，从此"西北国始通汉矣"。"汉始筑令居以西，初置酒泉郡以通西北国。"汉方派出使者，一年中五六批到十几批，每批少者百余人，多者几百人，近的数岁而返，远者一去就是八九年。而在河西设郡，保持去西域的通道，这一建议正是桑弘羊提出的。如果说，通西域，张骞是先行的探路者，则可以说张骞死后，西联西域、北制匈奴的战略方针就是由桑弘羊来完成部署的。

通西域各国，意在扩大西汉王朝的影响，断匈奴的右臂，政治意义固然很重要，但同时也有经济上的动因。汉方派出的使者，实际上担负着政治联系和物资交流的双重使命。庞大的使者团带着黄金、丝织品、牛羊等大量物资，实际上是一个商队，参加者很多就是商人。当时西汉方面的商品经济，尤其是丝绸织物的生产，正在向上发展，把商品通往西方，开展对外贸易和民族贸易，正适应国内商品经济发展的要求；而统治者也很迫切地想把官府所掌握的自给有余的东西（如官营丝织业生产的织物和均输征购的织物是有剩余的；黄金在当时生产也很多），拿出来交换域外的奇珍异物，以满足自己的奢侈消费；另外，马、骡、驴、驼及皮毛的进口，对一般人民也有用处。中西、中外之间贸易的发展是有客观基础的。深知商业作用的桑弘羊，认为开展这类贸易，用本国多余的商品换回更多有用的物资，这叫作"以末易其本，以虚荡（易）其实"，也是"富国足民"的一法（《盐铁论·力耕》）。他承继管仲的学说："天下下我高，天下轻我重"（《管子·轻重乙》），主张在价格上鼓励物资进口，使"异物内流"而"国用饶"（《盐铁论·力耕》）。在桑弘羊看来，对域外的贸易作用很大，不但官府自己要搞，而且可允许私人参与，这和他对国内商业管理较严，态度不一。当时招募出使的人都不问所从来，奉使者利用政府的黄金丝帛，做买卖中饱私囊，实质上就是替政府经纪对外贸易的商人，有的更是地地道道的商人随军吏同行的。另一方面，中亚各国的来使，也是借此机会来做买卖，通过贡献与回赐的方式进行商品交换，有的本身就是"行贾贱人"，"欲通货市买以献为名"。中国的丝和丝织品是他们转鬻西方、从中赚取大利的最感兴趣的商品。

随着商路的开辟、使者的往来，中国本部汉民族和西域各少数民族以至中亚各国之间的贸易一年比一年有更大的发展。西域各族的著名特产如毛布、毡毯、珍贵的皮毛以及于阗（今称和田）的玉石，成了长安市上受人喜爱的商品，大宛的好马经流沙万里来到汉苑，葡萄美酒也传入中国；西汉方面，丝和丝织品是最主要的大宗出口物，另外，麻织品、铜镜、漆器、药材等也大量输往西域。当时出玉门关（敦煌西北）沿天山南麓（沙漠以北），经车师（今吐鲁番一带）、龟兹到疏勒，越葱岭北部西去的"北道"，可到大宛、康居、奄蔡诸国。皮毛由此输往中国，故又称"皮毛路"。出阳关（敦煌西南），沿昆仑山北麓（沙漠以南），经楼兰、于阗，至莎车，越葱岭南部西去的"南道"，可到大月氏、安息诸国，再往西可通条支、大秦。因输出的主要是丝和丝织品，故被誉为"丝绸路"。这两条交通要道是中西方经济交流的大动脉。

中西贸易的发展，加强了西域诸国亲西汉反匈奴的政治倾向，逐渐收到了"分匈奴西方之援国"的效果。桑弘羊的对外经济政策，为实现外交政策的政治目标起了很好的配合作用。

盘踞在天山北路的匈奴不甘心西汉的胜利和自己的失败，常指使西域的某些小国袭击汉使，劫掠货物。有的小国受匈奴威胁，不敢向汉使供应粮食和饮水；匈奴的"奇兵"有时也忽而来袭击道中的汉使，中西之间的商路还不大畅通。为了确保这两条商路的安宁，西汉政府不得不与匈奴展开对西域战略地区的剧烈的争夺战。

这时，桑弘羊又向武帝提出建议："兵据西域，夺之便势之地以候其变。以汉之强，攻于匈奴之众，若以强弩溃痈疽，越之禽吴，岂足道哉？"（《盐铁论·伐功》）武帝对桑弘羊"虽越王之任种、蠡不过"，采纳了他驻兵西域的意见，并一步步地付诸实施。元封三年，派兵出征地居东西往来孔道，而为匈奴充当耳目、常阻截交通的车师和楼兰，以后又用兵几次，才立定了脚跟。但在葱岭以西匈奴影响甚大。太初元年（前104年），武帝派人持千金来大宛换取名马，大宛王不肯，反而杀了汉使"取其财物"。这样就引起了用兵大宛之事。历时四年，付出重大代价，经过曲折斗争，到太初四年大宛新王即位，终于同汉和好（《史记·大宛传》）。由此葱岭以西诸国也去匈奴而归汉，"汉使入西域者益得职"。在用兵大宛遇到挫折时，公卿中许多人想打退堂鼓，而桑弘羊却始终支持汉武帝的这一与断匈奴右臂通中西商路成败攸关的重大决策，从财政上保证了供给，终于取得来之不易的胜利。"匈奴失魄，奔走遁逃，虽未尽服，远处寒苦墝埆之地"（《盐铁论·西域》），已无力卷土重来对汉构成大的威胁了。

由于西联西域方针的贯彻，西汉政府在西域建立起一条很巩固的防御线和交通线：东起敦煌，西至盐泽，沿途都有烽燧的设置，保护来往使者和商队，并供给食宿。在仑头有数百人屯田，专门设了使者校尉，统领保护商路和屯田之事，收贮粮食，以供应出使西域的人。西汉方面的战略目标已经初步实现。

西域各族同封建制的汉朝联合后，汉方"无取于彼"，和受匈奴奴役时相比，能免遭蹂躏和劫掠，解除了匈奴的落后奴隶制的束缚，所以他们是"咸乐内属"，愿意与汉通好的。同时，由于有汉方先进的农业和手工业生产技术的帮助，在经济上得到了较快的发展，如楼兰在与汉交通后羊毛织品渐趋精致，会织出复杂精美图案的毛毯；大宛由"不知铸铁器"到学会炼钢技术；等等。通过西域，中国和西方更远的国家展开了经济和文化交流，中国的丝织品沿着有名的"丝绸之路"远销到地中海沿岸诸国，引起西方人士对东方的"丝国"充满了憧憬和向往。民族贸易和对外贸易的发展，回过来也促进了国内生产的发展。如南亚的红兰、于阗的美玉的传入，对中原地区的染织、雕刻手工业的发展，分别起到了促进作用。西域大宛等地的农产品，如苜蓿、石榴、葡萄、核桃、芝麻、蚕豆、豌豆、黄瓜、胡萝卜、大葱、大蒜、香荽、胡椒、橄榄等，以及骆驼、驴、马等良畜，随使者商人带来，在中原土地上生根结果，繁殖后代，也大大丰富了中国人民的物质生活。文化交流则丰富了中国人民的精神生活，如龟兹和中亚的乐曲、乐器，印度的箜篌、西亚的曲项琵琶、舞蹈传入中原，日益流行，中国的绘画、雕刻也吸收了某些外来艺术的质素。

为了在西域建立长期性的战略根据地，就地保证驻地军队的给养，桑弘羊又于征和四年（前 89 年）同丞相御史大夫联名，向武帝提出进一步在轮台屯田的新建议，要求派屯田卒在轮台以东、有溉田五千顷的捷枝、渠犁等地扩大屯田，增修沟渠，种植五谷，设校尉三人分别管理。屯田有积谷后，再以积谷为本钱，召募年轻力壮敢于远徙的贫民去那里垦种，开辟良田，修筑亭障，长期留驻。这是桑弘羊把他在河西屯田的经验推广应用于西域的具体构想。轮台处于塔里木盆地的中心，是中西通商（北道）的必经之地，向东可对付出没无常的匈奴兵力，向西可支援与汉和亲的乌孙。有了这个据点，可把匈奴势力逐出西域，在政治上、经济上、军事上都有重大意义，是他西联西域、北制匈奴的战略思想的最高体现。可是一向对桑弘羊言听计从的汉武帝，这一回独独没有接受建议。由于天汉、征和年间对匈奴用兵失利，李陵、李广利相继降敌，再加太子受谗自杀，酿成宫廷的流血惨剧（征和二年），年老多病的武帝精神上受到很大的刺激，情绪趋于消沉。更重要的是国内一些地区农民反抗的怒潮，使得武帝不敢贸然兴师动众，免生意外。他在桑弘羊建议不久，即下了一道罪己诏，表示要改变政策，与民休息，想以发展农业生产来缓和阶级矛盾。就在这种气候下，轮台屯田之议被搁置了起来。但十二年后（昭帝元凤四年，即前 77 年），昭帝和霍光终究采用了已被杀害的桑弘羊的前议，派杆弥太子赖丹为校尉，率军屯田轮台。到宣帝地节二年（前 68 年），郑吉、司马憙又在渠犁屯田。后来（前 60 年），郑吉降服匈奴管僮仆都尉的日逐王，任西域三十六国都护，事情进展比较顺利，就因为有屯田校尉的积谷作军饷，收到指臂相助之功。从此"匈奴益弱，不得近西域"，桑弘羊的遗谋最后成为事实了。

八　盐铁会议上两种经济思想的对立

盐铁、均输、平准、酒榷等政策既然侵犯了许多人的经济利益，所以如上所述，武帝在世时就已经不断地受到非议，等到武帝一去世（前87年），反对者的活动更进入了高潮。在反对者中间，除了原先的豪强富商其经营盐铁工商之利被剥夺，心有不甘以外，武帝时新起的官僚地主和以农业起家的地主，由于"天下之利，皆令入官"，阻碍了他们从工商业上来扩展经济势力，对桑弘羊制定的主要工商业由官府统制的政策也抱有反感，尤其是酒类专卖更同掌握大量粮食的地主们有直接的利害冲突。还有那些儒家知识分子，受经济放任的思想影响很深，对武帝时的经济干涉政策很看不惯。这三部分人在武帝死后合流在一起，以新掌握实权的霍光为他们在朝中的政治代表。霍光本人属于上述三部分人中的第二种人，而且更是武帝时崛起的官僚地主中分化出来的新的豪族集团的为首人物，而上述的三部分人则是霍光的社会基础。

原来，武帝时作为皇权支柱的官僚集团是在分化和转化着的。有一部分人始终坚持武帝的政策，如桑弘羊即是。另一部分人，虽出身于中小地主，后来却上升为大官僚大地主，并由于阶级地位的变化，思想渐渐变质，他们不再餍足于高官厚俸，而是要更多地积攒个人的私产，希望开辟更多的生财之道，占有更多的经济特权，并传之子孙后代。这种人就是地主阶级内部正在转化中的或是新产生的豪族地主。霍光就是这样的典型。霍光之父为县吏，霍去病（为霍光同父异母兄）富贵后为之"买田宅奴婢"，霍家成了大地主。十几岁的霍光被霍去病带到长安，由为郎、为侍中，一直到执政大臣。暴发户出身，作为向新的豪族转化的当权者的霍光，急欲扩大自己的经济利益，并不完全赞成桑弘羊所推行的也限制了新产生的豪族地主广开利途的经济政策，对其中摧豪强、抑兼并的内容更不喜欢。为了给豪门私家本身网罗商利，增殖财富，他希望把他所认为的这些管得太严、统得太多的政策松动一下。虽然他同桑弘羊一起受遗诏、辅幼主，但两人在政治观点上（摧豪强、抑兼并）和经济政策上是有矛盾的，还并不是单纯的个人之间的争权夺利。

昭帝始元六年（前81年），一再建议霍光行"宽和"之政、"顺天心，悦民意"（民是指新老豪民）的杜延年，又给霍光出了个点子：叫各地推举贤良文学，召开个会议，讨论"罢酒榷盐铁"的问题（《汉书·杜延年传》）。这话正合霍光的心意。联合反对盐铁等政策的新老社会势力，一同把矛头指向桑弘羊，给桑弘羊制造困难，使他处境尴尬，不是更便于逼他修改政策以至逼他下台吗？这年二月，就在霍光的操纵下，十四岁的小皇帝下诏贤良文学来开会，"问以民间所疾苦"，对盐铁、均输、平准、榷酤以至统一币制、沿边屯田、对匈奴及西域的政策，来一次总审议。历史上有名的盐铁会议，就这样在一片鼓噪中揭幕了。

文学，就是读孔孟诗书的儒生；贤良，则是儒生中被选为"贤良方正"但还未实授官职的人。他们属于上述反对盐铁等政策的第三种人。他们中间有的人"发于畎亩、出于穷巷"（《盐铁论·忧边》），是中小地主，但总想向上爬，也希望政府放松控制，从中沾些工商之利，好在经济上壮大自己，逐步挤入豪强兼并势力的行列。有的人则是有别于"鄙儒"的"都士"，属于较大的地主、豪强、富商的后人，更想损公益私，重温擅山泽占商利的好梦。再加上他们属于儒家学派，思想上主张经济放任，反对经济干预，所以他们就很容易地被利用来向现行的政策开火。

参加这次会议的儒生共有六十余人。其中发言最多，有来自儒家发源地曲阜的文学万生，有各地迁来豪强聚居地茂陵的贤良唐生，有大讲"王道"、被人吹为"切而不燦"的中山刘子雍和"刺讥公卿"、被捧为"直而不挠"的九江祝生。政府方面参加讨论的有丞相田千秋、御史大夫桑弘羊和二府的下属。明哲保身的田千秋在会上不肯出头表态，只无关痛痒地问了两句话，"括囊不言，容身而去"（《盐铁论·杂论》）。对儒生提出的责问，主要就由桑弘羊来答辩，事实上这成了桑弘羊舌战群儒的大会。在会上儒生全盘否定了武帝以来的盐铁等各项经济政策，要求政府退出阵地，让给私人；桑弘羊则从抑制兼并、防止割据、抵御匈奴侵扰、巩固国家统一、加强中央集权制的经济基础等各方面来说明实行这些政策的重要意义。在理论上的胜利是属于"知当世之务"、"可谓博物通士"的桑弘羊，而不属于唯事空谈"诵死人语"的儒生的。双方的辩论记录，后来经桓宽推衍整理，成书六十篇，就是著名的《盐铁论》。桑弘羊在史书中无传（仅在《史记·平准书》中略纪其事，《汉书》中仅一轮台屯田议），其大量言论幸而在《盐铁论》中得以保留下来，虽然桓宽尊儒，并不赞同桑弘羊的观点，但此书仍不失为了解桑弘羊经济思想的宝贵材料。

根据《盐铁论》所记，桑弘羊同儒生在许多方面思想上都是对立的，仅从经济方面来看，双方的经济思想的分歧主要集中在四个问题上："义"和"利"的问题、经济放任和经济干涉的问题、商业和农业的关系问题、革新和复古的问题。对各种问题，各自的认识都有深刻的区别。

"义"和"利"的关系问题，是桑弘羊和儒生经济思想上的第一个分歧点。所谓"义"表示一定的社会伦理道德规范，"利"主要指人们谋取物质利益的活动。在这个问题上儒法两家看法素来对立。法家的先驱者和法家（如管仲、商鞅）都强调"利"，重视人们的物质利益，把"利"作为道德规范的基础，或更进一步竟是蔑视仁义等道德规范。儒家则不然，他们宣扬"君子喻于义，小人喻于利"（《论语·里仁》），"仁义而已矣，何必曰利"（《孟子·梁惠王上》），反对"言利"，把从事国家财政工作的人斥为"聚敛之臣"。到武帝时的董仲舒口中，"正其谊不谋其利"，伦理规范更被推到主观唯心主义的极端。盐铁会议上的儒家很多人是董氏的门徒，他们就是以儒家的这一义利观来作为反对武帝以来经济政策的思想工具的。

在会议刚一开场儒生们就揭明主旨，说："治人之道"，在于"防淫逸之原，广道德之端，抑末利，而开仁义"，"毋示民以利，然后教化可兴，风俗可移"（《盐铁论·本议》）。随后，又不断地鼓吹"贵德而贱利，重义而轻财"（《错币》）那一套，说这些话的意思无非是"愿罢盐铁、酒榷、均输"。因为按照他们的逻辑，"郡国有盐铁、酒榷、均输"，就是"与民争利"，"示民以利"，而"与民争利"将散敦厚之朴，成贪鄙之化。"示民以利"，则民俗薄；俗薄则背义而趋利，趋利则百姓交于道而接于市，所以"就本者寡，趋末者众"了；只有"导民以德"，"以礼义防民"，才能使民俗重新归于厚朴（《盐铁论·本议》），才能避免"末盛本亏"、财用乏、饥寒生等一系列严重弊病。总之，在这辈儒生看来，国家管理经济、管理工商业即属趋利背义，都是要不得的。

口口声声"贵何必财"的儒家，好像他们关心的亦唯有"仁义而已矣"（《盐铁论·贫富》），其实这是"情貌不相副"（《盐铁论·利议》），说的与做的不是一码事。儒生们"内贪外矜"（《盐铁论·毁学》），他们绝不是不要利，之所以反对言利，只是由于主要经济事业由国家经营，"商工市井之利，未归于民"（《盐铁论·相刺》），以"义"抑利，只是反对利归于国家，对他们本身来说，其利就不在该抑之列了。

对于儒生的这种贵义贱利的论调，桑弘羊据理予以驳斥。他指出，推行盐铁政策，由官府经营主要工商业，并非"示民以利"，妨害农业；相反的倒正是对工商业私营时留下的弃农经商之风的一种阻遏，可"杜浮伪之路"，使农民"返于本"（《盐铁论·刺权》）。推行这些政策也非"与民争利"，单纯为了"利入"，而更有抑兼并、齐黎民的深意。这是关系到军国大计的必要的理财措施。"兴盐铁，设酒榷，置均输，蓄货长财，以佐助边费"，如一旦罢之，"内空府库之藏，外乏执备之用，使备塞乘城之士饥寒于边，将何以赡之?"（《盐铁论·本议》）还空谈什么"王者行仁政，无敌于天下，恶用费为?"这完全是"无忧边之心"，在道理上说不通（《盐铁论·本议》）。桑弘羊还一针见血地挑明，所谓反对"上为之利"，反对"与民争利"，原是那些"不轨之民，困桡公利，而欲擅山泽"，"专欲损上徇下，亏主而适臣"，完全是为私家打算，要"利归于下"，而叫政府"无可为者"（《取下》）。这绝不可以接受。

基于不同的义利观，桑弘羊理直气壮地表明就是要兴国家之利，像商鞅那样"外设百倍之利"，使国富强，做到"举而有利，动而有功"。（《非鞅》）绝不能像儒家所说，不讲理财，只讲"仁义"。当年徐偃王好行仁义，鲁穆公好尊儒者，结果是国灭地削，利害可见（《盐铁论·和亲》）。当世要务在于"安国家利人民"，不在废话连篇，玩弄辞藻（《盐铁论·相刺》）。

儒家的只要仁义、不要功利的义利观，被讲求兴国家之利、建富强之功的桑弘羊以透辟的语言，做了无情的解剖。在中国历史上，这是见诸记载的争论最激烈、规模最大的一次"王霸义利之辩"。在这上面，桑弘羊继承其前辈重视功利的传统，承认要考虑人们的物质利益，并且首先想的是天下之大利，把"利"——经济利益、物质利益，扩大到国家的宏观范围来进行观察：既要富民更要富国，要"上下俱足"，但富国更重于富民，国家的经济利益应放在私人的经济利益之上。而儒生唯知大唱道德教化的高调，口头上虚伪地反对言利，要被剥削者安于过贫困的生活，自己内心却在为一己之私拼命地向国家争利。两相对比，桑弘羊自有其高明正确之处。

实行经济放任还是实行经济干涉？儒生与桑弘羊在国家政权与社会经济的关系上有着完全不同的看法，这是双方经济思想上的第二个大分歧。儒生们反对国家经营经济事业，根据儒家的教义，主张经济放任，工商业都让给私人去搞。他们在会上大讲："内无事乎市列，外无事乎山泽"（《盐铁论·救匮》），"泽梁以时入而无禁"（《盐铁论·力耕》），"王者外不障海泽以便民用，内不禁刀币以通民施"（《盐铁论·错币》），"王者不蓄聚，下藏于民"（《盐铁论·禁耕》）。他们以汉文抑汉武："昔文帝之时无盐铁之利而民富，今有之而百姓困乏"（《盐铁论·非鞅》），原因就在于文帝实行的是经济放任政策，武帝则推行了经济干涉政策。在他们看来，就是应该以文帝为样板，一切经济活动都放任私人自由地进行，国家不加干预。只有让那些"一家聚众或至千余人"的"豪民"，即他们所谓的"民"、"百姓"，"各得其便，而上无事"（《盐铁论·水旱》），这才是"顺天之理，因地之利"（《盐铁论·忧边》），遂了他们的心愿。

儒生们鼓吹经济放任的"富民"学说，实质上是一种替豪民向国家争经济权利、为豪民之富进行辩护的理论。在他们口中，"富则仁生，赡则争止"，"富民易于适礼"，"夫何奢侈暴慢之有？"（《盐铁论·授时》）私人经营盐铁工商有利无弊，他们的富是应该的。

桑弘羊和儒生们不同。他的经济思想的基本出发点就是要抑制豪民的兼并，实行国家的经济干预。他承继先秦法家的思想，强调"制其有余，调其不足"，"散聚均利"，"禁溢羡，厄和途"（《盐铁论·错币》），以限制社会贫富差别的过分扩大，防止"民有相妨之富"的现象继续加甚。这一思想是他制定盐铁、酒榷、均输等各项政策的理论基础，而这些政策在他看来正是"绝并兼之路"、使"百姓可家给人足"的抑强举弱之举。"山泽无征，则君臣同利；刀币无禁，则奸贞并行"，"臣富相侈，下专利则相倾"（《盐铁论·错币》），他对在盐铁工商私营中发了大财的豪民非常不满，认为"民饶则僭侈，富则骄奢"，坏事做尽，未见其行什么"仁"（《盐铁论·授时》）。况且，"民大富，则不可以禄使也；大强，则不可以威罚也"（《盐铁论·错币》）。"放民于权利"，等于资助了强暴，"遂其贪心，众邪群聚，私门成党，则强御日以不制，而并兼之徒奸形成也"（《盐铁论·禁耕》），随着时间的推移，兼并势力并不是不可能升级而产生闹分裂搞割据的奸雄来的。桑弘羊从国家对社会财富分配的调节作用和从巩固国家统一、制止分裂割据再起的高度，来谈实行经济干涉政策的必要性，在持有这种主张的人中，桑弘羊的思想是发挥得比较充分的，对儒家的经济放任理论做了一个有力的批判。

诚然，桑弘羊的抑兼并、齐黎民，"均济贫乏"的政策措施，实质上是怕民贫则反，而思有以济之缓之的，具有"消防作用"的"牧民"之道，是从最高统治集团本身利益来打算的。尽管如此，"制有余，调不足"，让贫民受豪民的压榨减轻一些，在封建社会里，在贫富悬殊、许多人安之若素的情况下，这毕竟是一种难能可贵的思想，比之儒生为豪民辩解的言论是有进步意义的。

儒家门徒与桑弘羊经济思想上的第三个分歧表现在对商业和商业同农业的关系的看法上。在这次会议上，儒生们也把商业称之为"末"，"末修则民淫"（《盐铁论·本议》），强调商业能助长贪鄙，败坏风俗。"商则长诈，工则饰骂"，使"薄夫欺而敦夫薄"（《盐铁论·力耕》），非"治国之本务"（《盐铁论·本议》）。他们还把商业和农业对立起来，说"末盛则本亏"，"工商盛而本业荒"（《盐铁论·本议》），要发展农业，必须抑制工商业。"王者崇本退末"（《盐铁论·本议》），"王者务本不作末"（《盐铁论·水旱》），"进本退末，广利农业"（《盐铁论·本议》），这才是行的正道。在儒生们的口中，好像他们是很激烈的抑商论者，也力主实行重农抑商政策，与法家思想很少差别了。其实不然。儒生们之所以提出要"抑末利"，就是因为工商业主要由国家来经营，故而变得不好了；如果归于私人经营，那就好得很，"工商之事，欧冶之任，何奸之能成?"（《盐铁论·禁耕》）在这里商业就不会导致贪鄙之俗的形成了。可见儒生的抑商是抑官商，而非抑私商，与法家的抑商恰恰相反。

桑弘羊思想上则十分重视商业的作用，在会上据理力争。他说："天地之利无不赡，而山海之货无不富也。然而百姓匮乏，财用不足，多寡不调，而天下财不散也。"必须通过交换，使"财物流通，有以均之"，这样，"多者不独衍，少者不独馑"（《盐铁论·通有》），对消费和生产都有好处。在当时，对商业通有无、调余缺的客观功能没有人说得比桑弘羊更透了。但桑弘羊的重商，决非站在商人的立场说话，更非反映富商大贾的观点。重其业而抑其人，他是把商业与商人明确分开的。

桑弘羊重视商业还有更深入一层的理由，就是由国家来经营主要工商业，从中开辟财源，增加财政收入，免得加重农民的负担。通过买卖方式，寓税于价，取之无形，也容易使人接受。这是从管仲、商鞅学来的强于单纯财政观点的一种较好的理财方法。由于他取得财政收入的主要来源是官营工商业的利润，利润都要通过交换方式来实现，他的这一理财实践，也使他必然具有重商思想的倾向。桑弘羊经济思想的一个最大特点，就是他以重商和重视由国家经营工商业以增加经济收入，作为自己全部理财思想的精髓，作为制定各项经济政策的依据。

法家主张重农抑商，桑弘羊也抑商，但他要抑的只是儒生所不让抑的私商。桑弘羊始终坚持要抑富商大贾，抑弃农经商，这才是对法家重农抑商政策的真正的直接的继承。他是商鞅以后提出抑商政策的最积极的一个人。而且在抑商的两个方面中，他更侧重于遏制私营大工商业主势力的过分膨胀，打击侵夺农民土地的商人豪强地主，这更是对商鞅政策的内容有了进一步的发展。同时，桑弘羊大力发展官营商业，"建铁官以赡农用，开均输以足民财"（《盐铁论·本议》），又并非单纯抑商，而是使抑商（私商）和重商（官商）达到了矛盾的统一。其实，抑商只是针对部分私商（盐、铁、酒和粮食、布帛的收购，土特产品的贩运）；与国家利益冲突不大的私商（如经营其他商品及对外贸易的商人）则并未受到抑制，而仍有其发展的机会。由于官营的主要工商业的发展，再加未受抑制的部分私营商业的发展，武帝时期的商业总的还是很繁盛，并没有因实行经济干涉政策而蒙受不利的影响。桑弘羊的抑商在政策上还是适度的，在效果上还是良好的，并没有抑商抑过了头。

在理论上，桑弘羊提出了"农商交易，以利本末"的观点（《盐铁论·通有》），主张"开本末之途，通有无之用"，使"农商工师各得所欲"（《盐铁论·本议》）。他的属官也说他筹划计算之所致是"民不困乏，本末并利"（《盐铁论·轻重》）。"本末并利"的思想是先秦各家所没有的，是桑弘羊首先从农商关系的一般（生产与流通的关系）来做出总结性的表达的。他一方面重农，提出要"建本"、"返本"、"贵本"、"务本"，直接采取了许多发展农业生产的措施；另一方面重商，坚持国家经营工商业，供应农业生产和农民生活需用的物资，对发展农业有好处而无妨害。他不像先秦法家那样单纯强调农商矛盾，而是提出了两者相互联系和相互促进的一面。在韩非以后，农本工商末的观念已很牢固，桑弘羊敢把本末并举，并把工商和"富国"相连（"富国非一道"，"富国何必用本农"，见《盐铁论·力耕》），确是一种崭新的见解，与商鞅的"壹务（农）则国富"也大异其趣。这既表现了桑弘羊的理论勇气，又说明他的经济思想是从经济生活的实际中提炼而来的。

儒生同桑弘羊还有一个重大的思想分歧，就是他们主张"复古"，"返之于古"，以此出发，也自然要反对桑弘羊具有改革意义的经济政策了。

这些儒生大讲"为君者法三王"（《盐铁论·刑德》），鼓吹对先王的"法教"，"没而存之，举而贯之，贯而行之，何更为哉！"(《盐铁论·遵道》)在他们看来，"殷周因循而昌，秦王变法而亡"，"夏后功立而王，商鞅法行而亡"(《盐铁论·遵道》)。法家的革古、变法"不可以久行以传世"(《盐铁论·复古》)，都是自取灭亡之道。作为经济复古主义者，他们宣称，只有"复往古之道"，才能"匡当世之失"(《盐铁论·利议》)。怎样复古？那就要"崇礼义，退财利"，起码要求是政府不要经营盐铁等经济事业，退出来交私人经营，回复到西汉前期文帝时的状态。不但如此，他们还认为"理民之道"，在于"分土井田"(《盐铁论·力耕》)，在"罢盐铁、退权利"的同时再恢复西周初期奴隶制时代的井田制，恢复那时"籍田以力"的老的剥削方式，恢复古时"千乘之国，百里之地，公侯伯子男各充其求，赡其欲"的分封制(《盐铁论·园池》)。儒生们的复古真是复到家了。他们同桑弘羊的对立正是复古与革新两条思想路线的斗争。

桑弘羊和他的先辈商鞅一样，坚信"治世不一道，便国不法古"，主张"俗弊更法"，"治者因法，……异时各有所施"(《盐铁论·错币》、《盐铁论·大论》)，不能墨守成规，被旧法束缚了手脚。实行盐铁专卖政策，正是"救失扶衰"，纠正文景时网疏法漏、放任经济私营所发生的弊病。儒生们"信往疑今，非人自是"(《盐铁论·论灾》)，"桎梏于旧术"(《盐铁论·利议》)，一心怀念古道，不能有益于当世，"道古而不合于世务"(《盐铁论·刺复》)，对此桑弘羊是深有感慨的。

在桑弘羊看来，"物极而衰，终始之运"(《盐铁论·错币》)，事物是不断发展变化，历史也是不断前进的。他的经济改革措施和许多创新的措施，都和他的进步的历史观有关，也是改革家思想上有共性的地方。

在盐铁会议上，桑弘羊为他所制定推行的经济政策辩护，并非为了夸大己功。事实上这些政策对抑制豪强兼并，发展小农经济，反击匈奴侵扰，巩固国家统一，的确起到了很大的作用。正如他的属官——御史在盐铁会议上所指出的："大夫君为治粟都尉，管领大农事，灸刺稽滞，开利百脉，是以万物流通而县官富实。当此之时，四方征暴乱，车甲之费，克获之赏，以亿万计，皆赡大司农。此皆扁鹊之力，而盐铁之福也。"（《盐铁论·轻重》）说桑弘羊像名医扁鹊用针灸促进血脉流通那样以经济措施促进各部门经济的发展，比喻是生动的，对盐铁等政策的功效说得也是比较透彻的。推行盐铁等新经济政策的必要性，最高统治者汉武帝心里很明白，因此一直给桑弘羊以坚决的支持。当年汉武帝对卫青说："汉家庶事草创，加四夷侵凌中国，朕不变更制度，后世无法；不出师征伐，天下不安；为此者不得不劳民。"在大规模的民族战争的条件下，汉武帝和他的近臣桑弘羊，正是害怕农民负担过重，生活过分困苦而起来反抗，再"袭亡秦之迹"，所以采取了另外开辟财源、免增农民赋税的盐铁等新经济政策。也就是说正是农民的阶级斗争（由流亡到反抗），促使汉武帝和桑弘羊不得不采取收夺豪强地主、富商大贾既得利益的政策，来缓和阶级矛盾，维持社会安定，并保证民族战争的胜利。显然，这是被迫实行的一种"改良"措施。但对比过去放任豪强兼并势力得利、负担偏加于农民的政策来说，则可算是颇有创新的一种法随世易的改革。

　　当然，在会上桑弘羊也暴露出他思想上的落后面。他以富贵为尊荣，以贫贱为羞耻，认为"智者以衍，愚者以困"（《盐铁论·贫富》），是智愚决定贫富，而自己正是智者。他声言自己是"车马衣服之用，妻子仆养之费"，量入为出，"俭节以居之，俸禄赏赐，一二筹策之，积浸以致富成业"；比喻自己像过去白圭、子贡那样经营有方，而非赖之于民（《盐铁论·贫富》）。他对自己既有的富贵生活心安理得，说什么："官尊者禄厚，本美者枝茂"；"水广者鱼大，父尊者子贵"；"夫贵于朝，妻贵于室"（《盐铁论·刺权》）。自己富贵，连儿子和妻子也该跟着富贵的。在理论上，桑弘羊竟至提倡侈靡，不适当地夸大消费，特别是奢侈性消费对刺激生产的作用，而反对崇尚节俭。《管子》中的"不饰宫室则材木不可胜用，不充庖厨则禽兽不损其寿，无黼黻则女工不施"等话为他津津乐道，而节俭却被说成"俭则固"（《盐铁论·通有》），备受鄙夷。这样无条件地强调侈靡，正是在为统治集团豪华奢侈的生活进行辩护。桑弘羊还把自私自利看成人类的共同的天性，把对财富的追求夸大为社会各阶层人们活动的唯一目的。商业的凭"术数"、"势居"的贱买贵卖，则被他看作致富的本源。如此等等并非正确的观点，都是他思想上局限性的表现。

而在盐铁会议上，桑弘羊的富而且奢的生活也正成为儒生们大加抨击的口实。"自利官之设，三业之起（盐铁、均输、酒榷），贵人之家云行于途，毂击于道"，"威重于六卿，富累于陶卫"（陶朱、卫公子荆），"妇女被罗纨，婢妾曳绨纻，子孙连车列骑，田猎出入"（《盐铁论·刺权》）。桑弘羊正是被儒生所指摘的富贵之家中的一个。另外，桑弘羊家的子弟同卫皇后家子弟一起作案犯法；桑弘羊的宾客诈称御史，怒缚县丞（《汉书·魏相传》）。这些不肖子弟、无赖门客敢于胡作非为，都是依仗桑弘羊的权势，而桑弘羊平日对他们管教不严所致。尽管这样，桑弘羊这个富贵之家，桑弘羊及其同道者，在推行新经济政策中产生的这个有权势的官僚集团，还不是一些专欲"损上徇下"、亏公而适己的人。充满着国家干预经济思想的桑弘羊，毕竟不同于霍光那样后起豪族的代表，他还是服从于中央集权制的国家利益，忠诚地为中央集权制的封建国家服务，而极力维护这种旨在加强中央集权制、以抑兼并摧豪强为务的经济政策的。正因为这点，他同霍光的矛盾就是不可调和的了。

盐铁会议交织着统治阶级内部错综复杂的矛盾斗争：大地主大商人新老豪强势力同中央集权的封建国家争夺财权、争夺重要工商业经营权的经济斗争，与新老豪强势力结合的霍光同打击豪强势力的桑弘羊的代表不同政策观点、不同经济利益的集团之间的政治斗争；在思想上则表现为儒家学派同法家学派间的一场大论战。在错综复杂的矛盾斗争中，经济领域里封建国家同大地主大商人豪强势力的斗争，在所有的矛盾中占主导地位。这种矛盾就其内容来说，就是兼并与抑兼并的矛盾。至于霍光与桑弘羊在政治路线上的分歧，最终也归结到经济利益上，集中在如何对待豪强势力的态度上面。无论是霍光还是儒生，他们同桑弘羊的暗斗或明争，无不打上大地主大商人豪强利益的烙印。

盐铁会议上斗争十分激烈，预示着一场政治上的大风暴将要到来。由于霍光的压力，再加桑弘羊自己也想减轻一下地主豪家（主要是新产生的地主豪家）对他的仇视，所以在会议结束前，他就奏请撤销关内的铁官，允许麕集在京师一带的官僚地主私人铸造民用的铁器出售；取消各地的酒榷官，允许各地的地主豪家酿酒卖酒，实行了十八年的酒类专卖制度从此改为征税制，政府只规定一个最高限价（每升四文）。而这几十个儒生，则由霍光保荐，"咸取列大夫"，作为他们"争盐铁""非为己"的报酬。会议就这样以桑弘羊的让步、反对者的得利而宣告结束。

但霍光还不肯善罢甘休，会后即专横地任命其亲信幕僚、素无功劳的杨敞为大司农，把财权掌握于自己人手中，而架空了桑弘羊。下一年又借上述的燕王旦事件杀死了桑弘羊。"计数不离于前，万事简阅于心"（《盐铁论·刺复》），夙夜不懈地为加强中央集权、巩固国家统一而操劳一辈子的桑弘羊，作为一个杰出的经济改革家，在统治集团内保守势力的倾轧构陷下，在豪强势力的反攻倒算下，就得到了这样一个不幸的下场。桑弘羊的被害可说是盐铁会议的延续与扩大。

九 桑弘羊死后经济政策的逐步改变

桑弘羊死后，霍光唯我独尊，权势更重了。他操皇位废立之柄（昭帝死，他立昌邑王为帝，不久又废掉，改立宣帝），汉朝的皇帝在他执政时实际上是个傀儡。他的几个儿子都封列侯，子、婿、侄孙都掌握兵权。霍氏一门"骄奢纵横"。霍光妻"广治第室"，连车子上都涂上黄金；霍山（霍去病孙）等"亦并缮治第宅，走马驰逐"，不务正业。霍光婿范明友死时以奴隶殉葬。霍光常与家奴总管冯子都"计事"，百官以下事之，"视丞相亡如也"；甚至连一个普通的家丁也敢欺压当朝的御史。这一新起的豪族当权集团，比之武帝时的官僚集团更富了，它的腐化程度也更是厉害了。

唯其霍光的政权要得到大地主大商人大贵族大豪强的支持，使"天下归心，遂以无事"，因此就不能不对这些势力表示格外优容，"顺民所欲，从而予之"（苏轼《上皇帝书》），在可能范围内照顾他们的利益。当然霍光一身二任，作为西汉政府最高的实际的当权者，为了财政收入的目的，盐铁（关外的铁）、均输还不能不保留下来，而不敢贸然取消，全按儒生和豪民的要求去行事。霍光从自己的利益出发，利用国家权力，假公济私，这一目的才是主要的；为换取豪民的拥护，下放给他们的权利，还毕竟是部分的、有限度的。虽然如此，在政策的推行上，已失去武帝时那样的摧抑豪强、排挤大商的劲头。富商大贾的元气在霍氏集团的卵翼下日渐恢复。到昭帝末年，茂陵就出现了可以探悉宫中秘事、事先囤积昭帝丧葬用品价达数千万钱、其家财更过于此的大商人贾氏和焦氏，商人资本又有了巨大的积累。

霍氏集团本身除了优厚的赏赐和大量的官俸以外，还利出多门，用不正当的手段尽量扩大自己的经济利益，以至成为大官僚、大地主、大商人的三位一体者。霍光本人不把公田直接"假"与贫民，而是把持在自己手里，用高租额转赁出去。霍光的儿子博陆侯霍禹，私人经营屠宰业，并且卖酒。霍光的心腹张安世，"尊为公侯，食邑万户"，"内治产业，累积纤细"，大小买卖无不插手，并役使"皆有手技作事"的家僮（奴隶）七百人从事手工业，"是以能殖其货"，其家财更富于大将军霍光。武帝时"禁兼并之途"，法律上不准"食禄之家兼取小民之利"，这种限制至此已完全打破了。

史称霍光时"百姓充实，稍复文景之业"（《汉书》、《资治通鉴》），实质就是在相当程度上改变了武帝时对兼并势力有所抑制的政策，而部分恢复文景时的经济放任的局面。在"阔于大理"的霍光当权时期，直到昭帝去世之年也还是"百姓未能家给"（昭帝诏中语），农民的日子并不好过；所谓的"民富"、"百姓稍益充实"，也无非是在放松经济统制的条件下，造就那些"豪民"、那些"兼并豪党之徒"的更富、更加充实而已。

昭帝二十三岁即死，其后宣帝（刘询）即位。这个作色声言"汉家自有制度，本以霸王道杂之"，"所用多文法吏，以刑名绳下"的汉宣帝，在飞扬跋扈的霍光死后的第三年，就把霍家族诛。霍光时的法令都改变了，汉武帝的功业重新得到表彰，法家的理财思想又一度抬头。由财政副大臣（大农中丞）耿寿昌倡议在边郡设立的"常平仓"法（"以谷贱时增其价而籴，以利农，谷贵时减价而粜"，见《汉书·食货志》），就是在宣帝支持下推行的。常平仓与李悝的平籴法、桑弘羊的平准法精神一致。耿寿昌与桑弘羊是同一类型的人物，是桑弘羊而后西汉的一位出色的理财家。

可是宣帝一死，形势马上发生变化。"柔仁好儒"的太子刘奭继位，是为元帝。这个元帝竟"纯任德教，而用周政"（《汉书·元帝纪》），让那些主张经济放任的儒者当政，主张国家干预经济的法家由此失去了作为一个独立学派的地位。武帝时"内法外儒"的格局打破了，政治日益趋于腐败。元帝时"天下大水"，在位诸儒以"毋与民争利"为说，常平仓法被废除了；同时（初元五年，即前44年），诸儒又怂恿元帝取消盐铁专卖。三年后，因国用不足又不得不宣告恢复盐铁专卖，但盐铁政策的积极作用越趋减弱，原来存在的消极因素则越趋显著，它同均输、平准一起，已逐渐变质，以至于成为官府的敛钱工具和官商勾结共同渔利的渊薮了。到后来，均输无形中废弛，贩运贸易的阵地又逐一让给了私商。

西汉后期，官僚经商形成风气。元帝时"诸曹侍中以上"，已往往"私贩"，大营商贾之利（《汉书·贡禹传》）。成帝（刘骜）时更出现了像丞相张禹那样的"内殖货财……多买田至四百顷"的大官僚兼大商人大地主（《汉书·张禹传》）。成帝时筑昌陵，贵戚近臣子弟竞相在采买官府所需之物时包揽生意，独占其利，获得暴利多达数千万。哀帝（刘欣）时外戚曲阳侯王根在京师造大第宅，宅内立两市，公开地自营商业。这种亦官亦商的人物在汉武帝时是不容立足的。上层豪强（豪族）的势力比之霍光当政时又有了恶性的发展。桑弘羊的官府抑商，至此已一变而为官商合流。

作为下层豪强（豪民）的富商大贾，在西汉后期东山再起，日益活跃。曾与盐铁、均输并称为"三业"之一的酒榷被废止后，私营酿酤业即崛起。元帝时就有大酒家赵君都、贾子光等称霸于长安，"侵渔小民，为百姓豺狼。更数二千石（大官），二十年莫能禽讨"（《汉书·王尊传》）。元、成以后，关中、巴蜀、临淄、洛阳等商业发达的城市，都有一批新兴的拥有巨额资财的大商人，煊赫一时。京师富人如杜陵樊嘉，茂陵挚网，平陵如氏、苴氏，长安丹（卖丹药）王君房，豉樊少翁、王孙大卿；洛阳如张长叔、薛子仲；临淄则有姓伟。这些人皆"为天下高訾"。樊嘉、姓伟资五千万，"其余皆巨万矣"。在成都，"程、卓既衰"，在成、哀间出了个大商人罗裒，往来长安巴蜀之间做买卖，"数年间致千余万"，他又把半数赂遗曲阳侯王根和定陵侯淳于长，"依其权力，赊贷郡国，人莫敢负"，同时承包了蜀中的盐井，"擅盐井之利"，一年所得就翻番。商人与官僚勾结，以至把专卖制变成包商制，实行官商分利，罗裒是一个很突出的典型（以上见《汉书·货殖传》）。

西汉后期的富商大贾加紧巧取豪夺，兼并农民的土地。"关东富人益众，多规良田，役使贫民（《汉书·陈汤传》）。"新起的大商人又一一成了新起的大地主。到哀帝时，"豪富吏民訾数巨万，而贫弱愈困"（《汉书·食货志》），兼并之害以此为剧。

本来武帝时的政策，既坚持"抑末"，打击了富商大贾的势力，也促使"反本"，遏止了弃农经商的风气；武帝后随着公退私进，在富商大贾再起的同时，逐末之风又重新盛行。到元帝时候，"商贾求利，东西南北各用智巧，好衣美食，岁有什二之利，而不出租税。农夫父子暴露中野，不避寒暑，捽草杷土，手足胼胝，已奉谷租，又出稿税，乡部私求，不可胜供。故民弃本逐末，耕者不能半"。"贫民虽赐之田，犹贱卖以贾"（《汉书·贡禹传》）。这样，农村经济自然要日趋凋敝了。

西汉后期经济政策的改变，实质上是反映了西汉政权所依靠的社会基础在发生着不小的改变，即从武帝时的稳定个体小农，扶植中小地主，打击割据分裂势力，摧抑豪强兼并集团（大地主大商人），转向与豪强势力握手言欢，因此实际上大权常落于大地主大商人豪强势力的政治代表外戚之手。大官僚、大商人、大地主三者结合，已成为西汉后期政权的一个特色了。在皇族地主和大地主大商人豪强集团联合专政之下，被掠夺、被压榨的农民，生活越来越陷于贫困。官商合流，贫富对立，土地集中，农民流亡，阶级矛盾大大激化了，局部地区已发生农民起义，西汉王朝已面临垮台的前夕。这是它搞经济放任所带来的必然后果。

东汉王朝，从建立之日起，豪强势力就占极大优势。铁，在东汉初只在主要产铁地设官鼓铸；盐则容许私人煮卖，在主要产区设盐官就场收税。这些盐铁官都归地方，不同于西汉盐铁专卖时的盐铁官。非主要产地则不设官，只收些税。章帝（刘炟）元和时，谷贵，经费不足，接受尚书张林的意见，实行盐铁专卖。章帝死，十岁的和帝（刘肇）继位，窦太后临朝称制。窦氏外戚专政的政权为了争取豪强集团的支持与合作，竟把取消盐铁专卖作为交易的条件，仍实行征税制。章帝时由张林建议一度恢复的部分地区（益州至京师）的均输也因豪强的反对而又作罢。对于西汉后期的虽大不如前而尚能为中央集权的政府增加财政收入的那些经济政策，索性全部束之高阁了。盐铁工商之利真的全归于豪民了。

东汉王朝，奉行不抑富商、纵容豪强的政策，实质上是西汉后期政治经济状况的延续，而商业资本在东汉更是恶性发展。西汉后期富商财产最多为万万钱，东汉时则至二亿。商人们的兼并土地也更甚于西汉后期。失去土地以至人身自由的农民，沦为他们的"徒附"（依附农民）或奴婢的人数也大大地多于西汉后期。正是："井田之变，豪人货殖。馆舍布于州郡，田亩连于方国。豪人之室，连栋数百，膏田满野，奴婢千群，徒附万计。船车贾贩，周于四方；废居积贮，满于都城。琦赂宝货，巨室不能容；马牛羊豕，山谷不能受。"由经商和占有土地而来的财富简直多得发胀。这种人的生活豪华奢侈到了极点："妖童美妾，填乎绮室；倡讴伎乐，列乎深堂"；"三牲之肉，臭而不可食；清醇之酎，败而不可饮"（仲长统:）。这些人作威作福，俨然一乡之霸。即使没有功名官位，也是势随财来，"不为编户一伍之长，而有千室名邑之役。荣乐过于封君，势力侔于守令。财赂自营，犯法不坐；刺客死士，为人投命"（昌言·理乱篇）。如果能捞上一官半职（东汉时有卖官之例），成为商人、地主、官僚的三位一体者，或本来是士族出身，是官僚而兼地主商人者，那更是如虎添翼，可为所欲为了。西汉时的豪强与东汉时的这种新的豪强——恶霸地主相比，真如小巫之见大巫。

东汉时还有一个重要的新的情况，就是那些豪强集团不但占有大量土地，役使大量的"徒附"，经营规模很大的工商业，而且有了自己的私兵，立起了一个个坚固的堡坞。豪强势力的增长与中央集权的衰落正成反比。豪强集团在堡坞内隐瞒田亩，荫庇户口，逃避赋税，抗拒政府检查。他们控制的农民和土地越多，地方的分权倾向就越加重。堡坞经济其实正是东汉末三国初地方割据、军阀混战的经济基础。由兼并逐步升级到割据局面的形成，从经济上说就是权力下移于私家所埋下的祸种。三百年前桑弘羊在盐铁会议上所最为担心的取消盐铁专卖等政策以后豪强集团会由兼并势力上升为割据势力，这时都不幸而言中了。把武帝时的政策所发挥的作用，同西汉后期以及东汉时期的政策所造成的恶果两相比较，可以看出，桑弘羊的由国家干预社会经济的意见是正确的，而为兼并、割据势力目的实行经济放任的思想，在实践中是如何有害了。

　　桑弘羊进行经济改革，制定和推行盐铁、酒榷、均输、平准等"这些中央集权的高级政策对于国家事业是有利的"，"汉武帝一代的文治武功就是以这些高级的国家财经政策为基础的。两千多年前就有桑弘羊这样有魄力的伟大财政家，应该说是值得惊异的"（郭沫若：《盐铁论读本》序言）。作为管仲、商鞅后继者的桑弘羊，他从其前辈的理论和经验中吸收思想养料，同时又有自己的许多创新（如均输、平准、榷酤、铸钱、屯田等），充分体现着面对现实，从形势需要出发，因时而施法的革新精神。"国用饶给而民不益赋"（班固语），这一点为两汉正视事实的人士所公认，并不是对桑弘羊无原则的捧场。后魏时《齐民要术》的作者贾思勰，把桑弘羊所创的、收效很大的"均输法"，称为"益国利民，不朽之术"，这种看法是公允的。把桑弘羊说成"言利小人"、"聚敛之臣"，完全是出于偏见。只要实事求是地承认汉武帝的历史地位，就不可分离地需要正确估价桑弘羊在这一时期的历史作用。

　　桑弘羊不但功在武帝一代，而且对汉以后的许多时期仍起着积极的影响，在封建社会的漫长年代里，他仍以一个大理财家的身份表明了自己的存在。他所大力推行的统一币制的政策在后世一直被继承下来，五铢钱的制度在七百年中都为处理货币问题者所十分推崇。他的稳定币值、稳定物价，不搞通货膨胀、不搞抬价网利的思想，也是一项有保留价值的正确的财政原则，成为判定后世主持国政者能否搞好财政经济的试金石。他的食盐专卖、均输、平准政策，在后世也为一些进步的理财家所采用，并有了新的发展。如唐朝刘晏就是学"弘羊兴利"，为国家理财，而取得卓越的成绩的；王安石变法中的某些措施（均输、市易），也取法于桑弘羊。"摧抑兼并，均济贫乏，变通天下之财，后世唯桑弘羊、刘晏粗合此意"，从王安石的这句话中可看出他对桑弘羊是如何的钦佩，桑弘羊的影响是如何的深远了。

另一方面，桑弘羊在后来常为人诟病，除了儒家后学"贵义贱利"思想在作祟，或豪门权家反对中央集权的国家干预经济、抑制兼并而迁怒于他以外，其主要原因之一也在于桑弘羊所推行或倡行的盐、酒专卖政策有时候曾被统治阶级歪曲利用，作为进行财政搜括的恶劣手段，而给一般人留下了极坏的印象。其实这与桑弘羊所强调的盐铁等政策并不相干。专卖政策本身是一种理财方法，可以为不同的政权服务，它到底在客观上是好处多还是坏处多，和当时政权的状况，政治经济的条件有密切的关系。如果政治比较上轨道，"取之于民"有个限度（价格合理），且能以相当部分"用之于民"，吏治比较整肃，专卖等政策就不完全是什么坏事。桑弘羊的专卖政策就是在这样的条件下推行的，应该说是利多弊少，值得肯定的。反之，如果政治腐败，没落的、腐朽的统治者贪得无厌地聚敛，只是加重人民的负担（价高、税重），而不肯多干一点对人民有好处的事情，专卖收入主要用于统治集团的穷奢极侈的消费上，并且权力下移，贪官污吏营私舞弊，或是公开地把专利权让给豪商，或是暗中和奸商勾结实行官商分利，那么专卖政策所可能起的积极作用就会消失，而变成单纯的敛钱工具，真正的苛政了。桑弘羊以后有些朝代的专卖政策就属于后一种类型。桑弘羊推行或倡行的专卖政策，在后世不肖者手中这样大走了样，当然不是他本人始料所及的，不能由他来任其咎的。因某些朝代、某些时期盐酒专卖等政策实行中的流弊，而把历代所有的专卖政策，把力主实行这些政策的桑弘羊，都轻易地一笔摞倒，这不符合历史事实，也不是科学的态度。应按具体情况进行具体分析，评价桑弘羊这个历史人物也不能例外。

中国古代经济改革家之四
刘晏

富国知先在养民，转漕通粟捷如神。

理财夙夜劳刘晏，家有车书即未贫。

一 幼入秘省，壮作计臣，理财乱后，济国安民

在桑弘羊死后八百多年，中国历史上又出现了一位杰出人物。他就是堪与桑弘羊媲美的唐朝的大理财家刘晏。刘晏在安史之乱（756~763年）战时和战后社会经济严重破坏、国家财政极度窘竭的条件下，担负起理财的重任，对财政经济工作实行了一系列改革措施，"广军国之用，未尝有搜求苛敛于民"（王夫之《读通鉴论》卷二十四），为唐后期经济的恢复与振兴出了大力。他办事能干，勋劳卓著，其理财方法和经济思想有很多精彩之处，是我国古代文化的一笔宝贵遗产。

刘晏字士安，曹州南华（今山东东明县）刘堌（堌是河堤，"筑堌以居，世号刘堌"）人，生于开元四年（716年）。出身于一个普通的官僚地主家庭（高祖刘晋，隋时为县令；曾祖刘郁于唐初为弘文馆学士；祖刘恭，为县令；父刘知晦，为县丞，不像是门阀世族地主之

家。其家世见《新唐书·宰相世系表》）。兄弟三人，晏排行第三（兄刘昱，字士明；刘暹，字士昭）。在封建史家所赞美的"开元盛世"期间度过了他的童年。他读书非常用功，加之天资聪明，很小的时候就作得一手好诗文，在乡里有"神童"之誉。

提起刘晏是个"神童"，在历史上名气很响，以至曾被奉为"样板"式的人物。"唐刘晏，方七岁，举神童，作正字，彼虽幼，身已仕"，封建社会的启蒙读物（《三字经》），对小小的学童就灌输了这几句话。在这几句话中包含了一段在当时颇为流传的故事，那就是幼小的刘晏向去泰山封禅的玄宗皇帝献书，受到赏识，被任用为秘书省正字，成了秘书省年纪最小的一个官员，他的神童之名就是这时由地方传到京城，并由此事而垂于后世的。

唐玄宗（李隆基）取得皇位后，先后以姚崇、宋璟为相，在开元初期，励精图治，却谀尚实，革除了若干弊政（如不幸边功，不许宦官干预政治，绝外边贡献，停道佛营造等），减轻了一些赋税，社会生产有了发展，人民生活有了改善。到开元十三年（725 年），由于农业连年丰收，"米斗至十三文，青齐谷斗至五文。自后天下无贵物，两京米斗不至二十文，面三十二文，绢一匹二百一十文"。"东至宋汴，西至岐州，夹路店肆待客，酒馔丰溢，每店皆有驴赁客乘，倏忽数十里，谓之驿驴。南诣荆襄，北至太原、范阳，西至蜀、川、凉府，皆有店肆以供商旅，远适数千里，不持寸刃。"（《通典》七《历代盛衰户口》）物价低廉，商业繁盛，交通方便，社会安定，户口增长（开元十四年户在七百万以上，口在四千万以上），这是唐王朝的黄金时代，也是幼小的刘晏一生中的黄金时代。

在歌舞升平声里，踌躇满志的玄宗皇帝为了炫耀自己的功业，也想学秦皇汉武的故事，到泰山去封禅。开元十三年十月，玄宗率领大臣，车驾发自东都（洛阳），十一月至兖州行宫。这时有一个幼童，赶到行在，递上一篇名为《东封书》的文章，献给当今皇帝，深表颂扬之意。他就是年方八岁的刘晏（刘晏当生于开元四年底，至开元十三年八岁有余，九岁不满，大略称之为八岁，见《新唐书·刘晏传》和《唐语林》卷三，《旧唐书》作七岁，不确）。玄宗览阅以后，觉得写得很是出色，更为作者的年幼而惊奇，即命宰相张说——有名的文豪，当时文士的领袖，当场出题测验刘晏的才学。刘晏年纪虽小，胆识不弱，对答如流，出口成章。在座的公卿都不禁点头赞赏；身为中书令的张说更是赞不绝口地说："国瑞也！"内宫闻说此事，也把刘晏叫去，争相观看。就这样，在封禅后刘晏被带到京师长安，"授秘书省正字"之职。长安的达官名士来访问的、邀请的，应接不暇，刘晏这个神童就"名震一时"了（《新唐书·刘晏传》）。

唐代实行科举制，主要有进士、明经等科，由各州申送"举子"，赴京应试，及第后再经吏部"试判"合格，才得授官。此外，还有名为"制举"（或称"制科"）的非常选举方式，即根据临时需要，设立直言极谏、贤良方正等名目繁多的科目，由皇帝亲自主持考试，中式的给予出身，成绩特好的直接"授以美官"。在"天子巡狩、行幸，封禅泰山、梁父"时，往往举行这种特别考试，与应试人"会见行在，其所以待之之礼甚优；而宏才伟论非常之人，亦时出其间"（《新唐书·选举志》）。刘晏就是乘封禅之际，由制举中式而直接得官，与考进士比，走的是一条捷径。当然，单以"制举出身，名望虽美，犹居进士之下"（《唐语林》卷八），但刘晏同时以"神童"被举荐为官，那就不输于进士出身了。在封建社会里，像他那样年八岁就入秘书省，是非常罕见的事。

秘书省设在中书省（唐中枢的决策机构）之下，是封建政府的藏书机构；秘书省正字是秘书省的一名小官（正九品下阶），主要做一些文字校对之类的工作。不过，唐代职官有清浊之分，秘书省为人们所重的清要之职；正字、校书郎是文士起家的良选，从这里可产生翰林，培养宰相，被视为"八俊"之一，"尤加俊捷"，越级提拔的机会较多（见《唐语林》卷八）。幼小的刘晏被分派到此，自然不是真正做官，从上头来说，是栽培他；从他本人说，实际上是得到了一个继续深造的良好机会，在藏书最丰富的皇家图书馆里，大大开拓了自己的知识领域。

在宁静的读书生活里，时间很快过了一年多。开元十五年（727年），玄宗"御勤政楼，大张乐，罗列百伎"，庆贺太平。在杂技表演中，有王大娘的顶竿之戏，百尺竿上"施木山，状瀛洲方丈"；有个"小儿持绛节出入于其间，歌舞不辍"。十岁的刘晏也来观看，虽其貌不扬，而聪颖过人，奉命即席咏诗。刘晏应声口占一绝："楼前百戏竞争新，唯有长竿妙入神。谁得绮罗翻有力，犹自嫌轻更著人。"当场表现出他敏捷的才思。玄宗又问他："卿为正字，正得几字？"刘晏答道："天下字皆正，唯朋字未正得。"张说在旁也"闻而异之"。（《太平广记》卷一七五、《唐语林》卷三）原来朋字古时本是凤字，篆书写作鳳，整个字是歪的；楷书的正规写法，朋由两个月（从肉）字组成，也是歪向一边的。刘晏的这句话不仅充分表露了他的机智和幽默，而且也说明他在文字学方面确已有了相当的造诣。

说刘晏早慧，并非意味着他日后成为善于理财的一代名臣是基于他天赋的聪明才智，更不是说解决国家的财政困难只要出个把神童就行了。其实，所谓神童，无非就是一些智力较高的"超常儿童"。他们虽然天资较好，但一定要经过后来的勤奋学习和在实践中的艰苦锻炼，否则其成就便不会很大。少时了了，大未必佳，十岁的神童变成二十岁的庸人，这样的事例数见不鲜。刘晏的情况，也正说明神童的成长是有条件的。他之所以能终于成才成器，一是由于在幼年记忆力最好的时候，有一个特别好的学习环境，得以在知识宝库中广泛而深入地汲取前人的智慧；二是由于他在年龄既长时就下到州县去当"亲民之官"，又积累了许多基层工作的实际经验，增长了自己的阅历与才干。"高才博学"

的刘晏，并没有从秘书省到翰林院，走一条标准的文士起家的道路，而是转换方向，深入地方，接近了人民。这是一个很重要的转折，对于他日后养成崇尚实务、不事虚文的工作作风，是很有关系的。

刘晏出任地方官是在天宝中期。天宝年间（742～756年），唐玄宗已逐渐丧失了他早年的锐气，终日沉溺声色，李林甫、杨国忠相继为相，宦官高力士得宠专权，朝政日益紊乱，吏治日益败坏，郡县官吏中做买卖、放高利贷、营私舞弊、刻剥百姓的人日益增多了。就在这个时期，刘晏出任地方官，"累调夏令"（今山西夏县）。风华正茂的刘晏，立志要当一个好的父母官，不愿与人同流合污。他到任以后，廉洁奉公，不准手下向人勒索；他巡问乡里，安抚百姓，尽力扶持地方生产。史称他"未尝督赋，而输无逋期"（《新唐书·刘晏传》），因此，颇"有能名"（《旧唐书·刘晏传》）。后来，他再次参加"制科"考试，"举贤良方正"，补温县（今河南温县）县令，又替地方上办了不少好事。总之，刘晏"所至有惠利可纪，民皆刻石以传"。不久，"再迁侍御史"（《新唐书·刘晏传》），"掌纠举百僚、推鞫狱讼"之事（《旧唐书·职官志》）。这时，刘晏年已四十出头。多年的地方工作，使他深知民间疾苦，对日后他照顾人民利益的财政思想的形成，有很大帮助。调任侍御史，说明他为人正直，居官廉明，有适宜担任"肃正朝廷"的监察工作的条件。

"盛世"的表面景象背后潜伏着乱机。玄宗时边事很多，赋予边将的职权很重，称为节度使，威震一方，因此逐渐酿成尾大不掉之势。这是一个最大的失策。胡人安禄山厚赂高力士，结交杨贵妃，不次超擢，宠任无间，身为平卢、范阳、河东三道节度使。他利用唐政府内政日趋腐败的时机，阴谋叛乱。天宝十四载（755年）十一月，安禄山伙同手下大将史思明一起发兵反唐。剽悍的骑兵蹂躏了黄河南北的广大土地，东都洛阳、西京长安相继失守，玄宗奔蜀，军民大量丧亡，残存者也陷于水深火热的境地。这场战乱延续八年，史称"安史之乱"。战后，"三河膏壤，淮泗沃野，皆荆棘已老"，"太仓空虚，雀鼠犹饿"，"至于百姓，朝暮不足"，"寒馁不救，岂有生资？"（《元次山集》卷七，《策问进士》第四）农村的残破是够严重的了。盛极而衰的唐帝国自此内患外忧频仍，再难恢复过去的声威了。

安史之乱发生八个月后，即天宝十五载七月，玄宗的太子李亨在灵武（今宁夏灵武县）即皇帝位，是为肃宗，改元称至德元年。八月，玄宗退位，称上皇。肃宗兴兵抗击安禄山，老百姓也不堪安禄山军队的残杀，日夜盼望消弭战乱，国家重新统一，所以在人力物力上给了唐军以巨大的支持。可是，玄宗的另一个儿子，江陵郡大都督、山南东道、江南西道，岭南、黔中四道节度使永王李璘（辖境相当于今湖北省长江以北的西部、长江以南的东部、西南部，湖南省的东部、西部，四川省的东部、东南部，贵州省的北部，安徽省长江以南的西部，河南省的西南部，以及广东、广西地区），却有乘机东取金陵、割据江表并进而夺取皇位的异图。这个人"生长深宫，不省人事"，但为他的儿子和左右所煽惑，加紧召募勇士，收罗人才，扩张自己的势力，江淮财赋山积于江陵，被永王"破用巨亿"。这时，刘晏避乱所居的地方——襄阳，正在永王的管辖地区之内。永王以高位请刘晏到幕府里来做事。刘晏眼光很敏锐，觉察永王的行径不对，断然拒绝了这一招聘。在给肃宗宰相房琯的信中，"论封建与古异"，指出"今诸王出深宫，一旦望桓、文功，不可致"（《新唐书·刘晏传》），就是对永王野心的批评。肃宗也听说刘晏是个干才，任命他当户部的度支郎中（度支司主管财政预算收支，郎中是司的首长），兼侍御史，主管江淮的租赋。安史之乱后，北方破坏已甚，完富之地只有江淮，唐政权就靠江淮（江南东道、江南西道、淮南道）的财政收入来支撑，因此，这个任务是十分重要的。刘晏受命来到吴郡（治所在今苏州）。永王璘已借东巡之名，率领大军，沿江东下，前来袭击吴郡。刘晏竭力劝说江南采访使兼吴郡太守李希言出兵抵抗（采访使是中央派赴各地巡察的高级官员，可任免地方官，权力很大；太守是州的长官，有时州改称郡，太守改称刺史）。李希言请刘晏分兵镇守余杭（旧余杭在杭州以西）。永王军队开头占着优势，各路唐军将领有的被杀，有的投降，江东一带大为震动。李希言退兵，走依刘晏。刘晏确信江南可守，永王必败，发动义兵，扼守城池和各地要塞。不久永王兵败，想转略州县，但听说刘晏已有准备，遂不敢南下侵犯。溃军从晋陵（今江苏常州）西走，结果永王父子逃至大庾岭为唐军所杀。在这次战乱中，刘晏对保障江浙人民的安全、维护唐政权的统一，有一定的功劳。但他很谦逊，"终不言功"（《新唐书·刘晏传》）。

肃宗至德二年（757 年），江淮租赋事由第五琦负责，刘晏被召回，调任彭原（今甘肃宁县）太守（肃宗曾驻彭原），又徙陇、华二州刺史（陇州即今陕西陇县，华州即今陕西华县）。这年唐军收复长安。乾元二年（759 年），刘晏任河南尹，此时史朝义还占据东都，"乃寄理长水"。乾元三年（760 年，闰四月改称上元元年），因原先的京兆尹"坐残挚罢"，肃宗调刘晏到长安当京兆尹；又因户部侍郎、平章事、判度支、租庸使第五琦改革币制失败，贬官，四十五岁的刘晏作为接替人，进户部侍郎，兼御史中丞、度支铸钱盐铁等使（诸使是中央特派的专使，不归户部管）。这是他接触唐中央政府财政经济领导工作的开始。

在此以前，唐王朝因战乱多年，"府库一空"，加上"所在屯师，用度不足"，采取了五种救急措施：一是要富商纳钱，谓之"率贷"（按五分之一的比例借贷，实际是有借无还），假以官爵（给空名告身），商贾能以财产十分之四助军者便与终身优复（《通典》卷十一《杂税》及《鬻爵》）。二是征收关津之税，谓之"埭程"，"江淮堰塘，商旅牵船过处，准斛纳钱"（《通典》卷十一《杂税》）。三是贩运商货（"轻货"），从中取利，江淮手工业品由江陵襄阳上津路转至凤翔。四是铸行大钱，用通货减重来套取商民的物资。五是实行食盐专卖，加价十倍。三、四、五这三项措施都出自第五琦，他是当时替唐政府弄钱的关键人物。但率贷、埭程都是权宜之计，不久即停办；行大钱后果很坏，第五琦因此而被贬忠州；第五琦推行的食盐官卖，措置不当，问题很多。如何从依靠非常措施弄钱，转为建立一套正规的制度，合理地解决财政困难的问题，这便是摆在刘晏面前的一项新的艰巨的任务。完成这一任务，比之先前的督办江淮租赋，要更费心思了。

　　能者多劳的刘晏，同时兼任首都长安和附近各属县的最高行政长官——京兆尹，任务比他过去管过的一州一郡要繁重得多，特别是战争以后，人民流亡，田地荒芜，事情更是棘手。刘晏勤恳工作，得到"总大体不苛，号称职"的良好评语（《新唐书》本传）。对于恢复生产的问题，他奏请肃宗同意，在京兆府内大力组织开荒，规定所有蒿荒之地，本户有能力复业开垦的，蠲免差科；如无力复业的，把荒地散给居人、客户并资荫家耕种，随例交纳官税（《册府元龟》六七八《劝课》）。这对招复流亡、恢复生产起到了作用。但是京兆尹这个官不好当的地方，主要还不在于战后生产恢复之不易，而是在于人事关系的复杂。京师长安是王公贵族、大小京官集中的地方，官场里钩心斗角的事层出不穷，对这一套刘晏并不熟悉，缺乏应付的经验。当时官居司农卿的严庄，因被人告发通敌，逮捕入狱。刘晏作为京兆尹，为忠于自己的职守，派人把严庄的住宅监守起来，以防他家属走漏消息、隐匿财产。不多时，以事属株连，肃宗把严庄释放，并召见了他。严庄怨恨刘晏，在肃宗面前诬告说："晏常矜其功，怨上，漏禁中事。"宰相萧华亦忌刘晏，说了刘晏坏话。于是肃宗不问情由，马上把刘晏贬为通州（治所在今四川达县）刺史。这是刘晏在政治上第一次受到打击。

　　刘晏在通州做官半年多。宝应元年（762 年），肃宗去世，他儿子李豫——代宗继立。代宗很器重刘晏，即位后就把刘晏召回（宝应元年六月），命他复任京兆尹、户部侍郎，领度支、转运、盐铁、铸钱、租庸等使。当时颜真卿以文学正直，出为利州刺史，刘晏推荐颜真卿代替自己为户部侍郎，代宗乃改任刘晏兼国子祭酒。第五琦也于同年重新被起用为朗州刺史。宝应二年（763年，这年七月改广德元年）正月，以刘晏为吏部尚书、同中书门下平章事（副宰相），晋封为彭城郡开国公，食邑二千户，"度支诸使如故"。四十八岁的刘晏，开始当上了副宰相，因主管财经，故被称为"计相"。先时为相的是元载，元载这个人"以度支转运使职务繁碎，负荷且重，虑伤名，阻大位"，"有吏事督责，损威宠"，所以"悉以钱谷之务"委诸刘晏（《旧唐书·元载传》、《新唐书·元载传》）。这年十月，吐蕃入寇，陷京师，诸道救兵不至，代宗奔陕州，刘晏等宰臣扈从。群情归咎于专制禁兵的宦官程元振。一些不怀好意的人，乘机攻击刘晏"与程元振善"，于是刘晏被免去相位，贬为太子宾客。这是刘晏所受的第二次打击。广德二年（764年）三月，四十九岁的刘晏升为御史大夫、检校（代理）户部尚书，担任"河南、江、淮以来转运使"，被派往东南诸道宣慰，均节赋役，听便宜行事。刘晏东山再起的原因，不外乎是恢复东南漕运这一困难任务不得不依仗他来完成。在这同时，第五琦也重新参加理财，以户部侍郎专判度支、铸钱、盐铁事，并兼京兆尹。两年后——永泰二年（766年）正月（是年十一月改为大历元年），开决汴河、转运粮食（自江淮至长安）有功的刘晏，实授户部尚书，充"东都、河南、淮南、江南东西道、湖南、荆南、山南东道转运、常平、铸钱、盐铁等使"，职权扩大；而京畿、关内、河东、剑南西道转运、常平、铸钱、盐铁等使则由户部侍郎第五琦担任。"至是天下财赋，始分理焉。"（《旧唐书·代宗纪》）大历四年（769年），五十四岁的刘晏由户部尚书改任吏部尚书，充诸使如故，仍与第五琦分领天下钱谷（河北、山东已成藩镇割据状态，税收归节度使占有，中央政府无法控制）。其明年——大历五年（770 年）第五琦因属宦官鱼朝恩党，鱼伏法，琦随之被贬官，出为饶州刺史，由户部侍郎韩滉判度支，分领关内、河东、山南西道、剑南租庸青苗使（这几道的盐铁、转运、常平使自大历五年起停罢）。这就形成了刘晏与韩滉分地区分工主管财经的局面，这种局面一直维持到大历之末，达十年之久。刘晏的吏部尚书也担任了十年（至大历十三年末）。

刘晏理财时，唐中央政府的权威一时还未巩固。大历十一年，李灵耀据汴作乱，运路断绝；"河南节帅或不奉法，擅征赋，州郡益削"。刘晏常以羡余补乏，"人不加调，而所入自如"（《新唐书·刘晏传》。《册府元龟》四八三作"人不加赋，而所入仍旧"）。继广德年间，通漕济急以后，刘晏一再以其出色的才干为唐王朝解决困难。

综观在代宗一朝的十七年中，刘晏虽一度遭受挫折（罢相，为太子宾客，"月余家居"），但总的说来是很受重用的。代宗称他是"文为君子之儒，器蕴通人之量"，不但文才出众，"学苞前典，志在于直方，词蔚古风，义存于比兴"，而且长于吏事，"变而能通，弘适时之务，居难若易，多济物之心"（《唐诏令》四五，《册府元龟》七三，《刘晏平章政事制》）。刘晏的勤勉也深受赞许："自劳于外，又竭心力。苟利于国，不惮其烦。领钱谷转输之重，资国家经费之本。务其省约，加以躬亲；小大之政，必关于虑。……可谓尽瘁国事，勤劳王家也。"（《文苑英华》三八六，常衮《授刘晏吏部尚书制》）刘晏谦让，辞谢加官之恩遇，代宗手诏嘉勉，说他"蕴经国之文，怀济时之略"，给予晋升是"爰奖勤劳，是明赏劝"（《全唐文》四六、《代宗纪》），给予评价甚高。由于代宗的信任，刘晏自广德二年接手办东南漕运，并自大历元年起，以皇帝特派的专使——盐铁、转运、常平、租庸等使的身份，一直分管着东南地区的财政经济。在这段较长的时间里，刘晏从容地施展他的理财本领：改革了粮食漕运制度，完善了食盐专卖政策，改进了"常平"工作，平定了市场物价，举办了均输业务，开展了物资交流，在财政经济上做出了卓越的贡献，使得作为唐政府生命线的东南地区的经济有了进一步的发展。他在任吏部尚书后，在选拔人才方面，也有许多政绩。

大历十三年（778年）常衮为相，忌刘晏公望日崇，向代宗进言：刘晏"旧德，当师长百僚，用为左仆射"。左仆射是尚书省（政府的执行机构，管六部）的首长，没有实权。常衮用的是明升其职、实夺其权的手法。只是代宗"以计务方治，诏以仆射领使如旧"（《新唐书·刘晏传》），常衮的目的才没有达到。大历十四年（779年）五月，代宗死，太子李适（音括）继立，是为德宗。闰五月，韩滉因贪敛过度被免了户部之职，户部度支的工作也由刘晏兼管。这时，言者屡请罢转运诸使，刘晏也固辞，德宗不许，又加关内、河东、三川转运、盐铁及诸道青苗使（《新唐书·刘晏传》），天下财赋总领于刘晏一身了。

可是这样的日子不长。这年八月杨炎为门下侍郎平章事，当上了宰相，刘晏的厄运就来了。这个与刘晏有私仇积恨的杨炎，向德宗大进谗言，引起了德宗对刘晏的怀疑。建中元年，刘晏终于在杨炎的排挤和构陷下被贬了官，接着又被秘密处死。这也是千古一大冤狱。对刘晏之死，当时人甚为不平和惋惜。他的旧吏"推明其功"，"以为管萧之亚"，可与管仲、萧何相提并论（《新唐书·刘晏传》）。兴元初年，德宗开始悟到杀刘晏是错了，乃许归葬。刘晏生前，"善训诸子，咸有学艺"（《旧唐书·刘晏传》），贞元年间德宗给刘晏儿子封官——长子为太常博士，少子为秘书郎。刘晏之子"还官，求追命"，即要求平反，"有诏赠郑州刺史，又加司徒"（《新唐书·刘晏传》）。一代名臣就这样被草草地恢复了名誉。

理财家刘晏的一生经历大致就如上述。刘晏任职于安史之乱以后，当时山河残破，军国所需主要靠江南地区供应，而财政开支浩繁，骄兵悍将又不时截留中央税收，在这样的条件下主持财政，困难是异常突出的。比之当年管仲、商鞅、桑弘羊的理财，其难度更大。而刘晏却能在如此困难的处境之下，做到充实国家财政而不重困人民，这是很不容易的事。到底刘晏用什么方法理财，他在财经制度上有什么改革？下面就对这个问题作出必要的回答与分析。

二 对漕运制度先做改革

刘晏担任财经工作的第一个巨大成就，是恢复并改进了江淮的漕运，保证了京师的粮食供应。

唐建都于长安，关中虽号称沃野，然而其土地狭窄，所产粮食不足以供给京师人民和驻军大量的消费需要，更谈不上有粮食储备来调剂水旱灾荒。因此常需转输东南之粟，谓之"漕运"（水运曰漕，陆运曰转，统称转漕；由于主要靠水运，故称漕运）。高祖、太宗之时，用度还比较有节制，水陆漕运，年不过二十万石，"故漕事简"。自高宗以后，"功利繁兴"，人口增加，运粮"岁益增多"，江淮租船几千艘至巩、洛（漕米先至东都洛阳，而后转输京师长安），年达百余万石，漕运任务就越来越繁重而困难了。当时自淮河经汴水（即隋炀帝时的通济渠，由原有的汴水和古蕲水等河道疏浚而成，今早已淤成平陆），入黄河，转渭水到达长安是一条基本的运粮路线，但这条路很不好走。正如史书所概括的："初江淮漕租米至东都输含嘉仓，以车或驮陆运至陕（今河南陕县）。而水行来远，多风波覆溺之患，其失尝十七八，故其率一斛得八斗为成劳。而陆运至陕，才三百里，率两斛计佣钱千。民送租者，皆有水陆之值，而河有三门砥柱之险。"（《新唐书·食货志》）运输的困难，关键就在这三门险峡，惊涛激流，危石暗礁，船只上驶风险很大，动辄翻船，粮沉人亡。为避开三门（北人门、中神门、南鬼门，在陕县东北）、砥柱之险，从洛阳含嘉仓以西至陕州太原仓，中间三百里，不得不改从陆运。到了太原仓，再改水运至永丰（渭河口），然后达于关中。自睿宗景云中开始，陆运分八段，各相距四十里，雇民牛车以载，称为"八递"。开元初河南尹李杰为水陆转运使，运米年八十万石至一百万石，八段接力运输，每递用车八百乘，两月而毕，斗米运费五十钱（倍于米本身的价格），征发民夫数千，实是劳民伤财。当时虽也曾试图改进这段路程的运输，但没有能闯过三门险关。高宗显庆元年，"褚朗议凿三门山为梁，可通陆运，乃发卒六千凿之，功不成"。"其后，将作大匠杨务廉又凿为栈，以挽漕舟。挽夫系二钘于胸，而绳多绝，挽夫辄坠死，则以逃亡报，因系其父母妻小，人以为苦。"（《新唐书·食货志》）

开元后期，才在裴耀卿的建议下对漕运进行部分改进：一是改当时的直运之法为接运之法；二是减少陆运。史载开元十八年，宣州刺史裴耀卿朝京师，玄宗访以漕事，裴耀卿上书说：江淮租船每年二月至扬州，四月后始度淮入汴河，常苦水浅，六、七月才至河口（黄河通汴之口）。而河水乃涨，又须停一、二个月，待八、九月水落始得上河入洛，"而漕路多梗，船樯阻隘"。"计从江南至东都，停滞日多，得行日少，粮食既皆不足，欠折因此而生"。且江南之人，不习黄河水事，"转雇河师水手，更为劳费"。因此他建议："今汉、隋漕路，濒河仓廪，遗迹可寻。可于河口置武牢仓，巩县置洛口仓，使江南之舟不入黄河，黄河之舟不入洛口。而河阳、柏崖（今孟县西）、太原、永丰、渭南诸仓，节级转运，水通则舟行，水浅则寓于仓以待，则舟无停留，而物不耗失"（《旧唐书·食货志》、《新唐书·食货志》）。接运办法唐初曾实行过，"节级取便，例皆如此"（《旧唐书·食货志》）。武后初，洛阳以东已改用直运，直运之法，"功力虽劳，仓储不益"，为此裴耀卿进言恢复接运之法，但"疏奏不省"，未引起玄宗的重视。到开元二十一年，"京师雨水害稼，谷价踊贵"，玄宗想按照自唐初以来的旧例，率百官幸东都洛阳就食。这时任京兆尹的裴耀卿再次提出他的主张："请罢陕陆运，而置仓河口，使江南漕舟至河口者，输粟于仓而去，县官雇舟以分入河、洛。置仓三门东西，漕舟输其东仓，而陆运以输西仓，复以舟漕，以避三门之水险。"（《新唐书·食货志》）这次玄宗深以为然。下一年八月，即于河阴置河阴仓（在河口）、河清（今孟县西南）置柏崖仓，三门东置集津仓、西置盐仓（三门仓）；于河岸开三门山十八里，用车运，以避湍险。凡江淮漕船，皆输河阴仓。自河阴送纳含嘉仓，又送纳太原仓，谓之北运（含嘉仓至集津仓，是水运，集津仓至三门西的盐仓是陆运，过北而西，复循水道入渭），自太原仓浮渭以实关中（《新唐书·食货志》）。陆运的里程已减少至最低限度，从而运量得以大增，三年之中，运七百万石，省陆运佣钱四十万缗。裴耀卿以此得到宠任，拜黄门侍郎、同中书门下平章事，兼江淮都转运使。不久裴耀卿罢相，议者言北路阴涩，颇为欺隐，于开元二十五年遂罢北运。开元二十九年，"陕郡太守李齐物凿砥柱为门以通潜，开其山巅为挽路，烧石沃醯（醋）而凿之"。"逾岩险之地，俾负索引舰，升于安流，自齐物始也。""然弃石入河，激水益湍怒，舟不能入新门（"开元新河"），候其水涨，以人挽舟而上"（《新唐书·食货志》、《旧唐书·食货志》）。对这样做法是否有利，争论很大。到天宝时，又恢复陆运，年运米二百五十万石，八递用车千八百乘（天宝七载数字，见《通典》卷十），自九月至正月毕。天宝九载，"河南尹裴迥以八递伤牛，乃为交场两递，滨水处为宿场，分官总之"（见《新唐书·食货志》），前后交班，每递一分为两，接力运输间隔的路程缩短了一半。但江淮漕运仍然十分艰辛，天宝十四载八月诏"水陆运宜停一半"（《旧唐书·食货志》，《唐会要》作停一年），以示体恤。总之，直到安史之乱以前，漕运问题一直没有得到很好的解决，局部的改进，很快又改了回去，得过且过，年复一年，"盖窟穴其中，倚为利薮者众也"（见吕思勉著《隋唐五代史》下册第982页）。"是时，民久不罹兵革，物力丰富，朝廷用度亦广，不计道里之费，而民之输送所出水陆之值，增以函脚、营窖之名（按：裴耀卿建议：全国四百万丁，每丁出钱一百文充陕路运脚，五十文充营窖等用），民间传言用斗钱运斗米，其糜耗如此。"（《新唐书·食货志》）当然，沉重的负担总是落在人民的肩上，多花运费，统治者并不心疼。

安史之乱期间，情况更发生新的变化：洛阳被占，淮河被阻，原先这条已很感艰难劳费的漕运路线完全被切断了。江淮粮食（还有布帛）只好溯长江渡汉水抵洋州（今陕西洋县），再转陆路运至长安。路途远，费用大，时间长，运量小，京师粮食供应经常不继，再加年成不好，米价飞涨，一斗米要卖到一千钱至一千四百钱（这是乾元"大钱"已取消后的物价数字。铸大钱引起的物价上涨，至斗米七千，详见以下所述）。"官厨无兼时之积"，"禁军乏食"，畿县百姓被迫捋青穗"以供之"。平定安史之乱以后，如何设法修复汴水、黄河运道，把江淮粮食火速调到关中，就成了当务之急。代宗考虑之后，决定把这副重担交给曾任转运使而办事认真的刘晏。

广德二年三月间，刘晏一接受任务，立即带领随行人员，从长安向江淮进发。他"驱马陕郊"，"到河阴、巩、洛"，"涉荥郊、浚泽，遥瞻淮甸"，沿途仔细勘察河道，到处访问群众。对三门山的栈道和石渠，河口、洛口的堤堰仓廪，步步探讨，处处用心。"以转运为己任"的刘晏，"凡所经历，必究利病之由"，一路上深入地总结了前人办理漕运的经验和教训。

要打通运道，恢复漕运，看样子真是困难重重。兵乱以后，"函、陕凋残，东周（洛阳）尤甚。过宜阳、熊耳，至武牢（虎牢，在今河南汜水县）、成皋，五百里中，编户千余而已。居无尺椽，人无烟爨，萧条悽惨，兽游鬼哭。牛必赢角，舆必脱辐（使舆与轴钩连之木），栈车挽漕，亦不易求"。"于无人之境，兴此劳人之运"，这是困难之一。"河、汴有初（淤？），不修则毁淀"，往常"每年正月发近县丁男，塞长茭，决沮淤，清明桃花以后，远水自然安流"，可是自寇难以来，不复穿治，"泽灭水，岸石崩"，泥沙沉积，河床淤塞，千里河道到处成了浅水滩，载重粮船将如何通过？这是困难之二。"东垣（今新安）、砥柱、渑池、二陵，北河运处五六百里，戍卒久绝，县吏空拳。夺攘奸宄，窟穴囊橐。夹河为薮，豺狼猏猏，舟行所经，寇亦能往。"路上很不太平，这是困难之三。还有一大人为的困难是："东自淮阴，西临蒲坂，亘三千里，屯戍相望。中军皆鼎司元侯，贱卒亦仪同青紫，每云食半菽，又云无挟纩，挽漕所至，船到便留，即非单车使者折简书所能制。"这些沿途的驻军是更难对付的。但是这条运道一旦打通，好处又实在很多。"京师三辅百姓，唯苦税亩伤多，若使江湖米来，每年三二十万，即顿减徭赋"，大得民心，这是利一。"东都残毁，百无一存。若米运流通，则饥人皆附，村落邑廛，从此滋多"；"引海陵之仓以食巩、洛，是计之得者。"这是利二。"诸将有在边者，诸戎有侵败王略者，或闻三江、五湖，贡输红粒，云帆桂楫，输纳帝乡"，军食丰衍，"可以震耀夷夏"，有助于国防的巩固、国家的统一，这是利三。"舟车既通，商贾往来，百货杂集，航海梯山"，城乡经济重趋活跃，可渐追"贞观、永徽之盛"，这是利四。刘晏分析了事情有利与不利的两个方面，觉得这一任务关系重大，必须很好完成，不能知难而退。"冥勤在官，不辞水死"，他的决心已定。但他经过了两次打击，又不能不考虑到朝里权臣当道，办事处处要受牵制，路上驻军跋扈，运粮处处会遭截留，横生的阻力不小。为此，他到了扬州任所，马上写了一封详细的信，把漕运的利病，通过宰相元载疏通，报告朝廷（见《旧唐书·刘晏传》），表示自己愿意"焦心苦形"把漕运办好，希望朝廷能给以有力的支持。

　　元载忙于在朝内抓权，无暇外顾，同意了刘晏的看法，"尽以漕事委晏"，使他得以充分施展其才能。于是刘晏设法恢复运道，并大胆放手对漕运制度进行了改革，前人办漕运的好的办法他一一加以吸收，而且又有自己的创新，使唐代的漕运进入一个新的阶段。

首先，刘晏发动民工，组织兵丁，淘挖淤泥，疏浚汴水。极其难得的是在修河过程中刘晏往往身先士卒，为人表率。"见一水不通，愿荷锸而先往；见一粒不运，愿负米而先趋。"（《旧唐书·刘晏传》）诗人岑参这样歌颂他："刘公领舟楫，汴水扬波澜；万里江海通，九州天地通。"由刘晏主持，在河南副元帅李光弼的协同下，汴河很快"开决"，可以通漕了。刘晏"又分官吏主丹阳湖，禁引溉，自是河漕不涸"（《新唐书·食货志》）。

漕运靠船，刘晏在扬子县（今江苏仪征县）建立起十个船场，出重价打造了两千艘坚固耐用的大船——"歇蝗支江船"，每船可装米千石（唐石约合今 6 市斗，容米约重 90 市斤）。运粮全用自造的官船。过去州县叫富户督办漕运，号称"船头"；老百姓被派差役承担运送租调任务（不应役的要缴纳运费，由官府雇人运输），其中许多人就担任船工。船工们的待遇极低，在法定的服役期间更完全是无偿劳动，还往往要受"船头"的气，大家都不愿干这运粮的苦差使。"水漕陆挽，方春不息，劳人夺农，关东嗟怨"（《全唐文》卷二○，玄宗《幸东都制》），运输劳役一直给人们带来苦难。有鉴于此，刘晏把转漕完全改为官运，教练兵士担任船工，并由官出钱，雇用熟练的河师，遣纲吏督运，派将士押送。十只船组成一纲（队），船工水手的工钱定得比较合理，对安全运输十次不出事故的还规定了优厚的奖励（"十运无失，授优劳，官其人"，《资治通鉴》卷二二六）。就这样"不劳丁男，不烦郡县"，刘晏解决了运输工具和劳动力的问题。这是他的改革和创新，使民不困于转输，"盖自古未之有也"（《旧唐书·食货志》）。

如何合理、有效地组织运输，刘晏经过研究也有了主意。安史之乱前的直运（又称"直达"）的办法，缺点很多，裴耀卿曾一再呼吁改革，刘晏也深悉其中之弊。为此，决定推行唐初采用过的、一度为

裴耀卿恢复的分段接运（又称"转搬"）的办法。他把运输全程分成
四段：扬州→邗沟（扬州到淮安间的运河）→淮水→清口（古泗水入
淮之口，在今淮阴县西南）；清口→汴水→河阴（汴船自清口达河阴，
见《资治通鉴》注）；河阴→黄河→渭口（渭水入黄河处）；渭口→
渭水→长安。"江船不入汴，汴船不入河（黄河），河船不入渭。江南
之运积扬州，汴河之运积河阴，河船之运积渭口，渭船之运入太仓"
（《新唐书·食货志》），即：在各段河道的入口处——扬州、清口、
河阴、渭口，都沿岸设立粮仓（裴耀卿所置河阴仓于天宝后废，大历
四年，刘晏奏置汴口仓，见《唐会要》卷八十七），运完一段，粮食
就起岸贮存一个时期，等河水深浅适度时再由下一段的漕船来装运；
原船各自回去，可免旷日久等；粮食入库保管，可减少损失偷盗。由
于运河、淮河、汴河、黄河、渭河水势不同，各随所宜，分段而运
（或云各段之船亦各随便宜而造），各段船工都能熟悉自己段内的航
运，知道如何避免航行中的危险，确保运输的安全，这是莫大的好
处。

过去运粮都是散装在舱内，装船、起岸十分费力，并且"扬掷"
时的损耗很大。运量少时问题还不突出，运量多时，麻烦就大了，唐
初的接运后来之所以改为直运，和散装粮食难以多次装卸有很大关
系。刘晏深知要坚持分段接运之法，这个问题必须解决。聪明的刘晏
想出了袋装的办法，"命囊米而载以舟"，以便于装卸，减少损耗，为
推行接运制提供了有利条件。袋装的优越性还在于：水浅的地方可以
暂时叫人背着走，过了浅处再装船，或是用小船来分载以过；水急的
地方，即使翻了船，有包封也便于打捞，不致颗粒无存，纵有浥湿，
亦可他用（邱浚《大学衍义补·漕挽之宜》中论囊米之利）。"囊米"
法确是一项重要的改革，作为"囊米"法的首创人的刘晏，自然已周
到地考虑多方面的利益了。

最后一关是过三门峡，刘晏毅然放弃了传统的"陆运"做法，全

部改用水运。他认为李齐物凿山开渠后，船不是不能通过的（水涨时）；过去有人（如杨务廉）搞过水运，失败的原因是：船只不坚固，纤索不结实，中途船撞破了，绳绷断了，就会发生事故。"古无门匠墓"（门匠指三门峡船工，船翻人溺，死无葬身之地，故曰无门匠墓），在这句当时流行的谚语中的确饱含着船工们辛酸的血泪！刘晏以人的生命为重，为了保障安全运输，他在建造特制的、坚固的大船的同时，又从巴、蜀、襄、汉等地调来大批竹子麻皮，制成坚韧的纤索，用以挽舟，并且规定不时换用新的，旧的替下来当柴烧，使"物无弃者"。他遣部将自扬州送至河阴，把上三门的船队妥善地组织好，十船一纲，运米一万石。这些船，号为"上门填阙船"。每纲三百五十人，驾十船，即每船配备三十五人，三十人背纤，五人撑篙（很可能是雇用平陆人为门匠），另有人"执标指麾"。这样，一步一步地把船拉过险峡激流。"未十年，人人习河险"（《新唐书·食货志》），过三门的问题不再把人难住了。当然，其艰苦还是可想而知的，所以，"数运之后，无不斑白者"（《资治通鉴》卷二二六）。

刘晏的改革诚然取法于裴耀卿，但并非全是裴氏的规划，他比裴氏更为高明，更有发展。一是裴氏为支付陕洛运费和营窖等用，给全国每丁增加了一百五十文的税钱；刘晏却是尽"罢无名之敛"，漕运完全官费官办，不给人民增加负担。二是裴氏分段较粗，江南漕船至河口为一段；刘晏分段更细：江船至扬州而回，淮船至清口而回，汴船至河阴（河口）而回，接运制推行得更彻底。三是裴氏的"北运"中还要部分地采取陆运（凿山十八里以陆运）；刘晏则完全用水运，征服了三门，这是别人所未做到过的。

经过刘晏的周密部署，依靠船工的辛勤劳动，江淮粮食终于从汴、黄运道源运到了长安。一年运四十万石（常制：每年江淮米运五十万石，至河阴留十万，四十万石送渭仓），多的时候达到一百一十万石（《旧唐书》作"数千万石"系"数十万石"之误）。过去是

"斗钱运斗米"，少者每斗米亦需运费三百五十文（至东渭桥），而且由老百姓出脚钱，出劳役（"租庸脚士"），运一石米能剩下八斗就算是很好的了（要受嘉奖）。这下"自江淮至渭桥，率十（？）万斛佣七千缗"（《旧唐书·食货志》。每石米只需七十钱，数太小，"十万"应是"万"之讹）；分段而言：由润州（今镇江）至扬州斗米原费钱十九，减省了十五钱（囊米法之效），由扬州至河阴原斗米费钱百二十，减省了九十钱，两段合计，斗米只需三十四钱（石米为三百四十钱），比过去减少了四分之三（《新唐书·食货志》）。并且这是由官府出钱，也不派无偿的劳役；运输损耗也很少，《新唐书》言"无升斗溺者"。粮食一多，京师米价一时平抑下来，"自是关中虽水旱，物不翔贵矣"（大历四年自四月霖潦至九月，京师米斗也不过八百钱，五年七月斗米千钱。大历八年丰收，大麦斗八钱，粟二十钱。一般年成是"粟一斛估价五百犹贱"，物价已大大回跌了。但与开元时的米石不满二百相比，还是上涨不少，再也降不下去了）。当第一批粮船刚把粮食运到长安时，军民欢呼雀跃。代宗也大悦，遣卫士以鼓吹迓东渭桥，驰使劳刘晏曰："卿，朕鄜侯也。"（《新唐书·刘晏传》）以在楚汉战争中负责后勤供应、协助刘邦建立汉朝的萧何来比拟刘晏，从应急济困这一点上来说，刘晏该是当之无愧的。就拿国家已经安定的西汉前期来说，同是建都长安，同有砥柱之险，其时漕山东之粟以给中都，年不过数十万石，而刘晏年运米四十万石，相当于汉量粟二百几十万石（唐一石合汉三石，六斗米合粟一石），两相比较，已大大超过汉时的水平了。

三　改革盐政，成效卓著

大规模的粮食调运需要大量的运费，按运四十万石计算，每年就要几十万缗（一缗即一贯，为千钱），刘晏不叫百姓负担，而由官府出钱。在当时久经战乱、国家财政极度困难的情况下，哪里去筹措这笔巨款呢？这一点，刘晏自有办法解决。原来他这个转运使还兼盐铁使，在办理漕运的同时，兼管着江淮的盐政——"盐铁兼漕运，自晏始也"（《旧唐书·食货志》）。能干的刘晏，在食盐的专卖制度上也做了很大的改革，大大地增加了盐利收入。"晏始以盐利为漕佣"（《旧唐书·食货志》），巨额的盐利收入中，一部分就用于弥补运粮支出。

唐代产盐区分布很广：自幽州（今蓟县一带）以南到岭南沿海地区出产海盐（"散盐"），其中以江淮盐为大宗；河东、西北一带出产池盐，共有盐池十八，其中以号称"两池"的解县池盐和安邑池盐（在今山西南部）最为著名（共有池五），西北盐池（在灵州、威州、盐州、夏州、丰州）较小；西南地区出产井盐，大小盐井共六百四十口。食盐是城乡人民的生活必需品，当时在国内市场的商品流转中占有十分重要的地位。

唐初承袭隋朝旧制，开放盐禁，允许私人自由经营，对盐不实行专卖，也不收专税（产盐不交山泽税，只是在销盐时和其他商品一样交点"市税"），商人们从中发了大财。这种情况持续了一个多世纪。玄宗时，河中尹姜师度"以安邑盐池渐涸"，"开拓疏决水道，置为盐屯（实行官营），公私大收其利"；开元九年，左拾遗刘彤乃上表奏请实行盐铁专卖——"榷天下盐铁利，纳之官，免贫民赋"。"取山海厚利，夺丰余之人，蠲调敛重徭，免穷苦之子"，这叫做"损有余而益不足"。从大商人手里收回利权，以充实国库，减轻农民负担，这种理由尽管很充分，但既得利益集团是绝不肯接受的。在众口沮议声中，刘彤的建议被否决了（事见《唐会要》卷八十八《盐铁》，《文献通考》亦载）。只是因"盐铁之利，甚益国用"，为了增加财政收入，从开元十年起唐政府下令开征盐课（在生产环节缴纳），不再免税，征税之权分隶于地方，"依令式收税"（收盐或折交钱、银、粮食)，每年虽有官课，但中央并不设官管理，除此"一无别求"。虽然有的地方有官营的盐屯（按营田法管理)，但只是少数，绝大多数还是私营。在食盐上，长期实行的经济开放政策还没有从根本上加以改变。

　　征税制实行了三十六七年，安史之乱爆发。颜真卿抗击叛军，在河北首以食盐专卖方式筹措军饷（"收景城盐，使诸郡相输，用度遂不乏"，见《新唐书·颜真卿传》)。第五琦是仿行其法。史称：乾元元年，"盐铁、铸钱使第五琦初变盐法，就山海井灶近利之地置监院，游民业盐者为亭户，免杂徭。盗鬻者论以法"。"天宝至德间盐每斗十钱，……及琦为诸州榷盐使，尽榷天下盐，斗加时价百钱而出之，为钱一百一十"（《新唐书·食货志》。盐民停集之地称盐亭，故盐户又称亭户)。这次"变法"是改食盐征税制为食盐官营。盐，由直接隶属盐铁使的亭户生产。亭户不系于民籍，得以享有免除徭役待遇。产盐全部由官低价收购（"收榷其盐")，再由官加价出售（比乱前加价十倍)，严禁盗煮私市，违者"罪有差"（按不同情节判罪)。在食盐专卖中，这属于民制官收官运官销的直接专卖制，与管仲、商鞅、桑弘羊的食盐专卖属同一类型；但在销售环节，完全由"官置吏出粜"（《旧唐书·第五琦传》)，或派人将盐就村粜易（见韩愈《论变盐法事宜状》)，完全排除了经销小量食盐的小商人，则又比管仲、桑弘羊等人的做法更绝。第五琦的这种做法虽然增加了财政收入，但在实行过程中也暴露出许多弊病。本来，直接专卖制有它的缺点，由于第五琦的完全依靠官自卖盐，而且广泛设置盐官，这就大大地增加了人员开支；他罢官后（乾元三年即上元元年)，元载管财政，充盐铁使，选派豪吏督收盐利，骚扰州县，更使问题突出了。食盐由官自卖，给老百姓带来许多不便。例如，盐官见食盐一时卖不掉，就硬性摊派到每人头上；下乡人员销盐，农户居住分散，供应很难周遍，再加官差不比商人，只收现钱或绢帛，不赊欠，不换购，农民买不到盐，或缺少钱帛，只好不买盐吃，往往长久淡食；有时一吏到门，百家供奉，敲诈勒索，人民更是受害不浅。食盐由官自运，也害及百姓。例如，向民间筹集运输工具（车牛），名为出钱"和雇"，实际也是强迫差配；车牛齐集等候，装盐手续烦琐，辗转运输，旷日持久，费时失业，人民很有怨言（见韩愈《论变盐法事宜状》）。同时，官僚机构效率低，费用大，贪污中饱严重，经营管理不善，对农村供应渠道不畅通，等等，也影响了财政收入应有的增长，对国家也并不有利。总之，唐政府虽恢复了食盐专卖，但制度不健全，毛病很多，还有待于很好地改进。

上元元年（760年）刘晏开始兼任盐铁使，但主要精力放在当他的京兆尹上，而且时间不长就被贬通州。宝应元年（762年），刘晏重兼盐铁使，正考虑要整顿盐政，又罢相赋闲。到永泰二年（766年）正月，唐政府实行财赋分区管理，刘晏正式以户部尚书身份出任都畿、河南、淮南、江南、湖南、荆南、山南东道盐铁使（都畿道，相当于今豫西北洛阳附近地区；荆南道，今湖北省西南、湖南省西北及四川东部地区；山南东道，今湖北省长江以北的西部地区和河南省西南部、四川省东部地区），这时他才有时间、有权力从组织上、制度上对食盐的专卖进行大刀阔斧的改革（至于铁，则仍实行征税制，税率什一，不搞专卖）。

当时，许（河南许昌）、郑（郑州）、邓（邓县）、汝（临汝）各州以西皆食河东池盐；汴（开封）、滑（滑县）、唐（唐河）、蔡（汝南）各州以东则吃海盐。除了河东以及西北的池盐、山南西道的井盐由户部度支直辖，河北、山东海盐被地方藩镇割占外，东南海盐和山南东道的井盐都归刘晏管理（唐盐利主要靠东南海盐，与西汉时比，情况已变）。盐区固然如此广阔，刘晏却并不采取多设盐官的做法。他以为"盐吏多则州县扰"（《新唐书·食货志》），盐务办得好坏，关键在于得人而不在官多，机构重叠，人员臃肿，徒然增加开支，骚扰百姓。从这一点出发，他所做的头一件事情就是从组织上进行整顿，精简骈枝机构，淘汰不称职的冗员，清除鱼肉乡民的贪官豪吏。史书所说的"出盐乡因旧监置吏、亭户"（《新唐书·食货志》），"但于出盐之乡置盐官，自余州县不复置官"（《资治通鉴》卷二二六），就是保留了卤旺产丰的盐产地旧有的盐监的建制，设置官吏，管理亭户；其余卤淡产稀之地，过去设官冗杂，适滋纷扰，盐户散漫也不便稽查，则令其停产，或由各监分别兼管。经过刘晏的整顿，只在主要产区设立十个盐监——"嘉兴（属吴郡）、海陵（属扬州）、盐城（属楚州）、新亭、临平（均属杭州）、兰亭（属越州）、永嘉（属温州）、大昌（即奉节，属夔州）、侯官（属福州）、富都（今之富顺）"。这十个盐监除两个管井盐外，其余八个都是管海盐的，分属今浙、淮、闽盐区。随着唐时经济重心逐渐南移，盐业生产的中心也逐渐南移了。盐监主要是管理食盐生产和收购的机构，部分食盐也在盐监所在地直接出售，"岁得钱百余万缗，以当百余州之赋"（《新唐书·食货志》，约占大历末盐利总收入的六分之一）。另外，在离产区不算远的交通四达之地，设置规模很大的堆栈性质的盐场，负责食盐的收纳、储存、中转和分运，食盐的大部分在这四大盐场销出。当时"有涟水、湖州、越州、杭州四场"。越州、杭州两场分别与新亭、临平和兰亭盐监对口；涟水属泗州，属漕运要道，在这里接受淮盐（海陵、盐城），以利转输；湖州场则收贮、转输嘉兴监的食盐。有了这些大栈场提供仓坨，来存放食盐（这四大场不是"官府自行生产的盐场"，有做这样解释者实属误会），可使产地所制的场盐统归官收，不致有盐未收，或有收无储，散置横溢，而易开偷漏走私之门。而且在这里发售，也可减省商人往产地跋涉之劳。盐场的设置与盐监是密切相关的。各盐监设监官和主管制盐、收购、运输、粜卖的办事吏员（各监下有若干"场"，这些场与"四大场"不同）；盐场则设主管食盐收储和发售的人员。监、场的主管都经过严格挑选，一定要品行端正、有真才实学的人方能充任。刘晏并未单纯强调裁员省费，而是十分注意选贤举能。机构再精简，如果所任人员不能选择好，则事务弛废正与官多费冗相等，刘晏避免了这样极端的做法。由于刘晏的正确安排与有力整顿，机构精干了，人员健全了，从上到下比较融洽，盐务工作井井有条，面貌一新。

刘晏整顿盐政更重要的方面在于他从制度上对食盐的专卖做了重大的改革，即改直接专卖制为间接专卖制——就场专卖制。他考虑到前些时候由官府负责运输、销售食盐是产生各种流弊的症结所在，为此，决定放弃原来的官运官销，而实行以下面这几项内容为特点的新盐法。

刘晏新盐法的内容之一是，"官收盐户所煮之盐，转鬻于商人，任其所止"（《资治通鉴》卷二二六。《新唐书》云"出盐乡因旧监置吏、亭户，粜商人，纵其所之"，将此句读作"亭户粜商人"者误）。即：亭户所制的盐仍由盐官统一收购，不许私自卖给商人（不是由亭户按照规定价格缴纳一定的盐税后将盐直接出售与商人）；盐官所收的盐就在各大盐场或盐监所在地（监下所设的小"场"，有"粜盐官"卖盐。《太平广记》三○五"李伯禽"条记"贞元五年，李白子伯禽充嘉兴监徐浦下场粜盐官"。这样的场和粜盐官的设置当始自刘晏）转售于盐商。食盐的流通税就包括在盐价之中（"寓税于价"），商人就场缴纳盐款后，就"纵其所之"，不论何地任其运销（只是不能销于非刘晏所管的河东池盐的销区之内）。这是民制、官收、商运、商销的新形式。国家只掌握头道批发，小批发和零售放给商人去做。

内容之二是"诸道加榷盐钱，商人舟所过有税。晏奏罢州县率税，禁堰埭邀以利者"（《新唐书·食货志》）。刘晏特地请代宗下令禁止地方官吏和军队对过境食盐层层收税。也就是盐只在产地寓税于价，向国家缴纳统一的"产税"，而不再缴纳运输过程中各地乱加的

"过税"。这样做就解除了贩运公盐的商人的额外负担（当时一般商品亦不纳过税，肃宗时的津埭税已停罢），降低了运盐成本，有利于食盐的正常流通。

内容之三是"商人纳绢以代盐利者，每缗加钱二百，以备将士春服"（《新唐书·食货志》）。当时（大历时）收缩通货数量，渐感钱币不足。刘晏盐法既成，为了减少商人缺钱、换钱的困难，规定盐商可纳绢代钱，用以购盐，绢价定得比一般为高（外加十分之二），以招徕商人，鼓励他们纳绢，政府可由此掌握所需要的大量绢帛，为将士军服之用。既推销了食盐，又取得必要的军用物资，而省去了先收钱再转购绢帛的麻烦，对官方也有一定的好处。

内容之四是"江、岭去盐远者，有常平盐，每商人不至，则减价以粜民"（《新唐书·食货志》）。刘晏借重商人，并非完全放弃官营商业稳定市场价格、调剂物资余缺的职能。他考虑到商人贪图利润，趋易避难，对于那些离盐产地较远、交通不便的偏僻地区，因运费高，不太肯去买卖，就是贩运一点盐去，也是奇货可居，高抬售价。为了补救这个缺点，刘晏专门调运部分官盐到那些偏远地区贮存起来，名叫"常平盐"。如果商人不来，食盐供应紧张，价格上涨，就以平价把官盐抛售出去，供应当地人民的需要，平抑食盐的市场零售价。这样，既解决了边远地区人民食盐的困难，有时也可给国家增加一些财政收入，做到"官收厚利而人不知贵"（《新唐书·食货志》）。刘晏于商运官销以外补之以必要的官运官销，克服前者的不足之处，他的处理问题是比较全面的，设计是比较周密的。

内容之五是"吴、越、扬、楚盐廪至数千，积盐二万余石"（《新唐书·食货志》）。江淮产盐区是主要的盐产地，每年粜商以外，尚有余积之盐。刘晏叫人在这四个大州的交通要道多设盐仓，把盐收起来，作为储备，以备不时之需。一旦哪个市场食盐脱销，便把就近盐仓里的官盐及时调运到那里去供应，使无缺盐之虞。有了分布如此之广、存量如此之多的仓盐作底本，即使食盐放给商人运销，也不怕他们高抬价格，扰乱市场了。储备盐同常平盐性质一样，也是对就场专卖下商运商销的不可缺少的一种补充，起到官营盐业应有的作用。盐仓和盐监、盐场构成了食盐的一套官营商业网。

内容之六是"自淮北置巡院十三，曰：扬州、陈许、汴州、庐寿、白沙、淮西、甬桥、浙西、宋州、泗州、岭南、兖郓、郑滑，捕私盐者，奸盗为之衰息"。(《新唐书·食货志》) 这些巡院都设在海盐的销区之内的交通要地。扬州是东南都会，漕运枢纽；白沙滨临大江，是船运通津（即唐扬子县，在今仪征城南）；浙西门户重在京口（镇江），商旅辐辏，悉汇于此。这些都是附近盐场之地。泗州为南北转运要路，居淮汴之冲；甬桥（在今宿州，名永济桥）也是淮汴要会，舟车必经；庐寿是淮右重镇；兖郓为济泗上游，陈许界于汝、颍之间；郑滑绾梁宋之路；宋汴二州当汴河之冲；淮西（汝宁）控颍洛之险，这些都是销盐区域，距场较远者。至于岭南，未设盐监，场地禁私也归巡院兼理。巡院注意缉私，控制了销区一头，另一方面由盐监控制了产区那一头——以合理价格广收亭户之盐（收购价当有调整），设仓储存，防止了场盐的透漏。这样，"场私"既清，"运私"又缉，两头相互配合，贩私盐之风自然会平静下来，公盐的畅销就能得到保证。但巡院的任务也并非局限于防止私贩。刘晏选择能吏，主掌院事，"广牢盆以来商贾"(《旧唐书·食货志》)，巡院内的"招商官"（招商官事见《云笈七签》），实肩负官盐的推销任务，巡院之下也设"场"，那就是低一级的销盐机构。另外，诸道巡院还负责传递商情，以便刘晏调节盈虚，稳定食盐及其他主要商品的市场价格。监、场、仓、院，从产地到销地，从上到下，从生产、收购、储存、中转到招商、出粜、缉私，一环扣一环，真是"法益精密"(《旧唐书·刘晏传》)，轻重得宜。

在设巡院的诸城市中，扬州尤为重要。刘晏派干员驻守（"尽干利权，判官多至数十人"），有时自己也去坐镇。唐后期扬州贸易繁盛，"商贾如织"，"雄富冠天下"，致有"扬一益二"之称。这与刘晏的兴盐利及运漕米、办均输有直接的关系。

刘晏盐法还有一个很重要的内容，就是对食盐的生产，"随时为令，遣吏晓导，倍于劝农"（《新唐书·食货志》）。他通过加强技术指导来促进食盐生产的发展，通过增加食盐的生产中来扩大食盐的流通，争取有更多的盐利收入，而不靠克扣盐户和高抬盐价来进行财政搜括（盐每斗价一百十文未动。刘肃《大唐新语》卷十云："永泰初奏准天下盐斗收一百文，迄今行之"，可以为证。迄今，指大历之末；一百文，为增收之数）。通观刘晏主持盐政，并未继续增加消费者负担，盐户境遇只有改善而并未恶化，正当商人也可得到合理的利益，因此，所谓的"自非剥削灶户，折阅商贾，何以得盐利如此之多哉"的说法（丘浚在《大学衍义补·山泽之利》中之说），是不确切的。

唐代食盐的就场专卖制，"凡所制置皆自晏始"（《旧唐书·食货志》）。刘晏改革的精神是：一方面使国家控制货源，掌握批发环节，又管理零售市场，富商大贾就只能在规定的范围之内从事正常的商品流转，不大可能兴风作浪，牟取暴利；另一方面，政府可大大节省官运官卖多设机构人员所花的开支，而充分利用商人，尤其是中小商贩的销售能力，马驮人挑，把食盐深入销售到农村中去，大大改变了官卖时农村供应难周多扰的状况。这是在官营商业领导下（官收盐粜商）对私营商人的限制（大商人）和利用（中小商人）的相结合。这种政策实行的结果是：盐业生产发展，销盐数量扩大，市场盐价稳定，商人活动方便，走私风气平息，人民生活改善（无"淡食之苦"），国家收入增长（开支减少，销盐增多）。史书所说的"官获其利而民不乏盐"（《资治通鉴》卷二二六中语），确是事实。

刘晏刚接手办理东南盐务时（766年，即永泰二年，是年十一月改大历元年），江淮盐利收入一年不过四十万缗；至大历末年（776

年），在通货膨胀已经停止、币值已趋稳定（比战前物价还是上涨很多，但与大历初比，则已趋稳定）的情况下，收入增加到六百余万缗，"天下之赋，盐利居半，宫闱服御、军饷、百官禄俸皆仰给焉"。（见《新唐书·食货志》。《旧唐书·刘晏传》作："初，岁入钱六十万贯，季年所入逾十倍，而人无厌苦。大历末，通计一岁征赋所入总一千二百万贯，而盐利且过半。"按：岁入钱六十万缗可能是指刘晏榷盐区内的全部盐利，非仅指四十万缗的江淮盐利。又：大历初，物价高，币值很低，以后收缩通货，开源节流，形势好转，通货膨胀之势已经停止，所以大历末盐利以至整个财政收入的大增还不能说是货币贬值造成的虚假现象）。而属于户部度支管理的两池盐，盐利收入一年不过八十万缗，"价复贵于海盐"（《资治通鉴》卷二二六）。有一年盐池被霖雨败坏，出不来盐，一向依靠池盐供应的长安，市场盐价飞涨，刘晏奉命调海盐三万斛（石），"以赡关中"。"自扬州四旬至都，人以为神。"（《新唐书·刘晏传》）其实这不是刘晏之有"神"助，而是他增加海盐生产和多建盐仓留有储备所起的作用。当然，他的疏浚运道、改革运输制度，也为及时调盐创造了良好的条件。

刘晏的实行食盐专卖无疑是受了管仲、商鞅、桑弘羊的影响，其基本精神和前人的榷盐法一脉相承；但很显然的，在具体做法上他却又有新的改进，使盐法变得比较完备而切合当时的实际，从而取得更好的效果。他并没有拘泥旧迹，一味师古，而是看到今昔之变，因时制宜。他否定了食盐的官运官销，表现出他大胆的革新精神，确是桑弘羊以后在经济方面的一个大改革家。食盐就场专卖制的创设，是当时的一件新事物，在中国经济史上应占重要的地位。刘晏不但以盐政办得好见称于当时，而且他的盐法之善也享誉于后世，他的事简而易行的就场专卖制对后来人发生着深远的影响。当然，刘晏的就场专卖制下的商销，还是任其所止，就便运销，并没有后世那样的有"引界"之分。在销售环节上，不给某一个（或几个）商人以在一定地区内经营食盐的垄断权，而允许商人之间自由竞争（"任其所往，……相所缺而趋之，捷者获焉，钝者自咎其拙，莫能怨也"），发挥市场的调节作用，以保持各销区的供求平衡（同时还有国家的调节，如常平盐），避免奸商"唯意低昂，居盈待乏，而过索于民"，使"踊贵之害"得以消除（"此方挟乏以增价，而彼已至，又唯恐其售之不先，则踊贵之害亦除"。以上引文均见王夫之《读通鉴论》卷二十四，唐德宗第六条）。这正是刘晏盐法的特点，绝不能认为后世流弊很大的限界行销食盐的做法与当初刘晏时的分区管理盐政（刘晏管东南盐，户部管河东盐）有什么关系。

　　刘晏的盐法是一种专卖制，是就场专卖，不是征税制，不是就场征税。就场专卖与就场征税两者之间有着深刻的区别。前者是官收商运，食盐专卖；后者是官不收盐，单纯征税，不属于专卖的范围之内。像东汉和开元十年以后的做法才可被称为就场征税制；而刘晏对商人就场付款购盐后，"纵其所之"，不问其去向，只是说明当时还未形成像后世那样的划区供应的"引界制"，但这还是一种专卖，是本来意义上的就场专卖，并非真正的自由贸易，不能以此与就场征税相混（明李雯、清顾炎武和郑祖琛主张改行就场征税，而误以为刘晏实行的就是就场征税）。就场征税原是一种自由贸易制（又称"生产课税法"），仅于产地设官监督，按产额收取盐税，余皆不问，虽很简便，但其弊很多：场地广泛，生产分散，漫无稽查，收税困难（如由盐户纳税，赤贫之人无力垫付；如由商人纳税，偷漏之事无法堵截；如由场官收税，侵欺之数无由核实），结果是国家收不到多少税，徒然肥了商人；而商人好利，又往往抬价掺杂，趋易避难，致使人民只能吃高价盐，僻远之地和乡村更常吃不到盐。有时还会形成少数富贾巨商的垄断操纵，妨碍一般商人正常的自由流通。刘晏的就场专卖就避免了就场征税的这些缺点，而且也是就场专卖中最好的做法（与后世的就场专卖制比较）。就场专卖与就场征税实为两码事。推重刘晏却把刘晏之法名之曰就场征税，就无法真正窥知刘晏盐法的好处所在了，也无法真正了解两种不同的盐业政策所代表的不同的理财思想了。

四 在租庸、常平、铸钱诸使职责范围内所办的几大好事

刘晏一身数任，既是东南各道的转运使、盐铁使，又是这些地区的租庸使、常平使和铸钱使。所以征收赋税，调剂民食，稳定物价，办理均输，铸造钱币，也是刘晏职责范围内的事。

唐前期实行均田制，每个丁男授田一顷，其中八十亩为"口分田"，二十亩为"永业田"（栽桑或麻）。与之相应，责偿于受田者主要有这四项义务：一是"租"，课户每丁年输租粟二石；二是"调"，每丁年输绫或绢或絁（绌）二丈、丝绵三两，种麻之地则输麻布二丈五尺、麻三斤；三是"庸"，每丁年服役二十天（闰年加二天），无事则收其庸，每日折绢三尺，布加五分之一，有事而加役者，旬有五日免其调，三旬则租调俱免（通正税不得过五十日）；四是"杂徭"，即胥役（为封建官府服务的非生产性差役），名目繁多（又称色役）。这就是一般所说的"租庸调"赋役之制。在这四项之外还有杂征，主要是"地税"和"户税"。地税按亩计征：每亩二升（原意交"义仓"，贮州县，作备荒用，后常送京师或挪作别用），商贾户无田及田不给足者，按户等高低征收不同数量的粮食为地税。户税（"资课"）按户计征：民户按资产多少，分为九等，依照户等高低，缴纳不同数量的钱币。租庸调法既然建立在均田制的基础之上，随着后来土地兼并的日益炽烈，均田制日益被破坏，它的存在自然就日益发生问题。就在玄宗之时，被兼并而失去土地的农民已大量逃散（或成为大地主的私属，或流入城市），租赋摊于未逃者身上（摊逃），未逃者也只好

一逃了之，于是逃户日多；同时，地主们以种种办法和名义（为官为僧等）规避赋役，"不课户"的比重很大（约占总户数的十分之四），这都影响了政府的收入。安史之乱前，已是版籍不修，丁口转死，田亩移换，贫富升降，一切非旧，"户部岁以空文上之"，租庸调失去了确定的依据，再按照老的户籍丁口派课已违当时之实；安史之乱后，人口大量死丧、逃匿，户籍更错乱且剧减，虽加强赋敛，而"王赋所入无几"。以人丁为计税标准、负担由课口所出的租庸调的赋役制度更是越来越难以维持了。在这样的情况下，唐政府就转而注意纳税面较广（不限于课户，王公贵族都不免）的地税和户税的征收了。本来，地税、户税为租调庸法的补充税收，但到天宝时地税每年已达一千二百四十余万石，户税为二百余万贯，在封建政府收入中所占比重已经提高。代宗时，以租庸调法弊坏，地税税额更是增加——永泰元年第五琦于京畿行十一税法，大历四年十月规定上田每亩秋税一斗，下田亩六升，垦荒亩二升；次年改为夏税上田六升，下田四升，秋税上田五升，下田三升，开荒二升。另外还有地税的附加税——"青苗地头钱"，每亩收钱十五文。至于户税，代宗时也增加很多，分九等收钱，如第九等下下户由天宝时的二百二十二文，增至五百文，增加了一倍以上（这里面有通货贬值的因素，代宗永泰二年粟价比安史之乱前上涨约一倍，大历四年币值还没有恢复）。地税和户税，这两项原为法外之税，至此已成了唐政府财政收入中压倒租庸调的主要赋税来源了。当时主持征收赋税、支派民工的有皇帝特派的专使，但仍沿用租庸调的老名称，称之为"租庸使"。刘晏就在很长时间内兼任租庸使。他在这方面办了两件好事：一是在既定的税额之下，适当予以减免，减轻农民的实际负担；二是参与税制的整理，给建中时的实行"两税法"作了实际上的准备。

肃宗至德二年，刘晏曾"领江淮租庸事"，不过是代办性质，而且第二年即离开江东。第五琦正式任租庸使，半年多即被贬；元载入为度支郎中，得到肃宗赏识，迁户部侍郎，充江淮转运等使，江淮租庸就由元载主管。元载这个人很贪酷，他认为江淮虽经战乱灾荒，百姓比其他各道还富有，竟要百姓把天宝十三年（754 年）至上元二年（761 年）八年中欠缴的租税合起来，"并计其大数而征之"。他"择豪吏为县令而督之，不问粟之有无，资之高下，察民有粟帛者发徒围之，籍其所有而中分之，甚者十取八九"。"上元官吏务剥削，江、淮之人多白著（白白破费财物之意）"，这两句歌词正道出了当时江淮人民对元载这样租庸使的愤恨（事见《资治通鉴》卷二二二；元载为江淮五道租庸使，见《大唐传载》）。刘晏于代宗时兼任东南租庸使后，一反元载的做法，不但废除了额外的横征暴敛，并且根据收成情况，适当减免了农民额内的负担。他密切注意农业生产的动态，在"诸道各置知院官，每旬月，具州县雨雪丰歉之状白使司"（转告租庸使），"知院官始见不稔之端，先申至，某月须若干蠲免，某月须若干救助，及期，晏不俟州县申请，即奏行之，应民之急，未尝失时，不待其困弊、流亡、饿殍，然后赈之"（《资治通鉴》卷二二六）。

刘晏能这样关心生产，先期掌握情况，及时减免租税，主动解决百姓的困难，在封建官僚中实为罕见。后来德宗时的陆贽曾评论代宗时的情况说："大历中纪纲废弛，百事从权，至于率税多少，皆在牧守裁制。……增损既由郡邑，消息易协物宜，故法虽久刓而人未甚瘁"（《陆宣公集》奏议六，《均减赋税恤百姓》一）。对赋税调度，可由官吏加以适当处理这一点，他是加以赞许的。刘晏作为专使，不是与地方留难，一味加赋催租，而是正确地利用他有权总的均节赋役的地位，灵活调度，支持、帮助地方减收税额，施惠于民。当时的"人未甚瘁"，与刘晏能体恤民情实有很大的关系。宪宗时盐铁使王播也追述"刘晏领使，皆自案租庸，至于州县否臧，钱谷利病，物之虚实，皆得而知"，强调刘晏一身兼任盐铁租庸两使，充分了解江淮州府的钱谷情况，这对统一调度东南的财赋是大为方便的（见《唐会要》卷八十七）。

代宗时唐政府对地税户税进行过整理，地税的增加（大历四年十月）和再酌予减轻（大历五年三月）都在刘晏已离户部转任吏部尚书之后（大历四年三月），很难算在他的账上，但户税的整顿则是在刘晏尚任户部尚书之时（大历四年正月），作为一部的首长当是参与其事的。这次户税税制有几点重要改革：一是取消旧日对有邸店行铺炉冶者应"加本户二等"收税的规定，各按本户户等的税数征纳，直接减轻了商贾的负担。二是对官吏的赋税有所加重，"若一户数处任官，亦每处依品纳税"（"一品准上上户税，九品准下下税"）。三是在外地购买庄田的"寄庄户"与在外乡居住的"寄住户"，都比旧例加一等征收户税（旧例只分别收八等和九等户税）；对"诸色浮客及权时寄住户"也征收户税（旧例不税），"稍殷有者，准八等户税，余准九等"（《旧唐书·食货志》）。经过这样一整理，户税更加有利于巩固财政收入、发挥赋税政策调节财富分配的社会作用了。

刘晏作为一个在经济方面颇有改革的理财家，他的注意力是集中在盐利以及其他与商品流通有关的收入上，他要从这些方面开辟财源，以免增加农民的负担，并在可能时适当予以减轻；关于地税、户税，并没有被他当作借以增加财政收入的重点，因此所下的功夫、所做的改革是比较有限的。他办事稳健，对久已残破的租庸调制度也不敢毅然宣告废除，另立新法，唯恐改得不好，不但缓不济急，反会使人益困，而以减税免税济之，给人以休养生息的机会。终刘晏之世，改革再多，而对农民的赋役制度却未发生彻底的根本的改革，其原因即在此。尽管如此，在地税、户税这两种税重要性日益突出的条件下，与他有关的赋税制度的某些方向性的改革（如对客户收户税），和其他改革加在一起（如税率的改变、纳税时间之分夏秋），确是奠定了日后杨炎推行两税法的基础（两税法中所收的粮食，是地税与租庸调中的租的合并，所收的钱是户税钱与庸调等的合并），刘晏在这方面还是起了一定的历史作用的。

如果说刘晏在兼任租庸使方面建树尚不算很多的话，可以说他在兼任常平使方面就做了更多的工作，成效卓著，颇有创新。作为一个常平使，他要求自己首先要做好粮食的调剂、粮价的调节和粮食的储备工作，用以安定人民的生活。在他所办的官营商业中，除食盐以外就数粮食为最重要了。

关于粮食的调剂和粮价的调节，春秋时管仲也较注意，敛散以时，是管子"通轻重之权"的内容之一。战国时李悝的"平籴"、"平粜"办得更是有效：视年岁的上熟、中熟、下熟而籴例不等地收购农民的余粮，饥年再发熟年之所敛而粜之。"故虽遇饥馑水旱，籴不贵而民不散，取有余以补不足也。行之魏国，国以富强。"（《汉书·食货志》）西汉宣帝时的财政副大臣耿寿昌，倡议在边郡设立"常平仓"法，"以谷贱时增其价而籴以利农，贵时减价而粜"，至此始有"常平"之名。以后（元帝时）常平仓在"毋与民争利"之说的反对下被废除，有时（东汉时）即使恢复也变了质，"外有利民之名，内实侵刻百姓，豪右因缘为奸，小民不得其平"（《后汉书·刘般传》）。进入唐代，常平仓恢复设置，由中央拨给各地一定的"常平本钱"以备谷物丰收时加价收籴，谷物昂贵时贱价出粜。贞观、开元时常平办理得还较好，常平本钱：上州三千贯，中州二千贯，下州一千贯（开元七年六月敕，见《唐会要》八十八）。收粮时加价三钱，售粮时允许"赊粜"。常平，是唐前期有数的一种官营商业，但当时的常平仓是由地方管理的，每年只向中央申报常平本利与正仓存粮而已。安史之乱起，常平制度中断，常平仓的存粮被挪用一空。广德二年（764年）正月（时刘晏罢相），第五琦为户部侍郎，奏请"各州置常平仓及库使，自商量置本钱，随当处米物时价，贱则加价收籴，贵则减价粜卖"（《唐会要》卷八八）；两年后（永泰二年）由中央正式设置常平使，刘晏与第五琦分领天下常平业务，常平已不是州自为政，而是由中央政府统一办理，有特派的专使专理其事了。但第五琦主管地区的常平业务，范围比刘晏小，时间也仅五年，其所领的关内河东三川转运常平盐铁等使均于大历五年停罢（第五琦贬官，使不再设），只有东南地区仍设常平使，由刘晏长期兼任，常平工作越做越好。

粮食这种重要的商品，它的价格须由国家来掌握，不能完全任其放任自流，在市场价格的基础上，通过吞吐物资、调节供求的方式来加以控制，使价格的波动局限在有利于生产和消费的一定幅度之内。对这一道理，刘晏是深有认识的。他根据诸道知院官每旬、每月所报的州县雨雪、丰歉的情况和市场粮价变动的情况，决定采取相应的措施：在粮食上市，特别是丰收年份，商人压价、粮价惨跌时，命令各地以适当高于市场的价格收籴粮食，这叫"丰则贵籴"（或"丰则贵取"），以免谷贱伤农。在青黄不接，特别是歉收年份，商人抬价、粮价狂涨时，命令各地以适当低于市场的价格出售粮食，及时供应缺粮农户和城市贫民，这叫"歉则贱粜"（或"饥则贱与"），以免谷贵伤民。在市场价格比较正常时，则按照市价在产粮地区收购部分粮食，以充实储备或作为调剂之用。对于受灾地区，则用粮食向灾区人民换购土产杂物，以"供官用"，或把这些土产杂物转运到丰收地区去销售；为减少农民远道进城购买粮食的困难，刘晏鼓励商人下乡购货粜粮（"多出菽粟，恣之粜运"，"贱以出之，易其杂货"），使粮食以较贱的价格"散入村间"，在常平工作中他也利用了商人（小商贩）的一份力量。在丰收年份，从产粮地区收籴的粮食，刘晏除用一部分供应缺粮地区，并在季节之间进行周转调剂之外，其余的就陆续储存起来，防备荒年不时之需，各地这种性质的储备粮，常积至三百万石（米）之多。在这上面他是有功于国的（《资治通鉴》卷二二六、《新唐书·刘晏传》）。同是粮食工作，刘晏以粮食与灾区人民的土产相交换，却为前人所无，而是他自己的创新。

东南地区幅员广阔，各地情况又复杂多变，在当时条件下，要做好粮食的购销调运储存工作不是一件很容易的事情。但刘晏还是想了不少有效的办法。在粮食收购中相传有这样一个例子：按照通常的做法，产粮地区粮食的收购，须在收购季节到来前，先由各地呈报粮价，然后按所报价格的贱或贵，确定收购量的多或少。这样就一定要等州县把价格报齐，通盘考虑之后，才能把收购数量批示下去。当时交通不便，往往在公文几经周转到达之前，粮价已随粮食上市量的减少而上涨，国家买到的粮食往往是数量少、价格贵，便宜都给商人占去。刘晏的做法比之大有改进：他叫交通方便的产粮州县，事前把几十年来的粮食收购价格和收购数量，按数额高低各分五等，上报议定后，即作为各地确定收购数量的依据。以后各个州县只要根据当时粮价的高低，就能自己确定收购数量的多少，及时进行收购。第一等价（最高）按第五等数量（最低）收购，第五等价格（最低）按第一等数量（最高）收购，第二等价格按第四等数量收购，第四等价格按第二等数量收购，第三等价格按第三等数量收购。价格越低，收购数量越多（价格下降过低则适当加价收购）。不必先向上呈报价格，等候批示，然后开籴，以免耽误时机。但各地购粮的情况需逐日飞报刘晏。刘晏总计各地收购数字，按照"避贵就贱，取近舍远"的原则，及时进行安排：如收购总量还不够满足需要，就命令价格低、路途近的地区再多收一些；如果差不多已经够数，就命令价格高、路途远的地区先停止收购。这样做，粮价低贱的地区可以把能够到手的粮食尽量收购上来（"籴尽极数"），其余的地区可以适当收购，而不致用高价购进过多的粮食。"粟价未尝失时，各当本处丰俭"，轻重缓急，都安排得很适宜（见沈括《梦溪笔谈》卷十《官政》）。这种做法也是刘晏的一大创新。

常平、平籴（粜）前人仅行之于粮食，刘晏这个常平使，他所经办的常平业务的范围，已超过粮食的收售和粮价的稳定。继粮食工作做出成效后，刘晏又进一步把粮食以外的主要商品供求的调节及其价格的稳定，列为自己所应担负的任务和所要达到的目标。常平的原则在他手里得到推广应用。诸道的巡院除负责管理食盐和粮食的销地市场外，还有责任保持其他主要商品市场的稳定。要掌握市场物价的控制权，必须及时了解各地的经济情况和市场的动态变化。为此刘晏对通信制度进行了改革。过去邮递是以徭役来维持，由富户来包办，名叫"捉驿"，驿夫们生活很苦，邮递效率也不高；刘晏改派官吏主持驿站，以重价招募"驶足"（"疾足"、"急足"）。"自诸道巡院距京师"，"置递相望，四方物价之上下，虽极远不四五日知"（《旧唐书·刘晏传》；《新唐书·刘晏传》作"置驿相望，四方货殖低昂及它利害，虽甚远，不数日而知"）。举凡粮食收购，粮价变动，以至百物行市涨落，四方物资余缺，都是通过这些快马加鞭的"飞毛腿"，一站接一站地向前传送信息。依靠这一灵通的商情网，刘晏在京城里及时了解了他所主管地区内的市场情况（沈括也说"刘晏掌南计，数百里外物价之高下，即日知之"），市场物价的控制权握在他手里（《旧唐书·刘晏传》），对各地巡院吞吐物资调节供求进行着有效的指挥。因此，粮食和各种主要商品的价格没有太贵太贱之忧，市场经常保持稳定。史称他"能权万货重轻，使天下无甚贵贱而物常平"（《新唐书·刘晏传》），真可谓"得其术矣"（《旧唐书·刘晏传》）。

以调节粮食和其他主要商品的供求和价格为内涵的"常平"，其实已非原来意义上的"常平"，而是相当于桑弘羊的"平准"了。但桑弘羊的平准只设于京师，而刘晏已把平准扩展到各地（大城市）；与之相连，桑弘羊初无商情网的建立，刘晏则十分重视经济情报，建立了一个商情网，以做到决策时心中有数。这是他取得成功的一个条件，也是他的一个创新。桑弘羊的平准法，在刘晏手里是有了很大的发展的。

叫常平也好，平准也好，这种官营商业活动并非以单纯营利为首要的、唯一的目的，而有调节供求、稳定市场的任务在肩，没有忘记前代常平制度建立的初意。刘晏理财，大量的经济收入是来自食盐的专卖，而不是主要靠常平。即使利入很大的食盐也有不以营利为先的地方，如常平盐即是其例。当然，在常平、平准中如能有美利（"朝廷获美利"）、厚利（"官收厚利"），刘晏也是要争取的，但有时利并不大（如减价出粜粮食，远道运输常平盐），他也绝不是就此不干了。因为使"天下无甚贵甚贱之忧"，保持市场物价的稳定，乃是刘晏更重要的目的。举办官营商业，而实行竭力争取稳定物价的政策，这是刘晏十分可贵的地方（一般搞官营商业正以贱买贵卖来获取厚利，进行聚敛，并不要求稳定物价）。自战国李悝的"平籴法"、西汉桑弘羊的"平准法"以后，已很久没有人以稳定物价的原则行之于政策中了。

刘晏的常平工作中诚然有在地区间调运粮食的内容，但决不能笼统地说他的"常平"事实上就是桑弘羊的"均输"。刘晏有没有搞过均输呢？搞过的。他的均输就是把赋税收入折合的现钱，从低价地区收购各种各样体积小、价值高的土特产品，转运到京师或价格更高的地区去出售，以调剂商品的余缺，同时也使国家从地区差价中增加一笔商业利润。当时东南各州城市手工业比较发达，绫、锦、铜镜、铜器、瓷器、漆器、木器、纸、笔、席等种类繁多，这些产品当地消费不了，别处却正需要。尤其是关中地区遇到粮食丰收的年份，长安便不像往常那样迫切需要从东南运进大量的漕米，而希望取得更多的手工业品，或由此换钱以作他用（如在关中和籴），在这种情况下，刘晏就以部分租赋收入（以漕米数额折交的米价并脚价，或其他项目的收入，以至盐利收入），在东南各州采购土特产品，由漕船运往汴州和关中等地，即所谓"市轻货以送上都"。例如，大历八年关内丰穰，减漕十万石，于关中和籴（《新唐书·食货志》）；大历九年，命各道"取当使诸色杂钱及回易利润、赃赎钱物等，都计钱数，市轻货送纳上都，以备和籴"（见《册府元龟》四八四）。这样，减运粮食，增运"轻货"，运输费用可以节省许多，而东南手工业品的销路有了扩大，对有关商品的生产和商业的发展也起到一定的促进作用。国家则以出售"轻货"的钱，在粮食丰收处加价和籴，"以利关中之人"；或在边地"平籴，以之馈军"，有时还"以助均给百官"俸钱，用处也很大。这就是过去人们所说的"均输"。这种"均输"系师法桑弘羊。第五琦曾有过转输东南轻货于所在之举，但那时交通梗阻，很难顺利推行；刘晏时叛乱已平，汴河已浚，运费得以减省——"轻货由扬州至汴州，每驮费钱二千二百，减九百，岁省十余万缗"（见《新唐书·食货志》），均输才作为官营商业的一项活动很好地开展起来。所以马端临称"均输之说始于桑弘羊，均输之事备于刘晏"。不过刘晏时尚无专设的均输官，均输工作还是由他这个常平使和常平的属官兼理。在各州调节供求、平衡物价时，也有的不是在当地同一市场上不同时间的商品收售，而是转运他处较贱的商品至此处，以比产地高的价格出售，用以平抑此处因缺货而上涨过高的市场价格，这便是均输与平准的结合了。但一般而论，以平准为内容的"常平"，与均输还不完全是一回事情，而应该区别开来。

在刘晏所兼各使中，还有一个铸钱使的头衔。作为一个铸钱使，他在这方面也做了许多有益的工作。

唐代货币主要用铜钱，钱称为"通宝"。最初是高祖武德四年（621年）铸的"开元通宝"钱；高宗乾封元年（666年）铸造时标以年号，称"乾封泉宝"，是正式的年号钱（过去的五铢钱是"量名钱"）。每个"开元通宝"钱，径八分，重一钱（清库平一钱，一枚重一钱的铜钱始于此时，下至清代基本上相沿不变），比五铢钱略轻（重汉秤四铢八絫，或唐秤二铢四絫，约为3.13克；五铢钱重合一钱多一点），成为前后两个不同的钱币系统（以后都是"年号钱"，不是量名钱）。唐太宗时开元钱币值很高，高宗时四处用兵，官铸大钱（乾封钱当十枚开元钱用，但重量增加不到十分之一，一年即废），私铸恶钱，通货一度贬值。玄宗时，私铸减少，钱形完好，海内富贵，物价下跌，币值上升。肃宗乾元时，与安史叛军苦战，经费不足。户部侍郎、铸钱使第五琦建议用铸大钱的办法来弥补财政亏空，这就引起了货币的大大贬值。按第五琦所奏，先是（乾元元年，758年）铸造"乾元重宝"，径一寸，每缗重十斤（每文重一钱六分），以一枚当十枚"开元通宝钱"用，"冀实三官之资，用收十倍之利"；继而（乾元二年，时第五琦为宰相）更铸"重轮乾元钱"，径一寸二分，每缗重二十斤，一当五十，相对的是货币进一步贬值。结果"物价腾踊，米斗钱至七千，饿死者满道"（《新唐书·食货志》），"又盗铸争起"，"奸人豪族，犯禁者不绝"（《旧唐书·食货志》、《第五琦传》）。改币失败，第五琦罢官（贬忠州长史，次年因贪污嫌，流夷州）。上元元年（760年），重轮钱减作一当三十，旧开元钱增为一当十，但还是贬值，斗米仍值数千。代宗即位，"乾元重宝钱以一当二，重轮钱以一当三，凡三日而大小钱皆以一当一"，私铸的重棱大钱不在行用之限。这样虽"人甚便之"，而"民间乾元、重棱（重轮）二钱铸为器，不复出矣"（《新唐书·食货志》）。

第五琦被贬官后，刘晏曾为铸钱使，但中间也经历曲折，实际抓铸钱的时间并不多。广德二年以后，刘晏再与蹶而复起的第五琦分任铸钱使。刘晏管的是东南地区的铸钱，统辖的范围较大，共管五十处铸钱炉。这时铸大钱、搞通货减重的错误做法虽已被纠正，但又出现一个新的问题，即因铜料不足（铜矿开采规模不大）铸钱量少，渐感通货不足，以至于在大历七年下令禁铸铜器（除铜镜外，旧铜器不得货鬻）。面对这一情况，刘晏觉得不能听任流通中货币短少的现象继续下去，应不时地适当增加铸钱数量，便利交换，以与日益增长的商品流通需要相适应。于是他就以铸钱使的身份，广开钱炉，精工优料，铸造足值的钱币，为解决钱币不足问题做了积极的努力。

当时在刘晏所征收或换购的物资中，有一部分是江岭诸州湖峤荒险之处，"任土所出"，"皆重粗贱弱之货"，供应京师不足以补偿道路转运的费用。刘晏决定把这些东西集中在盛产铜砂的淮、楚地区出售，用以换回铜、铅和薪炭，就地设炉雇工铸造铜钱，这些钱不惜工本，质量很高，官府很少铸利，私人很难盗铸，一年之中能铸出钱十余万缗，供应了京师、扬州、荆州市场流通的需要，"自是钱日增矣"。刘晏之"措置纤悉如此"，原来不值钱的东西，经过这样处理，一举两得，派了很大用场。

如何处理货币的问题，历来是主计政者的一大难题。用通货减重，人为地提高名义价值的办法来增加财政收入，结果必然会影响人民的生活和社会的安定，这就不是一个好的理财者。只有稳定币值，稳定物价，与流通的需要相适应地铸造必要数量的、质量较高的货币，才对社会经济和人民有利，也才能把国家的财政建立在扎实而稳固的基础之上，这样的主计政者才是真正的卓越的理财家。唐代的第五琦和刘晏就是这两种不同类型的主计政者中很有代表性的人物。刘晏在这方面承继了桑弘羊的思想和政策，虽没有新的突破，但像他那样能把货币问题处理得较好的人，在桑弘羊以后也是不多见的。

五　经济思想的特点和发展

刘晏在国家困难的时候，对财政、经济进行了许多改革，取得很大的成效，他所制定的新的经济政策和措施，自然是有一种正确的思想为指导的。他自己表示要学"弘羊重兴功利"，别人也以为他是"管萧之匹"（《新唐书·刘晏传》），管仲、桑弘羊的思想为他提供了可贵的借鉴，这当然是非常重要的；但刘晏更能体察当时的形势，在他的经济思想中注入了许多反映时代特色的、新的内容，因此比他的前辈又有了进一步的发展。在这上面也更充分地体现出他作为一个改革家的革新精神。如果总是因袭前人，那还有什么改革可言呢？

刘晏在经济思想上与一般理财者不同的一个首要的特点是，他懂得增加财政收入的根本前提在于发展生产、安定人民的生活，而反对单纯聚敛，反对杀鸡取卵式地掠夺人民。"聚敛者只顾要钱，不管民众死活；刘晏却兼顾民众，让民众也得些利益，在民众还能容忍的限度内，谋取大利，这是刘晏理财的特色。"（范文澜：《中国通史》第三册）善于理财者，非徒"知利国之为利"，而更"知利民之为大利"；非徒"知专于取利而可以得利"，而更"知薄于取利而可以大得利"。刘晏正是这样的善理财者，而不是其相反。丘浚在《大学衍义补》中对刘晏做出相反的判断，不符合实际。

史称刘晏"其理财常以养民（一作"爱民"）为先"。他自己也说"户口滋多、则赋税自广"（《资治通鉴》卷二二六），"王者爱人，……当使之耕耘织纴，常岁平敛之，荒年赒救之"（《新唐书·刘晏传》），意思是要从增加国家所控制的户口入手，大力保护、培植赋税的来源。所谓"养民"、"爱人"，就是要休养生息，给人民一个安定的生产和生活的条件，让农家能男耕女织，安居乐业。这是把财政建立在发展经济的基础之上的一种合理的思想，有别于单纯的财政观点。他从农村增加税收，不是靠加重每一家农户的负担，而是靠增加农村户口、扩大耕地面积、发展农业生产而取得的。而他的举办"常平"，调剂民食，稳定粮价，既防止谷贱伤农，又防止谷贵伤民，也正是从民以食为天这个首要问题上，通过合理的方式，来安定农民生活，保护农业生产，以培养税源的一种养民措施。财政、商业政策已被他作为扶植生产发展的积极手段，而不仅仅局限于传统的轻徭薄赋的做法了，虽然他在及时主动地减税免差这上面做得也是很好的。

刘晏关心农业生产，事迹非常突出。永泰二年他支持浙西地方官禁止豪强大户截湖造田以利民，是现有史料中有关刘晏关心生产这方面一个仅存的十分重要的例子。当时丹阳县有一"周回四十里"的练湖，膏润数州，"每逢春夏雨水涨满，侧近百姓引溉田苗，官河水干浅又得湖水灌注，租庸转运及商旅往来，免用牛牵"，人民深受其利。后来，大族强家，"横截十四里，开渎泄水，取湖下地作田"。"自被筑堤以来，湖中地窄，无处贮水，横堤壅碍不得北流。秋夏雨多，即向南奔注丹阳、延陵、金坛等县，民田八九千顷常被淹没；稍遇亢阳，近湖田苗无水溉灌"。所利者只是大户一百一十五顷之田，而损三县百姓之地，人民深受其害。当地刺史秉公处理，发吏卒把横堤扒了，使"邑人免忧旱淹"，"官河又得通流"。刘晏十分赞许这一措置，为防止豪强大家再来捣乱，特上报朝廷，请下令褒奖，"勿使更令修筑，致有妨夺"（《全唐文》卷三七〇，刘晏《奏禁隔断练湖状》；又，《全唐文》卷三一四，李华《润州丹阳复练塘颂并序》亦记此事。这两条材料是揭露与湖争田之弊的最早的史料）。刘晏深悉民情，洞察拦湖造田之弊，坚决给百姓撑腰，做了兴利除弊之事，他的养民思想在这一个实际行动中得到了完全的体现。

刘晏在农业以外，也同样贯彻他着重生产的理财思想。如他对盐业生产的改进也是下了很大功夫的。他深知制盐不简单，要看天时。凡取卤煮盐，最怕雨，最喜晴。天气多雨，亭地被霖潦冲刷，碱土所含卤质淡薄，成盐就困难（"盐生霖潦则卤薄"）；天气晴旱，被海潮浸过的地面，干燥松起，铲起来较容易，刮碱煮盐的，可抓紧时机取土淋卤（"暵旱则土溜坎"，均见《新唐书·食货志》。按：亭地经海潮浸润后，待晴，干爽，刮取碱土，聚之，成"溜"坎起，舀水浇灌，淋卤，流入溜侧"井"中，用以煮盐，谓之"刮碱淋卤"。宋乐史《太平寰宇记》卷一三〇《淮南道》八"刺土成盐法"中所记甚详：铺草藉地，溜成其上，溜大者高二尺，方一丈以上。一溜之卤分三盘至五盘，每盘成盐三至五石。此法在唐时当亦相似）。为了增加食盐生产，他根据各个时节的天气情况，随时晓谕大家在生产上该采取什么措施，并经常派出官员到各地去，指导亭户提高制盐技术。食盐生产增加，盐民的生活也可改善，国家的税收（盐利）随之扩大，这也是刘晏养民（盐民）以养税之道在又一个方面的运用。

刘晏的"养民"和"爱人"思想源于管仲——"世主所爱者民也"，但他又以自己的语言大大丰富了这一思想的内容。如他把养民之效具体落实在户口增加上，说"户口滋多则赋税自广"，这句话就是刘晏的新的概括，而为前人所未道及的。刘晏还有一句名言，叫作"王者爱人，不在赐与"，这也是他的新观点，同传统的以救济为德（管仲以赈穷资乏为"六德"之一；但古人也有反对赈济的，如韩非即是）的思想并不相合。为什么以"爱民（人）"自许的人却只搞适当的减税免赋，而不赞成发放救济粮呢？这里面刘晏自有深意。他认为"善治病者，不使至危急；善救灾者，勿使至赈给"；"赈给少则不足活人，活人多则缺国用，国用缺则复重敛矣"；而且"赈给近侥幸，吏下为奸，强得之多，弱得之少，虽刀锯在前不可禁。"其实"灾沴之乡，所乏粮耳，他产尚在"，可以采取贱价出售灾区所缺的粮食，而收购那里的土产杂物的办法，"贱以出之，易其杂货，因人之力，转于丰处，或官自用"，这样可给社会增加物质财富，换来粮食，人民的困难可得到解决，而"国计不乏"，避免单纯消极的财政赈济、使国家耗费不起的弊病。在这里，刘晏是以扶植灾区人民发展农村副业（土产杂货）来实行生产自救。以间接的商品交换（粮食与土产）来代替直接的财政赈济，反映了刘晏善于利用商业方式来安排人民生活和组织社会生产。这一点也是前人所未做到的（事见《新唐书·刘晏传》）。

刘晏经济思想上第二个有特点有发展的地方是，他在租税原则上提出一个鲜明的主张，叫作"因民所急而税之，则国用足"（《新唐书·食货志》）。

民之所急莫过于日常生活必需而又不容易找到代用品的东西，当时城乡市场广泛销售而人们一般无法自己制造的主要商品是食盐，人人需要，加起来数额巨大；由于其需求弹性较小，加些价，不致造成销售量的急遽缩减。对这种商品征课就可以获得充足而稳定的收入。所以他以商业方式理财的重点就放在盐法的整顿上。由政府专卖食盐（通过商人），寓税于价，买盐吃的城乡人民不知不觉向政府纳了税，而盐价并没再涨（与第五琦时比），有时还采取措施平抑盐价（"常平盐"），而且避免了一些扰民的做法（官运官卖等），这样就做到"官收厚利而人不知贵"（《新唐书·食货志》），"人无厌苦"（《旧唐书·刘晏传》）。"因民之所急而税之"并不是乘人之急，任意加价加税，而只是通过人们生活必需品的买卖，不分富贫，使人人普遍地负担一笔隐蔽税（富者、强者也无法逃避税负），即予之有形取之无形的意思。这种"知所以取，人不怨；知所以予，人不乏"（《新唐书·刘晏传赞》）的理财方法，比之单纯的以强制性的增税形式来加重农民的负担，确实"高明"得多，"巧妙"得多。

"见予之形，不见夺之理"，原是管仲的思想，刘晏这套就是管仲取予之术的运用与发展。史称其"可谓知取予矣"（《新唐书·刘晏传赞》），洵非虚语。但是"因民所急而税之"这句话则是刘晏自己的理论概括，为前人所未道及。这句话为选择专卖商品确定了一个重要原则。管仲、桑弘羊等人虽早就在实行这个原则，然而第一个明确地提出这个原则的却是刘晏。这一原则也成了后世选择专卖商品的一项理论依据。虽然这种原则是为统治阶级增加财政收入着想的，但它在实施中力求使"人不怨"、"人不苦"、"人不乏"，这对人民的干扰毕竟要小一些。

刘晏经济思想的第三个特点和发展是，他既重视举办官营商业，又注意借助私营商业的力量，很善于组织重要商品的生产与流通，具有较浓厚的重商思想的色彩。

刘晏继承管仲、桑弘羊的思想，不主张直接向人民加重赋税，而提倡把商业经营作为主要手段，来取得经济收入，充实国家财政。由此出发，他自然非常重视商业，他大力发展食盐专卖（官收盐、常平盐）及常平、平准、均输等官营商业，正是他理财思想的核心。这种思想当然属于经济干涉主义的范围之内，对商业活动是要加以一定程度的管制的，与经济放任主义不是同类型的。但与桑弘羊的重商是只重官商而抑私商，对商业的管制和干涉较多的做法有所不同，刘晏对商业的管制相对地说是放松了一些，他在重视举办官营商业的同时，又注意了适当利用私营商业的销售能力。这样做，是为了使流通渠道保持畅顺，好把商品远贩深销到各地城乡市场，并节约官府自己广设机构人员的费用开支，减少官僚机构经营商业时效率低、浪费大、贪污中饱多和扰民严重等问题。如食盐的专卖，就并非由官府包打天下，独家经营，而是让商运商销。禁止地方对食盐运销的苛捐杂税，以谋公盐的畅销；允许纳绢购盐并实行加价奖励的办法，以示对公盐盐商的优待，这自然是深受商人欢迎的。销盐不限地界，任其所之，则便于商人自由竞争，发挥市场的作用，也对正当商人的正常经营有利。刘晏疏治河道，也不仅是便于官府的漕运和市轻货以输上都，同时也有意使舟船畅通，商贾往来，贩运货物，以活跃城乡经济。在常平救灾方面，同样也以优厚的利润鼓励商人深入农村粜粮购货。另外，他还特地减低邸店行铺的户等负担，取消了过去带有抑商意味的、对商人的户等加二等等级征收户税的规定。所有这些便商措施，都说明刘晏并不单纯地主张"抑商"，一概排斥私商，相反，他很注意发挥正当的私营商人的积极性，事实上他是把私营商业作为官营商业的补充，在一定程度上把国家的经济活动同商人的私人经营活动结合起来了。要说刘晏"排商贾"，那他也只是排除那些在粮食市场上投机倒把、囤积居奇的奸商，和那些原先垄断食盐的生产和头道批发，惯于兴风作浪的大盐商而已。抑商政策在他身上的表现不过如此而已。他利用商人有利于商品流通的积极作用，而限制其可能发生的消极因素，抑商与重商相结合，采取的是两面政策，而不是一面政策。

在桑弘羊的时代，为了抑制兼并势力，富商大贾是主要的打击对象，他们有钱"不佐公家之急"，与政府采取不合作的态度，政府对他们的打击是唯恐不周不力的。在食盐的专卖中，二道批发商也被排除，官卖为主，小零售商的分销只是补遗拾零，官府"笼合税之"，商贩得利甚微。到刘晏主管财政，时代已不同了。封建社会内部的商品经济正出现日益发展的趋势，唐前期采取经济放任政策以来，商人势力已经很强大了。安史之乱后，唐政府的财政收入主要靠东南地区供给，东南的盐商正是官府所要争取、拉拢，与之合作的对象，只能把他们变为对政府的支持者，不能像桑弘羊时那样来打击他们。再加完全排斥私商，由官府自己来运盐卖盐，开支大，弊病多，也不如利用私商之助为好。刘晏的就场专卖制就是在这种政治经济形势下产生的，它是契合当时的客观实际的，同时从长远看也是顺应商品经济发展的历史潮流的。根据不同的条件，决定不同的政策，改革家的作用也就表现在这里。刘晏已非单纯强调由国家来全面干涉经济，而在一定范围内允许贸易自由，不把商业完全管死，搞单一的流通渠道（官营），而是通过官私主辅两条渠道来搞活流通。在这一点上他的思想特别有创新的意义，是封建社会前期以来的第一人。

刘晏经济思想的第四个特点和发展是，他十分重视发展货币经济，在他替政府举办的各项事业中，相当广泛地采用以货币付酬的雇工制，用以代替无偿的强迫劳役。

与商品经济相表里，唐代中叶货币经济也有相当的发展。刘晏敏锐地注意到货币经济的作用。他自己常说"如见地上钱流"（《唐语林》卷二。《新唐书·刘晏传》作"如见钱流地上"）。他的工作就是一天到晚同钱打交道，但他坚持采取稳健的货币政策，力主稳定币值，稳定物价，既反对通货膨胀，又反对通货的过分紧缩，把货币视为商品流通的工具而不当作财政搜括的手段。这些都是有助于促进货币经济健康发展的、区别于聚敛之臣的可贵的经济思想。

　　重视货币经济的刘晏，坚信体现买卖双方形式平等关系的、以钱付酬的雇佣劳动，优于无偿的、超经济强制的徭役劳动。基于这一认识，他在这方面进行了大胆的改革。唐代的官手工业中本来以无偿劳作为主：由轮番服役的工匠（"短番匠"）每年出工二十天；不出工的出钱，交给官府代雇替班的工匠。在代应番役的工匠，虽为有偿劳作，就本番工匠而言，仍为无偿的劳作。官府虽也出资雇用一些工匠，但大抵属于有特殊精巧技术之人（"明资匠"），且为数不多，雇佣办法并不通行。刘晏却在他的官营造船业中全部采用了有偿的雇佣劳动制；官炉铸钱也由过去的使用徭役改为雇用工匠（杨国忠铸钱，多征诸道农人，迫使其就役，农民不堪其苦。内作判官韦伦曾建议改用募工。这是临时性质。刘晏则是经常而普遍地用雇工铸钱）。官手工业中落后的劳役制被他打开了一个缺口。另外，他还在漕运中改变过去富户督办民工服役的办法，而组织兵士担任船工（"漕卒"），付给相当高的雇值；在驿递中改变过去富户包办的徭役性质的"捉驿"的做法，而招募驶足，不惜给以重价。所有这些，都是发挥了货币的作用，顺应并促进着货币经济的发展；也是对劳役制的初步否定，符合历史前进的方向（以后"和雇"就多了起来）。

　　刘晏的重视商品货币关系的观点，在唐代实是开风气之先的一种经济思想，他的思想水平已经大大超越了一般理财者。

　　刘晏的经济思想还有一个突出的地方，就是他很懂得如何从物质利益上来提高生产者和经营者的积极性，以此来提高经济活动的效率和质量。这一点他做得也是很有成效的。

　　不但粮食的安全运输与船工报酬之厚有关，商情的快速递送与驿卒雇值之高有关，而且造船的坚牢，也是刘晏运用这一办法在起作用。在这方面有一个非常有名的例子。相传刘晏在扬子县建立造船场，每艘船造价包括物料和工本给钱千缗（钱百万），由各"专知官"（每场设一人）"竞自营办"。刘晏给这么多的造价，目的就是要提高工匠的收入，改善工匠的生活，以鼓励工匠以至专知官及上下人等的积极性，使船造得坚固耐用。当时有人不理解，说造价太高，耗费国家开支，每船给五百缗也尽够了。刘晏不以为然，他说："论大计者固不可惜小费。""凡所创置，须谋经久。船场既兴，即其间执事者非一，当有赢余及众人，使私用无窘，即官物坚固。若始谋便胶削，安能长久？数十年后，必有以物料太丰减之者，减半犹可也，若复减则不能用。船场既瘪，国计亦圮矣！"五十年后果然有人把船价减了一半；到唐末，主管的官员按照物料和工本给钱，物料核得苛，工钱定得又低，不留一点余地，工匠生活困苦，连专知官的家属也挨饿受冻，船造得就越来越脆薄，漕运也就陷于停顿；此是后话，但也可见刘晏之有先见之明，确是懂得国家大计的有远见之人（事见《唐语林》卷一、《资治通鉴》卷二二六、《文献通考》曾引苏轼对此事的评论）。

照顾人们的物质利益，予民以利，上下同之，管仲早就发抒了这种利民思想，刘晏在实践中只是加以具体应用。但刘晏用得很恰当，而且能提到理论高度来总结，认为这样做符合国家的长远利益，"凡事必为永久之虑"，则又是他认识过人之处。

总之，刘晏的经济思想确有不少创新和发展，并不是其"接触面比较狭窄"，"无划时代的创举"，无很多超越前人的地方。事实上，他在利用商人力量和推行雇佣劳动上，就比桑弘羊大大前进了一步。他对财政与经济的关系有较明确的认识，强调从发展经济来解决财政问题，这一点比历代的一般理财家表现得都更突出。既然如此，应该说这样一位崇尚实际的理财家，他的经济思想也是非常卓越的，值得很好地注意，给以应得的评价，而不能够不以"富于创造性的伟大的财政改革家"目之。

当然，刘晏之能这样关心人民的生产和生活，致力于恢复和发展社会经济并照顾到劳动者的经济利益，这并不能说明他就是当时农民、盐民和手工业者等劳动阶级的代表了。刘晏的身世和社会经历决定了他不可能背离原来的统治阶级的立场，不可能对制度本身产生任何怀疑，不可能须臾忘却为政府理财以维护政权统治的根本宗旨。在统治集团中，他与一般人不同的是，他能比较清醒地意识到：赋敛无度，百姓困苦，就会起来武装反抗，政权就有被推翻的危险。元载当江淮租庸使，农民忍受不了敲骨吸髓的剥削，被逼逃往深山大泽，聚众起义（肃宗时，袁晁在台州起义；还有陈庆、方清、许钦等在江淮起义），他是看到了的；州县支派漕运、邮递，船夫、驿卒忍受不了沉重的徭役，纷纷铤而走险，参加起义队伍，他是看到了的；手工业者为提高经济待遇，摆脱封建束缚所做的斗争——以逃亡为主要形式的斗争，他是看到了的；安史之乱最后能够平定，是因为和安禄山相比，农民还是选择并支持了李唐政府，这一点他也是看到了的。前车之鉴，历历在目。要维护当时摇摇欲坠的李唐统治，他知道，和人民的关系不做一些调整，不减轻一点剥削，是不行的。他的"养民为先"，是从缓和矛盾、巩固统治的长远利益出发的；他的"分利于众"，也不过是客观上符合人民的部分利益而已，是人民的斗争促使刘晏实行种种改革，而不是他自觉地把人民的利益放在第一位。尽管如此，刘晏的这种以发展生产为增加财政收入先决条件的改革措施，或多或少地带有社会政策的意义的改革措施，毕竟在一定程度上顺应了人民的要求，顺应了商品、货币经济有所增长和人身依附关系已有减弱的经济发展的新趋向。指导他这些活动的思想，还是属于有利于社会进步的思想；特别是刘晏在新趋向刚露端倪时就觉察到它们，则更是他思想敏锐之处（参见赵靖《论刘晏关于国民经济管理的思想》，载《经济科学》1981 年第 3 期）。

六 卓越的组织才能，合理的用人原则

刘晏的经济改革之所以能很好地付诸实施，从主观方面来说，除

了他自己决心大、措置得宜以外，他善于选拔使用人才也是一个重要的因素。"历代操利柄为国计者"，"损下益上，危人自安，变法以弄权，敛怨以构祸，皆有之矣"（《旧唐书·刘晏传》），这里面的毛病，很多就出在执行的人不好上面，以致立法初意未尝不善的制度也会变成弊端百出。刘晏懂得"办集众务，在于得人"，没有合适的人，事情是办不好的。为此，他"通拥滞，任才能"，十分注意用人问题，对属吏的补署、人才的提拔，给人留下了许多值得称赞的经验。

刘晏任人，"必择通敏、精悍、廉勤之士而用之"（《资治通鉴》卷二二六），即通达事务、精明强干、忠勤职守、廉洁奉公是他用人的德才标准。对各部门的主管要求更高，还必须是人中之秀："其场院要剧之官，必尽一时之选"（《资治通鉴》卷二二六。《新唐书·刘晏传》作"尽当时之选"）。在诸道独当一面的，更"慎简台阁士专之"（《新唐书·刘晏传》）。为了做好工作，刘晏在属吏的挑选上是一点也不马虎的。

在选拔人才时，刘晏有一特点是并不多求资历，而是大胆起用年轻人："凡所任使，多收后进有干能者"（《旧唐书·刘晏传》），或"皆新进锐敏"（《新唐书·刘晏传》），富有朝气的新秀。在刘晏主管东南财政之初，"时经费不充，停天下摄官"，"独租庸得补署"，刘晏就利用这个机会，选择了当时有名之士能任繁剧事务的"补署"为官，"积数百人"。有了这一支人才济济的队伍，"趣督倚办，故能成功"（《新唐书·刘晏传》）。

刘晏选拔人才，主要来源于知识分子——"士人"，以此来替代衙门中的旧胥吏。他有这样一种理论："士陷赃贿，则沦弃于时，名重于利，故士多清脩；吏虽洁廉，终无显荣，利重于名，故吏多贪污"（《资治通鉴》卷二二六；《新唐书》记刘晏尝有言："士有爵禄，则名重于利；吏无荣进，则利重于名"）。所以，在理财中"检劾出纳，一委士人，吏惟奉行文书而已"（《新唐书·刘晏传》）。刘晏以提倡名节来培养僚属的事业心和上进心，这一原则在当时也是可取的。

刘晏作为东南财赋的"总领"者，办事十分注重效率，他对僚属一方面放手任用，必尽其器能，另一方面"务于急促"，严责其功效。同时也注意教育，"趋利者化之，遂以成风"（《旧唐书·刘晏传》）。刘晏要求僚属忠于职守。由于他善于使用、考核，"任其才而得其人"，属吏对他有知遇之感，尽心奉职，关系亲近，不敢隐瞒事实，玩忽职守。史称"其部吏居数千里之外，奉教令如在目前，虽寝兴宴语，而无欺绐，四方动静，莫不先知"（《旧唐书·刘晏传》；《唐会要》卷八七作"四方水旱及军府纤芥，莫不先知焉"）。这样使用僚属，在当时"惟晏能行之，他人不能也"（《新唐书·刘晏传》）。

理财之职，一般被视为肥缺，权势人物纷纷向刘晏荐举亲朋私交。在不良官场习气下，几经挫折的刘晏，为了不使自己推行的改革受到这些人的牵掣阻挠，一方面不得不委曲求全地与之相周旋，另一方面又坚持他的用人原则。对这些"权贵干请，欲假职仕者"，刘晏仅"厚以廪入奉之，然未尝使亲事"，甚至"俸给多少，迁次缓速，皆如其志"，就是不让他们插手实际工作而有营私舞弊的机会。"是以人人劝职"，他所要推行的各项改革措施得以顺利贯彻（《新唐书·刘晏传》，《资治通鉴》卷二二六）。

正因为刘晏以知人善任闻名，而又能力过人，代宗认为他"中外兼济，固有余力"，所以自大历四年起，他再次被任命为吏部尚书，长期地全面主管官员的任免和考查工作。"官人之任，朝选无逾，籍其参预，用镇风俗。"（常衮《授刘晏吏部尚书制》，《文苑英华》三八六）对这一工作，刘晏也十分称职。史称他"久掌铨衡，时议平允"（《旧唐书·刘晏传》），办事是公道的。又称他"知吏部三铨事，推处最殿分明（最殿为政绩之最好与最坏者），下皆慑伏"即赏罚严明，为大家所服。代宗曾命刘晏"考所部官吏善恶，刺史有罪者，五品以上辄系劾，六品以下杖然后奏"（《新唐书·刘晏传》），这就更加强了他管理人事的权威性。正由于刘晏兼任这个吏部尚书，他在理财的各部门里，对属吏人选的提拔派委，就更方便了，得人也就更多了。

刘晏卓越的组织才能和合理的用人原则，造就了一批善于理财的能人。这不仅保证了他当时改革财经工作的需要，而且为以后一段时间里（二十年）的财经工作培养了骨干。"故晏殁之后掌财赋有声者，多晏之故吏也。"（《资治通鉴》卷二二六）如包佶，进士及第，"累官谏议大夫，坐善元载，贬岭南"，因其有才，刘晏"奏起为汴东两税使"；李若初先事刘晏，后为浙西观察诸道盐铁使，"纵钱以起万货"，"持刚检下，吏民畏服"；元琇管理财政也是"国无横敛而军旅济"。其余如韩洄、裴腆、李衡、卢征等"继掌财利"，亦"皆晏所辟用，有名于时"。所谓"经晏辟署者，皆用材显，循其法，亦能富国"（《新唐书·刘晏传》），大体上反映了当时的事实。

在古代社会里，既能理财，又能用人，指挥庞大理财系统如臂使指，运动灵活自如者，除了刘晏以外，实很少见到有人能这样做。"他人效者终莫能逮"（《资治通鉴》卷二二六），刘晏在官吏选拔和使用上也显示了他的独到之处。国家干预经济，举办官营事业，就必须像刘晏那样择善任贤，才能减少官僚机构的弊病，从而使有改革意义的经济政策发挥其应有的积极作用。

七　被政敌谗害至死

刘晏以地方官进入中央政府担任财政经济的领导工作，二十年如一日地勤奋工作，"唐中债而振，晏有劳焉。"（《新唐书·刘晏传》）他初受命为转运使时，唐政府所统辖的地区内，"现户不过二百万"，由于"民得安其居业，户口蕃息"，"其季年（大历末）乃三百余万；

在晏所统则增，非晏所统则不增也"（《资治通鉴》卷二二六）。这种情况固然是刘晏所统的东南地区劳动人民辛勤地发展生产的结果，但生产的发展，人民生活的安定，也不能不说和刘晏的政策对头、财经工作做得好有一定的关系。户口增多，果然赋税收入随之而加："初财赋岁入不过四百万缗，季年乃至千余万缗"（《新唐书》、《旧唐书》作一千二百万缗），"由是国用充足而民不困弊"（《资治通鉴》卷二二六），他的功劳确是大大的。史称刘晏"因平准法，榦山海，排商贾，制万物低昂，常操天下赢资，以佐军兴。虽擎兵数十年，敛不及民而用度足"（《新唐书·刘晏传》）；"阴笼商贾之利，潜制轻重之权，未尝广置官属，峻立刑法，为抑勒禁制之举"，其才"有过人者"（《文献通考》中语）。这些概括性的评述，是说出了刘晏理财的成就和特点的。

在达官贵人贪图安逸、尽情享乐的同时，刘晏默默地、孜孜不倦地在处理他内外丛集的繁重的工作。他"既有材力，视事敏速，乘机无滞"，往往"质明视事，至夜分止，虽休澣不废"，对他来说是没有公休日的。"事无闲剧，即日剖决无留"，今日事今日毕，从不积压公事。"每朝谒，马上以鞭算"，上朝时，身骑马背，心里还在盘算他那套账目（《新唐书·刘晏传》）。他还"出入农里，止舍乡亭"（常衮《授刘晏吏部尚书制》中语），不辞辛苦地常在各地奔波，督促、检查下边的工作。那年他到江淮催办漕运时，披星戴月，夜里还继续赶路；路过曹州一带，也不转回自己的老家去探望一下。钱起《奉送刘相公江淮催转运》诗："国用资戎事，臣劳为主忧。将征任土贡，更发济川舟。拥传星还去，过池凤不留。惟高饮水（一作冰）节，稍浅别家愁。落叶淮边雨，孤山海上秋。遥知谢公兴，微月上江楼。"从这首诗里可以更形象地体察刘晏是如何地为了公事而仆仆风尘了。

可是，刘晏这样鞠躬尽瘁地为国家效劳，在当时统治集团内部并未得到所有人的赞许。《旧唐书》称其"任事十余年，权势之重，邻于宰相，要官重职，颇出其门"；《新唐书》则说，"然任职久，势轧宰相，要官华使多出其门"。功高犯忌，权重遭嫉，在污浊的官场里是一条规律。但当时为人所訾议的也无非这样一些事情："江淮茶、橘，晏与本道观察使各岁贡之，皆欲其先至。有土之官，或封山断道，禁前发者，晏厚以财力致之，常先他司，由是甚不为藩镇所便。"（《旧唐书·刘晏传》）"馈谢四方有名士无不至，其有口舌者，率以利啖之，使不得有所訾短。"因为这些事，"故议者颇言晏任数固恩"（《新唐书·刘晏传》）。其实这都无伤大节。前者是刘晏被迫以金钱来打通被地方官所封锁的道路；后者也是迫于情势，"苟不塞谗口，何以持重权？即无以展其才，济其国矣"，"又何讥焉"？（《旧唐书·刘晏传》）说刘晏"固恩"、"恃权"，也是诬辞。对位高权大、管人事的吏部尚书之职，刘晏"屡申退让"，是代宗一定要叫他担任的；刘晏为相时陈情请罢其女婿潘炎元帅判官之职，以避兵权国政在一门的嫌疑。刘晏当官还是为公，不是为私，这一点代宗对他倒是深有了解的。"当大历时，事贵因循，军国之用，皆仰于晏，未尝检辖"（《旧唐书·刘晏传》），最高统治者代宗尽管不算明主，但还是信任刘晏的，对于许多不利于刘晏的话，都未加以追究。

代宗死，德宗立，时间只过了半年，事情就起了急遽的变化。杨炎为相，对刘晏一步紧一步地进行谗害。杨炎要害刘晏，根子种在当年的元载身上。元载是唐朝有名的奸相，"智性敏悟，善奏对，肃宗嘉之"；由江淮进入京师后，结交掌权太监李辅国爬上相位；代宗即位，李辅国被杀，"复结中人黄秀，厚啖以金，使刺取密旨"，专门探听代宗的言谈动静，"上有所属，载必先知之"，"探微揣端，无不谐契"，由此骗取了代宗更大的信任。为压制舆论，防止别人告发他，他还请代宗下令：百官奏事，先得经他这个宰相的审查。元载早在当盐铁使、租庸使时，就只知搜括民财，残害百姓，当上宰相后更是贪赃枉法，毫无顾忌。"江、淮方面，京辇要司，皆排去忠良，引用贪猥。士有求进者，不结子弟，则谒主书，货贿公行"，未有其比。"城中开南北二甲第，室宇宏丽，冠绝当时。又于近郊起亭榭，所至之处，帷帐什器，皆于宿设，储不改供。城南膏腴别墅，连疆接畛，凡数十所，婢仆曳罗绮一百余人，恣为不法，侈僭无度"，"名姝异技，虽禁中不逮"。他这样专权骄横，"众怒上闻"，最后连代宗也感到将危及自己的统治了。有一次同元载单独谈话，"深戒之"，元载"謷然不悛"。代宗积怒既深，遂于大历十二年（777年）三月，治了元载的罪，抄了他的家，光是钟乳就抄出五百两，"胡椒至八百石，他物称是"。而当时负责审问元载一案的就是吏部尚书刘晏。刘晏虽曾上书元载，请得此人对自己办理漕运的支持，元载也有意"荐晏自代"，好从琐碎事务中脱身，以取大位，因此曾被人认为元、刘二人素相"友善"，但实际上刘晏对元载的聚敛掊克、贪污奢僭、卖官鬻秩、纵子侵暴是十分反感的，并不真正是气味相投。所以他就秉公断处，同时请他官共事，以示不敢专断。结果出于禁中之意，元载被赐自尽，其党羽也大都受到贬斥，但也有的人因是从犯，经刘晏的奏请，而得到免死，如王缙即是（《旧唐书·刘晏传》云"减王缙罪，正也"）。

元载的党羽很多，其中有个叫杨炎的，此人"风骨峻峙，文藻雄丽"，颇有才名，和元载是同乡，元载提拔他当吏部侍郎，作为自己的心腹，"亲重无比"。当时杨炎自恃有过硬的后台，对刘晏"盛气"相向，很不尊重。这次因元载事的牵连，也受到降职处分（坐贬道州司马），对刘晏更是怀恨在心。德宗即位，因自己当上太子原是元载支持的，有心替元载翻案，杨炎也因德宗爱好他优美的文笔而一下子被提升为宰相（门下侍郎、同平章事）（《新唐书·杨炎传》）。一朝得志的杨炎为了给元载报恩，专门推行元载生前建议而当时被人反对的那些政策；为了替元载报仇，他专门找刘晏的岔子，不择手段地制造谣言，必欲置刘晏于死地而后称快。

据史载："先是帝居东宫，代宗宠独孤妃而爱其子韩王（李迥）。

宦人刘清潭与嬖幸请立妃为后，且言王数有异符，以动摇东宫。时妄言晏与谋。"（《新唐书·刘晏传》)。这种妄言其实即来自杨炎，他硬要把参与废立的罪名安在刘晏身上，以离间德宗同刘晏原来还很不错的关系。这个杨炎涕泗交流地向德宗奏言："赖祖宗福祐，先皇与陛下不为贼臣所间，不然，刘晏、黎幹之辈摇动社稷，凶谋果矣。今幹以伏罪，晏犹领权，臣为宰相，不能正持此事，罪当万死！"德宗本来性好猜疑，这下正碰着了他的痛处，惹起了他对刘晏的恶感。当时另外几位在场的大臣力争。宰相崔祐甫说："此事暧昧，陛下以廓然大赦，不当究寻虚语"；连曾"厚结元载"、初附杨炎的崔宁，也看不过去，从旁"救解"，其言"颇切"（《旧唐书·刘晏传》)。这样，德宗才没有马上发作。杨炎一看不先夺去刘晏的财权就不能扳倒刘晏，于是又在德宗面前进言，说：尚书省是国家政治的根本，年来添设了许多专使，分夺了它的权力，宜恢复旧制，盐铁转运等使仍应集中由户部来管。德宗同意了他这个建议，下令撤销专使；罢了刘晏所兼的各个使职，"天下钱谷，委金部仓部"掌管。刘晏在财政经济上的一切领导职务都被解除了。这是建中元年（780 年）正月之事。紧接着，杨炎又在这年二月，借口"奏事不实"，"新故所交簿物抏谬"，把白发苍苍的刘晏贬到当时边远荒僻的忠州（今四川忠县）去当刺史。但杨炎并不到此罢手，他更提拔与刘晏"素有隙"的庾准为荆南节度使（忠州归荆南管），来监视刘晏的行动。庾准其人不学无术，只会谄媚逢迎，到任后就无中生有地谎奏刘晏与人通信"祈救解，言多怨望"，"又搜卒，擅取官物，胁诏使，谋作乱"，"炎证成之"。昏庸而好猜忌的德宗一听，火上加油，竟然完全相信。本想公开下令处死刘晏，又怕天下人不服，便于建中元年七月，悄悄地派一亲信太监到忠州把刘晏杀害了，十九天后才正式发布赐死诏书。刘晏死时年六十五岁。"家属徙岭表，坐累者数十人"，株连面不小。刘晏被害的消息传出，社会舆论哗然，"天下以为冤"。淄青节度使（治青州，今山东益都）李正己（高丽人）上表指摘朝廷："诛晏太暴，不加验实，先诛后诏，天下骇愕，请还其妻子。"德宗置之不理（《新唐书·刘晏传》）。尽管当局如此残害刘晏，刘晏理财的功绩和他为官的清廉，却载入史册，受到人们的表彰和怀念。这与杨炎等人对刘晏无所不用其极的污蔑之词——如"性本奸回，志惟凶愿"，"割削为功，毒痛黎庶"，"按问赃贿，不知纪极"，"人之无良，一至于此"（《赐刘晏自尽敕》，《唐大诏令》卷一二六），等等，形成了强烈的对比。

刘晏被害的真相，原来就是如此。他死于权臣的谗害，而不是死于生前的锐意改革。他悲惨的结局同他作为一位改革家是没有关系的。这与商鞅、桑弘羊之死是因其改革得罪了豪族贵戚，情况尚有所不同。

廉洁、俭朴这种美德，刘晏生前确是表现得十分突出的，几十年来他始终过着非常朴素的生活。他曾说："居取安便，不务华屋；食取饱适，不务多品；马取稳健，不务毛色。"（《唐语林》卷二）他在长安的住宅坐落在修行里内（位于长安城内东南部），"粗朴庳陋，饮食俭狭，室无媵婢"（《新唐书·刘晏传》）。家务事都是家里人自己动手操作。相传他五更上朝，天寒，"中路见卖蒸胡（烧饼）之处，热气腾熏，使人买之，以袍袖包裙帽底啖之"。同行的官员笑话他，他说"美不可言，美不可言"（《刘宾客嘉话录》）。早餐常常就只是这样简单地对付过去，生活上随便得很。

刘晏"理家以俭约称"，自奉很薄，而"重交敦旧"，对人却很厚道。他"颇以财货遗天下名士"（《旧唐书·刘晏传》），穷亲友以至同他并不很熟的穷读书人也常得到他的周济，"故人多称之"。但是受他周济的都是穷而有志的正直之人，这与前述的对那些贪财好利之辈啖以金，性质上是不一样的。其实刘晏也不是随便送礼的，如果对方清高自持，刘晏也未必对之敢有施惠的表示。相传"尚书左丞李廙有清德"，其妹是刘晏的夫人。"晏方秉权"，"尝造廙，延至寝室，见其门帘甚弊，乃令潜度广狭，以竹织成，不加缘饰，将以赠廙，三携至门，不敢发言而去。"（《太平广记》卷一六四，出《国史补》）从这件事，一方面可看出刘晏对人困难的关心，另一方面也可看出刘晏对人品格的尊重。

在刘晏政敌眼中，他做了几十年大官，管的又是钱，不贪赃受贿是不可能的事，表面装得寒酸，家里定有财宝无数。因此，刘晏死后，杨炎竭力主张籍没他的家产，"众论不可，乃止"，然杨炎已命人下手，"簿录"刘晏之家了。但登记入册的全部家财，"唯杂书两乘，米麦数斛"而已，人皆"服其廉"（《新唐书·刘晏传》）。在事实面前，杨炎再也找不出话来毁谤刘晏了。

在过去几个大理财家中：管仲有三归之富；商鞅有於、商之富；桑弘羊也树大招风，其家甚富，为人所垂涎（霍光害他，与此也有关）。而且他们富了以后，即踵之以奢，不注意俭约，也足为后人之戒（张安世的曾孙张临嗣爵富平侯，以"谦俭"自饬，常叹曰："桑、霍为我戒，岂不厚哉！"见《汉书·张汤传》）。独独刘晏，理财半生，家境清贫，而且以谦俭自饬，这真是不同凡响，为杨炎这号人所难理解。杨炎坚持要抄刘晏的家，以小人之心度君子之腹，可笑之极！

小人得志的杨炎，费尽心机地害死了刘晏，他本人也没有好下场。自从"李正已上表请杀晏之罪，指斥朝廷"以后，德宗一时陷于窘境，杨炎也惧怕了，"乃遣心腹，分往诸道"，说"晏之得罪，以昔年附会奸邪，谋立独孤妃为皇后，上自恶之，非他过也"。这一小动作被人密奏德宗：杨炎"恐天下以杀刘晏之罪归己，推过于上耳"。德宗调查核实，很恼火，自此"有意诛炎"，"待事而发"。对人好恶无常的德宗又着意擢用卢杞，卢杞十天即登相位，与杨炎同秉政，两人不相容。卢杞非常阴狡，是李林甫、元载以后又一个著名的奸相，他抓住杨炎的把柄大做文章，如炎"子弘业赇赂狼藉"，杞派人"按之"；炎于玄宗临幸过的曲江南立家庙，就出现飞语云："此地有王气，炎故取之，必有异图。"这些话传到德宗耳里，德宗大为震怒，贬杨炎为崖州司马同正，而在离崖州还有百里的路上即被赐死。时在建中二年十月，离杨炎害死刘晏的时间才一年零三个月（事见《旧唐书》、《新唐书》的《杨炎传》）。

唐人韦处厚（宪宗穆宗时人）看到建中初这种反复多变的政治局面，曾说过这样一句话："宰相朋党，上负朝廷，杨炎为元载复仇，卢杞为刘晏报怨"（《旧唐书·韦处厚传》），貌似公正地把杨炎与刘晏各打五十大板（说刘晏杀元载是朋党之争）。今人更据此发挥说：元载、杨炎代表着科举出身的新的庶族官僚集团，刘晏、卢杞则代表着旧的世族集团，他们相互间的排摈残害，实际是新旧两个集团势力的斗争，而杨炎所实施的两税法尤足以说明这一新的官僚集团是能够符合中央集权的要求的。然以事实揆之，杨炎为元载报仇确实不假，卢杞为刘晏报私仇则是卢杞的自我宣传，以说明他杀杨炎有正当的理由。但卢杞其人"三年擅权，百揆失序"，借商钱、算除陌、税间架等聚敛措施都发生在他为相的任内，同刘晏泾渭殊流，不是一种类型的人；即使他是范阳大姓（李、崔、卢、郑、王中的卢，即范阳卢氏，这五家是有唐一代海内第一等高门的五大姓），刘晏却并非出身于旧的世族（刘晏家虽是汉楚元王刘交之后，自彭城避地徙南华，但至隋唐时已久无高官显宦，在唐太宗重定氏族志时不列入高等级），与范阳卢氏之为高门大姓不可并论，很难说他们两人同属于代表世族的旧官僚集团的"朋党"，更难说刘晏的奉旨鞫治元载一案是朋党之间的倾轧。杨炎的两税法诚然是有进步意义的改革，但刘晏也为两税法的实行做了准备工作，他在其他方面的许多政策措施不可否认都属重大的改革，大有创新之意，略无守旧之迹。拿杨炎本人来说，虽除刘晏其人，而未改刘晏之制，也未见他有反对刘晏所做的改革的任何表示。在政策上刘、杨两人不是新旧对立的两派，只是品质上两人的好坏有极大的差异。《旧唐书·杨炎传》称杨炎"睚眦必仇，险害之性附于心，唯其爱憎，不顾公道"。所以刘晏之死，是死于昏君的猜疑、佞人的诬害。什么代表庶族与士族两种势力的朋党新旧之争，为日后牛李党争的前奏，如此云云，都真不知从何谈起！

八 刘晏身后唐王朝财经政策的改变

唐德宗是中国历史上一个刚愎自用、昏暴出奇的专制君主，他杀了刘晏后，任用卢杞，推行一条掠夺商民的聚敛政策，又把唐朝的社会经济搞乱，使刘晏二十年之功毁于一旦。

为了应付由自己挑起的几年内战的军费支出，在建中三年和四年，德宗就开征关津税（收百分之二）、竹木茶漆税（收百分之十）和间架税（房屋税，两架为一间，每间出钱分三等：二千、一千、五百），并增收交易税（称"除陌钱"，由过去的百分之二增加到百分之五，非商品交易的金钱支付和实物相换，也一律计钱数收税百分之五）。"峻法绳之"，违者处罚奇重，"怨讟之声满于天下"（《新唐书·食货志》、《旧唐书·德宗本纪》）。关津税在肃宗时一度权宜征收，后因"商旅无利，多失业"，而予取消，德宗又正式定为制度，硬是推行下去；竹木茶漆税和间架、除陌这两种苛税，则不得不在泾原兵变中（784 年）被迫取消（泾原节度使姚令言的叛兵杀进长安时，以"不税尔间架除陌"为争取同情的口号）。另外，德宗还在建中三年以"借"的名义强令商人出钱——每商留万贯，余并入官，资财薄弱的也在被借之列。并且"括僦柜质钱"，凡商民存放在柜坊和质库里的钱币财物皆借四分之一。质钱不及百贯、粟麦不及五十斛者也不能免。"人不胜苦，有缢死者，长安嚣然，如被寇盗。"（《资治通鉴》卷二二七、《新唐书·食货志》）德宗一朝，长时间内宫中经常派出太监在长安市上掠夺商人货物，谓之"宫市"。名为采买，实际很少给钱或干脆白拿，并强迫商贩把货物用车驴送到宫门口，还要倒贴一笔"进奉门户钱"和进宫后的"脚价钱"。因此，商贩们一见太监到市上，就四散逃跑，"撤业塞门，以伺其去"（《唐会要》卷八六、《新唐书·食货志》）。所有这些都大大打击了正当营业的中小商人（大商人可勾结官府逃避过去），同刘晏的只是排挤投机富商而扶植中小商人的正当经营，也有很大的区别。在刘晏时，主要以官营商业的经济收入来充实财政；刘晏死后仅两年，德宗大兴苛捐杂税，横征强索，不恤民困，这是理财思想和理财方法的一个很大的变化。

刘晏时颇有条理的盐法，德宗时不多久就乱成一团。地方官员多擅变盐法以求赢资，德宗也想增加盐利以补亏空，反而肯定并推广了食盐的加价做法，江淮盐经迭次加价每斗为钱三百一十（加了二百），其后复增六十，河中两池盐每斗三百七十。"江淮豪贾射利，或时倍之，官收不能过半，民始怨矣。"高价高税，只有富商大贾才经营得起，资财浮薄的中小商贩不得不避课走私，亭户也"冒法私鬻不绝"。"巡捕之卒遍于州县"，严刑峻法也禁止不了走私活动。而"巡吏既多，官冗伤财，当时病之"。盐价益贵，"商人乘时射利"；有的地方有时甚至要几斗谷才能换一升盐，"远乡贫民困高估，至有淡食者"（《新唐书·食货志》）。虽然食盐专卖的形式还是官收商销的就场专卖制，但国家已放弃了对食盐的价格管理与供求调节，专卖实际上已变成了官府与少数大盐商（"正税商人"）共同分利的商品垄断政策，而不再是"剥奸商之居赢"了；官府所关心的只是如何增加税额（加价），专卖又成了封建国家单纯的财政聚敛政策了。从性质上讲，它已大反刘晏立法的原意了。

德宗时还开始实行酒的专卖（官酿官卖、榷酒曲、由特许酒户卖酒收税百分之五十，三种形式并行，建中三年开始榷酒），其意专在增加财政收入；茶叶又开始征收专项茶税（贞元九年实行，税率百分之十）。这些都是刘晏理财时所不曾包括进去的。

铁，在刘晏时盐铁使对之并未有所管制；德宗时，户部侍郎韩洄建议山泽之利宜归王者，自是隶盐铁使，不再领于地方（《文献通考》卷十八，《征榷》五。文宗开成元年复以山泽之利归州县刺史，选吏主之）。

与刘晏的做好调节粮食供求、加价收购粮食的常平工作相反，德宗时以"和籴"为名，大搞粮食强制性的压价收购。或"先敛而后给值"，任意拖欠；或不给现钱而给农民并不需用的"缯纻充值"，并且"虚张估输"，加价折算给农民，从中刮取更多的粮食；甚至一个钱都不给。所谓"和籴"，真是"迫蹙鞭挞，甚于赋税"了（《唐会要》九十《和籴》、《陆宣公集》卷十八）。刘晏减轻农民负担的政策，至此已被束之高阁。

德宗以后，随着唐政府财政的更加困难，财政聚敛政策更有变本加厉的扩展。

德宗时实行两税法，一切杂征都并入两税，原说在此以外不再加税；可是不多久此话就被官吏侵渔、赋敛不一、征发过多的现实所推翻，有加无除，两税成了乱税。豪富隐瞒田产，逃避纳税，负担摊在贫弱户身上，均税又成了偏税。再加钱贵物贱，折纳户税钱的绢价日跌，同样的税钱须二倍、三倍、四倍地多拿出折交的（或用以换钱的）实物数量。一税竟变成四税。两税法后，土地兼并在法律上已无限制，兼并之势就日益加剧。官府重敛，私家兼并，农民困苦，农户逃亡、隐匿的风气于是又大盛起来。宪宗（李纯）元和时唐政府所控制的民户只剩了二百四十七万余户，比建中时减少了一百三十余万户。曾有改革意义的两税法，弊病又日益突出。

除德宗时开始的关津税（建中三年）照旧征收外，地方官也都自置税场，征收过税，许多地方弄得"道路几绝"，"人至弃其货去"。和籴，依然是"散配户人，促立程期，严加征催"。诗人白居易在乡居时，"曾为和籴之户，亲被迫蹙，实不堪命"；后来当了官，"曾领和籴之司，亲自鞭挞，所不忍睹"（白居易《论和籴状》）。这些扰民之事，同刘晏时的政策精神距离又更远了。

从德宗时起到德宗以后，盐政之弊日积日深。"院场太多，吏职太众"，以多给加饶的耗盐、滥收粗制的货帛（作货币用。元和以来，钱币不足，有钱帛兼行之法），招徕商人，增加课利。结果是"盐愈费而官愈耗，货愈虚而商愈饶，法虽行而奸缘，课虽存而利失"。那些隶名官府的盐商，"居无征徭，行无榷税，身则庇于盐籍，利尽入于私家"，实际上就是"奸商"的复起。官商分利的食盐专卖，又进一步变坏，徒"使幸人奸党得以自资"，对封建国家的好处已越来越少了（见白居易《议盐法之弊》）。过高的盐价，顺宗（李诵）时一度降低（王伾王叔文改革之时），穆宗（李恒）长庆时，盐价又告回升。由于官盐价高，贫民"淡食动经旬日"，而私贩有利，官粜盐少而私人盗贩者益多。户部侍郎张平叔看到盐法积弊太深，请改为官运官卖，恢复第五琦之旧；韩愈、韦处厚条诘论驳，指出官卖之弊，同时也怕引起已成世业的富商大贾的反感，其事遂作罢。其实当时盐法之弊一是由于迭次加价，厚敛于人，二是由于所任非人，吏治不良，已非刘晏就场专卖的初制。这两个问题不解决，即使回到官运官卖也是不能把事情搞好的。官卖不可行，唯有加紧缉私。宣宗（李忱）时禁私盐之法益密，动辄处死，结果是禁罚愈严而愈不能止。和刘晏时的私贩衰息，完全是两种局面。

新增的酒税在德宗以后也一再加重。榷酒形式多样，除德宗时已有的由官府设店卖酒，或向特许的酒户收酒价百分之五十的重税，或专卖酒曲以外，元和时有把酒税钱均摊于青苗钱上的。形式虽异，但酒税之重、酒价之高是一致的。

茶，在德宗后也由税而榷。除中央的专卖税的税率几次提高外，地方也设卡截留，大征茶税。"所过州县有重税，或掠夺舟车，露积雨中，诸道置邸以收税，谓之蹋地钱。"（《新唐书·食货志》）这和刘晏时让专卖商品（盐）通行全国，禁止地方擅自收税，局面也完全改变。茶叶税重价高，许多人就逃过中央和地方的税卡、邸阁，进行走私。私茶漏税，卖价可较低，相形之下私贩茶销路很好，"正茶"销路自然受影响。在"私贩益起"的情况下，唐宣宗制定了严酷的禁私法律，以死刑相儆，但实际上同私盐一样都禁止不了。这一种为刘晏时所无的、新增的商品（茶）专卖搞得实在是太糟了。

盐、茶由国家统一管理（专卖），以制止奸商从中渔利，而又利用正当商人的经营力量，这本来是有益的措施，但在唐末，却转变为加强掠夺人民的手段。正如昔人所言："政清而取之薄，管摄亦无害于民；政苛而取之重，而又寄其权于地方，莫能管摄，则厉民必更甚。"这种分析，不但适用于食盐专卖，而且对包括茶叶在内的整个专卖制度也同样有针对性。刘晏的专卖搞得好同唐后期以至唐末的专卖搞得糟，主要就是专卖的宗旨有了改变，政治腐败，以聚敛搜括为务，取之极重（重税高价），这样，专卖就必然变成厉民的苛政，而事情落到如此地步，当然是不能由就场专卖制的首创者——刘晏来负责的。

如果说刘晏的"排商贾"还有抑制"奸商之居赢"的抑商意味，则唐后期可说对富贾奸商已完全不抑了。如穆宗时更进一步规定，为保障盐商除两税外一切差役均免的特殊待遇，如有违越追扰者虽县令刺史亦不能免罪。真可谓保护周至了。正由于这样，大商人的财富就急剧增长。他们兼并土地，放高利贷，勾结官僚，投靠太监，插手政局，渗入朋党，是唐后期腐朽而强大的社会势力。在富商大贾中，很多头面人物就是盐商和茶商，还有许多人是亦官亦商，官商合流。这些人高利优厚，最邀官府保护，并尽量向官府多占便宜。唐后期的盐茶专卖政策，实质上是以保护富商大贾为特色的政策，大有别于刘晏之所为了。

　　这时的专卖政策，一方面保护了大商人（正税商人），另一方面又起到了排斥中小商人的作用。唐末叶随着商品专卖制度和专利（大商人和官府）政策的加强，中小商人的日子更不好过了，尤其是小商小贩由于盐价的上涨和茶税的加重，所受的打击范围更广，影响更大。他们无可奈何，只能以私贩为出路，被兼并失去土地的逃亡农民，也纷纷加入私贩的行列。而封建政府唯恐正税商人被私贩商人"侵夺其利"，影响国家的税课收入，所以定下了酷烈的缉私之禁和贩私之罚。正因为统治者对私贩布下了严密的法网，巡卒遍查，捉到了要处死，所以商贩们也就只好冒着生命危险，集结起来进行武装走私。宣宗时的法令特别强调贩私盐"持弓矢"者死，贩私茶"长行群旅"者"茶虽少，皆死"，正是当时私贩的结伙武装走私已引起统治者恐慌的一种反映。私贩们"挟军器，与所由（官吏）捍敌"，官府将他们"同光火贼例处分"（《唐会要》卷八八，《盐铁》）。追捕越凶狠，反抗也越激烈。在激烈的斗争中，私贩们积累了丰富的经验，形成了一个个有组织的团体。他们所到的地方多，流动性大，与农民联系广。他们以比官价贱的价钱把盐、茶卖给农民，自然会受到农民的欢迎；而经销高价盐、重税茶的正税商人，把负担转嫁于农民，农民对官盐官茶的推销自然是抵制的。这样，在唐末的农民起义中，与农民有联系而为其同情的私贩武装，就很自然地成为农民武装力量的一个重要成分，有的人更被推为起义的领袖。王仙芝和黄巢就都曾当过私盐贩子。黄巢起义是唐朝潜伏已久的阶级矛盾的总爆发，而官府横税，及其对私贩的逼迫，正是一根起爆的导火线。当年刘晏改革专卖制度，本想找一条既增加国家收入又减轻（或不增加）农民负担的途径，以缓和阶级矛盾，维护政权的安定；而唐后期的商品专卖以至整个财经政策，却是只知为官府弄钱，不顾人民生活的困苦，结果就激化了矛盾，促成了农民的起义。刘晏想避免出现的事情，终于加速到来了。两相比较，刘晏的政策是有利于生产，顺应了社会经济的发展，而唐后期由一系列政治、财政危机产生的聚敛政策，破坏生产，严重地影响了社会经济的进一步发展。对农民来说，除了发动起义、推翻这个已经腐朽的政权以外，就没有其他更好的解决矛盾的办法了。

唐王朝虽已垮台，但作为唐朝杰出理财家的刘晏，他的名字却不随政权的更迭而湮灭。在以后很长的时间内，刘晏一直为史家和理财者所推重，以至于被奉为理财的典范。由他首创的食盐就场专卖制以后成为各朝各代食盐专卖的主要形式（到晚明实行"纲法"为止）。除了有些时候为人所歪曲利用以外，就场专卖总比官运官销为好，所以人称"管子而后，盐法之善无有如刘晏者"。有名的、办得较好的北宋时范祥的"钞盐法"，基本原则也是取法于刘晏。均输以及粮食收购中的一套办法，在王安石变法时期也都被北宋政府的官员所采用。举办漕运，有唐一代应推刘晏为首，后来者也都遵其法度；分段接运和囊米运输的方法，都被认为是好的经验。刘晏之所以能够获得这样好的评价，产生这样大的影响，确实是因为他的理财有独到之处。北宋的改革家王安石说"摧制兼并，均济贫乏，后世唯桑弘羊刘晏粗得此意"。桑、刘并称，可见刘晏在王安石心目中的位置。由于刘晏较好地利用商人的力量，与桑弘羊比，不太强调经济干涉政策，又由于刘晏注意恢复生产和繁荣经济，在各种财政措施上或多或少地带有社会政策的意义，而不是一味追求扩大财政收入，所以，即使思想保守、反对变法的司马光在《资治通鉴》中也对刘晏赞扬备至，并无贬词；欧阳修、苏轼、苏辙也对之极为推崇。桑弘羊理财，使"民不益赋而天下用饶"，刘晏理财也能做到如此。王夫之称刘晏"能应变以济国用，民无横取无艺之苦"，"居中而使租庸不加，军食以足"，"为功于天下"，"体国安民之心不可没矣"。（《读通鉴论》卷二十四）这些话都比较中肯。刘晏理财以养民为先的思想，办理漕运和改革盐政的成绩，善于选才举能的鉴识，严于律己和持家的操守，在当时都属难能可贵。只要尊重历史事实，就会加以充分肯定。刘晏除了遭到同时代的杨炎的污蔑以外，在历史上，在所有的改革家中，他是最享美誉，而少被歪曲的人。这也确实不是出之无因。

今天，我们研究历史，也觉得刘晏很了不起。大量事实足以证明，他是一个头脑清楚、目光敏锐的明白人，一个身体力行、不尚空言的实干家，也是历史上少有的、较能注意农民疾苦的大政治家，说他"富其国而不劳于民，俭于家而利于众"（《旧唐书·刘晏传》），并不过分。虽然，作为封建地主阶级的官员，也有他阶级的和历史的局限性，但他总可算是竭尽了个人心力，对历史做出超越前人的贡献了。像他那样卓有成效地解决财政困难、促进经济恢复与发展的理财方法，在古代并不多见，其中确有科学的地方，可给后人一定的启发。像他那样忧国忧民、勇担重任的精神，工作勤恳、办事敏速的作风和居官清廉、治家俭约的品格，在今天看来也是大可赞扬的。更重要的是他重视商品货币关系，提倡以雇佣劳动来代替无偿的封建劳役；按照商品流通的需要来铸造钱币，运用商业经营的原则来办均输、常平；借重商人力量，采取比较灵活的方式来改革盐政；规定了鼓励工商业者活动的租税措施；通过发展交通、便利商旅来促进经济的繁荣；这些有利于当时社会商品经济、货币经济发展趋势的政策措施更有"划时代的创举"的意义。桑弘羊是富于创造性的改革家，刘晏总结、继承了桑弘羊的经验，在这些方面又比桑弘羊前进了一步；而以后有进步意义的经济改革措施和经济管理思想，正是沿着他所开辟的方向发展前进的。刘晏在中国历史上据有继往开来的地位，起着承前启后的作用，应是值得我们很好纪念的一位历史人物。

中国古代经济改革家之五
王安石

志抑兼并戚宦憎，敢三不足骨峻嶒。

荆公新法能匡世，不独文宗一代称。

一 历任州县，体察民情，入相变法，志抑兼并

在中国历史上，封建社会前期的经济改革家，当推桑弘羊、刘晏
为代表；到宋代，封建社会已进入后期，在这一时期有成就的经济改
革家，那就该数王安石了。王安石在北宋神宗时主持了一次变法运
动，对经济、军事、文教等各个方面进行了改革，而以财政经济的改
革为其核心，其新法多从财政经济开始。这次变法，是封建地主制经
济发展到一定阶段，统治阶级为解决紧张而复杂的社会矛盾所做的一
种"自救"运动，对扭转当时北宋王朝积贫积弱的局面起到了一定的
作用，并且产生了广泛的影响。"王安石变法"，是中国历史上的一个
重大事件，王安石本人是一位中外闻名的"中国十一世纪时的改革
家"（《列宁全集》第 10 卷第 152 页）。

王安石的变法否定了宋真宗（赵恒）、仁宗（赵祯）以来长期推
行的因循苟且的政治主张，同维护"祖宗之法"的保守势力展开了激

烈的、反复的斗争。作为变法的主持者，王安石表现出极大的勇气和胆略。在中国历史上，这次变法运动中变法与反变法斗争的尖锐性，也是格外突出的。提起王安石推行变法的那股刚毅不拔的精神，人们自然会联想到"天变不足畏，祖宗不足法，人言不足恤"这三句名言，认为在此充分表现了他真是个风骨峻嶒的铮铮铁汉。其实，这三句名言，究其来由，其中还有一段故事呢。

那是宋神宗熙宁三年（1070 年）春，政府官员中间盛传王安石曾在皇帝赵顼面前提出了三句口号："天变不足畏，祖宗不足法，人言不足恤"。翰林学士司马光在对李清臣等人进行考试的一道"策问"中，把这三句话作为奇谈怪论，向与试者质询，示意他们对此大做文章，用力驳斥一番。但当司马光把策问题目送请神宗审阅时，神宗却叫人"以纸贴其上"，并批令"别出策目，试清臣等"。第二天，神宗面询已为副宰相的王安石："闻有三不足之说否？"王安石回答："不闻"。神宗也说"朝廷亦何尝有此！"又问王安石这三句话是何道理。王安石说："陛下躬亲庶政，无流连之乐，荒亡之行，每事唯恐伤民，此即是畏天变。""陛下询纳人言，无小大唯言之从，岂是不恤人言？然人言固有不足恤者。苟当于义理，则人言何足恤？故《传》称'礼义不愆'，何恤于人言！……则以人言为不足恤，未过也。""至于祖宗之法不足守，则固当如此。且仁宗在位四十年，凡数次修敕（法律）；若法一定，子孙当世世守之，则祖宗何故屡自改变？"（《长编纪事本末》卷五九《王安石事迹》、《司马光文集》卷七三《学士院试李清臣等策目》）王安石在对话中避免正面回答"天变不足畏"的问题，而肯定了"人言不足恤"此话不错，"祖宗不足法"本应如此。他虽然没有如司马光所传的在皇帝面前曾先主动提出过这两句口号，却是对之表示了赞成的态度；"天变不足畏"，也合乎他的一贯思想（王安石说过"灾异皆天数，非关人事得失所致"）。所以这件事虽然原系反对派的捏造，以此来中伤王安石，给他安上个离经叛道的罪名，不过事情的发展却和他们的主观愿望相反，"三不足"说正好代为概括了王安石变法的思想，王安石因势乘便，直接申明人言不足恤、祖宗之法不足守的道理，把司马光等人的攻击打了回去。而且王安石在他后来"造端宏大"的变法中倒是真的按照"三不足"的精神，勇往直前，坚持到底的。"天变不足畏"、"祖宗不足法"、"人言不足恤"，经王安石自己认可，已成为他进行改革时破除迷信、解放思想的战斗口号了。

不怕天变，不怕流言，不怕祖宗条条框框的束缚，王安石是怎样在同保守势力的斗争中推行他惊人的改革的呢？下面先概略地谈一下王安石的出身、变法前的经历、变法的时代背景和变法的过程。

王安石，字介甫，生于宋真宗天禧五年（1021年）冬（十一月十二日）。父王益，临川人（今江西临川），在原籍无田园，携带家眷，出外游宦，做州县官吏，王安石诞生在其父为临江军（江西清江）判官的官舍之中。二十岁前王安石随父到过很多地方：韶州（广东韶关）、汴京、江宁（江苏南京）等处，父死后（时王安石十九岁）在江宁落了户，家境很清苦。王益为官清正耿直，对年轻的王安石影响很大。王安石十七岁到江宁后，立志钻研学术，读书不限于儒家经典，"自诸子百家之书，及于《难经》、《素问》、《本草》、诸小说，无所不读"，学识日益渊博。唐代大诗人杜甫的诗，他最爱读，也善学韩愈的古文，认为为文"务为有补于世"。经过刻苦的学习和锻炼，王安石的文学修养在年轻时就达到很高的水平。仁宗庆历二年（1042年），二十二岁的王安石，考中进士，名列前茅（原被取为第一，因策论中一句话皇帝犯了疑，降为第四名）。同年出任"签书淮南判官"，给扬州的地方长官韩琦当幕僚。三年，归临川。旧制："判官秩满，许献文求试馆职"（指在史馆、昭文馆、秘阁等机关中任职，这些地方是"储才之所"，有更多机会进入上层），王安石独独不走这条路，而在庆历七年（1047年），二十七岁那一年，出任鄞县（今浙江鄞县，属宁波市）知县，开始了他独掌地方政务、为"亲民之官"的政治生涯。

王安石到任后，了解到多山的鄞县因川渠淤塞，最怕干旱。他就利用冬闲之际组织当地人民，大力浚治川渠，建立起一套蓄水和排灌系统。三年之中，他深入县内各乡督促指导，为"起堤堰、决陂塘"，大兴水利，做了许多工作，对当地农业生产的发展起了作用。王安石在鄞县为当地人民所做的另一件好事，就是在青黄不接时把官仓中的存粮，以轻息贷给农民，约定秋收后归还新粮。这样做，可免贫苦农民向豪强兼并之家借贷遭受高利盘剥，所以很受农民欢迎。另外，他还"兴学校，严保伍，邑人便之"（邵伯温《闻见录》卷十一）。三年任内，政绩斐然。离任后，鄞县人民立祠纪念他。而王安石自己也从中取得了实际工作的经验，后来他实行变法，其中有农田水利法和青苗法，就是为兴修水利和农村借贷而设的，当年在鄞县之所为，牛刀小试，未始不是一个小小的实验。

仁宗皇祐二年（1050年）鄞县任满，王安石归临川；第二年（1051年）出任舒州（今安徽安庆）通判（通判由中央派遣，有权与知州共同处理州事，并监督知州行动）。这年，中书省下札子通知王安石赴京试馆职，王安石以"祖母年老，先臣未葬，弟妹当嫁，家贫口众，难住京师"为理由，乞免就试，再一次自动放弃了到中央政府任清要之职的良机。仁宗至和元年（1054年），通判任满，被任命为"集贤校理"，王安石依然辞谢，不赴任而归临川。两年以后，王安石三十六岁，被调往京师开封任群牧司的判官。但王安石总希望"得因吏事之力，少施其所学"，愿意到外地州郡去做地方官。经十几次上书请求外任，于下一年（嘉祐二年）出任常州知州。在常州一年多一点的时间里，王安石计划在当地开掘一条运河，然而议论纷纷，且得不到上峰的支持，再加淫雨不止，民夫多病，在极大阻力下不得已忍痛下马。王安石历任州县，所到之处都要为人民做些兴利除弊之事，他积极实干的精神在这时已树立起来。但达官贵人因循苟且，无意于进取，"方今万事所以难合而易坏，常以诸贤无意耳！"（王安石《与刘原父书》）保守势力只尚空谈，对别人真正干事却横加掣肘，这一手，王安石已经开始领教了。

嘉祐三年（1058 年）二月，王安石自常州移任江南东路的提点刑狱官（路一级的司法官，隶属于转运使），任所在饶州（今江西波阳县）。中书、门下（宰相）以王安石累辞馆职，奏报仁宗皇帝，由仁宗正式下诏召王安石至京师集贤院供职，王安石无法再推辞，才起程赴京，时在嘉祐四年（1059 年）。次年（嘉祐五年）五月，被任命为三司（通管盐铁、度支、户部，号曰计省）度支判官，俄直集贤院。嘉祐六年六月"知制诰"，调去替皇帝起草命令、文告。从四十一岁开始，担任这一工作达三年之久。嘉祐八年，当权四十二年（1022～1063 年）的仁宗皇帝病死，其过继儿子赵曙继位，是为英宗。这一年秋，王安石的老母亲去世，他就辞官回江宁守丧。守丧期满，仍在江宁家中收徒讲学，培养了不少人才，有些人后来参与了他的变法。

在王安石四十三岁母丧回里以前，他主要是在各地当地方官，时间达十七年，在中央政府任文字工作只几年。在地方，他增长了社会阅历，积累了办事经验，锻炼出卓越的政治才干。同时，由于身在基层，接近人民，对社会的各种问题认识也日益深刻，大大地提高了自己的思想水平。"丰年不饱食，水旱尚何有？虽无剽盗起，万一且不久。特愁吏之为，十室灾八九。"王安石这首《感事》诗表达了他对农村问题的严重性的忧虑。他体会到社会贫富不均现象的加深是由兼并势力造成的，而国家对兼并势力的放纵、官吏对农民的掊克则是促成贫富悬殊的重要原因之一。他在另一首题为《兼并》的诗中表明了自己这样的看法。诗中说："三代子百姓，公私无异财。人主擅操柄，如天持斗魁。赋予皆自我，兼并乃奸回。奸回法有诛，势亦无自来。后世始倒持，黔首遂难裁。……俗吏不知方，掊克乃为材。俗儒不知变，兼并可无摧。利孔至百出，小人私阖开。有司与之争，民愈可怜哉！"在这里，王安石明确地指出，兼并不可摧抑的论调是俗儒之见，是不对的。国家应该操持权柄，视兼并势力为奸回之徒而加以摧抑。如放任"小人"私自擅开阖敛散之权，那就会滋长兼并，坑害百姓。但"区区挫兼并"还是不够的。国家还应该进一步对"婚丧不供"、"耕收不给"的贫苦农民加以资助，"贷钱免尔萦"，"倾粟助之生"，不使他们因求助于高利贷而落入兼并势力的圈套；"物赢我收之，物窘出使营"，对物价和商品的供求也应注意调节，官府应收购多而价贱的商品，供应少而价贵的物资，免得兼并势力在这方面乘人之急（见王安石《寓言》诗）。王安石在他早期的诗歌中已多次流露出他反对兼并的思想，这一思想后来越益发展，以至于摧抑豪强兼并的主张成了他实行变法的中心内容。对于兼并之害和抑制兼并的必要性的认识，和他历任州县地方官，了解民间疾苦，是很有关系的。有了这样的基本认识，再加他进入中央政府，接触财政领导部门的工作和机要工作，有机会掌握国家政治、经济的总体情况，于是他对如何改革朝政就逐渐形成自己的一套见解，而具有自己的发言权了。

当时的社会到底是处于什么状况呢？原来北宋开国，"不抑兼并"、"不立田制"，对豪强兼并采取前代所未有的纵容态度，而且赋予免税免役等特权。其理由是："富室连我阡陌，为国守财尔。缓急盗贼窃发，边境扰动，兼并之财乐于输纳，皆我之物。"（见王明清《挥麈录余话》卷一）在这种指导思想下，品官形势之家就有恃无恐地兼并土地，掠夺农民。仁宗初，达官贵人占田已达天下田畴之半，以后情况越益严重，公卿大臣家占田竟至千顷。不但如此，不当官的大商人大高利贷者在这方面也丝毫不甘示弱，这些"富家兼并百姓乃至过于王公"。真是一州一县便有"兼并之家，一岁坐收息至数百贯者"。此辈人除了"侵牟编户齐民，为奢侈"外，简直于社会没有一点用处（王安石语，见《续资治通鉴长编》卷二四〇，熙宁五年十一月戊午记事）。而"苦身劳力，恶衣粝食"的农民，由于兼并而丧失或部分丧失自己的小块土地，流离异乡、转死沟壑的日益增多。封建社会的基本矛盾加剧了。仁宗中期，为了反抗来自地主阶级及其政权的残酷压榨，许多地方的农民奋起进行武装斗争，"惊扰州县，杀伤吏民，恣凶残之威，泄愤怒之气"（富弼：《乞选任转运、守令以除盗贼疏》），这种形势引起了统治集团的极度恐慌，封建政权面临着日益加重的统治危机。

"恩施于百官者，惟恐其不足，财取于万民者，不留其有余"的北宋政府，在社会危机日益加深的同时，又爆发了日益加深的财政危机。北宋王朝在太宗、真宗之初，用度自给，财政状况还好。真宗大中祥符、天禧以后（1008～1021年），"内之畜藏，稍已空尽"；到仁宗时号为"至平极盛之世，而财用始大乏，天下之论扰扰，皆以财为虑矣"（叶适：《水心集》卷四《财总论》二）。财政危机的造成，一方面是由于北宋政府的浪费太大，漏洞难堵——单以军费而论，仁宗时养兵一百二十五万九千，费用占全部赋税收入的十分之八，而不能有效抵御辽和西夏，每年却要付出近八十万匹（两）的"岁币"；另一方面也由于大官僚大地主大商人的逃避田赋，冲击专卖，把大量的封建剥削收入化"公"为私，成为豪门之财，增其兼并之资。如仁宗皇祐年间（1049～1053年），"天下垦田视景德增四十一万七千余顷，而岁入九谷乃减七十一万八千余石"。为什么减？"盖田赋不均，其弊如此"（《宋史·食货志》），大官僚大地主大商人中的很多人根本不出赋税！免税逃税的人日多，田赋负担就转加到农民身上，甚至农民土地被兼并后，"产去税存"，税额还推不出去，这就更加速了农民的破产过程，使半破产和破产了的农民更活不下去，最后只好流亡他乡，导致北宋政府赋税征收更趋减少，国家的财政收入大受影响。"积贫"的病象日甚，财政危机日深，并且和阶级矛盾、社会危机日益交织在一起。这种现象同大官僚、大地主、大商人这一兼并势力的日益膨胀是成正比的。事至如此，无论从解救社会危机、缓和阶级矛盾来看，还是从解决财政危机、摆脱政府困境来看，不想办法做些改革，就不能维持封建政权统治的稳定了。

大官僚、大地主、大商人是既得利益集团，他们当然希望保持现状，不要做什么改革。而中小地主出身的一些官僚则抱有与他们不同的观点。由于大地主、大商人的兼并土地，使得经济力量、政治势力薄弱的中小地主容易趋于没落、下降，时时感到有遭到兼并的威胁；更由于权势之家有免税（再加瞒产逃税）和免役的特殊待遇，沉重的田赋和差役负担，很多就落在中小地主的身上，有时甚至被弄得倾家荡产；这些情况决定了中小地主阶层同大地主、大商人之间也有矛盾，矛盾也在加深。这个阶层是不满意现状而思有所改易的。为了维护中间阶层本身的直接利益，维护整个地主阶级的全局利益和长远利益，以免在阶级矛盾激化所引起的烈性大爆炸中同归于尽，他们在朝廷的政治代表迫切要求改变当时的局面，推行"新政"。庆历年间中小地主出身的副宰相范仲淹，就做了一些尝试。但是他的建策，重点尚放在改革吏治、整顿政权机构上面，并没有正面触及如何抑制兼并的问题，即便如此也遭到贵族官僚们的反对，前后只一年左右，"庆历新政"就中途夭折了。

对于当时的社会问题和财政问题，王安石提出什么建策呢？就在嘉祐年间他被召入朝后（柯昌颐《王安石评传》系于嘉祐五年，一说嘉祐四年，又有人说是嘉祐三年冬的），曾郑重地向仁宗皇帝上了洋洋万言的《上仁宗皇帝言事书》，提出了他主张改革的初步方案。在万言书中他着重谈了有关政治以至吏治方面的一些问题，认为"方今之急，在于人才而已"。如何得到人才，他从"教之之道"、"养之之道"、"取之之道"、"任之之道"四个方面提出了改革意见。从万言书所涉及的范围来说还是比较狭窄的。出身于中小地主阶层的王安石，虽然长期在地方工作，看到了社会上的贫富悬殊，大官僚大地主大商人对农民的残酷压榨，从内心要制抑这些兼并势力，但在这个万言书中却同范仲淹一样没有以抑兼并为内容。财政、经济问题在万言书中也只占很小的地位，并且根本未提"变法"，而打的是"法先王之意"的旗号，唯恐"改易更革""倾骇天下之耳目，嚣天下之口"。当时的政治气候（仁宗因循苟且）和王安石本人的政治地位使他不得不采取这样的做法。所以就万言书本身来说，还没有为他日后的变法勾画一幅完整的蓝图。当然，一些为"流俗之所不讲"的见解，在万言书中已有所透露。如主张对官吏要用法治，"裁之以刑"，"加小罪以大刑"，"以一天下之俗"，行法必自贵近始，以刑止刑，和用人唯贤、唯才，综核名实，等等，已接近商鞅变法时的法家思想。至于理财问题，王安石借增加官员俸禄"饶之以财"这个题目，提出了"因天下之力以生天下之财，取天下之财以供天下之费"的说法，认为应发动所有的劳动力，通过发展生产，去增殖社会财富。不患不足，而"患在治财无其道耳"，"以理财未得其道，而有司不能度世之宜而通其变耳"。这也表达了一个正确的理财方针。可以说在局部问题上，万言书中所阐述的某些方面，已是日后变法的思想先导（见王安石《上仁宗皇帝言事书》）。

尽管王安石言事措语不得不大有保留，未能罄竭所见，但这个万言书仍然没有受到名为仁恕宽厚实是因循苟且的仁宗皇帝和执政大臣的注意，当时在政治上也没有引起什么反响。以后几年中，王安石埋头翰墨，对情况倒有进一步的了解，意见就不再提了。到他母亲去世，王安石借了这丁忧守制的老规矩，怀着失望的心情，惘然地离开了朝廷。

宋英宗在位三年病死（1067年），子赵顼继位，是为神宗。神宗即位之初，土地兼并、财政困难的问题更甚于乃祖之时。全国约有十分之六七的田亩集中于豪强地主之手，且不纳田赋（《文献通考》卷四《田赋考》）。全年国家收入一亿一千六百余万贯，支出一亿二千三十四万贯，非常支出一千一百五十二万余贯，亏空达一千五百多万贯，财政处于危急状况。为太子时喜读《韩非子》的宋神宗，即位后觉得"天下弊事至多，不可不革"，很想有所作为，有所改革。他认为"当今理财最为急务"，改革要以理财为先，从解决财政危机入手。找谁来主持这一工作呢？王安石历任州县，以干练著称，曾居内廷，熟悉国家制度典章，上过万言书，对改革有所建言，个人品格操守有过人之誉，在文坛词场已据重要地位，在神宗心目中，这正是一个合适的人选。

治平四年（1067年）闰三月，神宗先命王安石出知江宁府，九月任命他为翰林学士，王安石未即赴任。至第二年（熙宁元年）四月，再下诏命王安石以翰林学士越次入对。这时母丧已届期服阕，家计亦稍足自赡，后顾之忧解除；而新君登基锐意刷新，屡诏起用，平生抱负看来有了施展的可能。就在这样的情况下，不能再自甘恬退的王安石才下了决心，以身许国，应召来到京师。熙宁二年（1069年）二月，神宗任命"负天下大名三十余年"的王安石为参知政事（副相），开始实行改革；熙宁三年十二月，五十岁的王安石与韩绛并"同中书门下平章事"，正式当上宰相。一场以改变宋初以来对兼并势力的放任政策为特色，以"安定民生"、"富国强兵"，扭转"积贫积弱"为目标的变法运动，就在宋神宗的支持下，经过王安石的筹划，开展起来了。

在以理财为先的变法开始以前，朝廷内部对理财方针曾有过一次争论，时间是熙宁元年八月，王安石就任翰林学士的第五个月。宰相曾公亮等上言"河朔灾伤，国用不足，乞今岁亲郊（皇帝郊祀），两府不赐金帛"，送学士院取旨。与王安石同为翰林学士的司马光认为，救灾节用，应自贵官、近臣始，"宜听两府辞赏为便"。目光远大、一向主张从根本上"虑之以谋"，而不是只"毛举利害之一二"的王安石，对此表示异议。他说："国家富有四海，大臣郊赉无几，而惜之不与，未足富国，徒伤大体。……且国用不足非方今之急务也。"司马光急忙说："国家自真庙（真宗）之末用度不足，近岁尤甚，何得言非急务耶？"其实王安石本意并不是不承认国用不足亟待解决，而是认为第一位的、更急的治本之事乃是在于开源，在于理财。他说："国用不足，由未得善理财之人故也。"视理财为聚敛的司马光接着说："善理财之人，不过头会箕敛，以尽民财；如此，则百姓困穷，流离为盗，岂国家之利耶？"王安石答道："此非善理财者也。善理财者，民不加赋而国用饶。"司马光反唇相讥，说道："天下安有此理。此乃桑弘羊欺汉武帝之言，司马迁书之以讥武帝之不明耳。天地所生，货财百物，止有此数，不在民间，则在公家，桑弘羊能致国用之饶，不取于民，将焉取之？""不加赋而国用足，不过设法以阴夺民利，其害甚于加赋。"（司马光《迩英奏对》，见《续资治通鉴》卷六六、《宋史·司马光传》）这场激烈的辩论揭开了以王安石为代表的变法派与以司马光为代表的保守派斗争的序幕，也开了王安石理财变法的端绪。王安石的理财方针是：不加重农民的负担，而靠发展农业生产，并把大官僚、大地主、大商人的部分剥削收入收归朝廷，来增加"国用"，这才叫"善理财"，才是当务之急。这一思想自然要引起"以为人主不当与百姓（豪民富户）争利"的大官僚、大地主、大商人们的反对。

当时有志改革的神宗，还是同意王安石的理财思想，几个月后即提升王安石为副宰相，正式筹备变法事宜。旧的执政者因循保守，不赞成变法，王安石即起用新进，于熙宁二年二月，建立了一个创立新法的机构，叫作"制置三司条例司"，吕惠卿成了王安石的主要助手，参与草拟变法的新条例。条例司制定的第一道新法是熙宁二年七月公布的"均输法"，通过这一办法，想把轻重敛散之权从富商大贾手里收归政府掌握。同年九月施行"青苗法"，这是国家举办农贷，想通过这一办法，限制高利贷在农村中的活动；两个月后又按照"理财以农事为急"的原则，制定了"农田水利法"，以大兴水土之利。这仅仅是变法第一年的事情。变法的第二年冬（熙宁三年十二月），更把"差役法"改为"募役法"，官役出钱雇佣，使"农时不夺"，农民尽可能多地参加农业生产劳动。变法的第四年（熙宁五年），颁布"方田均税法"，这是丈量土地、清查瞒产漏税的法令，矛头直指兼并土地而又不交田赋的大地主；同年还颁布"市易法"，这是在城市中管理商贾和市场的法令，由官府参与商品交易，以大商人为抑制的对象；其下一年又实行"免行钱法"，以减轻城市各行业中小商人供奉官物的负担。这许多法令都属于经济方面的改革。此外，还有熙宁三年公布的旨在变募兵制为征兵制，仿商鞅"什伍之法"的"保甲法"，想用保丁代替雇佣兵；熙宁五年公布的"省国费而养马于民"、由保甲养马的"保马法"（马由官府给配）；熙宁六年开始的选用有作战经验的将官负责一个地区驻军的军事教练的"将兵法"。这些是属于军事方面的改革。经济与军事两个方面合成了以"富国强兵"为目的的王安石变法的全部内容。为了选拔人才，王安石还实施新的贡举法（废除诗赋、明经各科，专以经义、策论取士），整顿京师及州县学校，在科举和教育方面进行了改革，实践了他在万言书中关于人才问题方面的某些观点。到熙宁六年，五年时间，把变法推向一个高潮。在这期间，新设的"制置三司条例司"曾经起过推行经济改革的枢纽的作用，但后来因为反对在三司之外另设这一机构的人很多，条例司内部有些成员如程颢、苏辙等由于反对王安石的新法而辞职求外任，而且新法推行已有一定的基础，在冲破旧三司的藩篱，以便独立自主地推行新法这方面，条例司已完成了历史使命，所以，在熙宁三年五月，条例司即告撤销（共存在十五个月），"罢归中书"，由司农寺制定条例，实际上变法仍由王安石主持。他以实任的首相掌握着政府的大权。

过去国家财政大权归三司使掌握，宰相不管财政；王安石变法后，除税赋常贡仍归三司外，茶、盐、坑冶、常平、免役、坊场、市易等收入，由宰相所属的户部总管，其羡余号称朝廷"封桩"，积储起来，三司不得过问，财利之权转归宰相了。王安石要变法富国，亲自主持理财、掌握财政，实为他实行改革所不可缺少的条件。

在王安石推行各项新法时，保守派的官僚、外戚和宦官们大举进攻，变法派内部也开始分裂。神宗发生动摇。熙宁七年（1074年）四月王安石"乞解机务，荐吕惠卿以代，凡札子六上而后报可；七月，以观文殿学士，出知江宁府"。这是王安石为相（由副而正）五年半后的第一次罢相。熙宁八年（1075年）二月，神宗派使臣持诏书去江宁，召王安石回京，恢复了他的相位。在保守派的围攻中，王安石复相后处境艰难。吕惠卿与王安石不和，分散、抵消了力量。神宗在对辽交涉中和王安石也有了分歧。王安石推行的某些新法（如市易法）已得不到神宗的有力支持，神宗又拒绝了王安石提出的对不附新法者治罪的主张。接着，青苗法向农民贷款的本钱又被神宗砍去一半（仓库常留一半，其余才给散支借）。王安石已无法维持局面。熙宁九年春开始，连接几次上章请求罢相归田，至十月间始获批准，以使臣出判江宁府。第二次为相时间只一年零八个月，前后执政共七年多。熙宁十年（1077年），第二次罢相的王安石回到江宁后，辞判府事表凡三上。六月神宗命他为集禧观使，完全是一个空名虚职，不问国事，时王安石年只五十七岁。元丰元年（1078年）晋封为尚书左仆射、舒国公、集禧观使；元丰二年（1079年），王安石隐居钟山，九月，赐特进，改封荆国公，以后人们就称他为王荆公。自元丰二年至哲宗（赵煦）元祐元年（1086年），七年多的时间里，王安石一直居于钟山，过着退休生活，以诗文自娱，也学佛谈禅，聊自排遣烦闷的心情。元祐元年保守派上台，把王安石的新法一一废除，已在病中的王安石又气又忧，病情加重，是年四月初六，这个六十六岁的老人就与世长辞了。哲宗为之辍朝，赠太傅，诏地方善办丧事。就这样，这位一代大改革家，十分抱憾地结束了自己的一生。不过，虽告失败的变法运动，在中国封建社会的历史上毕竟给人留下了很有光彩的一页。

以下我们将进一步研究王安石变法中有关经济改革的各项法令的详细内容，分析它们的意义和在当时所收到的效果，并探索指导王安石变法的经济思想。

二　预购与农贷结合，限制高利贷在农村中活动的青苗法

王安石的变法，以"理财为方今先急"，而理财又"以农事为急"，所以，在他的各项经济改革中，重点就首先放在减轻农民的疾苦上。而青苗法是他最早考虑改善农民处境的一种重要措施。兼并之家往往通过高利贷（常与商业的贱买贵卖相结合）逼使农民堕入樊笼，"岁偿不逮，即平入田产"，最后土地被兼并而去。为了抑制高利贷在农村中的猖獗活动，缓和土地兼并的趋势，王安石特推行青苗法。青苗法，作为变法派在农村中实行的调整封建国家、地主、商人（包括高利贷者）与农民关系的新政策，公布于变法的第一年——熙宁二年（1069年）九月，当时王安石尚任参知政事（副相）。早年在鄞县任县令时，王安石曾实行过"贷谷与民，立息以偿"的办法；同时代的李参任陕西转运使时也推行过令农民"自隐度麦粟之赢，先贷以钱，俟谷熟还之官"的"青苗钱"例，"经数年，廪有羡粮"（《宋史·李参传》）。王安石就是根据自己的经验，并参照李参的做法，实行青苗法，以实现自己"贷钱免尔萦"、"倾粟助之生"的理想的。可见，青苗法（即青苗钱法），并非一朝一夕突然产生的。

青苗法是对旧的常平法的改革。常平仓在宋初搞得还较好，谷贱时增价以籴，贵时减价以粜，对调剂粮食价格和供求有些作用。后来

情况逐渐逆转。有的地方把籴本移作营私之用，或与豪商富户勾结，共同渔利。有的地方则"厌籴粜之烦"，"不为急务"，常平仓成为徒有其名的仓房。有时北宋政府也把常平本钱挪作军需之用，而至"蓄藏几尽"。即使有的还在举办常平，因本钱少，购买量有限，无力抑制富商大贾于新谷登场时的贱价抑买，而青黄不接时抛售量不多，也无力控制市场的涨风。而且官吏要收购粮食，须先逐级申报（县申州，州申提点刑狱——各路管常平仓之官，提点刑狱申司农寺），听候批文，这样动辄累月，以至失时，谷价倍贵，高价籴进的粮食在以后市场售价下跌时就卖不出去，往往堆积霉烂。且各仓远离农村，农民购买不便（当年刘晏是叫商人送粮下乡），就算买到一些粮食，仓吏往往克扣分量或掺杂砂石，实际上是价格的变相上涨。甚至还有的地方粮食出纳为法太密，使司避事畏法，宁愿将粮食封存而不肯发粜，或至数十年而不一顾，一旦不得已而开封，则已化为浮埃聚壤不可食用了。到王安石时常平仓已不能起作用，所谓年歉谷贵时的出粜，也只是"所及大抵城市游手之人而已"，在农村，受灾时仍须"更出省仓赈贷"。王安石认为，既然常平仓利未溥，法未得其宜，不如以仓中现存的粮食和现钱充作本钱，贷给农民，好让他们安排生活，发展生产。农民的困乏在新陈不接之际，"兼并之家乘其急以邀倍息，而贷者常苦于不得"；由政府举办贷款，可"使农人有以赴时趋事，而兼并不得乘其急"，这是"散惠兴利"的要务（《宋会要稿·食货》四之一六）。贷放的钱按李参的做法就叫作"青苗钱"，新的立法就名为"青苗法"。青苗钱一词中唐就有，为地税的附加（大历元年，诏天下，苗一亩，税钱十五，以国用急，方苗青即征之，号青苗钱；大历五年，青苗钱亩加一倍）；王安石的青苗钱概念与之不同，是苗青时"先贷以钱"，俟谷熟时归还的意思，对农民是扶助，不是征取。

青苗法立，原诸路常平仓的本钱即移作青苗钱的贷款本钱用；还有"广惠仓"的存米，除酌量留作老疾贫穷之救济外，也并作青苗钱的本钱。两类仓库钱谷，略计贯石，可及一千五百万以上（一作一千四百万），其存粮，出售于市，换为现钱，作为贷款发放的资金。各路转运司的"苗税及钱斛，就便转易者，亦许兑换"，也就是说常平广惠仓的谷物可与转运司所征赋税的钱币相兑换；转运司的钱、谷在必要时也可通融借予使用（以钱购粮、以粮售钱），大力支持青苗法的推行。原常平仓归诸路转运使所属的提刑司管辖，行青苗法后因需要兑换现钱，令各路转运司一同"计会办理"，但这笔款项不得支作别用。原定青苗法先在河北、京东、淮南三路试行，不多时即在全国普遍推开。为有效地推行这一新法，特在各路设置"常平官"专司其事（"提举官一员"，以朝官为之，"管勾"一员，以京官为之），全国共四十一员；各州置"常平案"，由通判一类官员负责转移出纳事宜；在各县，则由县令、佐直接督率耆长、户长（里正的副手）管理青苗钱的借贷。

青苗法的做法具体是怎样的呢？根据三司条例司所定的法令和各路转运的补充办法，主要包括以下内容。

（1）常平广惠仓的现钱，依照陕西青苗钱例，于夏秋未熟以前作为贷款发放。事先按照当年以前十年内丰熟时的各种粮食的价格（各年取其最低值），平均计算，既不偏高，也不偏低（"酌中物价"），定为本年预借的折合标准（"预支例价"），而后出告示召民户自愿请贷。贷放时虽然是给钱，但贷款数额按折合标准换算成实物斗斛数，到期按折算数量归还实物（粮食）。如请贷时愿领实物（本色），或到期粮食价贵愿偿还现钱的，也可以，"皆从其便"，"务在优民"，但不得亏损官本。

（2）贷款一年发放两次，每次发全年贷款额之半数，一次在正月三十日以前，称"夏科"；一次在五月三十日以前，称"秋科"。分别随当年夏、秋两税（六月和十一月）偿还。如遇灾荒，可延至下次收成时归还。所借青苗钱，每次在归还之时，在原额外须加纳百分之二十的利息。在兴修水利、垦辟农田的地方，贷款归还期可长至一年或一年半，更长者达两年，年息百分之十。

（3）贷款先发放给农村住户，每五户以上或十户以上（河北路为十户以上）为一保，自愿请领，不得抑配。保内要相互检查，以防"浮浪之人"（游手好闲、不事生产的人）混入，或人户逃亡亏失官本。每保还须有第三等以上户（地主或富裕农民）的"有物力人"充当"甲头"（地方补充规定）。客户（佃户）借钱，须与主户（地主）合保，"量所保主户物力多少支借"。

（4）借钱多少按户等高低而定：第五等户（半自耕农）并客户，每户贷款不得过一贯五百文，第四等户每户不得过三贯文，第三等户每户不得过六贯文，第二等户每户不得过十贯文，第一等户每户不得过十五贯文。发放贷款时县令县佐要亲自下去检视，按各户家产多少借予，防止多借、冒借之事发生。

（5）依以上标准发放贷款后如尚有剩余，可由本县酌量各户的财产（田亩和浮财，庐舍也包括在内）给第三等以上人户，在规定数额之外再添数支给。这一条实际上是用"散俵"的方式强令官户"借贷"交息，与对一般农户贷款以自愿为原则，不得抑配，有所不同。

（6）现钱贷放农村还有剩余时，也可按乡村青苗例把这部分现钱支借给"坊郭有抵当人户"，以五家为保，进行抵押放款。借款数额不得超过所抵押财产价值的半数（据《宋史·食货志·常平义仓》、《宋会要稿·食货》四）。

青苗钱一般是以现钱发放的，所谓"仍以现钱，依陕西青苗钱例，愿预借者给之"（《宋史·食货志》），"其给之也以金，而不以谷"（朱熹：《金华社仓记》），就可说明这一点。虽然也可根据自愿借给实物（斛斗粮食），但不是一般情况。"其愿请斛斗者，即以时价估作钱数支给"，那是在时价低于十年平均"预支价例"（上年大丰收，粮价下跌）的条件下才会发生，因为这时预借同样数量粮食所折合的钱数要比按预支价例计算的钱数要少（或同样的钱数，所借的实物数量可多些），对借钱的人有利，他们才愿意这样做。如果不是粮食时价下降就不会发生这样的事了。事实上借钱在青黄不接时，粮价一般较常年丰熟时平均价格要高，所以一般仍以请借现钱为常。即使以实物贷给，也规定"不得亏损官本，却依现钱例纽（折合）斛斗送纳"（《宋会要稿·食货》四），归还时不能按现钱数和收成时较借时为高的粮价折合成实物交库，因为这样就会少还实物、亏损官本了（如归还时粮价较借时为低，则借者会多出实物，也不干，应该是按借时所用的粮价，折还实物，或仍按折借现钱数归还，另外都再加上利息）。

青苗贷款到期，一般都按借时的约定谷价（预支价例）折合实物交还。因为对官府而言，掌握实物可用以防御灾荒，调剂供求，平抑粮价，还可保持本钱的实际价值；对农民而言，这时新粮上市，价格较贱，如叫归还现钱，等于叫农民多抛出粮食，对农民不利，按原定谷价（酌中物价）不变折还实物缴纳，农民就不会吃亏。如归还时粮食市价贵（贵于预支价例），愿纳现钱的也可以。这种情况在荒歉年发生，一般还是照归还实物的原则办理。即使许以现钱归还，也不是让借户按较高的市价出售粮食，再按原先所借的现钱数二分计息偿还，对此，官府是仍给以一定的制约的。怎么制约？办法是仍以原定应归还的实物数量为基数，但"量减市价纳钱，未有约定实数"，"仍相度量减时价送纳"，即折钱单价应比市价低。由此算出需归还的现钱数，再加利息额，务使借户和官府两不吃亏。在借户方面，按市价出售粮食所得的现钱，或能尚有剩余不必交还；在官府方面则可以减少以至完全弥补因粮价上涨的损失。为避免如按原定利率（百分之二十）计息，收回的现钱连本带息，按较贵的市价计算，尚不足以换回原先贷出的实物数量以及百分之二十的利息（实物）收入，官府还可以对以现钱纳还者提高利率（比百分之二十为高），但利率的提高也不是任意的。有的地方（如河北的提举官）就明确规定："若情愿纳钱"，"不得过三分之息"。如果送纳现钱，该户应还本钱为一贯，连息即不得过一贯三百文（不得过三分，并不是原贷款中以现钱偿还部分不得过十分之三之意）。"若物价抵平，即有合纳本色，不收其钱，只收二分息"，而不是三分之息了。总之，贷放时付出现钱，收回时折还实物是常例，其余都是变例。以常例而言，贷出现钱，按折合标准换算成实物斗斛数，到期归还实物，这等于是出钱预购粮食，折合标准就作为粮食的预支价格。所以青苗法，基本上可以说是农贷与预购的结合，与贷钱还钱或贷物还物的单纯性的借贷有所不同。先付出钱，到期收回实物，这就是交换，就是有商业活动在内。

青苗法与旧常平法也是有区别的。常平是一种单纯的商业活动，它在谷贱时增价收籴是现购方式，而青苗法在半年前支钱半年后才收回实物，则是预购方式；而且青苗法要收取利息，包含了信贷活动在内，这是常平法所缺少的内容。所以预购与农贷相结合的青苗法确是对旧常平法的一种改革。

唐宋时期，预购赊销这种较发达的商品交换方式，已为私商所常采用（苏轼说："夫商贾之事，曲折难行。其买也先期而与钱，其卖也后期而取值。多方相济，委曲相通，倍称之息，由此而得"。见《奏议集》卷一，《上皇帝书》），这都是高利贷（倍称之息）与商业的结合。单纯商业活动的常平法已难与形势相适应。只有一般利率（什二之利）的贷款与预购相结合的做法，才能同放高利贷的私商争夺农村的阵地。可见青苗法取代旧常平法并不是偶然的。

不过青苗法与常平法仍有密切的联系。第一，青苗本钱即由原常平本钱转来使用。第二，青苗法的收回实物虽是预购，本质上仍是粮食的收购，与常平法的收籴粮食储以备用的作用一样。第三，青苗法收回的实物不会全部长期存储不用，在青黄不接时或荒歉年份一定会拿出来贱价出粜于民，这与常平法的出售粮食，以平抑粮价、救济灾荒是一回事。第四，在预购之外，主管青苗法的官员仍有"遇贵，量减市价粜；遇贱，量增市价籴"的任务；在青苗本钱以借贷方式支配完毕或不能兼顾作两用时，按规定籴粮的本钱可通融转运司的现钱使用，"通一路之有无，贵发贱敛，以广蓄积，平物价"（《宋史·食货志·常平》）。由此可见，常平业务并没有因为实行青苗新法而被取消，相反地常平工作仍然是与青苗工作结合在一起进行的。因此之故，青苗法又称"常平敛散法"、"常平给敛法"、"常平新法"，或者仍径称"常平法"，主持其事的官员也仍称为常平官。青苗法补足了旧常平法的缺陷，给常平法充实了新的内容。

由国家来举办借贷，起源很早，《周礼·泉府》就有发放贷款的记载，王安石自己也说取法于《周礼》；但《周礼》借贷主要行于城郊（近郊取息什一，远郊十分之一点五），甸稍县都虽也有贷款（取息什二），然所贷给的是平民，广大奴隶身份的农业生产者是没有资格请领贷款的，王安石对广大农业生产者发放农贷，这为《周礼》之所无。《管子》一书中谈国家举办信贷取代私人高利贷的地方不少，然这是战国时自由身份的农民和私营商业、高利贷业大量兴起后的情况的反映，为轻重家的理想；管仲本人则对农奴身份的人尚未真的由国家来大量举办借贷事业。以后桑弘羊也未闻办理过农贷。王莽的赊贷做法仿自《周礼》，然主要在都市中进行贷放。唐代官府有"公廨本钱"，为贷款取利之用，然其对象是"诸色人家"，即各行各业的城市工商户，也不及于农村。即使是关心农民生产和生活的刘晏，据说也"未尝有所借贷"；"有尤之者，晏曰：使民侥幸得钱，非国之福，吏倚法督责，非民之便"（《宋史·食货志》记苏辙之言）。通观历史，正式立法大力推行农贷，而且办法细密周详，把借贷与预购结合起来，这样做的应该首推王安石。常平仓在汉唐耿寿昌和刘晏手中曾是好的、进步的措施，宋代日久生弊，王安石不被前人的故步所封，而毅然改革了旧的常平法，使之更合于当世所需，于此可见王安石的革新精神。于此也可见，前代的改革家其所实行过的措施不可能是一成不变的，后来的改革家加以改进或另外代之以新法，这本是自然合理之事。

王安石推行青苗法，从指导思想上来看是要达到三个要求。其一即如上已提及的，要使兼并之家不得乘农民之急大搞高利盘剥，这体现了他念念不忘的抑兼并、济困乏的思想。其二使农民"赴时趋事"，发展农业生产，这体现了他"因天下之力以生天下之财"，通过发展生产以增加社会财富的理财思想。其三是使国家财政收入得以增加，这是他理财富国的重要目的。实践表明，青苗法是收到相当效果的，在一定程度上达到了王安石的预期目的。

青苗法虽然收息，但什二之息是中正之数（十分之三之息是在特定情况下发生的，见上述），即使按每期贷款半年即还，合年利十分之四计算，也低于私人的高利（"倍称之息"）。所以青苗法实行后，被称"富民之利"的高利贷，确在一定程度上为官府所夺，而代之以较低利息的借贷，地主富商对农民的剥削受到限制。过去大搞高利贷和预购的商业资本，至此在农村中的活动地盘缩小了。意在"哀多补寡而抑民豪夺"的青苗法（《宋会要稿·食货》中），其贷款"以为耕敛补助"，即使在凶年，也可使农户"常保其土田，不为大姓兼并"（《续资治通鉴长编》卷二三二；以下简称《长编》），农民的贫困化和土地集中的势头得到缓和。作为一种社会政策，青苗法在这方面的意义是非常重大的。当然，对这方面的作用也不能看得过高。青苗钱每年放出一千余万贯（原常平广惠仓本钱一百四五十万贯，再加通融转运司的钱谷，以及下述的"免役剩钱"，一年之内周转两次，元丰三年、四年放出青苗钱为一千三百余万贯、石、匹、两，元丰六年为一千一百万余），神宗时全国户一千四百二十四万多（熙宁十年数），平均计算，每户摊不上一贯钱，由于上户所派贷的钱数多，下户能借到的钱更不到一贯，按照五等户及客户每户可借一贯五百文的指标对比，则青苗钱贷款的数额是不敷分配或不能普遍分配到各户的，兼并势力的高利贷资本在农村尚有不小的活动场所。

青苗法对促进农业生产也有一定的效果。通过青苗贷款，农民"非惟足以待凶荒之患"，而且"于田作之时，不患缺食"，因可"兴水土之利"，使"田事加修"（《宋会要稿·食货》四）。就在青苗法颁布后的两个月（熙宁二年十一月），条例司紧接着颁布了农田水利法（"农田利害条约"）。这个法令鼓励各地征集农业生产的先进经验，开垦废田，兴修水利，建立堤防，修筑圩垾，以发展农业生产。"民修水利，许贷常平钱谷给用"（《宋史·河渠志》），也就是可依青苗法向官府借钱。青苗法中，对兴修水利者取息较低，归还日期亦较长（《宋会要稿·食货》七载：为兴修水利而贷与的青苗钱，"作两限或三限送纳，只令出息二分"。半年为一限，两限或三限为期一年至一年半。出息二分为一分之误，因《宋会要稿·食货》一，即作"常平钱谷限二年两科输足，岁出息一分"），就是为了这个问题而做的补充规定。王安石一再劝神宗"捐常平息钱，助民兴作"（《长编》卷二四○），青苗法中对兴修水利的优待就是王安石这种思想的体现。农田水利法，把兴建农田水利引向一个高潮（六七年间全国兴修较大的水利工程万余处，溉田三千六百多万亩），于此，青苗法也对农田水利事业的开展有推动作用，它与农田水利法相互配合，相互为用，成为当时农业生产有较大发展的重要因素之一。

青苗法也为封建国家带来一定的财政收入。由于青苗钱要收息，对请贷实物、愿还现钱者定有细密的办法，所以并没有出现失陷官本难以为继的问题。神宗熙宁年间物价并没有大的波动，米价是六七百文一石（荒年至千钱），还没有发展到物价波动很大，上涨很多，农民争以现钱偿还，而造成青苗本钱的实际购买力大为缩小、使官府大受损失的局面（取息三分，即借以补偿归还现钱时粮价上涨的损失）。

总的说来，贷放青苗钱决非"公家无所利入"之事。事实上每年放出千万贯的青苗钱所得的息钱甚为可观，如熙宁六年（1073 年）即达二百九十二万贯（《长编纪事本末》卷六九，《青苗法》下），这对国家也是很有好处的。

宋代官僚地主兼营商业、放债取利、兼并土地的手段很多，青苗法部分地夺取了大地主放高利贷的利益，所以一开始就受到守旧派官僚的强烈反对。反对者的主要口实之一是"抑配"、"散俵"，强迫地主富户（三等以上户）领取更多的青苗钱，支付更多的利息（三分之息）。这原是王安石有意治富户的一种方法（一面迫使富户出利息，一面夺取他们放高利贷的利益）。由于保守派攻击的猛烈，王安石做了让步：在熙宁三年（1070 年）请神宗下诏禁止青苗钱抑配，同时也禁止"阻遏愿请者"（阻挠自愿借钱），实际上放弃了强制富户出息。但是保守派仍然不停地攻击青苗法，只因王安石的坚持，才能在极度困难的情况下推行下去。

当然，在官僚机构的执行过程中，青苗法也发生了这样或那样的问题。如有的地方预支青苗钱是发放实物，折价计钱，而折价标准却比时价为高；归还时，又强令纳现钱，这时谷价例跌，使农民蒙受双重损失。有些地方官吏在发放青苗钱时，令酒务设鼓乐倡优引诱借钱人来吃喝，每散青苗，即酒课暴增，而农民至有徒手而归者。有的地方官吏，因农民每户贷款额较小较零星，为避免出纳麻烦，诳称农民不愿请领，而不把钱放出。有的地方农民因荒年无力纳还，至有行刑督索之事发生。尽管如此，这些问题都是执行中的问题，不是青苗立法的原意，而且也不是普遍现象。从大体上说，青苗法颁布后，是"民皆便之，无不善者"（《长编》卷二一〇，李定语）；"应募之人，不召而至，何可胜计"（《都官集》卷五，《奏行青苗新法自劾状》，知山阴县事陈舜俞语）；"自散青苗以来，非请即纳，非纳即请，农民憧憧来往于州县"（毕仲游《西台集》卷五，《青苗法》）。一般农民欢迎青苗法的实行，在当时条件下青苗法应该说还是有一定的进步意义和积极作用。

三 免役法： 抑制兼并和减轻农民疾苦的又一项重大改革

实行青苗法，对农民有利，对兼并者有损，但王安石认为单靠青苗法还远远不够。"农以去疾苦、抑兼并，便趣（促）农为急"（《长编》卷二二〇，王安石语），为了进一步把这当世最急之务落实到政策中去，王安石又"汲汲于"积弊甚深的"差役之法"，而思有以改之。废差役法，行免役法（又称募役法、雇役法），纳钱免役，雇人代充，就是继青苗法后王安石变法中的又一项重要措施。

"害农之弊，无甚差役之法。"（韩绛语）差役是一种什么性质的东西呢？为什么当时人对此会有这样的反感呢？原来封建社会建立以来，受田于国家的自耕农民，除缴纳田租外，要对国家承担各种徭役劳动（此处特指兵役以外有关土木兴筑转漕等各种劳役，兵役则包括在广义的徭役的概念之内），这是封建徭役义务的最初来源。唐代的租庸调法中的庸还是这种性质的徭役的继续，不过可以以实物（绢或布）代替徭役（汉代的"过更钱"是以货币代替更役），对农民的束缚有所放松。继承租庸调制的两税法，在户税中（交货币）已包括了力役之征（庸），过去农民应负担的徭役至此已货币化了。但是直至唐代在这种性质的徭役之外，还有两种徭役，一种是手工业工匠的定期轮流劳动的番役，一种是给封建官府作非生产性服役的色役。唐后期，刘晏开始于手工业中推广雇工制；至宋代，工匠的无偿劳役已被时代否定，"和雇"通行，工匠为官府轮值服役也有了工钱，而不需像以往那样须纳资才能代役。也就是说杂役中的第一种役（工役）问题已经不大，成问题的是后一种色役，宋代的差役就是这种性质的役。在唐后期（宣宗时）已深感派役之不易而实行轮流充任的办法；宋代中央集权加强，地方对中央的及本身的例行事务越益繁重，差役负担也就越发沉重。差役既是无偿的，官吏派役也就不讲经济，务求其多，这样就进一步加重了一个地方人民所承担的差役义务。到王安石变法前，差役，这个徭役制的残余，已给社会生产力的发展设置了严重的障碍。

宋代的差役名目繁杂，主要有："衙前"——服务于州县衙门，主管运送官物、看管府库粮仓或管理州县官厨房等；"里正"、"户长"、"乡书手"——服役于乡里，掌管督催赋税；"耆长"、"壮丁"（在乡里）、"弓手"（在州县）——逐捕盗贼；"承符"、"人力"、"手力"、"散从"——供州县衙门随时驱使；"渡子"、"斗子"、"仓子"、"拣掐"、"栏头"、"厅子"——任各种杂活。宋代乡村民户分为九等（户等高低全按各户田亩、财产多少而定），下五等户一般免役（一至五等为主户，客户在五等以下），上四等户则量其家产而分派不同的差役。如第一等户（地主）轮充衙前、里正；第二等户（地主）轮充户长、耆长、乡书手；弓手由三等户轮充，三等户不足也差派四、五等户，壮丁等类之役由第四等户（农民）差充，有的地方也役及第五等户。由于官户、坊郭户、寺观（僧道）、女户（女子为户主）、单丁户（家中只有一个男丁）、未成丁户这几种人按规定都不负担差役，再加许多地主用种种方法（如到太常寺挂上乐工之名，或充"义勇指挥使"、"教练使"之类以及衙门其他将吏）享受到免役的待遇，考中进士的人也可不应差役，所以各种差役，事实上一部分（衙前、里正）就落在中小地主和较富裕的农民身上（地主又会将差役的负担、损失转嫁给佃户），另一部分如弓手、壮丁等以及其他杂活，则由贫苦农民承当，使"力田之民，脱身于公"。州郡事繁而免役人多，差役派不过来，很多地方"往往将第三、第四等人差充第一等色役。亦有主户少处，差稍有家活客户充役勾当"（欧阳修《乞义勇指挥使代贫民差役状》)。有的地方向不应派役的下户科配时，甚至八九等户也在所不免。而且"三、二年内已总差遍，才得归农，即复应役"(《宋会要稿·食货》一)，轮流当差的间断时间缩短（原衙前"役三岁一代，代满五年复差，他役不减，三、二年一差"），三五年内"重叠差役"的现象增多。差役制度并不是仅仅加重中小地主的负担，从富裕农民到贫苦农民，也都越来越多地受到差役的损害。

衙前里正之役同中小地主有切身关系，因此更引起他们的注意，有关的弊病记载亦较多。据记载，为衙前者遇到仓库财物或运送的官物有损耗、损失，必须照数赔偿。州县的衙前押送上供物资到汴京，因受库吏的勒索和刁难，每致长期不得归家，曾有一衙前为解送黄金七钱行程千里，就因这个原因，等候时间达一年多。州县定役之日，吏胥携带簿书到各户，上至田产、房舍，下至鸡犬箕箒，一一估价计钱，凑够二百千，即差作衙前。当差一次，送人情（出纳场所），打关节（关津），自备食宿，以及其他各项开支，所费动辄千贯。不到一年半载又被差作衙前，直到破尽家业，方得休闲。衙前之害，"甚如兵火，天下同苦之"(苏辙：《栾城集》卷三六，《论差役五事状》)。轮充里正以至户长的，如遇乡中税户逃亡，得先为垫付或代为交纳，遇到恶霸地主，无法催税，也只有代交，所以当这一差使的也往往是"倾家而不能给"。其实差役扰民又何止于此。即使是等而下之的弓手（须自备弓弩）、壮丁，因需武艺熟练，几乎终生负役（经范仲淹改革，弓手年限为三年或七年，仍是苦役），他们也往往"困于久役"而"破坏家产"。加上官吏侵取，散从、手力"有打草供柴之劳"，耆长、壮丁"有岁时馈送之费"，"习以成俗，恬不为怪。民被差役，如遭寇虏"。(苏辙：《栾城集》卷三七，《再言役法札子》)有些地方，耆长、壮丁报官缉捕盗贼，县尉下乡，要付出很大代价奖赏官兵，"县尉未下马，耆、壮已卖田，破人之家，前后不少"(李觏：《直讲李先生文集》卷二八，《寄上孙安抚书》)。

　　繁重不堪的差役，造成了一系列的社会问题。不少中小地主和富裕的自耕农，为避衙前、里正之役，而伪立契券（出卖、出典），把田产隐寄于品官形势之家，冒称他们的佃客（"诡名寄产"、"诡名挟佃"），结果往往田产真的被豪家兼并，加速了土地的集中，同时也使得重役更集中在剩余的那些中小地主和富裕农民身上，使之应役更加频繁，穷得也就更快。中小地主和富裕农民本来在农村中拥有较大的生产力，他们的加速困乏，对社会经济是一个很大的破坏。差役之重，又大大打击了人们扩大再生产的积极性。"欲多种一桑，多置一牛，蓄二年之粮，藏十匹之帛，邻里已目为富室，指抉以为衙前矣。况敢益田畴，葺间间舍乎？"（《温国文正司马公文集》卷二八，《衙前札子》）为了降低自己的户等，农民"不敢营生"，"不敢求富"，生产如何能够发展？也有的农民为避重役，不惜抛弃本乡本业，而流亡异地，转为工商（不得已而为盗贼），许多田园陷于荒废。这些都使农业生产直接受到严重影响。由于户等高低与丁口数有关，为避重役，许多民户被迫让亲族分居。有的地方甚至"嫁其祖母或与母分居"；有父子二丁将为衙前，其父自缢而死，以成单丁，借以避役，这又直接戕害了农村的劳动力（《文献通考·职役考》一）。差役为弊至此，已"大逆天理，所不忍闻"了。要使农民知为生之利，有乐业之心，这种差役制度如不改变，是再也过不去了。

　　改革役法的呼声响起已久。仁宗晚期，张诜为越州通判时，命当衙前役者出钱，雇人代充；钱公辅为明州知州时，把酒场改为官卖，以其所得，雇役而偿以钱，不再调乡户充役；李复圭为两浙转运使时，也悉罢衙前役，遣归农，令出钱，召人承募（《宋史》、《张诜传》、《钱公辅传》、《李复圭传》）。这些还只是在个别地区内试行。王安石为参知政事后，于熙宁二年三月即着手考虑如何对役法进行根本的全面的改革。经过周密的研究，条例司于同年十二月确定了改革的总原则："计产赋钱，募民代役"，并制定了一个草案，交付各路去

"论定"。熙宁三年，王安石已为相，于该年冬决定先在开封府界内试行新的役法，由当地官员赵子几奏上实施办法，经司农寺（时条例司已撤销，役法变更由司农寺管）复议后，拟就法令，于熙宁四年（1071年）正月底在开封府界内公布，"揭示一月"，待"民无异辞"，才照条目正式实施。同年十月下令在全国推广，推广前也须"揭示一月"，"民无异辞"后始行之，如"事有未便"，可加以改正。新的募役法从讨论至明令实行，历时三年。由于各地情况不同（大县小县、富县贫县、役人数目和役钱多少有差别），还允许加以适当变通，各"从所便为法"。对于问题十分复杂的役法改革，王安石为了做到"家至户到，均平如一"，并不急于求成，而主张"得其人缓而谋之"（《王文公文集》卷一《上五事书》），态度是慎重的，步骤是稳健的。

通过"博尽众议"而制定的新的募役法包括以下主要内容。

（1）各州县的衙前重役和承符、散从、弓手、典吏等役，不再由各地上四等户轮流应差，改为雇募第三等以上的税户充当，随其役之轻重而规定不同的禄钱（工食钱）。役由召募而来，酬以雇值，所以称为募役或雇役。召募办法是：三人相任（保），衙前仍须有财产作抵当，但除给以报酬外，务求减轻其负担，"科配赔偿"之类全加裁禁，仓驿场库水陆运漕等事由军校主管（每人月给钱三千文左右），不再作为衙前的职任，使新的充募衙前者不再以差事为苦。召募弓手须试其武艺，典吏须试书计，合格者才能充当，应役期限为二至三年。雇钱有计月，有计日，也有计事而给者。

（2）耆长、户长、壮丁，因在变更之后"最为轻役"，仍"轮差乡人"。耆长、户长自第一、第二等户中轮差（原由二等户轮差），只负责一甲内的征收赋税诸事，为期由过去的三年减为一年，应役期内免去本户十五贯文的役钱。如村内上等户少，则由三等户内差派。壮丁则自第四、第五等有二丁以上的户中轮派（原由第四等户差充），半年一替（过去三年），第四等户在应役期间也不出役钱。

（3）前此应依次轮充差役的四等以上户（"当役户"），既不再服役，就要随同夏秋二税交纳役钱，由官府雇人代役。因是当役户的以钱免役，所以称之为"免役钱"。为使役钱负担相对均平，乡户按家产多少划分等级累进交纳。上等户（原一、二等户）分为甲、乙、丙、丁、戊五级，中等户（原三等户）分为上、中、下三级，下等户（原四、五等户）分上下两级（城郭诸户则另分为十等）。乡户自四等以下（第五等起）就不输役钱。析居者可随析居而升降其户等。两县有产业者，上等各随县，中等并一县输。坊郭户每隔三年、乡村户每隔五年，农隙集众，稽其物业（土地和其他财产财物），考其贫富，察其诈伪，重新评定户等（宋时乡村户等高下单看财产，与各户人丁多少无关）。官吏们"故为高下者，以违制论"。

（4）前此法定不负担差役的各类人户，如官户（品官之家）、女户、寺观、未成丁户、单丁户，以及坊郭等第户（一至六等户输钱，六等以下户仍不输钱），也按户等缴纳相当于同等民户所出的役钱的半数，以助官府雇人充役之用，称之为"助役钱"。坊郭户纳助役钱后，免去原来的科配负担。

（5）诸路州县依当地差事繁简，分别预计一年应支用雇值若干，由各该州县的上四等民户按户等分摊。在雇值打足的额数之外，再增取二分（十分之二），以备水旱灾荒年份之用，但所增不得过二分。这部分钱被称为"免役宽剩钱"。用以上所输的免役助役钱，募三等以上户代役给禄以外，如有盈余，也留存起来，以备凶荒欠缺。役钱之所以要有二分宽剩，除了荒年可以为蠲减役钱以供募役之计外，其余又可用来"募人兴修水利，足以赈救食力之农"。

（6）原先乡镇"酒税坊场"给私人承包（包税制，称为"买扑"）；仁宗时作为衙前的酬奖，"使自售收其赢"，效果不好（"能者收或倍称，民被诛剥；不能者失利，不偿所费，争讼日烦"）；行免役法后酒场仍改由官府"自募人增值卖之"（仍由私人承包），"以其钱同役钱随分数给之"。"凡厢镇场务之类，旧酬衙前不可令民买占者（不能实行承包制的），即用旧定分数，为投名衙前酬奖"（应募自愿长期担任衙前的，称投名衙前）。

后来，又有如下一些补充规定。

（1）凡民户不愿就募而强之者，论如律。

（2）用役钱禄内外胥吏，既食禄而犯赃者用重法治其罪（胥吏向不赋禄，唯以受赇为生，至是始用役钱及坊场、市例等钱禄之。这样，全国每年至少支用一百十余万贯钱）。

（3）凡县皆以免役剩钱用常平法（青苗法）给散收息，添支吏人餐钱。

（4）役钱每千，别纳头子钱五钱。凡修官舍、作什器、夫力辇载之类皆许取以供费（熙宁七年诏行）。

（5）宽剩役钱及买扑坊场钱，"更不以给役人，岁具羡（余）数，上之司农"；"余物凡籍之常平者，常留一年"（熙宁九年诏行）。

（6）初许两浙坊郭户家产不及二百千，乡村户不及五十千，毋输役钱，后来乡户不及五十千者亦不免输（熙宁以后的事，已非王安石改革时的初意）。

（7）官户输役钱虽免其半（助役钱为乡户免役钱之半，熙宁八年是重申此令，不是官户的助役钱再折半上交），但在官户多处为了不使官户减免役钱总额过多，以至于加重一般民户的负担，特规定所免的最高额"各毋过二十千"。同时规定："两县以上有物产者通计之；两州两县以上有物产者，随所在输钱，等第不及者从一多处并之"。几处财产合并计算，是为了不使官户降低户等，少出累进计算的役钱。总之，唯恐官户出的钱少，事实上大部分官户所减免必然不及一半之数（熙宁八年令。据《文献通考·职役考》、《长编》卷二二七、卷二三七，《宋史·食货志·役法》，参见柯昌颐《王安石评传》，邓广铭《王安石》，漆侠《王安石变法》）。

　　按照因地制宜的精神，各地在具体做法上可有所不同。如法令最后确定坊场不再作为衙前的酬奖，但各地并不一致，福州地方就仍有酬奖衙前的情况。又如收役钱的乡户的分级评定，各地做法也不一致，有以田亩多少评定的，也有以纳税数额（钱数），或约计家业，或随所下种石，或附所收租课为评定的标准。尽管如此，在出钱免役、助役，官府以钱募役，并以余剩之钱备水旱之用等这些基本原则上，全国各地都是共同遵守的。

　　募役法实行后，原享有免役权的各色人户都要出一定的助役钱。这不但体现了租税普遍负担的公平原则，使寺观及各种富户也一律交钱，而且官户也不能例外；连过去多方设法逃避差役的人户这下再也无法苟免。助役钱（庄田中年所收粮食不到百石者免纳助役钱或免役钱）随贫富等第交纳，官户和住在城市中的兼并之家，其家越富，所纳越多，有的大搞兼并的形势之家，一户一年输额达六百贯之多（《长编》卷二三七）。在征收助役钱的同时，当役的乡户要出免役钱，这也对特富之户不利。兼并豪党之徒占有的土地多，订定的等级高，出的钱也就更多。"富县大乡上户所纳役钱岁有数百缗者，又有至千缗者"（刘挚：《忠肃集》卷五《论役法疏》）。"两浙之民富溢其等者为'无比户'，多者七、八百千，其次五百千。"过去行差役法时，十年而一役，费钱百万，一年百千；行免役法后上户富者出免役钱以八百千计，"则是七倍昔日"（《长编》卷三二四《刘谊奏疏》）。富户中很多是善于兼并的富商大贾。他们家居农村有大量土地者（乡户），要出免役钱；住在城市里的商人，作为坊郭户要出助役钱。这都是过去所未有的，役法的变化与商人的关系也是不小的。当然，一般的官户和坊郭户所纳的助役钱还不算多，其他如女户、未成丁户等出的助役钱更少；乡村中的一般上等户虽要纳免役钱，但与旧时受衙前、里正之役相比，"其费十减四五"（《宋史·食货志·役法》）。负担特别加重的只是那些兼并之家。正如主管役法的司农寺所说的："所裁取者，乃仕宦兼并能致人言之豪右"（《宋史·食货志·役法》）。在王安石看来，叫他们多出役钱，"或非情愿，然所以摧兼并，当如此"！（《长编》卷二三七）正因为如此，品官形势之家、豪强兼并之徒，就对新的役法"不能无怨"，募役法确是起到了王安石所要求的"抑兼并"的作用，成为他对付豪强兼并势力的厉害的一招。也正因为如此，在募役法的试行和推广过程中就遭到代表大官僚大地主豪强兼并势力利益的保守派官僚的百般破坏和反对。王安石本人对役法的改革则自信最坚，接连地打退了反对派的进攻，使新的役法能在各地一段时间的实行中取得一定的成效。

募役法还减轻了农民的负担，"农时不夺而民均"，"民得一意田亩，实解前日困弊"，这就起到了"便趣农"的作用，有利于农业生产的发展。据规定，乡村四等以下户不输役钱，如担任职役则有现金报酬。第四、第五等户中有二丁以上的户，虽半年一轮，要当壮丁，但"下等人户，尽除昔日冗役，而专充壮丁，且不输一钱"，故以畿内而言，其费可"十减八九"（《宋史·食货志·役法》）。"所宽优者，皆村乡朴愿不能自达之穷氓"（《宋史·食货志·役法》），他们是新役法最大的受益者。至于中小地主和较富裕的农民所得好处也不在少数，免除了各项差役，仅纳为数不多的免役钱（开封府各县内，"中等之家，大率岁出役钱三贯"，苏辙语），负担从而得以减轻。那些过去充任弓手、手力、承符、户长之类的中等人户，因有上等户及坊郭、寺观、单丁、官户都出钱以助之，"故其费十减六七"（畿内情况）；即使是其中户等较高，旧充衙前的，在新役法中负担也有一定程度的减轻（在畿内"其费十减四五"）。免役法行而中小地主及较富裕农民过去岌岌可危的经济地位稳定了下来，所以他们对新法是欢迎的。开封府罢衙前数百人而"民"甚悦，"欢呼散去"，所谓的"民"主要就是这一阶层的人。

　　募役法的推行也裨益于国计，达到了王安石"以理财为方今先急"所提出的财政目标。这是因为此法一方面扩大了赋税的征收面，可得到大宗的役钱收入（免役钱和助役钱）；另一方面，又因出钱雇役，促使各地减少不急之务，压缩使役人数，再加调整机构，裁并州县，减少差役，这都大大节省了开支（当然也相对地减轻了农民的负担）。以熙宁九年为例，诸路上司农寺岁收免役钱一千四十一万四千五百五十三贯、石、匹、两，支金银钱斛六百四十八万七千六百八十八贯、石、匹、两，差额就成为北宋财政收入中的一个重要项目（《宋史·食货志·役法》）。即以其中衙前而论，一年衙前各项费用为一百五十余万缗，在以坊场钱收入酬衙前雇值时，略计天下坊场钱，年达四百二十余万缗，"若立定酌中价例，不许添价划赏，三分减一"，也尚有二百八十余万贯（苏辙的计算，见《栾城集》卷三六，《论差役五事状》），可见压缩开支后的衙前百费，以坊场钱相抵已绰绰有余。其他各役有免役钱、助役钱来支付，也是可以相抵而有结余的。

　　新的役法在执行过程中也出现了一些问题。如有的地方因户少民贫，免役钱出至五等户；有的地方，官吏"务欲敷配钱数"，在评定户等时给人不适当地升等升级，"下户入中，中户入上"，加重了中下户的负担（也有的是保守派的官吏故意把户等提高）；甚至个别还有强迫农民拆屋伐木以纳役钱的事发生；也有的地方（四川利州路）每年应用募役费不多而从民间敛取了近四倍于此的役钱。反对派偶摘一端，张大其词，借为口实，攻讦不已。但从总的说来，基本上没有发生太多太大的问题，出了些问题也得到了及时的揭发与纠正；就其极者而言（如拆屋纳钱），过去行差役法时也有，而且这种事在那时还多得多。"役法利害，灼然可见"（王安石语），它在抑兼并、去困弊、促农事、益国用等各个方面的积极作用还是主要的。

　　募役法除了在当时有这些现实作用以外，从历史发展的进程来看，它还有更深远的意义。一是"重视物质报酬"，"把历史上一向专靠贿赂的非法收入为生的吏胥阶层，一律改为俸给生活者，暂时结束了千百年来的一种不合理制度"（胡寄窗：《中国经济思想史》下，第71页）。二是用货币代替极大部分的差役（色役），进一步否定超经济强制的徭役劳动，对徭役制的一个残存堡垒——服务于封建官府的非生产性差役，做了一次有力的冲击。同时，对春季或临时急遣征集民夫的"夫役"（从事河川等土木工事，主要以厢军为主，不足时才调民夫），也实行纳钱（"免夫钱"）放免，从而使直接生产者对国家的封建依附关系一时更趋于松弛，这是一个历史的进步。以后，徭役虽然还不断地重复出现，但以货币代替劳役的进步措施也一再被人提出，加以推行，这已成了一种历史发展的趋势。募役法实起了先导的作用。三是农民出钱免役，促进了货币的进一步回笼（王安石增加铸钱，为过去的三倍多，以适应货币经济发展的需要，役钱是主要的回笼途径之一）。为了纳钱，农民需把更多的产品投入市场，换取货币（按规定，或输现钱，或纳斗斛，皆从民便，实际上是纳钱为多为主），这就必然会刺激商品货币关系的发展，也符合历史发展的要求。汉代的算赋、口赋、更赋用钱交纳，唐两税法的户税用钱交纳，这都促进了商品经济的发展，王安石的纳钱免（助）役之法，也起到了同样的作用。两税中部分纳钱，再加役钱之纳，宋中叶以后商品经济的发展自然要盛于前代了。

四　实行方田均税法，清丈土地，整顿田赋

在王安石变法中，与农民有关系的，还有一个措施就是实行"方田均税法"，清丈田亩，检查漏赋，均定田税，这合乎中小地主和土地小私有农民的要求，而对免税漏赋的大官僚大地主不利，也有抑兼并的意义。

北宋开国以来，不抑兼并，大官僚大地主肆意兼并土地，而"依制免科"（在限定田数内）、非法漏税。中小地主和富裕农民，为逃避赋役，许多人托庇于官绅形势户与豪强之家，冒称或实际上已变成他们的佃户，这部分土地也就在大地主的免税漏赋之列了。中下户要分摊免、漏、逃、隐的田赋，负担过重，不得不弃地逃亡；不走他乡的，即使因贫困而卖掉土地也仍然需要负担赋税（"产去税存"）。相反的，那些形势之家、兼并之户，二十亩田才纳一亩之税，三十亩田才纳二亩之税（"二十而税一有之，三十而税二者有之"，见《宋史·食货志·赋税》），大部分土地都是免税漏赋的，占田愈广者，欺隐就愈多。有的大户竟"请占公田而不输税"（同上）。田制不立，赋税不均，一直是严重的问题。全国三分之二的垦地不出税，垦地增加而田税减少，人民的两税负担较前代为重而国家的"赋入之利视古为薄"，这种现象不能再继续下去了。无论从增加国家的财政收入出发，还是从减轻土地小私有者（自耕农和中小地主）的负担着眼，都应该整理地籍，以均平赋税。王安石推行的方田均税法就是试图实现这些要求而对田赋制度所做的一次改革。

原先仁宗之时也曾考虑过均税的问题。景祐（1034~1038年）中郭谘在洺州、蔡州以千步方田法括定民田，查出无租之地，免除无地之租，收回了不少逋赋，后来遭到豪强的反对，在"重劳人民""不以为便"的借口下被迫中途停止。在神宗时，对这个问题不像一般士大夫"畏之而不敢议"的王安石，决意将郭谘的原办法，加以补充，重定方田均税法，作为变法中的一个新法来推行。时间是在熙宁五年（1072年）八月，在募役法向全国公布实施大半年之后，由司农寺制定条例颁之天下，以济州巨野尉王曼为指教官，先在京东路实施，其后依次向河北、开封府界、陕西、河东诸路推开。

方田均税的内容包括方田之法和均税之法两个部分。方田之法的规定如下。

（1）以东西南北各千步为一方，当四十一顷六十六亩一百六十步（按：宋一尺长 31.68 公分，五尺为步，二百四十步为亩，一宋亩合今 0.9 市亩），作为丈量的单位。

（2）每年九月农忙完了之后，县令、县佐分地计量，"随陂原平泽而定其地，因赤淤黑垆而辨其色"。丈量毕，根据土地的高下、质、色而定其肥瘠，分为五等。至明年三月底完成，"揭以示民"，以一季为期，居民无异词，即书户帖连庄账付之，以为"地符"（户帖庄账为土地所有者所持有的纳税及地权凭证）。

（3）"凡田方之角，立土为埻（土堆），植其野之所宜木，以封表之"，作为清丈的标记。

（4）"其分烟析生（分家析产）、典卖、割移，官给契，县置簿，皆以今所方之田为正"。

均税之法的规定是如下。

（1）地分五等，以定税则。县各以其祖额（最初的定额）税数为限。前此对零星税额如米不到十合而收一升、绢不满十分而收一寸之类的做法，在定税中都不得使用，免致超过旧额。"凡越额增数皆禁之。"

（2）瘠卤不毛之地听占有垦种，"众得樵采，不为家业之数"。"众所食利山林、陂塘、沟路、坟墓，皆不立税。"

（3）有方账，有甲帖，为地亩和租税的底册，由官府保存。

（4）"若丝绵绸绢之类"的征收，"不以桑柘有无，止以田亩为定"，预告乡民，勿信浮言而斩伐桑柘。

（5）"荒地以现佃为主"，归耕作之家占有上税，"勿究冒佃之因"（佃是耕种土地之意，非租佃之佃）。

（6）诡名挟佃，皆合并改正。

以上是第一次颁布的条例，次年（熙宁六年）条例又有所补订：①土色是否分为五等不必拘泥，各地根据当地土宜得增设等次，使定赋更为均当。②每一方差大甲头二人（以本方上户充当）、小甲头三人，集合方内民户，令各认步亩，方田官员亲验各等土地，而后令甲头方户共同确定田亩多少和等级高下，写成草账，官府再募力复算，限四十日毕，晓示方户，制成账簿（方账、庄账），候给户帖，连同庄账，付给方田诸户以为地符（据《宋史·食货志·方田》、《文献通考·田赋考》四、《长编》卷二三七、《宋会要稿·食货》四）。

熙宁七年，京东十七州选官四员，各主其方，分行郡县，以三年为任。

由于土地丈量技术条件的限制，方田均税法的实行难度较大，只能限于平原地区的州县，在农闲时丈量。而且并非在一路所属的州县内齐头并进，同时推行。按规定，凡所管不满五县的州，每年内只择取税之最不均的一县先行，五县以上的州，每年也只能在两个县内加以查定。如果遭到三分以上的灾伤，方田均税工作即停罢。丈量均定以后，又发生大量词讼，论诉不实不均等情事，就要重新丈量查定。就这样，到元丰八年（1085 年）停止清丈时，十三年间，"天下之田已方而见于籍者计二百四十八万四千三百四十有九顷云"（《宋史·食货志》）；范围几乎包括了整个黄河流域地区。已方之田，约占当时全国纳税土地总面积的 54％。虽未竟全功，能这样丈量地亩，在历史上也可算是很不容易的事了。

方田均税的推行，使一方之内的有税、无税土地及税额的多少在群众的相互监视下无从隐逃。豪强地主隐瞒的土地被清丈出来，连同免税或只交少量赋税的土地，都要按土地数量等级均摊田税。"诡名挟佃"的弊病也得到改正。这对官僚豪强地主以及兼并大量土地的商人地主真是一场面对面的斗争。过去一个县的地税因豪强兼并之家的免税、减税、漏税，而负担偏加于别人，现在税额按土地数量比例分摊，负担均平了，而他们的负担却大大加重了，对这些人自然是大为不利的。所以，方田均税法也必然遭到豪强兼并之家的强烈反对，法令虽布而进程缓慢，讼诉纷纭而丈量重做，除了技术上的困难外，其间就有豪强势家人为作梗的因素在。所谓"官吏奉行，多致骚扰"，只是其名，豪强沮议，诸多废格，才是其实。按照王安石立法的精神，方田官吏妄增田税是严加禁止的，定税不均的偏差为均税法本身所不容。即使不法官吏有徇私舞弊之事，也是执行中的问题，是应该也可以加以纠正的，不足以成为否定方田均税法本身的理由。

方田均税法在起到一定的抑兼并作用的同时，也给中小地主和小土地私有的农民带来一些好处。按查实土地均定赋税，可使"贫弱地薄而税重"、"贫者以苦瘠之亩荷数倍之输"的现象得到改变，而"产去税存"的弊病也得到纠正，这都有助于减轻中小地主和占有或只剩有小块土地的农民的负担。方田均税还准许民户免税占种、使用荒瘠之地，准许民户经营山林陂塘以殖利，而不加其税，不按桑柘的有无而按土地的多少和等级纳税，税收项目亦加以简化（夏税并为绢、小麦、杂钱三类，秋税并为白米、杂钱两类征收），这些也在不同程度上刺激了农民生产的兴趣，从而有助于农业生产的发展（见漆侠《王安石变法》）。

方田均税法虽然丈量出大量隐漏的田产，使赋税负担均平、税收较有保证，但收的税以各县的祖额为限，并不能使北宋政府由此另外增加一笔税收。方田均税法的目的不是开辟税源，增加财政收入，而在于抑制兼并，不让大地主瞒产漏税而已。

方田均税，王安石之所以对之十分强调，原来也是时代之所需，是一定历史条件下产生的新事物。

在封建社会前期，大地主虽兼并大量土地，但土地的最高所有权属于国家（国家有权追夺、没收这些土地），当时还只是大土地占有制，而非大土地所有制。均田农民占有的小块土地也是国家授予，买卖有限制，兼并不合法。唐中叶以后，小农日益沦落，土地国有制日益解体，均田制被破坏，兼并盛行。两税法代替建立在均田制基础上的租庸调制，此后农民的口分田、永业田的区别已全消失，授田口分之说再也不能实行，大地主兼并土地已失去限制。土地国有制逐渐让位于土地私人所有制，历史开始转入封建地主制的后期。国家除了掌握一部分官田（国有土地）外，土地已归大小不等的私人所有者所有了。这一过程在两税法后始见端倪，到北宋时已经完成。慑于唐末农民大起义的封建统治者，把小块土地的所有权让给农民，是为了消弭他们的反抗，招诱他们发展生产，以培养税源；而把土地所有权让给文武官员，任他们自由地多置田产（有罪也不没收），是为了换取他们对新王朝的支持。北宋政府在法律上已正式承认购入土地的所有权，民间买卖土地，订文契，输契税，盖官印，诉讼时官府保护其所有权的转移。甚至官田也在很多时候作价出售，所有权转入私人之手。土地既然已真正归于私有，买卖就很自由了。宋代不抑兼并，就是承认大土地所有制的存在与发展的合法性。在这种情况下，即使土地严重集中，贫富严重不均，过去的不得"名田"的法令和均田令、限田令就都无从谈起了。

国家已不按人分配土地（均田），也就没有理由再按人分派赋役义务，赋税所出就得靠握有所有权的私人所占的土地，按照田亩数量来计税负之多少。唐两税法尚有户税；进入宋代，户税也和地税一起，以土地为赋课对象——无论夏税秋税，或钱或米，都以田亩为纳税标准，由有土地者负担。纳税者称主户、税户，佃户无土地就不是纳税者，称客户。差役负担也是如此。宋代的地税是每亩米一斗、钱数文，税额几倍于过去的田租（《宋史·食货志》载林勋之言曰："本朝二税之数视唐增至七倍"），其所以然者，除了户税融入的因素以外，当是作为承认土地占有者可自由地合法地买入土地所有权，让"百姓各得专之"、"永为己业"的条件。正因为赋税出自田亩，其数额又很大，统治者就不能不注意田亩数字的核实，对瞒产漏税如何加以制止，就不能不成为国家与隐课自肥的大土地所有者的矛盾斗争的一个重要内容。宋初至仁宗时，事尚因循，不纳田税的土地比重日见上升，国家的赋税收入日见减少，统治阶级内部的矛盾日见突出。而在土地私人所有制的新条件下，限田均田既不能行，在可能范围之内，合乎封建统治者意图的就只有均税了。到神宗即位、锐意改革之时，王安石的方田均税之法就应运而生。所以，此法虽非王安石首创，却也可以说是新形势下的一种新政策，也表明了王安石的土地思想，这种思想又正表现了封建后期的时代特色。地主隐瞒土地，逃匿赋税，负担就集中在中下户身上，国家既要稳定自耕农，安抚中小地主，不使负担过于偏酷，又要保障税收，不使财政收入持续减少，那就只有实行均税。均税政策并不能直接限制大地主多占土地，更不能解决地权分配不均的问题，它只是调整封建国家和大土地所有者之间对农民剩余生产物的分配比例的一种作用有限的措施而已。尽管如此，在当时条件下，均税思想有其一定的进步意义，王安石能把它定为政策来推行，应该说他是一个很有作为的人。

五 实行均输法，改革贡输制度，
抑制富商大贾

在实行同农民缓和关系、以促进农业生产发展的调节措施的同时，以王安石为首的改革派，又把变法的矛头指向流通领域，指向城市，对商业资本采取了相应的措施。其中较早实行的是均输法，这是对旧贡输制度所做的改革。这一改革，适应了国家对物资的需要，限制了富商大贾的投机取利活动，对减轻农民的负担也有一定的帮助。

均输法颁发于熙宁二年（1069 年）七月，当时王安石担任"参知政事"，受命变法的第一年。在各项新法中，均输法是变法派公布的第一个法令，比青苗法尚早两个月。

为什么要急于实行均输法呢？这和北宋政府贡输制度问题成堆，亟待解决，是有直接关系的。

北宋都于汴梁，聚居着皇室贵族官僚地主军士工商等数量巨大的消费人口（军队有几十万人，居民有一百多万），每年要按照古来的贡输制度，由各地以缴纳贡赋的形式，向京师无偿供应粮食、丝麻织物以至制造军器需用的竹木、皮革、筋角等物。所谓贡输就是实物赋税向京师的上贡输送。主持这些物资的贡输工作的机构为发运司。贡物的输送主要来自东南六路（江南东西、浙江、荆湖南北、淮南），通过汴水将长江下游丰富的物资，由真（仪征）、扬（扬州）、楚（淮阴）、泗（盱眙）运输过来。但百年以来这项工作出了很多毛病。第一，由于上下不通气，"内外不相知"，发运司权限不大，既不了解京师诸库的物资储存状况和京师对各项物资的实际需要状况，又没有掌握诸路上供物品的权力。长期以来，只是"按簿书，促期会"，每年按照固定的数量刻板地上供。这样就往往造成实物贡输在供需之间的严重脱节。当各地同类物资大量集中于开封，数量过剩时，就不得不低价抛售，致"中都有半价之鬻"。第二，上供数字既然固定不能变通，"丰年便道可以多致而不敢以取赢，年俭物贵难以供亿而不敢不足"，"盈亏不以相补"，工作非常被动，在年俭物贵时不得不向商人购办，加大了贡输的费用，再加辗转运输甚为劳费，致"远方有倍蓰之输"。第三，由于丰年没有取赢以为储备，有的时候朝廷遇到"军国郊祀之大费"等各项特殊支出，则遣使至各路划刷（搜括），几乎不留余藏，致使各路之财，平时往往巧为隐匿，不敢实言，以备缓急。第四，各路又"忧年计之不足"，不能应付上面的征取，就以"支移"或"折变"的名目多向农民收税（支移是令农民将实物税缴纳至远处指定地点，等于叫农民多负担一笔运输费用；折变是令农民折交另一种实物，那种实物却是按低价折算的），"民纳租税数至倍其本数"，负担加重，深感痛苦。第五，朝廷需用之物多种多样，"多求于不产，责于非时"，地方官或纳税户为上供、完赋，只好出大价钱向商人购买。总之，当贡输之物数量不敷，须求足于商人时，商人就抬价出售；当贡输之物数量过多过于集中，须求助于商人宣泄时，商人就压价收买："富商大贾因得乘公私之急，以擅轻重敛散之权"，操纵市场，大获其利。时至宋代，商人势力膨胀，他们乘时渔利的活动不仅使农民和手工业生产者受其损害，连国家买卖物品也要受其影响。这种情况在过去还没有如此严重过。有富商大贾牵涉在里面的贡输制度，实施的结果是：民间纳税加多，朝廷还是财用窘急无余，只有商业资本"乘急擅权"，从中捞到大好处。王安石认为其弊甚多的贡输制度必须改，与旧贡输制度相联系的这种"私取予之势，擅万物之利"，轻重敛散之权旁落于商人之手的"有财而莫理"的状况必须改变（《宋史·食货志·均输》。《王文公文集》卷三一，《乞制置三司条例》；卷三四，《度支副使厅壁题名记》）。

王安石暨其同僚吕惠卿提出的改革方案，是实行均输法。由神宗下令扩大发运使的权限，选派办事能干的薛向担任此职，总管东南六路的财赋和茶、盐、矾、酒诸项收入，"军储国用，多所仰给"，"假以钱货，资其用度"，全权负责举办均输。在上供京师方面，均输法与旧贡输制度不同的有所改进的地方如下。

（1）从国库中拨出五百万贯钱和上供米三百万石，交给发运司作为本钱（"籴本"），得以在六路范围内通盘筹划，灵活运用，"使周知六路财赋之有无而移用之"。"凡籴买、税敛、上供之物，皆得徙贵就贱，用近易远"，即尽量在产地而且是在丰产、价贱、路程近便的地方进行征收（税敛）和采购（籴买），以便组织上供，反之则尽量少（不）收少（不）购，以节省价款和运输劳费。对非生产地区的民户，则更令其改交税款，而不强征实物，以免责其所无，百姓贵买货物以供上求。

（2）发运使有权了解京师各仓库的库存现况和当年支用的需要数

量，以便及时地适量地供办，避免盲目地刻板地发运。另外，在价廉时从路近处机动地收购一些可以"变易蓄买"的物资，存储备用，供应京师的不时之需。

在做好实物贡输的同时，对粮食工作特别抓紧，这也是主管均输官员的一项重要任务。

（1）征收和收购粮食同样采用"徙贵就贱，用近易远"的原则，在丰收、价廉、路近的地方多收籴一些。

（2）对歉收地区，发运司则不再令其输纳粮食的实物税，而予以变通，可用钱折交（因歉收地区还有土产杂物可以换钱），这叫作"额斛"；这些地区上供京师的粮食数量，由发运使在所辖仓库的储存中支付，这叫作"代发"。发运使再用歉收地区所收的钱到丰收地区去收购，以填补库存。

（3）粮食上供有余时，可在歉收地区、价贵地区出售。

这样在丰歉地区进行不同的处理："谷贱则官籴"，"饥歉则纳钱"，可免丰年价格过贱而伤农，对歉收地区的人民也是大为方便的。上述办法为仁宗时江淮发运使许元所创，王安石行均输法时把它吸收进去（见漆侠《王安石变法》）。

均输法在实施过程中，它的范围其实并不局限于改进贡物输送京师的工作和进一步抓好粮食工作。由官府举办商业，进行地区间的贩运贸易，这种业务也随之开展起来了。在丰产、价廉、路近之处收购的物资，不但可用于贡输京师，而且在京师需要不大或不需要时，也"得以从便变卖"；就连原定的税敛中用于上供之物在有"上令"时也可做这样的处理。粮食于丰处贱处收购，往歉处贵处出售，实际上也是一种地区间的贩运。总之，"于贵贱远近之间，既有所就，有所易，又复置官属、出缗钱，势必籴贱贩贵，与商贾周旋矣"（柯昌颐：《王安石评传》）。单纯的贡输，上供物主要来自无偿的税敛，出钱补充收购的不多，不必置备如此巨额的本钱（五百万贯、三百万石）。

可见均输法对富商大贾的限制不止在贡输物的收购上面（以官代私），地区间商品的贩运贸易很多也由官营商业（均输）来代替私营了。"稍收轻重敛散之权，归之公上"，"而制其有无，以便转输"，是包括了许多主要商品已由官营商业来发挥其在地区间通有无调余缺的转输功能的。反对派苏轼说，"均输立法之初，其说尚浅，徒言徙贵就贱，用近易远。然而广置官属，多出缗钱，豪商大贾皆疑而不敢动。以为虽不明言贩卖，然既已许之变易，变易既行，而不与商贾争利，未之闻也"。刘琦、钱颛说："假以货泉，任其变易，纵有所入，不免夺商贾之利。"（《宋史·食货志·均输》）其为商贾担心的，后来都成了事实。均输法在相当程度上使富商大贾受损，而官僚们兼取商利，好事贩鬻，运茶输木，无所不为，也被均输法夺了生财之道。正因为如此，所以与商业不无牵连的反对派官僚，在均输法实行后就接连发言声讨："命薛向行均输于江淮，欲尽夺商贾之利"（司马光语）；"均输之令出，则商贾不行而民始忧矣"（苏轼语）。如果均输仅触及原贡输物中的私商趁机抬价问题，那些人就不会如此大惊小怪了。

通过实行均输法，王安石的打算是：一则从富商大贾手中夺回"轻重敛散"之权；二则"便转输，省劳费"，免除过去不合理的远程运输；三则可"去重敛，宽农民"，以纾人民的负担，最后达到"庶几国用可足，民财不匮"的目的。在实际的推行过程中，也证明均输法比以往的贡输法确能相对地减轻农民的负担，对于保证京师的供应亦有一定的作用。在粮食方面也做到"本钱岁增，兵食有余"；国家财政收入也有增加。而历来贩运贸易的地区差价大、获利多，粮食贸易的丰歉差价更大，投机商人从中捣鬼获利更多，均输法正是治了这两类商人，所以它也算得上是一个抑制商业资本、抑制作为兼并势力主角之一的富商大贾的实际措施。薛向因主持均输有功得到嘉奖。以后发运使"除所管钱物斛斗"外，一直主管"就贱籴买、贵处粜卖"之事（《长编》卷二六七，熙宁八年八月癸卯记事），并非如有的史籍所说的"然均输后迄不能成"（《宋史·食货志·均输》）。

均输法的具体主持者薛向，很有理财本领，推行此法成绩颇著，而流弊较少，反对派也提不出多少侵扰之实例，而只好说："今官买是物，必先设官置吏，簿书廪禄，为费已厚；非良不售，非贿不行。是以官买之价，比民必贵，及其卖也，弊复如前。商贾之利，何缘而得？……纵使其间薄有所获，而征商之额所损必多矣。"（《宋史·食货志·均输》）在他们看来，"官吏致力疏而糜费多，不若商贾之兢兢业业，委曲以求通"（柯昌颐：《王安石评传》），官办商业注定不如私营。官营商业诚然有许多弱点，但也并非必然要失败。在以王安石为首的变法派能注意考成、分明奖惩的条件下，本钱雄厚的官办的均输业务，还是能够敌过私商而有相当的利入的。否则薛向怎么能得诏书所说的"皆得消息盈虚，翕张敛散之"（《长编》卷二一二）的奖语呢？

反对派苏辙攻击王安石"用贾人桑弘羊之说，买贱卖贵，谓之均输"。此话不假，均输法确是取法于桑弘羊。至于粮食工作上的一些做法，则是刘晏"常平法"的运用（近则取法于许元），虽然名称有所不同，叫它均输，事情也由主管均输的官员来抓。王安石的均输行于东南六路，虽然在规模上，不同于桑弘羊均输能在全国范围之内广泛地开展官营的贩运贸易，但其精神是一致的。王安石开展均输由中央拨给大量的官本，一开始就笼上浓厚的商业经营的色彩，而桑弘羊试办均输时只是把贡赋商品化，官府并不花费本钱。后来全国推广均输法，于贡赋作底本外也有花钱收购的，但也无非是粮食布帛而已。像王安石那样通诸路的财赋，"假以钱货，继其用之不给"，全力支持以"变易""诸路杂货"为务的均输的做法，却是没有过的。就这点来说，王安石的均输又进了一步。至于刘晏的举办均输，是利用赋税折合的现钱收入购买东南的轻货，运往汴京、长安，也没有专拨的巨额本钱，与之相比，王安石的均输也是有发展的。

尽管王安石的均输比前人有所发展，更加具有商业经营的性质，但均输法毕竟仅推行于东南六路，仅用于部分商品，对商业资本的约束范围还不是最广泛的，到市易法实行后，富商大贾就受到了更大的打击。

六 商业与金融相结合，在城市中节制商业资本的市易法

市易法就是由政府设置专门机构，直接吞吐物资，参与交易，以平抑物价的一种政策措施，在熙宁五年（1072 年）三月公布和实施。王安石变法中此为最后一道重要立法。但"市易"之名产生则较早。熙宁二年（1069 年）立均输之时，已有市易之说。熙宁三年（1070年），王韶任秦凤经略司主管机宜文字的官员，看到秦州一带各民族间交换频繁，年不止"几百千万"，"而商旅之利尽归民间"，建议在本路置"市易司"，"借官钱为本"，主管蕃汉贸易，"稍笼商贾之利"，一年可收入一二十万贯。王安石大力给以赞助，许在陇西古渭寨设置"市易务"。这是官办市易的实际开端。不过缘边市易的主要目的在于辟荒聚民，是开边政策的一种，与后来市易法的以节制城市商业资本、"夺富与贫"为宗旨尚有所不同。

北宋开国一个世纪多以来，商人经济力量发展很快，一些大商人除了恃其多财在农村大量兼并土地外，同时在城市中开设邸店（留住客商、存放货物），通过邸店把持团行（商人的行业组织），垄断了各类商品的交易。他们操纵行市，压价（买时）抬价（卖时），还兼搞高利贷活动，百般欺压从外地运货来城的客商和本城行业内的中小商贩，加重了消费者的负担，而自己从中获取厚利，又为其进一步兼并增添了资本。城市的富商大贾是兼并势力中的一个重要组成部分。王

安石看到这种情况，觉得"古者通有无、权贵贱以平物价，所以抑兼并也。去古既远，上无法以制之，而富商大室得以乘时射利，出纳敛散之权一切不归公上。今若不革，其弊将深"（《长编》卷二三一、《宋会要稿·食货》三七）。"物赢我收之，物窭出使营"（王安石《寓言》诗中语），由国家来调节物资的供求，以平衡商品的价格，这本是王安石早年就有的思想。对富商大贾在城市中的种种活动，王安石向来是很不满意的，一种改革的念头在酝酿着。

到熙宁五年初，有个自称"草泽"人的魏继宗给政府上书说："京师百货所居，市无常价，贵贱相倾，或倍本数。富人大姓皆得乘伺缓急，擅开阖敛散之权。当其商旅并至而物来于非时，则明抑其价，使极贱，而后争出私蓄以收之；及舟车不继而京师物乏，民有所必取，则往往闭塞其蓄藏，待其价昂贵而后售，至取数倍之息。以此，外之商旅无所牟利而不愿行于途，内之小民愈朘削而不聊生。其财既偏聚而不泄，则国家之用亦尝患其窘迫矣。""古人有言曰'富能夺，贫能与，乃可以为天下'。则当此之时岂可以无术以均之也？""宜假所积钱别置常平市易司，择通财之官以任其责，仍求良贾为之辅，使审知市物之贵贱。贱则少增价取之，令不至于害商；贵则少损价出之，令不至于害民。出入不失其平，因得取余息以给公上，则市物不至于腾踊，而开阖敛散之权不移于富民。商旅以通，黎民以遂，国用以足矣。"（《长编》卷二三一）这番话扼要地揭露了商业资本在城市中的种种不法行径，"无异是当时中小工商业者对投机操纵市场的富商大姓的抗议书"（胡寄窗语）。正和王安石要对此进行改革的基本思想相一致。

这时，王安石反击保守派对青苗法、募役法的进攻已获得胜利，可以腾出手来把变法进一步推向城市。有了王韶在秦凤路设市易司的实际经验，在魏继宗新建议的触发下，王安石决心把市易务的做法推广到汴京和内地。他以中书的名义上奏，取得神宗的批准。下了一道诏令说："天下商旅物货至京，多为兼并之家所困，往往折阅失业，至于行铺稗贩，亦为较固取利，致多穷窘。宜出内藏库钱帛，选官于京师置市易务。"许多"市井屠贩之人皆召至政事堂"，备咨询，参谋议。不久即由三司根据王安石已定的原则和纲要，拟定了在开封设置市易务的具体条例。由内藏库拨钱一百万缗、京东路钱八十七万缗为本钱，委任三司判官吕嘉问主持其事，魏继宗也参与这一工作。以后几年中，汴京的市易务改为都提举市易司（熙宁六年），作为主管全国市易的总机构，而在各路和边境的许多重要城市中也相继设立了市易务（如镇洮军、通远军、杭州、成都、楚州、秦州、永兴军、凤翔府、润州、越州、真州、大名府、安肃军、瀛州、定州、真定府、黔州、郓州、邢州、广州、兰州和扬州，除秦州是旧设以外，新设二十一个市易务），隶属于都市易司。市易法得到了较广泛的推行。

市易法的条目很多（有三十条），原文无考。根据现存的史料，可知其主要包括以下几方面内容。

在市易务的组织章则方面，规定如下。

（1）设提举官一员，监官二员，勾当公事官一员。提举官由政府指派，监官和勾当公事官由肯于守法、可以控制利用的大商人来担任。由商人充任监官、勾当公事官之职，须"以地产为抵"，以防其赔费或贪污官钱；如亏欠官钱，没入家产偿官，不足，责保人代偿。监官、勾当公事官在提举官监察、约束下从事活动。

（2）召募诸行铺户和牙人，充当市易务的行人和牙人，担当货物买卖的具体工作。

市易法有"契书金银抵当"和"结保赊请"的内容，在这方面的规定如下。

（1）除监官、勾当公事官借用官钱要以地产为抵外，参加市易务工作的行人，也要申报自己的产业，或借他人的金银为抵当，由五人以上相互作保，向市易务赊购商品。一般小商贩也可结保向市易务赊请。

（2）赊购的货物是按照各行人抵当的产业多少比例分配的（"均分赊请"），酌加利润，任各行人售卖，货款在半年到一年内偿还，半年加纳百分之十的利息，一年则加利息百分之二十。过期不还，每月另加百分之二的罚款。

这种做法实际上是市易务搞批发，行人搞零售（监官、勾当公事官也搞零售，他们比行人做买卖更方便，规模可能更大些），市易务是商业机构与金融机构的结合，行人的赊请等于向市易务贷钱再去购买商品，赊购额无异是日后据以计息的贷款额。

在"贸迁货物"方面，市易法的规定如下。

（1）外来客商愿将难以脱手的货物卖给官府时，许至市易务投卖，由务中的行人、牙人会同客商一道公平议价。

（2）根据行人所需货物数量，先支官钱收买；客商愿意与务中的其他物品折合交换时（"折博"），也予答应。

（3）如果客商运来的东西非各行商贩现时需要，而实际上可以"收蓄转变"的，也可由市易务作价收买或以他物交换（"折博"），到市场需要时，随时价出售，不得过取利息。

（4）以上并不得抑勒。

（5）三司诸库所需的物资，如果比向外地采买节省官私费用，也都由市易务统一在京就近收购。原采办（出售）宫廷所需（或所余）物品的杂买（卖）务（场），统归市易务节制。

除以上各条文外，还有一条："兼并之家，较固取利，有害新法，令市易务觉察按置。"这是主张对富商大贾的不法行为要采取严厉手段，切实取缔。神宗怕太刺激了那些人，削去此条，王安石对此是有保留意见的（以为"此乃圣政之阙也"，据《宋史·食货志·市易》、《长编》卷二三一）。

就开封市易务的活动范围来说，事实上并不以条例中的规定为限，而是大有扩展。经营商品种类广泛，如水果、芝麻、梳朴（做木梳的原料）等也为经营对象，有时也将粮食"零粜于贫民"，而且是赊销的；在购销以外，还用各种名目（如"缓急"、"丧葬"等）的放出息钱，另外还有"抵当银绢、米麦"等名目，市易务带有更多的金融机构的色彩。

市易法的目的是要对城市的富商大贾兼并之家起一定抑制作用。果然，随着市易务的加紧活动，原先垄断商行操纵市场的那些人无法再为所欲为了。过去，外来的客商和本地的中小商人，两头都要受富商大贾兼并之家的压迫。如汴京茶叶这一行业，向来被十几家富商操纵，价格都由他们来定。外地客商运茶来京，必须先向那些大户"馈献设燕（宴）"，让他们优先贱价占买，更不敢取利，目的是央求把价格定高，好通过那些富商把挑剩的货物高价卖给汴京的中小茶商，"即于下户倍取利，以偿其费"（《长编》卷二三六，熙宁五年闰七月丙辰记事）。贩梳朴的客商也必须先来投行，把梳朴贱价卖给行里的大商人，再由他们以高价转卖给同业的中小商人。别的行业大致也是如此。不投行，不乞为定价，就会遭到百般阻挠、刁难，客商的货物就长久无法脱手。行商中的大户之所以敢于这样，是得到官僚贵族的支持的（有的就是官僚贵族经营的商业）。市易务成立后，按合理价格收购货物，外来客商就避免了被大商人压价抑买所造成的损失，市易法对之是大有帮助的。他们所纳的商税大增，其获利可知。而那些大商人要与下户一样按"买卖均一"的原则办事，失去了特权，新法对他们是大为不便且不利的。至于一向受压吃亏的本地的中小商人，则在市易法实行后也得到不少好处。"买卖均一"，他们可按统一的价格和大商人一样向市易务购买外来的货物，同过去从大商人手中批购货物相比成本降低很多，有的行业甚至"行人比旧所费十减八九"。过去的中小商人还向大商人赊购货物，定期加利，付息很高；市易务成立后，高利赊卖已无人入彀，因为官家办了赊贷业务，中小商人可从市易务先取货后给钱，利息不高，经营上得到了很大的便利。即使一些无抵押的小贩或贫民，在五人结保赊请或"投状乞借官钱出息"的情况下，市易务也帮助他们贷到货本，贩卖果品杂物，"贩者比旧皆得现钱"，同市易务逐日清账（"本务差人逐日收受合纳官钱"，见《长编》卷二四○，熙宁五年十一月丁巳记事所载王安石语），赚取微利，以维持生计。这在过去富商豪贾当道时是无法想象的。

市易法的推行使市场物价稳定了下来。城市的一般居民，也在一定程度上减轻了大商人高抬物价所加重的负担，这对于消费者也是有利的。

市易法使北宋政府加强了对商业的控制，把以前归于豪商的利权部分收归政府，"货贿通流而国用饶"（王安石《上五事书》中语），财政收入由此有了一定的增加。熙宁五年到熙宁九年夏，单是开封的都市易司就收得息钱和市利钱（商税正额附加百分之十，供市易司吏员膳食之用，又称市例钱）共一百三十三万二千余贯（《长编》卷二七七，熙宁九年九月丁未记事）。而在熙宁十年（时王安石已罢相），扩大了市易务的经营，本钱增至七百万贯，一年之内，又收得息钱一百四十三万三百五十余贯，市利钱九万八千贯（《宋会要稿·食货》三七）。全国市易务一年所得息钱当若干倍于此。以熙宁十年的这一百五十二万余贯计，相当于全国两税所得现钱十分之三（熙宁十年：夏税钱三百八十五万二千八百余贯，秋税钱一百七十三万三千余贯，见《文献通考》卷四《历代田赋之制》。以上计算取自邓广铭《王安石》第 129 页），数字是很大的。即使以扩展业务前的熙宁五年到九年夏的四年计，平均每年可得三十三万余贯，占一百八十七万贯本钱的近18％，与二分之息相去不远，数字也不能说小了（市易务有平稳物价的任务，贱则增价收购，贵则减价出售，赚钱不能太多）。

市易法使中小商人免受大商人的压榨，使物价的波动一时得以平息，使政府的收入有所增加，这都是裁制富商豪贾兼并之家所收到的效果。不但"开店（邸店）停客之人并牙人"，即操纵批发市场的豪贾和为他们办事的人"皆失职"，而且由于他们的资本渐告短绌，像过去那样兼搞高利贷的活动也减少了。王安石在熙宁八年四月说："近京师大姓多止开质库（当铺），市易摧兼并之效似可见"（《长编》卷二六二），就反映了这种情况。商业资本已缩小自己的活动范围，这确是当时京师社会上出现的一种新动向。

宋代官僚与商业资本有千丝万缕的联系。他们"不耻贾贩，与民争利"，往往通过其家属，以经商为副业。所以有关抑制商业资本的每一新法的颁布都刺痛了他们的神经。市易法既然触犯了包括亦官亦商之家在内的富商豪贾兼并势力的利益，就不能不引起这股势力的代言人——保守派官僚的强烈反对，诋毁攻击连接而来。但在王安石看来，"若均天下之利，立朝廷政事，即凡因新法失职者，皆不足恤也"（《长编》二三六）。

在实际执行过程中，有的地方的官吏曾违反法令，让商人"白纳息钱"（"乾息"），还强迫商人不得到其他地方买卖（《宋会要稿·食货》三七）；保贷之法行之久，负失官钱很多，"而输官不时者，有罚息，民至穷困"（《宋史·食货志·市易》），但这些是个别的、局部性的问题，其弊不似反对者所言之甚。大体说来，市易务的各项活动基本上还是按照法令的规范进行的，在王安石为相时其积极作用还是主要的。

在实行市易法一年半之后（熙宁六年九月），王安石命市易务主持研究，制定"免行条贯"，实行了"免行钱法"。这是应中小商人的请求而采取的新措施，是市易法的一个新进展。原先宫廷和官府各衙门的许多需要多由各个行业无偿供应，叫作"行户祗应"。由于官府上下需索，各行所费"无虑十倍以上"，"赔纳猥多，而赍操输送之费复不在是"，甚至往往造成稗贩贫民"破产"或"失职"的严重后果。所以中小商贩视"纠人入行"为畏途，而大商人则往往依托权贵之势，逃避"行户祗应"，把负担转嫁给中小商人。实行免行钱法，就是免去白纳实物的"行户祗应"，改为逐月交纳定额的现钱（"输免行钱以禄吏，蠲其供官之物"），官府和宫廷所需物品自己按市价收买，不得再加抑配。免行钱的交纳是对各个行业按"利入厚薄"来分配数字的，在一个行业中，各个行户又以资产多少来核定负担，下户交的钱少（后规定不及百者皆免），上户交的钱多。这样就有利于中小商人，而不利于富商大贾。因为他们再也不能靠贵族势家的荫庇来逃避负担，而相反的要多负担些，并且也不能再倚仗权势来欺诈行内的其他行户了。间接言之，这也就削弱了贵族权臣以及宫中内侍们同商人的联系和对商业的控制。对于那些人来说也是有所不利的。免行钱法在汴京一地就涉及一百七十余行，六千四百家行户，一年共收缗钱四万三千三百余贯。以后这一办法又推广到其他各地（见《长编》卷二四五、二四六，《宋史·食货志·市易》）。免行钱与免役钱相类似，一是以货币来替代人身徭役，一是以货币来替代实物征敛，都是比较进步的形式，说明了王安石对货币经济具有很强烈的信念（胡寄窗语）。

市易务以平抑物价调剂供求为自己的职能，与奸商的垄断市场囤积居奇做斗争，实来源于桑弘羊的平准法，王安石自己也承认"市易之法起于周之司市（市官）、汉之平准"（《上五事书》）。但王安石的市易法也有自己的特点：①桑弘羊的平准法是官府命吏坐市肆贩卖，自搞零售，而不是王安石那样的官搞批发，把零售假手于商人，通过当时已较发达的行业组织，来召募行人、牙人为市易务服务。②桑弘羊的平准是单纯的商业活动，而不是王安石那样的命市易务兼负金融机构的职能，有契书金银抵当、结保贷请等做法。市易法比平准法是有新的发展的。在宋代，商品经济比汉代发达，商业活动更加活跃，商品种类增加，流通规模扩大，所需的商人的人数也增多，利用商人来搞市易比单由官府多置机构多设人员来包揽贸易好处更多。在宋代，私营的大批发商对分销商品的中小商人往往采取赊销的方式，市易务兼搞信贷，也给中小商人赊购货物，以此与大商人相竞，这样做是势在必行的。王安石根据当日情势对旧的平准法做出新的发展，而不是率由旧章，又一次说明他富有独创性的革新精神。

市易法与均输法并不是一回事。市易法行，均输业务没有并入市易之中。市易是同一市场上的商品价格的贵贱调节，均输是不同市场间商品供应的余缺调剂，两者作用不能相互代替，而只能相互补充。如果不进一步实行市易法，设有官方自己的售卖机构，由均输运往汴京的物资仍会落入私商之手而被他们抬价出售，损害消费者，民生仍不能安定。只有市易与均输相济，才能稳定物价，更好地保证对京师的供应。从这点说，继均输之后再行市易也有其客观的必要性。

七　经济思想的特色

延续十六年之久（包括王安石罢相之后的时间）的变法运动，对巩固北宋王朝的统治起到了作用。从财政经济的角度来说，通过收夺豪商富人之利，发展农村经济，财政困难的局面得到扭转。一年收入的现钱（不算实物）五千零六十万贯，"合苗役税易等钱乃至六千余万贯"（《宋史·虞策传》，李心传：《建炎以来朝野杂记甲集》卷十四《财赋一》）；"三司岁入之常，半为赢余"（毕仲游：《上门下侍郎司马温公书》）；常平、坊场、免役剩钱逐年积累，有五千余万贯，"散在天下州县，贯朽不用"（《长编》卷三八四，元祐元年八月丁亥记事）。财政收支已经平衡，尚有结余。人称"熙宁元丰之间，中外府库无不充衍。小邑所积钱米亦不减二十万"（《宋史·安焘传》）。由于生产的发展，加上国家对商业控制的加强，物价下降，市场趋于稳定：米一斗价只五十文至八十文，麦一斗价三四十文，绢一匹一千二三百文，酒斗百文（元丰时）。年丰物贱，有利于人民生活安定。

"民卖田常苦不售"，兼并之风渐衰。以理财为中心的变法，其主持者王安石可算是理财得其道而善其术了。

王安石的经济思想远则渊源于法家，近则受汉、唐理财家桑弘羊、刘晏的影响很深。尽管他抬出了儒家的经典——《周礼》来为他的变法打掩护，以期减少反对派的阻力，但本质上王安石是"挟管商之术"的政治家。别人也看破他是"以申商刑名之术，文之以六经"（张九成《尽言集》序文中语）；有的人（范纯仁）更直截了当地说什么"安石议，桑弘羊之术，不恭甚矣！"其实王安石对这几位先辈倒也没有隐讳其景仰之心。他有诗咏商鞅，对"商鞅能令政必行"表示歆羡；又说："摧制兼并，均济贫乏，后世唯桑弘羊刘晏粗合此意"（《宋史纪事本末·王安石变法》），肯定了这二人的成就及其所行的理财政策，并在实践中效仿。从管仲、商鞅，到桑弘羊、刘晏，再到王安石，这几位经济改革家、大理财家，在各自的时代里有着各自的历史进步性。

王安石，作为封建社会后期的杰出的改革家，他的经济思想既有承继先辈的地方，又有进一步的加强、发展或突破，表现了自己的思想特色。这可从以下四个主要方面来做些说明。

第一，在王安石的思想上对财政与生产的关系有了更明确的认识。他理财的基本思想是正确的。

自先秦以来，儒家学派总是讳言财利，视理财为聚敛；王安石公开讲求理财之术，否定了儒家的这种传统的教条。他宣称："所谓政事，所以理财，理财乃所谓义也。一部《周礼》，理财居其半，周公岂为利哉！"（《王文公文集》卷八《答曾公立书》）在这里，他肯定了理财在政治中的首要地位，把理财看成合乎正义的行动，"义"在"利"中，摆脱了以义抑利的精神枷锁，这种观点在当时来说是很值得称道的。

尤为难得的是王安石所持的财政与生产的统一观。他认为理财不仅限于国家的财政事务，而是要同社会生产相结合，"因天下之力以生天下之财"，使"人致己力，以生天下之财"，即要将财政建立在社会生产的基础之上，通过劳动者多多致力于社会财富的生产，来求得国家财政的充实。国家的财政支出，也首先要作为组织社会生产所必需的费用来运用，"取天下之财，以供天下之费"，取之于天下，用之于天下，而非佐人主之私欲。理财如得其道，则"未尝以不足为天下之公患也"，他对财富的生产是乐观的，因而对财政困难的解决也是充满信心的（见《上仁宗皇帝书》）。王安石重视发展生产，是发扬了过去经济改革家优良的历史传统，但他对财政与生产的关系加以阐述的这些话则是前人所未曾说过的，直接从社会财富生产的增长来着眼，比刘晏的"户口滋多则赋税自广"，从国家财政收入的增加来间接立论，意思更为显豁，更为丰富了。

通过发展生产来增加财政收入，这是王安石经济思想上有极突出的代表性的观点。他在经济改革中就充分体现了这一观点，高度地重视生产，尤其是农业生产。农田水利法，兴修水利，直接提高农村的生产力；青苗法、免役法减轻农民的负担，保护了农村的生产力。通过财政措施，均平租税，摧抑兼并，就是为发展生产开路。他所增加的财政收入，主要得之于青苗息钱和免役助役钱，与桑弘羊理财的主要靠均输盐铁、刘晏的理财主要靠盐利，侧重点有所不同。这些情况都与他"以农事为急"、以发展农业生产为先的理财思想有关。

第二，王安石极为突出的经济观点就是抑制兼并。他把反兼并的思想贯彻到他的经济改革的各个措施中：青苗法是制止高利贷资本对农民的侵蚀和兼并；募役法是以增加大地主等豪强兼并之家的支出来减轻农民以及中小地主的负担；方田法也是如此；均输和市易法则是抑制商业资本操纵市场、兼并"细民"。对兼并势力真是极尽其抑制之能事了。稳定小农经济，发展农业生产，而把大官僚、大地主、大商人的部分剥削收入收夺过来，转归朝廷所有，在不增加农民负担的条件下，增加国家的财政收入，使国用充足，这就是王安石自己所说的"摧兼并，收其赢余，以兴功利，以救艰厄"。别人（苏辙）也说他"不忍贫民而深嫉富民，志欲破富民以惠贫民"（原为贬意）。可见王安石变法确是以"摧豪强"和"抑兼并"为其指导方针的。他的抑兼并实堪与桑弘羊相侔，而大大超过了刘晏。

王安石变法的抑制兼并是与抑制商业资本的政策结合起来搞的，各项措施无不与商人有关。单纯的讲抑兼并，只搞限田、括户、核实土地，而没有抑商的措施与之配合，兼并之家从商业环节中，以操纵市场、贱买贵卖、囤积居奇、高利盘剥等手法，赚来的多得发胀的钱财，还是会大量倾注于土地，而无休止地进行兼并活动。只有采取有效的抑商措施，兼并的资本的积累才能受到遏止，兼并的速度一时才会趋于减弱。桑弘羊的摧浮淫兼并之徒，就是因有强有力的打击富商大贾的政策，而始克奏其功的。王安石所要走的也正是与桑弘羊一样的路。而与刘晏相比，他的抑商是抑得更多一些。经济政策中有较多的抑商的内容，并能加以贯彻，可以说，能这样做的，在封建社会后期就数王安石了。

但是王安石的抑制兼并，在内容上也有与桑弘羊不尽相同之处。在北宋中叶，大官僚大地主大商人三位一体的现象已日益严重，这一点却远非桑弘羊时禁止官僚经商（"食禄之家"不准"兼取小民之利"）、商人地主号称"素封"的情况可比。所以王安石变法中的抑制商业资本，更具有打击以兼营商业作为兼并之方和增加兼并之资的品官形势之家的新的社会意义，而不是仅仅针对一般的富商大贾、一般的商人地主。即使大官僚大地主不事货殖，而一般的商人剥削农民，使农民贫困化，也会给大官僚大地主兼并土地造就"良好"的机会，所以抑制商业资本也仍有利于限制大官僚大地主的兼并活动。正因为如此，王安石的抑兼并的对象比桑弘羊时更复杂，他的打击锋芒扫及大官僚地主商人、大官僚地主以及大商人（包括大高利贷者）地主等几种人。在宋代作为兼并主力的品官形势之家势力特强，因此变法所受阻力也特别大。

还有，王安石的时代是中国封建社会的后期，土地私有制大大发展，与处于国家授田下自耕小农成长的封建社会前期的桑弘羊相比，王安石抑兼并的任务就不能不有所不同。封建前期，国家的剥削主要表现为由受田农民负担的按人口计算的赋税和分派的徭役，地税很轻，抑兼并的意义除了防止农民变成流民以至于起义外，主要在于防止商人地主等兼并土地，使农民流亡或被兼并者隐占，从而脱离户籍，减少赋役来源。简言之，反对豪强隐占"附户"，乃是当时抑兼并的一个重点。在封建后期的宋代，赋税主要按田亩征收（户税亦已按亩计征），由握有土地私有权的地主负担，人头税（如身丁钱、绢）已不重要，没有土地的佃户不出赋税差役。在这种情况下，政府与豪家的斗争，就不在于争夺隐漏的户口，争夺耕种土地、承担劳役的劳动力，争夺按人计算的赋税来源，而在于如何制止地主的瞒田匿税了。所以，这时的抑兼并，除了害怕农民失去土地，阶级矛盾激化，会造成统治危机而思有以济之的与封建前期的共同点以外，其重点就转移到调整地主阶级内部（封建国家和大土地所有者）对农民的地租剥削的分配比例上了（官租、私租），而且在对私有土地已动不得的情况下（不能如桑弘羊时禁止有市籍的贾人名田，告缗中没收商人的土地），也只有在均税这上面去做文章。王安石变法中的"方田均税"就是由此而起，想堵塞大土地所有者瞒地偷税之门，这一点正是桑弘羊政策中所没有的。

不管时代先后，抑兼并内容有何差异，王安石抑兼并的思想很明确，他制定的政策都体现这一大特色。但是王安石的抑兼并，不触动土地的私有权，不涉及土地问题。"今制法一切因人情所便，未足操制兼并也"，"未能大困兼并也"（《长编》卷二三三）。他自己也承认，其作用毕竟有限。抑兼并充其量只对农民、中小地主、中小商人有一定的保护作用，而远不能根本地解决封建社会的内在的矛盾。当然，这是由王安石的阶级地位与所处的时代所决定的。尽管如此，在当时的情况下，王安石能以抑兼并独树一帜，号令朝野，这已经是难能可贵而值得肯定的了。

第三，王安石经济思想中又一个表现突出之处是他也十分注意适当地利用私商的力量来为他的政策服务。他的行青苗，改雇役，置均输，立市易，实施抑商的政策，并非意味着全然不要商人，轻视商品交换。在他的思想上，官府直接参与并干预商业活动是一个方面，另一方面他也主张在国家的控制下，扶植并利用正当的私营商业，促进正常的商品流通的发展。过去桑弘羊的抑商，实是重官商而抑私商，其重视商业的作用，重视流通的功能，力气都放在发展官营商业上，对私营商业很少利用。刘晏的政策开始有了变化："其所取盈者，奸商豪民之居赢，与墨吏之妄滥而已"，"榷盐之利，得之奸商，非得之食盐之民也"（王夫之《读通鉴论》卷二四）。这位改革家限制的是富商大贾中的奸商，对一般的商人，尤其是中小商人的力量还是很注意加以发挥和利用的。王安石正是继承刘晏的观点，发展官商而利用私商，对奸商与正当商人、大商人与中小商人区别对待。在比之刘晏要更多地抑制奸商、不法大商人的同时，对正当的私营商人的利用和扶助，也比刘晏更予以制度化了。

王安石曾说过："盖制商贾者恶其盛，盛则人去本者众；恶其衰，衰则货不通。"（《王文公文集》卷七，《答韩求仁书》）他认识到实际经济生活中不能完全排斥私商，经商人数过少，商业趋于衰落，是会影响货物的正常流通的。这就要"制法以权之"，才能恰到好处。总之，利用商品经济使之为封建政治服务，正是王安石重视商业而非单纯抑商的思想的体现。

正因为王安石具有上述思想，所以即使在举办官营商业、大力抑制商业资本时，也仍留给私人商业发展的余地。如市易司的职能是

"通利商贾，抑制兼并，榷估市井"（王安石语），前面的四个字就反映了他于发展"公"的同时兼顾"私"的另一个方面。限制大商人垄断商行，敲诈抑买；平衡市场物价，调剂商品供求；赊销商品给商贩和贫民去做生意；收储暂时滞销的货物，给客商方便，这些都有利于商品交换的正常开展，对中小商人起了扶植的作用，使他们突破行会中的寡头垄断，而从市易务得到均等买卖的机会，这在封建社会里是最大的贸易自由了。即使对大商人，王安石也没有完全予以排斥，而是采取分化的策略，吸收某些愿合作的大商人到市易务工作（更多的中等商人则被吸收为市易务的行人），以商制商，为封建国家对商业进行更有效的控制提供条件。可以说市易法所实行的政策，是限制、打击不法大商人和扶植中小商人、利用守法大商人的政策，其限制面、打击面并不是大而无边的。还有免行钱，也对中小商人有利，减轻了他们的沉重负担，扶助了他们的正常经营。这些政策本身都是控制与开放、限制与利用的结合，并没有把商业完全管死，只由官府独家经营。

从漕运制度的改革也可以看出王安石包容私人经营以补官营不足的思想。刘晏时，漕运改由官营的雇工制以代民夫的徭役劳动，是有它的进步性的；但时至北宋，漕运吏卒上下共为侵盗贸易，甚至托风水沈没以灭迹，每年官物陷折不下二十万石。王安石荐薛向为江淮等路发运使。他支持并通过薛向，召募商船与官船分运，相互检察，旧弊乃去。每年漕运常额运足后，再募商船增运二十六万石至京师（《宋史·食货志·漕运》）。"以商船运漕粮在当时是大胆的创举，而以商船与官船竞运的思想尤为新颖，这又是王安石能正视商品经济的另一种体现。"（见胡寄窗《中国经济思想史》下册）

在商税方面，王安石继续采取宋初的"恤商"政策，而不因为要抑制商业资本而大大加重其征算。他把汴京的"都商税院"划归市易司领导（熙宁五年），下令减轻汴京国门商税数十种，税钱不满三十文的免征（熙宁七年）。熙宁年间还规定了其他一些宽减商税或改善商税征收的措施。如运货至边易转毋税，石炭（煤）至京不征税，蠲竹木之税，凡纳正税三百文以下勿收市利钱（市利钱，税货物之入京者，以禄吏；对外地客商虽加收百分之十的市利钱，但解除了他们过去受把持行会的大商人的抑价收买之苦，负担总的还是减轻的），等等。这些做法有利于商品流通的正常发展，一些从事正当营业的中小商人从小额交易免征税钱、市利钱中，再一次得到实惠。由于商品流通的发展，熙宁十年的商税额（除去使用铁钱的四川外，按十九路和四京计算的商税额）共达六百四十一万八千余贯，比过去增加一百三十八万四千余贯。开封府商税旧只有十万余贯，熙宁十年增加了近50％。这说明并没有因为王安石变法的抑制商业资本而使商业"早入于衰颓之境"。

第四，国家不要不适当地、不加区别地扩大商品专利的范围，这一主张表现了王安石经济思想中的另一个重要特点。王安石不同于桑弘羊的主张加强专卖，而是主张放宽专卖政策，或有区别地对待商品的专卖制度。他的观点可概括成一句话，叫作"榷法不宜太多"（陈瓘《四明尊尧集》卷五，《熙宁奏对日录》）。这种思想为其前代的同行所无，就是在思想界进步人士中间这也是少见的（李觏有类似的思想）；至于儒家学派之有反榷利的传统，那是另一种性质的事情，王安石思想的出发点与之是不同的。

早在王安石任地方官时，他就反对商品专卖中采取某些过头的做法，提出过改革的看法，这表现在食盐和茶叶专卖的问题上。

北宋食盐在东南地区沿五代旧制，实行官运官卖，官运盐与漕运制度有关（利用漕运的回空船，运盐到各路），官卖盐之利则充州县经费。所以这套制度很难改变。但官卖盐销价贵，卖不掉常按人口摊派；给盐户的本钱少，场灶走漏难以制止，私盐问题严重。政府制定严酷的条例惩治私贩。王安石治鄞时（庆历八年），转运使"下令吏民出钱购人捕盐"。对这种做法，王安石以为"太过"。他认为，"海旁之盐虽日杀人而禁之"，势不能止，再诱之使相捕告，必致"陷刑者将众"，"骚动鹾户"，造成社会的不安。为此他上书浙漕，要求"追而改之"。当时他才二十八岁，绝无忌讳地干犯上司，筹划利害甚明（见《上运使孙司谏》），于此可睹其见识之不凡。

茶，自唐后期由税而榷；入宋，茶与盐并为大宗的专卖商品。专卖形式是官府统购，商人（大商人）包销，官商分利。由于官府与巨商在利润分配上有争执，茶法屡变，但变来变去，大商人还是从中攫去厚利，官府反居劣势，财政收入减少，生产者、中小商贩更是大吃其苦头。茶户因受剥削太重，好茶、真茶隐而不交，卖给私贩，私茶畅销，官茶所在陈积，无人过问。包销官茶的是财力雄厚的巨商，小本经纪、无力向官府买茶引（贩茶凭证）的中小商贩就纷纷非法进行私贩活动，缉私法严刑重，私茶贩奋起反抗。对此，深感困扰的北宋政府不得不于仁宗嘉祐四年（1059年）二月宣布开放茶叶的"通商"，官府不再收茶，商人在缴纳一笔专税的条件下，不分大小，都可直接向茶户买茶，不受官府干涉，茶户负担减轻（只交租），中小商人可自由地合法贸易，茶叶流通而不滞，私贩问题解决。这是一个较好的改革，有利于促进茶叶的生产和正常流通。在这场茶法的争议中，王安石是支持官只收税、民得自贩的新办法的，他说："虽未能尽罢榷货，而能缓其人，亦所以示上之人恤民之深而兴治之渐也。"（见《议茶法》）他曾经分析了榷茶之弊所以产生的原因，认为茶叶专卖既不能官自卖茶，而"须仰巨商"，就"有十二之损"，"为害甚广"。这十二之损是：巨商人数少，易纠合起来迫使官府对其优待；巨商人数少，个别包卖量虽大而总的包销量不大，积压等候，陈损既多；巨商只出低廉的收购价格，使生产者"困耗"；为保护正税商人，缉私开支巨大；官设榷务（收茶发售于巨商的专卖机构），配备运输工具和护运兵卒，风波盗窃损失严重；官府收茶，储以备售，保管耗损甚大；商人无数千贯本钱的不敢承包，有此巨资者少，茶难发尽而成积滞；巨商包卖，从产地到官场到商旅，层层盗窃混杂，而使茶叶质量"不善"；新茶好茶交包卖商外运，陈茶次茶留本地销售，"食用不堪，遂皆私易"，因走私而被刑者众；陈积变坏的茶叶配给民户，"悉不堪食"，"虚纳所值"；官卖既不堪食，多配寺院、茶坊，"茶多弃损，钱实虚敛"；巨商包卖而又不能全部包尽，即令产生各种"折给"办法，折钱变卖又须蒙受损失（见《茶商十二说》）。王安石已较明确地认识到官商分利的巨商包销制只有利于大商人而不利于国家、茶户和消费者。在他看来，只有搬开巨商这道环节，让中小商贩在开放的条件下一体自由地做买卖，问题才得解决。他拥护茶叶通商是经过深思熟虑的。

王安石执政后，"榷法不宜太多"的思想使他没有以加强商品专卖制度为打击商业资本的主要武器，而是在均输、平准、青苗等措施上用功夫，对榷法是随各种商品的具体情况，区别对待，慎重处理。

对于盐茶两项主要商品，王安石的态度是基本上维持现行的制度不变，而因势利导，略加整顿和改进。

如盐，东南地区仍行官运官卖，但支持在江西的地方官整顿运输，使运盐不得掺灰，还使盐价有所降低；在虔州（江西赣州）原以盐配给民户，改为自由购买不再均摊，税收反有增加。解池盐在仁宗时已用范祥建议改行钞盐法（商人以现钱买盐钞，凭以运盐销盐），而不官卖；不过后来由于盐钞发行过多，豪强兼并之家又乘机垄断盐钞买卖，压低盐钞价格，使政府和部分商人吃亏不少。熙宁八年，修订了陕西钞盐法，出笼盐钞有一定数量，设置钞场"平卖"盐钞，市易司用市价收买旧钞，由此稳定了钞价。

茶，是有收有放。除了川茶因需与西北各少数民族进行茶马互市，在边防需要的考虑下改行榷法外，其他地区则仍实行通商。连一向专卖的建茶腊茶，因商贾冒禁私贩，官茶质量恶劣，积压过多，也于熙宁三年改行通商。自此茶质优良，民间称便，官府亦获得常税，并无亏损。扩大通商范围和王安石在茶法问题上的一贯思想有关。

对于有些原由富户巨商承包的商品，为了抑制私人过多地得利，王安石采取另一种态度，加强控制，把专卖收紧了一些。如酒，仁宗时作衙前的酬奖，熙宁时因这种做法弊端很多，就由官府收回，召私人来承包（包税），但采取"实封投状法"（投标法），承买酒务坊场者"许价高者射取之"，勿使余利落入私人之手，由此获得为旧额两三倍的酒课。又如矾，废除晋州等处对私商过于优待的承包制，改由官府直接经营，矾利增加四倍。抑制大商人的活动的思想，在这上面仍有体现。

对于金属采冶等生产性的活动，王安石主张给生产者较大的经营自由权。他的扩大通商的思想在这上面就表现得最为充分。如铜，放宽过去严厉的铜禁，许民间采铜，自由制作铜器，并予免税，出界只收税钱。金银坑冶不由官府垄断（以徭役劳动生产），而召百姓采取，自备物料冶炼。产品二八分成：官收二分作实物税，八分许坑户"自便货卖"，官府不再强行征购（《文献通考·征榷考》五）。铁，也不赞成实行官榷。王安石认为"若鼓铸铁器，则必与汉同弊"（《四明尊尧集》卷五，引王安石《熙宁奏对日录》），在放松国家对采冶的控制中，是包括了铁这一老牌的专卖商品的。

宋代商品经济较前发展，专卖之法过多过密，不利于商品的生产和流通，人们要求有更多的生产、经营的自由，王安石在这方面的观点正是这一客观经济条件的反映。

那么能不能说王安石的基本精神已是"较多地趋于放任，较少地进行干涉"，虽"不完全放弃国家的经济干涉，却较倾向于经济放任"，"尽多地推行放任政策"了呢？还不能这样说。在某些方面（如金属冶炼，对中小商人）诚是放得较多，但从全局来看，放还没有占主导的地位。

王安石提出要"因天下之力，生天下之财"，"取天下之财，以供天下之费"，这说明他是主张由国家来动员人民，组织生产，再通过国家财政把国民收入先用于发展生产之急上（如兴修水利、治理黄河）。国家干预经济、管理经济这一观念在王安石的思想上很明确。王安石提出要摧抑兼并，均济贫乏，就是要由国家来制定政策，调节社会财富的分配，这分明属于经济干涉主义的口号。王安石的经济改革都是为了加强中央集权、国家的统治，均输、市易和青苗诸法加强了国家对商品交换的支配权力，经济干涉的色彩就表现得十分明显。王安石正是把由官方来干预经济事业作为国家的一个职能来看待的。如果较多地实行经济放任，控制经济活动的权力主要不掌握在国家手中，那就会产生兼并。不但"贵强桀大"者能如此，就是"阡陌闾巷之贱人"，也都能"私取予之势，擅万物之利，以与人主争黔首而放其无穷之欲"（见《度支副使厅壁题名记》）。认识如此，他怎么能较多地倾向于经济放任？

应该说，在王安石的思想上，由国家干预经济才是其主导的方面；另外，在一定程度上、一定范围内，他也主张实行国家控制下的经济开放政策（不是放任），但这只占辅助的地位。改革不全等于开放。权力的分散与下放，并非王安石经济改革的首要标志。控制与开放相结合，但两者不是平行的，并重的，而有主次之分、重轻之别。当然，经济开放政策在王安石变法中虽非主要环节，但其意义也够重要。这种在一定范围内的经济开放政策，有利于商品生产和商品交换的发展，顺应了北宋时期商品经济有长足进步的历史发展趋势；而他大力推行的以钱募役的免役法，比刘晏推行的雇工制影响更大，也更大地促进了商品货币经济的发展，王安石对商品货币相当重视的观点，透发出时代的气息。这方面的观点也有其历史的进步性，并非仅仅他的抑兼并的思想、国家干预经济的思想才是进步的。国家干预经济为主，抑制兼并势力为急，而辅之以必要的经济开放政策，利用可以利用的工商业者的力量，为国家统治服务，这乃是王安石的全面的经济观点。

八　变法过程中的斗争和新法终于被废除

以摧豪强、抑兼并为口号的变法运动，在一定程度上限制了豪商富户兼并之徒的经济利益，因此一开始就受到这些人的激烈反对。宋代"朝廷幸从之臣未有不兼农商之利"（王安石语），文人学士也多兼"贩鬻之利"，他们自然也对新法"不胜愤懑"。于是两股势力联合起来，里应内合，一次又一次地对新法进行着攻击和破坏。

第一个新法均输法颁布后，守旧派即纷起反对，大骂"薛向小人"（刘琦、钱颛语），"将笼诸路商货，渔夺商人毫末之利"（范纯仁语，见《范忠宣集·奏议》卷上，《奏乞罢均输》），上疏请罢均输。条例司内部为检详文字之官的苏辙也说什么汉武帝时行均输，"虽曰民不加赋而国用饶足，然法术不正，吏缘为奸，掊克日深，民受其病。……今此论复兴，众口纷然，皆谓其患必甚于汉。……唯利是嗜，其害必有不可胜言者矣"。（《宋史·食货志》）反对派所说的均输之害无非是对商贾不利，理由薄弱，此时神宗尚未为其所动，均输依然推行。苏辙不久即因意见不合而去官。

青苗法公布后，比均输法遭到更强烈的攻击。保守派官僚，对上等户也必须向官府贷钱，负担三分利息，并充当下户客户之保，负责代为赔偿这一条，特别恼火。其中以身为右谏议大夫的司马光反对得最起劲。他说"贫者得钱，随手皆尽，……富者则独偿数家所负，……贫者既尽，富者亦贫"（《司马光文集》卷四一，《乞罢条例常平使疏》）。翰林学士范镇也说青苗法"是促富者使贫也"（《论青苗之害疏》）。他们为富者说话的内心活动流露得很明白。权开封府推官苏轼在指责均输的同时又指责青苗法"亏官害民"，访寻水利是

"徒劳"和"烦扰"。其他言官也上言"乞明诏有司勿以强民"。宰相富弼干脆称病辞职。在反对派的抨击下，青苗法公布三个月后，王安石即放弃了其中强迫富户出息的办法，而只限于夺取富户放债剥削的那部分利益。保守派以为王安石会再软化，攻击反而加剧。出判大名府的旧相韩琦于熙宁三年二月上疏全面否定青苗法，除为地主富户叫屈外，特别强调官本有失陷之虞，致使神宗发生疑虑。在朝中的别的大臣也随声附和。王安石勃然进前驳辩，次日称病不出，奏请罢职。司马光即乘机上疏以"坏常平仓之害尤大"为说，危言耸听地判定十年之后将出现富室既尽、常平已坏、帑藏又空的严重局面。几天后，一度为众论所惑的神宗，经过静思，明白过来，青苗法"一无所害"，找来王安石，叫他继续执政，推行新法。在几个月的斗争中王安石取得了暂时的胜利。

　　熙宁三年以来，王安石击退了保守派，变法出现高潮，但保守派一时一刻也未停止他们的活动，募役法便成了他们的下一个攻击目标。司马光说："徭役自古皆从民出"，"介甫（王安石）更欲敛民钱雇市佣而使之"，"若果行此法，其为害必更甚于青苗钱。""彼青苗法以债与民而取其息，已是困民之法，今又使横出数倍之税，民安有不困蹙者哉！"（《与王介甫书》，《乞免永兴军路苗役钱札子》）他所说的民仍是富民，反对新役法，就是因新法叫富民多出了役钱之故。正、副枢密使（枢密院的正、副长官。枢密院管军事政令，直属于皇帝，与中书省平行，政府、枢府号称"二府"）文彦博和冯京也都反对役法改革。冯京（富弼婿）在神宗面前说："府界既淤田，又修差役，作保甲，人极劳敝。"文彦博更进而言之："祖宗法制具在，不须更张以失人心。"神宗说："更张法制，于士大夫诚多不悦，然于百姓何所不便？"文彦博竟说："为与士大夫治天下，非与百姓治天下也。"王安石听不过去，驳了他一句："法制具在，则财用宜足，中国宜强，今皆不然，未可谓之法制具在也。"（《文献通考·职役考》）在另外的场合，还有御史中丞杨绘和监察御史刘挚等人出来反对新的役法。对于这类议论，王安石以为真是流俗之不足恤者。他查清由文彦博牵线的知东明县事贾蕃破坏新役法的一起阴谋事件（故意提高四、五等户的户等使之不能免纳役钱，从而挑起众人的不满），并指示曾布，根据开封府界试行新役法的成效给反对派以有力的驳斥。文彦博下面的人该法办的法办，该去职的去职。一个比以前更高的反变法的浪潮，一时似被平息下去。

可是到市易法公布后，反对派又再一次发动了更大的而且是越来越猛的攻势。先是大商人大放谣言，说市易司"卖梳朴，梳朴贵；卖脂麻，脂麻贵"，自设市易法，京师百物都涨价了。在朝中，这个三朝元老文彦博，又利用熙宁五年秋华州山崩的机会，对神宗说"市易司不当差官自卖果实，致华州山崩！"（《长编》卷二三九）次年正月，文彦博再就市易务赊货给贫民于御街东廊贩卖水果"分取牙利"之事，大做文章说："瓜果之微，锥刀是竞，竭泽专利，所得无几。徒损大国之体，只敛小民之怨。"且靠近皇宫，"将为外夷所轻"。又说："岂有堂堂大国，皇皇求利，而不为物论所非者乎？斯乃垄断之事，孟轲耻之，臣亦耻之！"（《文潞公文集》卷二十，《言市易疏》、《又言市易疏》）文彦博下台后，任参知政事的冯京成为反变法派的核心。熙宁七年神宗与辅臣论及在成都设立市易事，冯京恫吓说这会像过去"因榷市物"，"致王小波之乱"（《宋史·食货志·市易》）。冯京还串通郑侠，由郑侠出面，捏造事实，说什么街市负水担粥以及麻鞋头发之属无敢不投行纳免行钱，以为小民请命的面目来破坏免行钱法的实施。由于市易法断绝了采办宫廷用品的太监从中发财的门路，市易司揭发了太皇太后（仁宗之后）之弟曹国舅强买树木不还的劣迹，免行钱法更使得当朝国丈无法倚仗权势欺诈行户，因此这些人也都和王安石势不两立。他们向两宫太后（神宗的祖母和母后）告状，怂恿这两个妇人赶到神宗面前吵嚷，非废去新法、逐王安石出朝不可。熙宁七年春，从上到下，从里到外，形成了保守势力对王安石的一次空前规模的大围攻。本来，每来一次攻击，王安石都要费尽唇舌为神宗析疑，事情才得缓解，这下反对变法的主要力量来自宫中，王安石处境的困难就大不同于往常了。

连续两年的干旱，灾区农民被迫流亡。保守派更以此为借口，指责变法干犯了天怒。郑侠在冯京指使下绘"流民图"送呈神宗，并上疏说罢了新法天就下雨。反对派的气焰猖狂到了极点。

日益动摇的神宗已变得不知所措。他不断地"诘责中书，意欲有所更张"。变法派内部也起了龃龉，曾布窥测形势有变，转而反对市易法，大讲市易司主持者吕嘉问的坏话，王安石更陷于被动，无法继续执政，辞去相位，回江宁"安心休息"。后来市易务免行钱的问题查清结案，冯京罢了官，郑侠编管英州，王安石复相。但保守派势盛，变法派削弱，神宗更加动摇，并为天变（彗星）所惧。在矛盾重重之下，王安石再度恳请辞去相位。从此以抑兼并为中心的变法，就没有什么新的进展可言了。

王安石之所以会被人挤走，不能完全施展其平生的抱负，把变法运动进行到底，主要原因是这一变法只是在皇权支持下自上而下进行的统治阶级内部的一次政治和经济上的局部的改革行动，变法派由地主阶级的中下层中产生，缺乏坚实的社会基础，其力量是微小的、软弱的。而其对手——大官僚、大地主、大商人豪强兼并势力，占有社会全部经济力量的十分之六七，他们在朝中盘根错节，在社会上枝蔓株连，共同的利益使他们结成了反变法的联盟。力量的对比，决定了变法派的命运。变法派每前进一步都需要得到皇帝的点头和撑腰，可是神宗皇帝比不上齐桓公和秦孝公，他疑虑重重，对变法始终不够坚决。由他所批准的变法措施，只能是有限度地抑制豪强兼并势力的继续恶性发展，而没有给他们的经济实力以真正的大的打击。在政治上，反对变法者闹得太不像话时，也只是被调动一下职务，潜势力依然强大。再加这个封建君主在用人原则上承袭了宋初以来使大臣互相制约（"且要异论相搅，即各不敢为非"，这是真宗的话）的传统做法，保守派中几个头面人物的升任要职或安居高位，都出自神宗自己的安排。也可以说他是有意保存保守派的部分势力于朝中，以此来牵制王安石的。在这种情况下，王安石怎么能不因病求去呢？

壮志难酬，闲心怎安？阻力面前，王安石最终获得了十分尴尬的下场。只是比起那些更为不幸的改革先驱者来，王安石在病卒前还总算是全身而退了。

平心而论，神宗毕竟在一段时间里曾经支持过王安石推行了新法。等到元丰八年（1085 年）三月，神宗驾崩，比他在世时更坏的情况就一一发生了。十岁的太子赵煦即位，是为哲宗，神宗母太皇太后高氏临朝听政，起用保守派，压制变法派，全盘废除新法，史称"元祐更化"。司马光于神宗一死（下年才改元为元祐），即受命拜相，同文彦博一起建立了顽固集团的统治。参与变法的官员如章惇等不久即被挨个逐出，有的被贬死于僻远州县。

就在元丰八年冬，司马光先明令废除方田均税法与市易法，给市易法所加的罪名是"虽曰平均物直，而其实不免货交取利。就使有获，尚不可为，况所获不如所亡"，其主持者贬官。接着又于元祐元年（1086 年）三月宣布取消募役法，恢复差役法（只有衙前用坊场河渡钱雇募，不足时方许揭簿定差；其余各役仍轮差民户），免役助役钱一律停免。过去他非常反感的青苗法当然也在亟待取消之列。元祐元年八月下诏："止令州县依旧法（常平旧法），趁时籴粜，青苗钱更不支俵。除旧欠二分之息。原支本钱，验现欠多少，分料次随二税输纳。"（《宋史纪事本末》卷四三，《元祐更化》）在司马光执政到死前的一年多当中，新法被全部报废。

司马光这样的做法，不但遭到变法派章惇等人的驳斥，而且也为守旧阵营中的一些人士所反对。如原先攻击新法甚力的苏轼、苏辙兄弟俩，经多年的观察，觉得新法有些还是符合地主阶级的根本利益，而不同意司马光的"专欲变熙宁之法，不复较量利益，参用所长"的那种蛮横做法了，在废募役法的问题上同司马光争论甚烈。范纯仁转而表示赞成青苗法，认为这是"利国利民"之举，并主张"差役一事，尤当熟讲而缓行"，但因此而被司马光骂作"奸邪之人"，不同意见被压了下去。司马光死后，以刘挚为首的"朔党"成为当权派的核心，继续奉行司马光的全盘复旧政策，这种混乱情况在高氏支持下一直持续了八年多。

当司马光废除市易、方田均税等法，远在金陵的王安石闻此讯息，还能强自镇静，默然无语；及知废募役而复差役，他就再也禁持不住，愕然失声叹道："亦罢至此乎？"停了一会儿又说："此法终不可罢！安石与先帝议之二年乃行，无不曲尽！"（朱熹：《三朝名臣言行录》卷六）忧心如焚的王安石，不久就含恨而死。王安石死后，司马光摆出一副"君子"风度，请追赠死者为太傅。他虽然完全否定王安石的改革，但不得不承认"介甫文章节义过人之处甚多"。王安石个人的操守，连最顽固的政敌也是无法否认。佩服司马光的刘安世，也说"金陵亦非常人"，对"其质朴俭素，终身好学，不以官职为意"，表示了同样的钦佩。他的话可算是比较公道的。

毁谤王安石的人，偏说这位改革家是"衣臣虏之衣，食犬彘之食，囚首丧面而谈诗书"，是"不近人情"的"大奸慝"（见邵伯温托苏洵之名伪造的《辨奸论》）。其实这种诟骂丝毫也不能损害王安石，相反，王安石的朴素俭约、不事修饰在封建时代大官中倒是少有的，是值得真正肯定的。

参与变法，比较了解王安石私生活的沈括，在《梦溪笔谈》中曾谈了两件事情：一件是"王荆公病喘，药用紫团山人参，不可得，时薛师政（薛向）自河东还，适有之，赠公数两，不受。人有劝公曰：

公之疾非此药不可治，疾可忧，药不足辞。公曰：平生无紫团参，亦活到今日。竟不受。"另一件是"公面黧黑，门人忧之。以问医，医曰此垢污，非疾也。进澡豆令公颒（huì，商会，洗面）面。公曰：天生黑于予，澡豆其如予何！"由这二事，可见王安石是多么廉洁自持，苦心焦虑为国事尽瘁操劳。这样一位政治家的形象难道不是很见高大吗？

九 北宋末叶一反王安石初意的聚敛政策

保守派擅权八年多之后，政治局面又发生一次急遽的变化。不甘心长久当傀儡的十九岁的哲宗，等老祖母一死，即表示要绍述"先帝遗业"，改年号为"绍圣"（1094年），随即召回章惇，任为首相，贬斥了保守的元祐派中的核心分子。变法派东山再起，着手恢复元丰时被废除的新法。市易务在绍圣四年（1097年）重新设置，但唯以现钱交市，收息（利润）毋过二分，不进行赊贷。青苗钱，由两期四分利降为二分利。免役法中则规定免役钱"每及一百贯减三分"，并扩大享有免役特权的范围（扩大到皇太妃缌麻以上亲），免役宽剩钱改为不得过一分。绍圣年间的变化虽在某些方面对劳动人民有点好处，但在更多的方面、更大的程度上是对兼并势力的妥协让步（如免役法）。比之王安石去官后的变法，状况不是前进而是越来越倒退了。核心人物相互排挤，变法派的力量也越来越削弱了，以至在元符三年（1100年）正月哲宗去世，其弟赵佶（徽宗）继位以后，就很轻易地被以蔡京为首的政治集团所取代了。

蔡京是一个善于投机的政客。司马光复行差役法，蔡京知开封府，按期（五日）"悉改畿县雇役，无一违者"，司马光对他十分赞赏。绍圣初章惇为相，蔡京为户部尚书，又附章惇，力主再行免役法，摇身一变，成为变法派。他内结宦官（童贯），外连朝士，蓄意培植自己的党羽。徽宗即位的第二年（崇宁元年），蔡京入相，他迎合徽宗想崇法熙宁之意，以继承新法的名义来标榜自己，表示要继续实施改革。抓到了权柄以后，他一面赶走了反变法的保守派，一面又打击了变法派后期的重要分子（包括他的弟弟、王安石之婿蔡卞），与童贯等人结成一伙。蔡京一伙实质上就是大官僚、大地主、大商人的兼并势力组成的腐朽的政治集团。变法派依靠皇权，抑制兼并势力，却得罪了后族；保守派依靠后族，保护兼并势力，得不到皇权的支持。老谋深算的蔡京改变两派的做法，竭力拉拢徽宗，使皇权和大官僚大地主大商人兼并势力结成同盟，维护双方的利益，一起来对农民和小工商业者加强剥削。蔡京这个人很会"理财"，刻意投徽宗之所好，死命弄钱，以供人主之私欲，与王安石理财的方针完全不同。蔡京尊王安石（封王爵，配享孔庙），自附于变法派，完全是"托绍述之柄，箝制天下"，与王安石毫无瓜葛。他所推行的是一套比唐德宗的掠夺商民更甚的聚敛政策，尽反王安石的初意，熙宁新法在蔡京集团手里已被彻底篡改。

市易务被蔡京集团改名为平准务，各州县要冲之地都广泛设置专门机构，或由场务兼领，从抑价收买、抬价出售中笼取巨大的商业利润。除照收免行钱外，官府还要以低价"下行收买"，大商人可贿赂官吏规避，负担又多落在中小商人身上。商税也日趋苛繁。山区人民"所赖以为市者，漆、楮、竹、木耳，又悉科取，无锱铢遗"（方腊起义时语）。小生产者和小商贩对商税苛重感受深切的痛苦。王安石时的商业政策已被歪曲得面目全非了。

在农村，又实行方田均税，但地主豪强家的田地越量越少，农民的赋税则越均越多，"贿赂公行，高下失实，下户受弊"（《宋会要稿·食货》四）。免役法情况也类似。官僚和替他们守坟的人即使是上户，以坟、寺为口实免去应纳役钱，而"均敷于下户"（《宋会要稿·食货》一四）。青苗钱，在"革伪冒之弊"的理由下，令州县散钱毕，"即提示请人名数，逾月敛之"；又令京东、江南、两浙、荆湖路的义仓谷"各留三分，余并起发赴京"，说是补还欠交的上供年额米斛（《宋史·食货志·常平义仓》）。和买，过去一向是给"盐七分、钱三分"，作为绢的预买价格，至此，"七分盐"不再支给，"三分钱"亦存空名，已变成"官不给钱而白取之"了（《文献通考·市籴考》一）。农民还在附加、支移的名目下，纳的税增了又增，负担沉重，以至"数倍于昔"，弄得"鬻牛易产犹不能给"！（《文献通考·田赋考》五）官府对农民给的更少，取的更多，同王安石对农民放宽政策以缓和矛盾的精神正大相径庭。

尤其突出的，王安石时认为"不宜太多"的"榷法"，到蔡京手里是榷法唯恐其不多，商品专利制度已成为蔡京集团敛钱的更为重要的手段，对人民的为害之严重达到惊人的程度。

盐课是专利中最大宗的收入。蔡京集团"欲囊括四方之钱尽入中都，以进羡要宠"，特改变东南盐法（官运官卖），把盐钞集中在京师榷货务发卖，商人先向榷货务"输钱请钞"，然后携钞到产地请盐，东南盐利自此全属中央，"不在州县"（只有闽广仍行官卖，未行钞法）。盐钞常变换，必须贴钱才能请到新钞，以至"凡三输钱始获一值之货"。后又改盐钞为盐引，实行"引制"，加强了对运销官盐的检查与监督。盐价则一再上涨，每斤批发价由熙宁时的十六文，增加到四十三文（宣和时）。在"以卖盐多寡为官吏殿最"的"比较法"的督促下，州县把商人运来的高价盐，勒令民户认购，以至"计口敷及婴孩，广数下逮驼畜"；而且"杂以灰土"，人们只好"比屋愁叹"。高价抑配，其弊更甚于官卖之时。而原实行官卖的州县，因盐利转归中央，经费无着，就横取于民，重收百姓"耗米"以给，无名之敛层出不穷：丁盐钱、蚕盐钱，虽已无盐可给，还是照常向人收取。换钞提价，使正当商人无法再做正常买卖，除了与蔡京集团关系深的富商得受庇护，有办法可免受损失外，许多人在一再换钞中被弄得倾家荡产，"侪于乞丐"，"赴水自缢，客死异乡，孤儿寡妇，号泣吁天者不知其几千万人"。而北宋政府在政和六年（1116年）就得盐利四千万贯（《宋史·食货志·盐法》、《文献通考·征榷考》三）。

茶，在蔡京手里先是罢嘉祐以来为王安石所拥护的"通商法"，而实行了官卖法。官卖占用本钱多、人员开支大，不合算，崇宁四年（1105年）起，改行"引卖制"：商人在京师都茶场交钱，买"茶引"，凭茶引可到产地同茶户交易，在官吏监督下，在"合同场"称发。茶引钱是由官府净拿的，商人买茶还要另付茶价。官府不花一文本钱，由此坐收茶利。为加强控制，盛茶的笼篰由官府特制，严密封印，不许私拆，用私笼篰者以私茶论。这样一改，东南茶一年收息增至一千万贯（《宋史·食货志》）。实行引卖法，因引价太高，中小商人无力经营；即使能贩上官茶的商人，也和贩官盐的商人一样，只要他们和蔡京集团关系不密切的，日子也不好过，稍不如令，就被抓起来断罪，被诬是贩私茶，货物没收，还得给告发人出赏钱。地方上以抬高茶价来招诱豪商，以增加税收，结果高价茶销不出去，也和盐一样实行摊派。

蔡京的这个"富国裕民之政"，实是祸国殃民的暴政。捞的钱越多，种的祸越甚。王安石时一时缓和了的阶级矛盾，重又尖锐起来。"人不堪命，皆去而为盗"，农民起义的怒火已经燃起。等到北方的金人南下，这个腐朽透顶的北宋政权就只能马上垮台了。

北宋王朝垮台前夕，保守派杨时上表论列蔡京误国之罪，认为其根源全在王安石："盖京以继述神宗皇帝为名，实挟王安石以图身利。故推尊安石，加以王爵，配享孔子庙庭。而京所为，自谓得安石之意，……而京得以肆意妄为，则致今日之祸者，实安石有以启之也。……安石挟管、商之术，饰六艺以文奸言，变乱祖宗法度。当时司马光已言其为害当见于数十年之后，今日之事若合符契。"张九成也说"王安石四传而得蔡京"。如此云云，好像王安石变法乃是启导蔡京的先奏，北宋之亡是要由王安石来负责任的。这真是颠倒是非混淆黑白的诬词。揆诸史实，蔡京的行事正与王安石背道而驰，如果北宋末叶真的能绍熙宁之政，农民的困苦减轻，生产发展，社会安定，国力强盛，则未必会有靖康之耻。北宋政权的垮台，绝不是种祸于王安石的变法，而正是废弃了王安石曾经行之有效的改革措施，而悍然推行另一条与民为敌的政治经济路线所产生的恶果。前后对比，不是更可说明王安石站在正确的一面吗？

王安石不畏天变，不拘陈法，不恤流言，任事艰贞，自信坚卓，顶着重重压力，主持了一场震撼当时的变法运动，虽在豪强兼并权势集团的不断阻挠破坏下最后归于失败，但为改革弊政，安定民生，发展生产，终究是发挥了一定的作用的。他确实不仅以质朴俭素节操过人为时人所佩服，而且以文章"大家"（唐宋八大家之一）而留名于后世。他在政治上的成就还是主要的、基本的。在历史上他应占重要的一席由于他是一个改革家，而不是其他。

王安石改革的重要意义在于他在一定限度内调节了封建生产关系，使其适应生产力的性质。抑制土地兼并，减轻农民负担，实行以钱代役，排除高利盘剥，放宽矿冶管制，等等，都是对生产资料的占有、劳动成果的分配、劳动者对封建国家的依附关系等几个方面阻碍生产力发展的因素做了一些可能的调整；兴修农田水利更是直接与生产力有关。作为一个改革家，能够运用国家权力，从理财入手，即从对财政经济的政策法令制度的改革入手，调整封建统治阶级内部相互间的关系，和他们同农民以及其他生产者之间的关系，以透过封建的经济基础，来促进社会生产力的继续发展，这就是做了一件大好事。通过上层建筑的整修，通过法权的形式和法律的力量，来把一些不适合经济基础、不适合生产力发展的因素，加以必要的限制、调节，这就是一种改革。王安石变法正是这种改革的一个重要例证。所谓"变法"，就是在正确思想指导下，对上层建筑（法）所做的有利于生产力发展的局部性的改变。正由于它对发展生产有利，所以说王安石的这一变法运动是进步的，部分地适合于劳动人民的意愿，而且在有些方面也顺应了历史发展的趋势。对此，应该加以肯定。尽管所做的改革还很有限，即使这种局限性的调整也还不能长久坚持，对阻碍社会生产力发展的豪强兼并势力打击得还不够有力，因而其作用还不很大，但毕竟在一段时间内收到了一定的成效，给社会产生过一定的积极影响。在王安石当权之初的六七年间，北宋王朝在政治上、经济上呈现出蓬勃的新气象，未始不就是改革带来的。

　　王安石的改革是阶级斗争形势下的产物。已如前述，不抑兼并的北宋王朝，到了中叶，阶级矛盾已日趋尖锐，统治危机已严重暴露。如此下去，"汉之张角"、"唐之黄巢"，"横行天下"、"变置社稷"的事，又会历史重演（王安石语）。面对这种情况，与大地主也有矛盾的、出身于地主阶级中下层的封建士大夫，亟思用抑制豪强兼并和减轻对农民剥削的方法，来实行改革，以稳定本阶级的地位并缓和农民同封建国家的矛盾，而最高统治者为了巩固自己的统治也支持了改革的主张。改革因此而起。王安石变法的性质就是如此。改革的目的，归根到底是为了维护国家统治，适应地主阶级的广泛的和长远的利益：使中下层地主在政治上、经济上获得较多的现实的利益；对大地主的根本利益并未真正触动，而矛盾的缓和，社会的安定，最终也将对他们十分有利。王安石改革，作为地主阶级的自我调节的手段，其阶级实质是很明确的。地主阶级，即使是其中的开明派，其所进行的改革也不能不有很大的阶级局限性。

　　但是，从封建社会的后期来说，要由地主阶级自己来调整生产关系，像王安石所做的，其涉及面已经是够广的了。可以说熙宁变法不但对当时产生了好的影响，而且也在一定程度上影响于后世。南宋时以儒家道统自命的理学家朱熹，在崇安举办"社仓"：夏散粟于民，冬则加二以偿，实际就是学的王安石的青苗法。朱熹要在漳、泉二州实行"经界法"，实际也就是王安石"方田均税"这一套。纵使朱熹对王安石骂得再凶，也不能不受到王安石改革的影响。以后，丈量田地、平均田赋的做法，又为改革家张居正所采用，以钱代役的募役法也对晚明的一条鞭法中的役法改革有启迪作用。这些事实都足以进一步证实王安石的改革是符合历史发展的方向的。

宋以后，反变法的保守派的流毒尚深，使王安石备受诽谤。"善状不彰，而恶声嘈嘈满耳，此古今一大冤案！"〔（明）陈汝锜：《甘露园长书》〕到明清两代始有人出来说些公道话，但巧诋王安石之苛论仍然不少（包括杨慎、王夫之这样的名人）。至维新派梁启超出，王安石的案总算翻了过来。不过梁氏推重王安石变法是想为他参加过的"戊戌变法"找历史类比，来吹嘘他的改良主义、立宪政治；像他那样提倡资产阶级自由经营，认为民办胜于官办的人，是不可能对以国家干预经济为特色的青苗、市易等法有正确的认识的。只有在新中国成立以后，人们才能依据历史唯物主义的原理，对王安石这位历史人物作出公平的实事求是的评价。我们不赞成把王安石捧为"三代以下一完人"（梁启超语），但认为王安石的确无愧于"中国十一世纪时的改革家"的称号。在祖国封建社会后期的历史上有这样一位伟大的改革家，确是一件值得自豪的事；他在改革中的经验和教训都是值得很好地加以批判地总结的一份历史遗产。

中国古代经济改革家之六
张居正

条鞭法立启摊丁，力挫权豪奖罚明。

千古江陵人不及，朝来令下夕能行。

一 文士入阁，十年首辅；朝令夕行，海内殷富

明代中叶以后，后期的中国封建社会已进入它的最末阶段：资本主义的萌芽开始出现的阶段。在这一历史阶段里，能顺应历史潮流、进行经济改革的人，应推万历初执政的张居正。张居正是明代的一位大政治家，甚至有人说他是明代唯一可算得上的政治家（蔡瞻眠、梁启超的评论）。他是王安石式的人物，在国贫民困的情况下，坚毅地进行经济改革，取得了很大成效。在他执政初，万历皇帝（神宗）年只十岁，他又当师傅，又当宰辅，对小皇帝循循善诱，把国事处理得井井有条。年少的朱翊钧（万历帝）对这位"元辅张先生"是完全依靠，极其尊重的。他也不负所托，尽展其"幹济"之长才，"起衰振隳"，使"朝野肃然称治"。由张居正辅佐的万历初政的十年，堪称明代历史上政治比较清明的一段难得的岁月。

关于张居正的尽心辅佐、开导幼主，史籍中记有许多故事，由此可

看出他和万历帝不寻常的关系，也可看出张居正治国的某些基本观点。这里不妨略举数例，作为了解张居正和万历初期政局的一个引子。

万历元年（1573 年）冬十月，有一天张居正在文华殿给小皇帝讲课，说到宋仁宗不喜珠饰之事。这个十岁的小孩子说："贤臣为宝，珠玉何益！"张居正说："明君贵五谷而贱珠玉，五谷养人，珠玉饥不可食，寒不可衣。"小皇帝说："然。宫人好冶妆，朕岁赐未尝不节省。"张居正说："皇上言及此，社稷生灵之福也。"同一天，万历帝又提出一个问题说："秦始皇销兵（兵器），梃（棍棒）可伤人，何销兵为？"张居正说："人君布德修政，以结民心为本。天下之患，每出所防之外。秦亡于戍卒，故天时不如地利，地利不如人和。"万历帝说："然，人定真能胜天也。"

万历四年三月，万历帝在文华殿说到唐玄宗于勤政殿宴安禄山之事，问："楼名勤政，而佚乐何也？"张居正以万历帝之祖、本朝嘉靖帝改革政治的有始无终为历史类比，说："世宗皇帝初年，……省耕劝农，末年崇尚玄修（好道教），治平之业亦寝。故《大宝箴》云'民怀其始，未保其终。'"万历帝接受这个看法，说张先生讲得好。

同年十二月，还是在文华殿上，十三岁的万历帝举袍示辅臣说："此何色也？"张居正以为青。万历说："紫也，久而色渝。"张居正说："紫易渝。昔皇祖（明太祖）不尚袨服，御衣敝甚始易，享国长久，未必不由此。愿皇上以皇祖为法，节一衣，民间有数十人得其暖者；轻一衣，民间有数十人受其寒者，不可不念也。"万历帝也深以为然（见《明史纪事本末》卷六一，《江陵柄政》）。

这几件事表明了作为顾命大臣的张居正，十分注意对幼主的教育，以历史或时事启沃万历帝，陈说治国的道理和自己的政治主张，而万历帝也很像一个懂事听话的孩子，正朝着做一个"有道明君"的道路上试步。凭着这种特殊的君臣关系加师生关系，在万历帝由一个小孩子变成二十岁的青年的十年中，张居正主持国政，万历帝也确是言听计从。振纲刷纪，抚内攘外，海宇清宴，生民沾惠，事情确像张居正希望那样地在发展着。可是谁能料到，在张居正死后不久，这个万历皇帝就变了脸，大骂他的老师奸邪不忠，追夺了张居正的官秩，查抄了张居正的家财；以后万历帝自己的所作所为同当年张居正谆谆教导的、万历帝自己也唯唯然诺过的亲贤、爱民、节用的政纲处处背道而驰。这到底是怎么回事呢？为什么会陡然发生这样大的变化呢？在本书中试图对这个问题做些探索。

张居正是何许人？他是怎样登上仕途，进入内阁，行使相权的呢？要了解这些，就需追叙一下张居正的家世和他个人的历史。

张居正，原名白圭，字叔大，号太岳，身后谥文忠，湖北江陵人，人们以他的出生地称他为张江陵，又依他的谥号称之为张文忠。据确切记载，他生于明世宗嘉靖四年（1525 年）五月，卒于万历十年（1582 年）六月，享年五十八岁。祖上原居庐州合肥，始祖张关保，是朱元璋起兵时的一名兵士，最后以军功为归州长宁所世袭千户之职。其四世孙张诚以别支自称归徙居江陵，入了江陵籍（是次子，世袭千户与之无关）。张诚号怀葛，是个木讷长者，"身自苦作，得钱即以周贫乏，或施僧供，家无余财"，为乡里所敬信，因有点口吃，外号"张謇子"，他就是张居正的曾祖父。謇子生三子：张钺、张镇、张钒。"钺能治生饶于财"，成了个较富裕的商人地主；"钒业儒为邑庠生"，是个读书人；只有老二张镇"豪宕任侠不事生产，又弗业儒"，最后在江陵辽王府充当护卫。张镇生子文明，字治卿，号观澜，二十岁补上府学生，考过七次乡试都没被录取，终身以一个秀才困守乡里。张文明有四个儿子，长子即张居正（《张文忠公文集》、《先考观澜公行略》）。从家庭出身来说，张居正确是"起寒士，非阀阅衣冠之家"（《张文忠公文集》、《谢病别徐存斋相公》）。不过在张居正小时家境已稍改善，有奴有乳媪，可能张文明这个小知识分子随他的伯父一起在商业发达的江陵也多少参与做一点买卖了（后来张居正家在荆州有店房），否则他哪里来的钱养活全家，而且"以周贫困，济艰急，则又无所惜云"（《先考观澜公行略》）。至于土地，张文明家是不多的（张居正之子在《文忠公行实》中说其父为官后"总族中仅有田若干亩，粮七十石，戒子弟输纳，无敢后时"；张居正自己与荆南道府二公两次书中说"家有薄田数亩，可免饥寒"，"家有薄田数亩，足为俯仰之资"；在《学农园记》中则说"弱冠登仕，裁有田数十亩"。凡此皆可证张居正小时候家中占有的土地是不多的）。看来，张居正小时候的家庭是一个小地主兼中小商人，属于地主阶级中的中下层。

张居正两岁时就显得聪明过人，能识字，被称为神童。五岁入学读书，过目不忘；十岁时通六经大义，并能写一手好字好文章，在荆州府已很有名声。嘉靖十五年（1536 年），年方十二岁的张居正赴荆州府应考，名列第一。郡守李士翱见了他后，很喜欢他，把他原先的白圭之名改为居正，嘱咐他要努力自爱。府考以后，湖广学使田顼来江陵，李太守报告郡中有这么一个"童子能文大奇"。田顼立即召见，当场面试，试题是"南郡奇童赋"。张居正"援笔立就，无所点窜"。田、李二人都说张居正这个孩子"贾生殆不及也"。于是定为弟子高等，成了秀才。《张居正文集》中有他一首最早的诗，是咏竹的："绿遍潇湘外，疏林玉露寒。凤毛丛劲节，只上尽头竿。"当属主考官给他临时口试之作。可见其年纪虽小，志向远大。

第二年，张居正十三岁，到武昌去应乡试（省试），考举人。原先试卷已经中式，但湖广巡抚顾璘认为小孩子十三岁就中举人，会骄傲自满，对本人不利，"莫若老其才"，给他一些磨炼，使他更能发愤，成就更大。所以这科张居正竟未录取。嘉靖十九年，张居正十六岁，再应乡试，中了举人。恰巧顾璘在安陆督工，张居正前去拜谒。顾璘很高兴说："迟吾子三年作相"，是"愿吾子志伊（伊尹）学颜（颜渊），毋徒以秀才独喜自负也"。临别时顾璘亲自属文赠之，又解所系犀带给这位新科举人为贺，说："此非子所就，聊以明吕虔意耳。"（据《行实》。魏徐州刺史吕虔有佩刀，赠给王祥，说"卿有公辅之量，故以相与"。张居正见顾璘的时间据周圣楷所撰《张居正传》，系于中举之年）。一个童子被地方长官视为他日将相之才，内心十分感奋，因而加倍激励自己。对这种知遇之恩，张居正是"中心藏之，未尝或忘"（《书牍》十五，《与南掌院赵麟阳》）。

嘉靖二十三年（1544 年），张居正年二十岁，入京会试落第。原因是以为"区区一第，唾手可得，乃弃其本业，而驰骛古典"，结果三年过去，"新功未完，旧业已芜"，把作为功名敲门砖的"举子业"（本业）荒废了。经过这番挫折，张居正"复寻旧辙"，再攻"举业"，"昼作夜思"，揣摩八股文章（《书牍》十五，《示季子懋修》）。二十三岁那年再入京应试，会试以后，再参加殿试，中了二甲进士，选庶吉士。张居正学问虽较深，思想也较广阔，但他不愿为"制义"（八股文）所束缚，而只以此来应付功名，所以"仅得一第止耳，犹未能掉鞅文场，夺标艺苑也"。（《书牍》十五，《示季子懋修》）

明代科举制度所取进士最优等为一甲，头名状元，授翰林院修撰，二名榜眼、三名探花授翰林院编修，二甲、三甲可直接选授内外官职，也有一部分人得选为翰林院的庶吉士。庶吉士读书于翰林院，"以学士一人教习之"，三年期满，凡二甲进士及第的例赐编修。翰林院为全国人才荟萃之所，非翰林不入内阁，翰林官被目为"储相"。（《明史·职官志》、《选举志》）所以不愿就外官或杂职的张居正，一被选为庶吉士，虽尚在学习，也算已经进入仕途，而且具备了逐步在中枢升任要职的可能性。过去，张居正的工夫用在古典（子、史、集）和举业（四书五经）上面，对于国家制度典章的实际情况不甚明白，为庶吉士后专攻典章和古典，特别注意于"经济"之学（包括政治、经济、军事、教育等内容在内的治国的学问），力求加固根柢，"处其实"而"不处其华"，不像有些人那样徒尚"文词"，其希望只是当个词臣而已（见《文集》，《翰林院读书说》）。读书三年，二十五岁的张居正于嘉靖二十八年正式被授为翰林院编修，修撰和编修、检讨，都是史官，掌修国史，是个清衔，没实际的政务。张居正利用这个机会，一方面继续"读中秘书"，深入了解政情，研讨朝章国故，另一方面广结师友，向院内的学士、侍讲、侍读等与君主接近的官员请教，并同院外的官员交游，切实讨论为学、为政、为人的道理。在张居正结识的人中，最重要的一人要推徐阶。徐阶是翰林院的掌院学士，教庶吉士，不久又为礼部尚书，参与内阁，见张居正"沈毅渊重，所为文虽旁列子史百家者言，而其学一本之躬行，根极理道"，因此对他独"深相期许"，说"张君他日，即荩臣重国矣"（《行实》）。徐阶是张居正的恩师，对张居正的影响很深，和他的前途的发展很有关系。

张居正二十三岁入翰林院，到三十岁，即嘉靖三十三年之时，时间荏苒已过八年。除了中间（嘉靖二十九年春）曾一度请假回江陵省亲两个月外，一直住在北京。这一年，年方"而立"的张居正，以身体不好为由，提出要告假回乡养病。临行前给已为阁臣并无实权的徐阶留下一封长信（《书牍》十五，《谢病别徐存斋相公》），悄然离开都门，而回到山水明秀的故乡江陵。为什么以功业自期的张居正，忽然发生了"退则为鸿为冥"之想，甘愿暂时脱离曾所热衷的政治生活呢？原来嘉靖在位三十多年以来政治日趋腐败，民生加困，外患加剧，而权奸当道，正人被斥，一言不慎，即遭罪戮。在这种情况下，有志之士自很难实现平生的抱负。张居正曾在刚任编修的这一年，上过一道《论时政疏》，指出当时政治的症结，喻之为"臃肿痿痹之病五，血气壅阏之病一"，没有得到反应。以后危机感日增，除了作些应酬诗文外，对时政就没敢更置一辞了。翰林院对实际政治本不负任何责任，如果张居正只满足于悠闲的谈诗论文的生活，那也罢了，但张居正不是那样的人，他是"愿将云锦丝，为君补华裳"的有志之士

（《诗集》：《西北有织妇》），怎么甘心把日子在无聊中打发过去？"岂是东方隐，沉冥金马门？方同长卿倦，卧病思梁园"，与其违心地待着，已待出病来，不如放还江湖，以求适意。"永愿谢尘累，闲居养营魂。百年贵有适，贵贱宁足论"（《述怀》），消极思想占了上风，归田之计就成为不可阻挡之事了。

说起嘉靖时的政局，那确是使张居正不能平静。嘉靖皇帝（明世宗朱厚熜）初即位时，鉴于其堂兄正德皇帝（明武宗朱厚照）时农民起义的教训，不得不在政治上、经济上做了一些改革，如抑宦官、杀佞臣、革皇店、勘庄田（部分土地退还农民）、减租银、改役法（废除工匠的轮班制，改为纳银代役）等，史称"新政所厘正，多不便于奸豪贵幸之家"（《明世宗实录》卷二），这是以杨廷和为首的内阁中的改革派当权时办的事。不久权贵们进行反攻，通过内阁中的权位之争，挤走了首辅杨廷和；嘉靖二十二年（1543年），翰林学士、权贵派的代表严嵩，谗杀大学士夏言，入阁代为首辅。明世宗本人信奉道教，修醮祷祀，月无虚日，不理朝政，"卧治"于上，宠信工谄媚、善逢迎、擅长写醮天"青词"（给玉皇大帝的奏章）的大奸臣严嵩。严嵩"俨然以丞相自居"，"百官请命奔走，直房如市"，"凡文武迁擢，不论可否，但衡金之多寡而畀之"（《明史·杨继盛传》）。"天下藩臬诸司岁时问遗动以千计"（《明史·董传策传》）。"子为侍郎（严嵩子世蕃，是其父的代表，人称"小丞相"），孙为锦衣中书，宾客满朝班，姻亲尽朱紫"（《明史·张翀传》），士大夫"辐辏附嵩"，朝中遍布党羽。有弹劾严嵩的辄被中伤，或至处死。徐阶于嘉靖三十一年入阁；严嵩忌之，徐阶感到"危甚"，"度未可争，乃谨事嵩"。张居正告假回里之日，也正是严嵩炙手可热之时。

在权奸用事、贿赂公行之下，国内阶级矛盾日趋严重，边防力量也日趋削弱。当时存在三方面的问题，并日见突出。一是民生问题。勋戚势豪兼并土地日益激烈，如严嵩（江西分宜人）"广布良田，遍于江西数郡"，在北京附近也有庄田一百五十余所。在土地高度集中下，许多失去土地的农民被迫流亡。而地方上的科敛本来很多，还要贿赂严嵩，不得不更搒克百姓，从而加速了农村的破产、百姓的流离。"贪风不止，民怨日深"，诚恐酿成"天下之患"，对此张居正是甚为担心的（《书牍》十五，《答西夏直指耿楚侗》）。二是外患问题。南有倭寇连年侵扰，北有俺答迭次进犯，尤其北方的边患更直逼京师。由于边将以军饷"强半贿嵩"，以致军士饥瘦，边防大坏。嘉靖二十九年（1550年）俺答率军长驱直入，围攻北京，严嵩党羽总兵仇鸾"慑懦不敢战"，听俺答军所至焚掠，"满志捆载"而去。这件事史称"庚戌之变"，张居正居京师亲眼目睹，大为愤慨。三是财政问题。由于农民破产逃亡，豪门匿产逃税，田赋收入减少，而宫廷糜费惊人，冗官开支岁加，南北军费骤增，财政收入不敷支出，于是"加派"田赋（嘉靖三十年），更加重了农民的负担。"帑藏匮竭，司农百计生财，犹不能给"（《嘉靖实录》卷三五一），财政已到极其窘困的地步。"民力有限，应办无穷，而王朝之费又数十倍于国初之时，大官之供，岁累巨万，中贵征索，溪壑难盈"，对造成"财用大匮"的各方面原因张居正是深有认识的（见《论时政疏》）。民生问题、边防问题、财政问题、问题成堆，明王朝的统治又一次出现了危机。如不以安民、强兵、富国为目标，从政治上、经济上大刀阔斧地进行改革，国家的前途就十分可虑。张居正是力主及早改革的人。但是"长安棋局屡变"（与耿楚侗书中语），眼前的政治压力根本不允许改革派重新抬头。手无斧柯，徒唤奈何！"中怀郁郁，无所发舒"，除"聊为知己（耿楚侗）一吐"以外，最后只好下定决心，谢病回乡了。

张居正回乡的生活主要是习静读书，力田学农。他"卜筑小湖山中"，"筑一室仅四五椽，种竹半亩，养一癯鹤，终日闭关不启，人无所得望见"。"惟令童子数人，事洒扫，煮茶洗药。有时读书，或栖神胎息，内视返观。"过了一些时候，"神气日益壮"，身体恢复了，"遂下帷，益博极载籍，贯穿百氏，究心当世之务"，表面上却似乎已经"翛然无当世意矣"（《行实》）。在读书的同时，张居正又"力田疾耕"，"与田父佣叟测土壤燥湿，较稑穄先后"，"时得甘脆以养父母"。他称自己的小园为"学农"，既说"以申止足之义"，又说"治天下国家固亦由力本节用，抑浮重谷"，寄托着自己的抱负（《文集》，《学农园记》）。在这期间，张居正还同别人一起出去旅行，登衡岳，泛洞庭，游赤壁；出世、旷世、用世思想在内心展开了矛盾斗争。这样的生活过了三年（《行实》云"大父见太师居山中且三年，而坚卧不起，常邑邑不乐"；《文集》，《种莲子戊午稿序》云"丁巳，不佞再忝朝列"，甲寅以病谢归至丁巳为三年。《先考观澜公行略》中自称"前后山居者六年"，六字系三字之误）。父亲张文明希望他再出仕用世，说"吾生平志愿未遂，望吾儿树立"，"今顾若此，吾复何望！"在父亲严命的催促下，并非真的甘于终老林泉、三十三岁的张居正，于嘉靖三十六年结束了自己的归田生涯，"再忝朝列"，重新到京师翰林院任编修之职。

这时，徐阶的地位逐渐提高，同严嵩的斗争逐渐具体化。徐阶的门生开始弹劾严嵩，而未受到太重的报复。嘉靖三十九年徐阶从少傅晋升为太子太师；同年，三十六岁的张居正从翰林院编修（正七品）升任右春坊右中允（正六品），管国子监司业事。左右春坊管太子奏请、启笺及讲读之事，长官为春坊大学士，手下有庶子、谕德、中允、翊善、司直郎等官，但都是翰林官升转的虚衔，没有实职。张居正的实际职务是国子监司业，相当于京师国立大学的副校长；国子监祭酒相当于校长，由曾为裕王侍讲九年的高拱担任。张居正在国子监"劝学兴礼，建首善为天下先"，与高拱"甚相得"，合作得很好。

嘉靖四十一年（1562 年），御史邹应龙上表弹劾严嵩父子，这年五月，严嵩倒台，勒令回籍休养，其子严世蕃充军边远。内阁中就由徐阶代为首辅。在徐阶的策划下，嘉靖四十四年严世蕃处斩，严家查抄，抄出黄金三万余两、白银三百万余两，其他珍宝服玩所值又数百万，全部没收，严嵩寄食墓舍饿死，而嘉靖却因此"吃饱"。政局的变化，使张居正对前途充满希望。徐阶推荐张居正任修承天大志（世宗登基前其生父封国在安陆，后升安陆为承天府）的副总裁，充当自己的助手，实际管领其事。嘉靖四十二年开始至四十三年，刚刚八月即脱稿，书献上，得到世宗的嘉奖。张居正即进官右春坊右谕德（从五品），为裕王府邸的日讲官。谕德是个虚衔，实际职务是裕邸讲官。裕王"甚贤之，邸中中官亦无不善之者"（《明史·张居正传》）。嘉靖四十五年，四十二岁的张居正由右春坊右谕德进为翰林院侍读学士。官阶上固然没有进展（都是从五品），但在翰林院的地位提高了（翰林院学士一人，侍读学士、侍讲学士各二人，掌讲读经史），且掌翰林院事，一如徐阶当年。徐阶这样安排，是有意要把张居正培养成自己的接班人。而在内阁中，徐阶引进郭朴和高拱为阁臣，徐阶本人仍居首辅。

年届花甲、好求长生而难逃一死的明世宗，衰病日甚，终于在嘉靖四十五年十二月驾崩。太子裕王朱载垕继位，是为穆宗，第二年起改元隆庆。徐阶草遗诏停止了嘉靖朝斋醮、土木、求珠宝、营织作等各项弊政。四十三岁的张居正在隆庆元年元月晋升为礼部右侍郎（正三品），兼翰林院学士。翰林院学士"掌制诰史册文翰之事，以考议制度，详正文书，备天子顾问。凡经筵日讲、纂修实录玉牒史志诸书，编纂六曹章奏，皆奉敕而统承之"（《明史·职官志》），是入阁的重要阶梯。果然，这年二月，张居正就改任吏部左侍郎，兼东阁大学士，与他会试的房师、裕邸故讲官陈以勤一同入阁。四月又以重修永乐大典完成，进官礼部尚书，兼武英殿大学士，充世宗实录总裁。隆庆二年正月张居正加少保，兼太子太保。在隆庆初年的内阁中，徐阶是元老，又加倒严有功，当然居首辅；张居正是最末一位，但他也是裕邸讲官，受穆宗信任，才气很大，"间出一语辄中肯"，徐阶草遗诏时曾"引与共谋"，他与首辅的关系至为密切。内阁中的高拱则心地狭隘，虽然本人入阁由徐阶推荐，唯因草遗诏时徐阶未与之商量，"遂与阶有隙"。这样，就又埋下了内阁纷争的种子。

　　明初原设丞相，洪武十三年朱元璋杀了丞相胡惟庸后就不再设，由皇帝直接抓六部尚书，政事由君主亲裁。后来从翰林院中选拔杰出人物为大学士，供职于文渊阁，任务是代拟诏诰，润色御批公文的词句。这个作为皇帝的文书机构的内阁，在不设丞相的条件下，其职权由于处理政务的需要而越来越大，大学士变成皇帝的秘书兼顾问，实际上在代行相职。起先阁臣尚不大分轻重，嗣后分出首辅次辅，首辅是诏谕的拟稿（票拟）人，他自己执笔时别人只能旁观，别人执笔也须经首辅的删定，于是阁臣之间权力大小就迥然不同了。次辅攻击首辅，首辅驱逐次辅，这种权力纷争的事就在内阁中不断出现。嘉靖一朝，为了争夺首辅的地位，几次阁潮闹得很凶；隆庆初高拱与徐阶对立，内阁中混战又起。先是高拱以"狠躁"、"无宰辅体"，在隆庆元年五月被人弹劾下台（郭朴与高拱同年，九月也被罢）；接着，徐阶因对穆宗的爱游幸爱玩好一再谏阻，而引起皇帝的厌烦，亲高拱的人乘机指摘徐阶，使这位曾为十七年大学士、七年首辅的徐阶不得不在隆庆二年七月离开内阁，告老还乡。内阁里一时就剩下李春芳（张居正同榜进士，状元，进用较早）、陈以勤、张居正三人，张居正资格是最浅的。李、陈二人，忠厚长者，是太平宰相，在动乱中谈不到干济，本人也觉得内阁非久留之地，早晚也要走。隆庆三年八月穆宗看上了议论侃侃的资格比陈以勤更老的赵贞吉，命他入阁。同年十二月，穆宗因太监孟冲、陈洪等人之请，起用高拱。高拱入了内阁，兼掌吏部事，用人大权在握，成了事实上的首相。隆庆四年，年老的陈以勤、盛气的赵贞吉相继退休；与张居正同科的殷士儋以太监陈洪之助入阁，和高拱相互厌恶，甚至对骂，内阁中气氛紧张。这年十二月，四十六岁的张居正进兼太子太傅、吏部尚书，进少傅，兼建极殿大学士。隆庆五年，弃权的李春芳、好斗的殷士儋先后致仕，至此，高拱一连轰走了四个大学士，内阁中就只剩下张居正，近半年时间形成了高张的"联立内阁"。到隆庆六年四月才由高拱建议补进高仪为阁臣，高拱是正式的首辅，张居正加少师兼太子太师，两人都升了官。本来高拱与张居正交谊很好，"相期以相业"，约定在事业上相互掖助。徐高之争，张居正没有介入。徐阶去后，叫他三个儿子"谨事居正"，并把家事付托给这位得意门生。"性直而傲"的高拱复相后，"同列多不能堪"，张居正"独退然下之"，两人关系一时倒还融洽。但高拱对徐阶很记恨，嗾使言官不停追究徐阶儿子之罪，张居正"从容为拱言"，高拱也"稍心动"。而在此际高氏门客从中挑拨，说张居正受了徐阶儿子三万金，高拱讥刺了张居正一顿，张居正变了脸色，指天誓日地否认此事。高拱承认是误会，但两人感情上就产生隔阂了，在内阁中彼此之间都有了防备。

就在内阁纷争的局面下，张居正很难实现自己急求振作的改革理想。隆庆二年八月，张居正曾上疏陈大本急务六事：一是省议论。提出"凡事不贵无用之虚词，务求躬行之实效"。二是振纪纲。希望"刑赏予夺，一归公道，而不曲徇乎私情；政教号令，一断宸衷，而勿纷更于浮议"。三是重诏令。令各有司对诏旨的执行，"严立期限，责令奏报，违者查参"。四是核名实。要求"用人必考其终，授人必求其当"，"严考课之法，审名实之归"。五是固邦本。请下令内外诸司悉心清理"豪强兼并"、"赋役不均""偏累小民"之弊。六是饬武备。乞救兵部"申严军政，设法训练"，以"伐外寇之谋，销未萌之患"（《明史纪事本末》卷六一《江陵柄政》；全文见《文集》，《陈六事疏》）。但穆宗是个优柔寡断的君主，徐阶已去，李春芳"务以安静称帝意"，陈以勤依违无所可否，都是谈不上有什么作为的好好先生，内阁中大权又轮不到张居正。疏上，所得的朱批是"览卿奏，皆深切时务，具见谋国忠悃，所司详议以闻"。各部议论一番，事情就算了结。高拱复相，这个人精明强干，张居正必须在同他取得一致意见的情况下才能办些事情。在隆庆年间由于张居正的策动、高拱的指挥，总算办成了一件大好事，就是允许俺答通贡互市，扭转了过去干戈相向的局面，保持了北边的安定（隆庆五年）。此外，由张居正自己力持其说（高拱尚未复相时）而实行的是隆庆三年九月请穆宗亲临的军事大检阅了。五年多阁臣生活中张居正的政绩大致就是这些。他所考虑的，主要是偏重在军事方面，加太子太师，加少师，即以"辽东战功"和"和市"告成之故；而高拱的政绩以吏治方面为多，两人无形中有了分工。

隆庆六年五月二十五日这一天，突发意外的重大事变：三十六岁的穆宗猝然中风，一病不起。大学士高拱、张居正、高仪被召至乾清宫，诚惶诚恐地跪在御榻前。穆宗困乏极了，皇后贵妃和虚岁十岁的太子随侍在侧。由太监冯保宣诏："朕嗣统方六年，今疾甚，殆不起，有负先帝付托。东宫幼冲，以属卿等。宜协辅，遵守祖制，则社稷功也。"（《明史纪事本末》卷六一《江陵柄政》）高拱等三人泣拜而出。第二天穆宗去世。重任就落在顾命大臣的身上。

顾命之诏方下，争权之事又起。原来，宣诏顾命的冯保在嘉靖时已是司礼秉笔太监（"掌章奏文书，照阁票批硃"，是皇帝的机要秘书），隆庆时几次想升司礼掌印太监（"掌理内外章奏及御前勘合"），为高拱反对，未成功。神宗新立，冯保积极活动，取得皇后、皇贵妃两宫的同情，赶走与高拱相友善的掌印太监孟冲，而由他来取而代之，主管司礼监。高拱自然看不上这个假托遗诏而新进的掌印太监，当内使传旨至内阁时，气呼呼地说："旨出何人？上冲年，皆若曹所为，吾且逐若曹矣！"内臣回报，冯保大惊失色，急忙向两宫后妃撺掇，说高拱那天在内阁哭嚷"十岁太子，如何治天下？"这是什么意思？一句话使两宫和太子都不寒而栗。接着冯保又以中旨（皇帝手谕）提督东厂，主管这个叫人提心吊胆的特务机关。高拱当然容不得，发动言官（给事中、御史）一起上本要求处分冯保。这时高仪病倒，张居正去视察穆宗葬地，回来后也卧病在家，事情都由高拱一人在操办。六月十六日，明神宗万历皇帝登基的第七天，召诸大臣于会极门，在病假中的张居正也被催促去那里集合。高拱满以为这一次就是要宣布驱逐冯保了。谁知冯保安然立在神宗旁边，传下谕旨："大学士拱，揽权擅政，夺威福自专，通不许皇帝主管，我母子日夕惊惧。便令回籍闲住，不许停留。"（《明史纪事本末》卷六一）高拱即日被逐出朝门，自己雇一牛车，押行兵役在后追逐，"大臣去国，以为异闻"，亏得张居正"为乞驰驿"，乃得乘传车而归。高拱去后，高仪随即病死，张居正无可争辩地成了首辅。高冯相争，张居正得利。为吸取高拱失败的教训，他在以后对奉承后宫和联络内监上花了不少工夫，使自己在主持国政时免遭牵制。张居正自隆庆元年六月起执政后，到万历三年八月，同在内阁的仅吕调阳一人而已，其后阁臣虽先后增有张四维、申时行、马自强等人，然迄万历十年六月张居正死时为止，国家大政几乎无一不经张居正之手。至于冯保，也在他控制之中，用以沟通宫府，而使其未敢干预朝政。可以说，这整整十年就是张居正独柄国政得以大展其抱负的时代。

张居正为首辅的第三天，神宗召见，说"皇考屡称先生忠臣"，"凡事要先生尽心辅佐"。张居正叩谢，俯伏奏称："方今国家要务，惟在遵守祖宗旧制，不必纷纷更改。至于讲学亲贤、爱民节用，又君道所当先者，伏望圣明留意。"（《文集》，《谢召见疏》）锐意改革的张居正，在他真的当政后，所发表的施政方针却是"遵守成宪"，与王安石为相后的提出祖宗之制不足守，要变法，大相异趣。这是为什么呢？原来张居正的本意是要借"遵守成宪"之名来推行他的改革方略，以"使宫府一体，上下一心"，减少一些不必要的阻力；况且太祖时旧制的精神是打击豪强，扶植小农，休养生息，痛治贪污，对时弊正有砭治作用，确是应当重新加以发扬的。所以张居正的改革就在法祖的名义下进行，这是他改革的一个特点，不同于前人之处。后来虽然因实际上的改革侵犯了许多人的既得利益而遭到各种反对，但在张居正生前改革还是比较顺利的，"百僚惕然"，像王安石时那样的以改祖制和守祖制为词的变法与反变法的剧烈斗争，在张居正时就不再有存在的理由了。

年少的神宗"虚己委居正，居正亦慨然以天下为己任，中外想望丰采"（《明史·张居正传》）。这位素思大有作为的首辅，当政后，立即积极振作，整肃吏治。在不长的时间里，就使财经、武备、吏治、学风等各个方面都大改旧观，出现了新的气象。在财政经济方面，他通过考成官吏，清丈土地，增加了田赋收入，改变了过去税负不均的状况；改革役法，在全国范围内推广了新的一条鞭法；坚持量入为出的原则，节省开支，减轻人民的负担；整顿驿递，改进漕运，治理河道，在交通、水利方面也大有建树；继续贯彻通贡互市的方针，处理好民族关系，使北方无事。安民、富国、强兵的三大目标，逐步实现；嘉靖时很突出的民生、财政、边防三个问题，经过他一系列的改革措施，终于获得较好的解决。内而宫中，外而政府，上而中央，下而地方，近而君德，远而边防，都以张居正摄持有方，日就整饬，一时号为升平。万历元年，张居正即以六年考绩及营建陵墓有功，进左柱国兼中极殿大学士；万历四年以一品九年考绩，加特进、左柱国，进太傅，张居正疏辞不受；万历九年，以一品十二年秩满，加上柱国，太傅，累辞，不允，乃勉受太傅，"旧例，文臣无真拜三公者，有之自居正始也"（《明通鉴》卷六七）；万历十年，以辽东大捷晋太师（太师为三公之最尊者）。真是功盖当世，位极人臣了。

由于张居正功劳卓著，当时人们对他是颂声四起；即使有时言官出于各种目的对他有所攻击，也被神宗一一斥退，严加惩处，大权依然稳握在张居正手中，政治地位越来越见巩固，比王安石当年的处境要好得多了。在他生前，两宫太后（穆宗皇后称仁圣皇太后，神宗生母李贵妃称慈圣皇太后）和神宗对他还是表示信任的。即使死后遭受了各种毁谤，他的政敌对他同高拱、冯保的关系做了许多歪曲，造成了许多不好的影响，但在史传中也不得不承认他的政绩，"十年来海内肃清"，"功亦不泯焉"（《明史纪事本末》中语）。说他"喜建竖，能以智数驭下，人多乐为之尽"（《明史·张居正传》），正说明张居正善于使用人才，多多举办对国家有利的事。说他"性深沉机警，多智数。为史官时，尝潜求国家典故及时务之切要者剖析之，遇人多所咨询"（《明史纪事本末》卷六一），正说明了张居正的聪明机智，一向虚心留意有实用价值的学问。说他"力筹富国，太仓粟可支十年，囷寺（太仆寺）积金至四百余万。成君德，抑近幸，严考成，核名实，清邮传，核地亩，一时治绩炳然"（《明史纪事本末》卷六一），正说明了张居正在经济方面实行了许多改革措施，其理财收效很大。说他"为政，以尊主权、课吏职、信赏罚、一号令为主。虽万里外，朝下而夕奉行"（《明史·张居正传》），正说明了他一反因循之政，善于运用权柄，进行有力的指挥，出令有威信，施政迅速有效。这一点足以表明张居正的特色。过去商鞅能做到令出必行，王安石变法已为法令的不能贯彻（反对派不执行）而苦恼，至张居正综核名实，信赏必罚，使令必行，行必速，几致国于富强，而称治于一时，在大政治家中，张居正在这方面做得算是比较突出的。

张居正之所以在被人"恶其专恣"、诋为"倾危隙刻，忘生背死之徒"（《明史纪事本末》谷应泰按语）的同时，又被肯定了功绩，在某些方面给以较高的评价，这是因为有大量的事实足以证明他所推行的政策确是有益于当世，而不容一笔抹杀。生前独荷安危任，死后人思幹济功。究竟张居正是怎样进行改革，为治理国家做出贡献的呢？下面就进一步就他改革的各项措施逐一做些具体的研究。

二　重考成，严清丈，切实整顿田赋

张居正为首辅之初，财用不足的问题由来已久。隆庆二、三年间的财政收入少于财政支出，差额每年为一百五十余万银两，虽经压缩军费开支和宫廷花销，到隆庆末仍然是年年有个大窟窿。如何扭转这一民穷财竭的局面是当务之最急，因此，张居正的改革就特别着重于财政经济方面。明代的财政收入很重要的一项是田赋（分夏税秋粮，明初以收粮食为主，银、钱、绢的折输其数较少；英宗时开始将南方诸省部分税粮——四百余万石，折征银两，称"金花银"，岁进内库，达百万余两。唯江南漕粮仍纳实物不折交。到宪宗时，畿辅、山西、陕西各州县也开始折银，折银比例在全国有了提高。但收本色米麦仍居多数）。明初全国夏粮秋粮共二千八百万石，存留州县一千二百万石，"岁用外计赢银百万有余"（见《明史·王国光传》。正统时，包括田赋及其他收入在内的全部收入折合银两每年为二百四十余万两），日子比较好过。看来当时也只有田赋收入有了把握，才谈得上整理财政，才有可能逐步实现富国的目标。因此，张居正的经济改革就是从整顿田赋入手的。其增加田赋收入的办法，先是通过"考成法"对宿逋新赋严行催征；后来又进一步丈量土地，使瞒田漏税在清查中暴露出来，而无法再行逃避。前后两大措施，矛头都是针对豪强兼并之家的。

明代田赋一般较轻，但江南和浙西税额特重，尤以苏州一府为甚，岁征秋粮二百七十四万余石，和浙江全省相等。贫家因赋重，再加地方官吏的科索，负担不起，只好把土地卖给豪门富室（无地即无赋），豪门富室不但可优先获得减免赋税的待遇，而且任意拖欠田赋。地方官无法长期地同为数众多、以拖拉方式拒不纳赋的户主相抗衡，对"势豪大户"更是"畏纵而不敢问"。也有的地方官拘押一些人在衙前拷打，以为欠税者戒，然而挨打的不是欠户本身，而是被他们贿赂衙役，"倩人（乞丐）代杖"。贫家除了出卖田地给豪门富室，自己降为佃农或逃亡他乡以外，也有的自动到大地主家充当"投靠家人"，以逃避赋役。土地越是集中于豪门富室，人口越是苞荫于豪门富室，赋税的拖欠现象就越是严重，国家的岁入就越是减少。有的地方把完不成的田赋任务分摊到农民身上，"责令包赔"，农民也交不出来，只好一拖再拖，或卖地避赋，献地免科，结果是把更多的小农驱入佃农或农奴（"投靠家人"）的队伍，反而促成土地兼并和田赋更多地被豪强兼并之家所拖欠。在这上面，国家与豪强兼并之家是深有矛盾的。张居正曾听徐阶谈起江南富户的这种好赖账的情况，深知"其乡人最无天理，官于此土者，每呼为鬼国"（《书牍》七，《答应天巡抚论大政大典》）。他十分感慨地说："自嘉靖以来，当国者政以贿成，吏胺民膏以媚权门，而继秉国者又务一切姑息之政，为逋负渊薮，以成兼并之私。私家日富，公室日贫，国匮民穷，病实在此。""豪家田至七万顷，粮至二万，又不以时纳。"这样，国家的财政收入怎么能不减少？"苏松田赋不均"，"侵欺拖欠"，真"使人扼腕！"（《书牍》六，《答应天巡抚宋阳山论均粮足民》）。张居正柄政后，决心责成地方，"查刷宿弊，清理逋欠"，由此来"砭姑息之政"，求"足国"之方，作为解决财政问题的突破口。早在隆庆五年高张搭伙时，就已有过"征赋不及八分，有司停俸"的诏令（《明史·萧彦传》）；六年，神宗登极，由张居正建议，下诏：隆庆元年以前的积欠，一概豁免，五年以前的积欠免三征七（《明史·傅应祯传》），也就是隆庆五年的积欠一概追缴，同时还得补交隆庆二年、三年、四年这三年的七成积欠。万历元年六月，张居正更进一步实行考成法，"有司以征解为殿最"，即以催科的成绩为考成的优劣标准：如数者有赏，短欠者有罚，整顿田赋就进入一个新的阶段。

考成法是张居正参照稽查章奏的"成宪"而建立的对官吏完成职

责的成果的考核制度。其中心内容是要求各衙门设立三本账：一本记载一切发文、收文、章程、计划，这是底本；在这许多项目中把例行公事无须查考的，概行剔除，将事关紧要者再造账本，一式两册。一本分送吏、户、礼、兵、刑、工六科（六科是六部的监察机构，给事中为"科长"），解决一件，注销一件，如有积欠尚未实行的，即由该科具奏候旨；一本送内阁查考。如此，"抚、按延迟，则部臣纠之。六部隐蔽，则科臣纠之。六科隐蔽，则内阁纠之"。各项应办事情，酌量道里远近，事情缓急，定期限，立文簿，月有考，年有稽，层层制约，互相监督。各项政令，皆令其有始有终，使"名必中实，事可责成"（《请稽查章奏随事考成以修实政疏》）。"稽核章奏，随事考成，有迁延隐蔽者，即举劾"（《明史纪事本末》）。误事的要抵罪，"自是，一切不敢饰非，政体为肃"（《明史·张居正传》）。张居正综核名实，使朝廷号令，虽"万里之外，朝下而夕奉行，如疾雷迅风，无所不披靡"，最得力的就是这个考成法。由内阁控制六科乃是张居正的创制。

考成法督促一切政务的推行，但在整顿田赋方面产生的影响最大，成绩最著。张居正自己说："考成一事，行之数年，自可不加赋而上用足"（《书牍》七，《答山东抚院李渐庵言吏治河漕》），可见他是以实施考成法作为纠正田赋"侵欺拖欠"之弊的重要手段的。过去各地征收田赋，在规定数额外，尚有所谓"常例"，作为地方官吏层层收入私囊的附加。地方官上缴税粮税银时，总是先扣"常例"归自己所有，税额是否如数完成他就不管。许多地方还往往有各种临时的征敛。由于"无名之征求过多，以致民力殚竭，反不能完公家之赋"（《请择有司蠲逋赋以安民生疏》）。实行考成法后，规定：催征不力、征赋不足额的，巡抚和巡按御史听纠，府州县官听调，这就促使各级官员努力设法，督责户主们把当年田赋及时完纳，不再拖欠；于新完税额以外，过去的拖欠每年"带征"三成。万历元年，户部又提出一个主张：地方整理田赋的收入，除去规定留作地方经费者以外，一概呈报中央，由户部统筹支配。经张居正批准实行。这也促使地方把所收的田赋及时上交，不敢截留税收，有利于中央财政力量的增强。

通过考成法整顿田赋，引起了很大震动。反对者说："吹求太急，民且逃亡为乱。"张居正指示地方大员要坚定信念，"诸凡谤议，皆所不恤"。指出"凡此皆奸人鼓说以摇上，可以惑愚闇之人，不可以欺明达之士"。"民之亡且乱者"，都是"贪吏剥下，而上不加恤，豪强兼并，而民贫失所"之故。"今为侵欺隐占者，权豪也，非细民也"，而"法之所施者奸人也，非良民也"，岂有"官清民安，田赋均平而致乱者乎？"（《书牍》六，《答应天巡抚宋阳山论均粮足民》）在张居正思想上，考核官吏，整顿田赋，既可增加财政收入，减轻贫民负担，又是对大地主的打击，大有"摧豪强、抑兼并"的意义。史称张居正"以江南大豪怙势，及诸奸猾吏民善逋赋，请遣大吏精悍者严行督责"。如果不是考成法真的损害了这些人的利益，怎么会"豪猾者辄以是怨居正"呢？（《明通鉴》卷六七）

随着考成法的实行，"惧于降罚"的地方官切实负起责任，查出了当地大户的许多陈年积欠，"皆钩校其数，奸人无所逃罪"；吏胥借口民户拖欠而私自乾没的赋入也一一清理出来（据《行实》）。这样，就"赋以时输"，"不烦加赋"而"国藏日充裕"。整顿财政果然很快收到效果。

由于税粮收上来的多了，到万历四年，北京、通州的储粟已"足支八年"，但"太仓银库所积尚少"。为此，张居正请将下一年的"漕粮，量行改折十分之三，分派粮多及灾伤地方征纳"，即折交三成的银两，行于漕粮定额太重和灾荒地区。目的是用以充实"帑藏"银两，并减少人民缴粮时运输的麻烦。当时以白银计算的粮价比嘉、隆时有所下降（约下降13%，据彭信威《中国货币史》中所列资料计算），"粮重折轻"，改纳折色银两，对民户是有利的（见《请择有司蠲逋赋以安民生疏》）。这件事说明了：仅三年多的时间，田赋收入中的本色税粮问题已经解决，考成法的作用于此可见。同时也说明了：张居正在财政已告稳定的基础上又在那里筹划调整财政收入的结构（粮银比例）了，对整顿财政这一工作，他是不断地加以改进的。

万历五年，户部统计全国的钱粮数目，岁入达四百三十五万（折合银两数，据《行实》与《明通鉴》卷六七，《纪事本末》作"万历初年"不确），比隆庆时包括折色、钱粮及盐课赃赎事例等项银两在内的每岁所入二百五十余万两之数（《请停取银两疏》），增长了74%；而同年的支出为三百四十九万两，比隆庆时的岁出四百余万之数则减少了12.75%。这年收大于支，结余达八十五万余两，扭转了过去常有的财政赤字的窘况。诚然，这是多方面的努力造成的，但通过考成法整顿田赋，也是增加税入、改善财政状况的一个十分有力的杠杆。

考成法可使新赋及时缴纳、逋欠按成追收，解决了田赋拖欠的问题，但还不能解决瞒田匿产而少交赋税的问题。大户补交欠赋而不欠新赋，虽然一时可使财政收入比以前大有增加，但在大户欠赋补交得差不多后，财政收入就不但不可能持续增长，而且会比包括收回欠赋很多的财政收入的最高年（如万历五年）有所减少（如万历六年所入仅三百五十五万两）。要使财政收入能再增加，就必须另外开源，在清查瞒田漏税上多挖潜力。就在这样的条件下，万历五年底，观察十分敏锐的张居正，即提议要清丈土地，万历六年决定在全国实行。这在当时是比督责欠赋震动更大的一件大事。

瞒田漏税也是一个老大难问题。明初，田土总额八百五十万七千余顷（《明史·食货志·田制》，洪武二十六年数。此数偏大，除耕地外还包括可耕荒地等在内），到弘治十五年（1502年），税田下降到四百二十二万八千余顷（正德《明会典》数，又《武宗实录》卷八记弘治十八年税田为四百六十九万七千余顷），与明初比，减少了很多。其原因除了这是纳税的熟田、不包括荒地浮计，两者口径不一以外，相当程度上是税田变成非税田了。这些田变到哪里去了？"非拨给于王府，则欺隐于猾民"（见《明史·食货志·田制》）。大致估算，荒地浮计的部分约有三百四十九万顷（洪武二十六年河南田土数为 144.947 万顷，洪武二十四年熟田数为 27.5 万顷，差额约为 117.4 万顷。洪武二十六年湖广田土数为 220.2 万顷，弘治十五年熟田数为 23.6 万顷，差额约为 196.6 万顷；而万历时编的《会典》，弘治十五年湖广田土为 223.6 万顷，比正德《会典》弘治十五年湖广的 23.6 万顷多出二百万顷，这二百万顷为荒地浮算甚明。另外，洪武二十六年凤阳府为 41.7 万顷，弘治十五年为 6.1 万顷，差额为 35.6 万顷。河南、湖广、凤阳三处差额合计为 349.6 万顷。这个数字绝大部分就是荒地浮计，也可能有些是其他因素，分不清，即按 349.6 万顷计算。至于广东田亩弘治十五年比洪武二十六年少十六万顷，则是"治安"问题，与荒地浮计关系不大）。除去荒地浮计这个因素以后，可知洪武二十六年的垦田约为 501.2 万顷，减去弘治十五年的 422.8 万顷，差 78.4 万顷，可能就是宗室、勋戚、权宦等的免税庄田和非法瞒产漏税的田亩数字。这是实际的税田减少之数。起先，税田虽减少近六分之一，而税粮还维持二千六百余万石（弘治十五年），比明初的二千八百万石（洪武二十六年数）减得不多，这是地方官吏按照原定税额，用里甲赔纳之法，摊配在耕种其余税田的自耕农身上所造成的结果。而在这以后，权贵豪猾仍在那里继续肆行兼并，继续用非法的手段，大搞瞒产逃税的勾当。他们勾结胥吏，涂改图册（明代土地登记册称"鱼鳞册"；征派赋役的户口登记册称"黄册"），百弊丛生，不可究诘（有"飞洒"、"诡寄"、"影射"、"养号"、"挂虚"、"过都"和"受献"等各种手法）。这样，"岁久滋伪"，在既定的税田中，"豪民有田不赋"的情况就更增多了。小有土地者，偏蒙代人包赔之累，已失土地者，或受产去税存之累。结果，"贫民曲输为累"，小户力薄，不能输纳，无路可走，只好逃亡，"其势又不得不请减额"（《明史纪事本末》卷六一，《行实》）。所以，后来就出现了"故额顿减"的局面，国家再也不能维持原来的田赋收入了。这不是有税额而欠交，而是因土地欺隐，干脆连税额也加不到兼并者的头上了。为了解决这问题，张居正乃有清丈土地之举，要在清出漏田的基础上，相应地增加旧有的税额，使土地"皆就疆理，无有隐奸"，既不容脱漏而减额，也不任溢额（登记土地大于其实际面积）而增赋，由此"贫民不致独困，豪民不能并兼"。民间新增的垦田，也按亩计税，以使税负均平，并弥补失落的田赋故额（据《行实》所记）。其用意是很好的。

万历六年正式下令"料田"（"度田"）。凡庄田、民田、职田、荡地、牧地，通行丈量。范围是包括全国，时间是"限三载竣事"。"用开方法以径围乘除，畸零截补"，并规定"所在强宗豪民，敢有挠法者严治不贷"（《明史·食货志》、《行实》）。由户部尚书张学颜主持其事，以户部名义下达了八项清丈条例。

（1）明清丈之例，谓额失者丈全则免；

（2）议应委之官，以各右布政使总领之，分守兵备分领之，府州县官则专管本境；

（3）复坐派之额，谓田有官、民、屯数等，粮有上、中、下数则，宜逐一查勘，使不得诡混；

（4）复本征之粮，如民种屯地者即纳屯粮，军种民地者即纳民粮；

（5）严欺隐之律，有自陈诡占及开垦未报者免罪，首报不实者连坐，豪右隐占者发遣重处；

（6）定清丈之则；

（7）行丈量磨算之法；

（8）处纸札供亿之费。

清丈工作即照这八项条例进行（《明通鉴》卷六七）。

万历七年六月又特地下诏："核两畿、山东、陕西勋戚田赋。"在隆庆二年已规定除钦赐的公田外（赐额有定），"宗室买田不输役者没官，勋戚田（庄田）俱听有司征之"，但收效不大，乞请优免者仍不绝，至是"复加清丈"，"清溢额、脱漏、诡借诸弊"，"有逾限及隐占者按治之"（《明通鉴》卷六七）。勋戚的自置庄田都坚决清查，尽数报官，纳粮当差，与齐民一体，不准优免，对其他豪势之家张居正更是不买其账了。

清丈土地比征催赋税更厉害，使隐占田亩者要缴更多的钱粮，预计挠沮（阻挠沮议）者也必将更多。张居正深信，此举虽"于官豪之家殊为未便"，但对小民实有好处（《书牍》十三《答山东巡抚何来山》）。他决心趁自己在位之时，对这一"百年旷举，务为一了百当，不宜草草速完"（《答江西巡抚王又池》）。"苟利社稷，死生以之"，他谨守春秋时子产的这一格言，不怕"蒙垢致怨"，也鼓励地方官要加强"自信"，"而无畏于浮言"（《书牍》十一《答福建巡抚耿楚侗谈王霸之辨》）。孟子说："为政不难，不得罪于巨室。"张居正偏偏冲着巨室而来，同大地主阶级的利益直接发生冲突，对毁誉不挂在心，在清丈这件事上表明了他具有极大的勇气和毅力。

经过几年的艰苦努力，各省清丈任务陆续完成，有的地方三年未完事，为慎重起见，许时间适当放长（延至万历十年），从缓提劾。据户部掌握的数字，截至万历八年底，总计天下田数7013976顷，比弘治时的422万顷税田数多出了近300万顷（见《明史·食货志》、《明通鉴》）。但这701万顷中湖广的田地内还是包括了荒地数（是按221.6万顷计算的，扣去熟地23.6万顷，荒地约为198万顷），扣除湖广荒地这个因素后，清丈后实有的垦地应是503.4万顷，比弘治十五年的税田422.8万顷只多出了80.6万顷。所谓"得官民屯收（牧?）湖陂八十余万顷，民困赔累者以其赋抵之"（《明通鉴》），就指此而言。这 80 万顷，是宗室勋臣势豪之家非法隐匿尚未曾纳过税而应予计税的垦田和牧地陂地数，能查出来，全是清丈之功（给宗室勋贵的免税赐田不包括在其内），以后就按此新增的"税田"数增赋。"增三百万顷"，数字中有湖广荒地虚数，与弘治十五年 422.8 万顷的全是熟田数并不能做确切的对比（朱东润在《张居正大传》中力主清丈只增 81 万顷之说。他是从 701 万顷，与包括湖广荒地约 200 万顷的万历本《会典》中弘治十五年的 622 万顷相减而得，其实依他计算还不到 80 万顷）。经过了这次土地的大清丈以后，田赋得到进一步的整顿。史称"于是豪猾不得欺隐，里甲免赔累，而小民无虚粮"（《明史·食货志》），其预期的目的大体上是达到了。

当然，这多出来的约 80 万顷数字以及其下的土地分等数字还不是太准确的。里面有夸大的因素：有些地方官"争改小弓以求田多，或掊克见田以充虚数"（《明史·食货志》）；但也有缩小的因素：王府官户仍有隐瞒土地的，有的地方官只维持旧额不愿多报，有的则多填报下田以图减轻民户的税负，再加有的地方在万历八年底还未丈量完，数字是不全的。相互抵消，看来数字还是偏低的（比以上计算的洪武垦田 501.2 万顷只多了 2 万顷，其原因是：洪武垦田的 501.2 万顷中有免税赐田数。按：《正德实录》卷八所记，弘治十八年田数为 469.7 万顷，比 422.8 万顷多出约 47 万顷，可能即为免税赐田之数。又隆庆元年的垦田数 467.7 万顷可能也与此同一口径，包括免税赐田数字在内）。尽管田亩数中非法隐漏逃税之数还未全部查出，但这毕竟是清查出了大批的隐田，在一定程度上使一些豪强勋戚等大地主的势力受到了抑制。在查出的隐田中，以直隶、河南和山东三处占最大多数：直隶增 23 万顷，河南增 33 万顷，山东增 7 万顷，共 63 万顷（见梁方仲《中国历代户口、田地、田赋统计》，第 334 页。广东增加 18 万顷是治安好转政令贯彻之故）。哪里增出的土地最多，就是因为哪里为豪强勋戚隐漏土地特多之故（参看朱东润《张居正大传》）。

　　清查大地主隐瞒的土地和田赋，同王安石方田均税法有相通之处。虽然，在王安石身后备遭歪曲的情况下，张居正尽量不把自己同王安石的名字联在一起（别人说他像王安石他很不高兴），但他受王安石的影响，事实确是如此。在封建社会的后期，除了方田丈量这个措施外，已很少有其他可以对付豪强大地主的办法了。王安石这样做，张居正也这样做。在政策上张居正并没有所创新。不过同其前人相比较，张居正是后来居上，他清丈用的时间很短，范围遍及全国，论速度、论成果都大大超过王安石方田均税的水平。同时，"按溢额田增赋"，也比王安石的查出隐漏的田地面全县仍按"祖额"收税的做法，在财政上的意义更大。除了明初太祖时，借农民革命后有利条件，对全国进行比较彻底的那次土地清丈以外，张居正的清丈可说是历史上罕见的一大壮举。

　　催征赋税，清查土地，张居正借此大大增加了财政收入，但他也不是只知道一味增赋、专事掊克的人，在必要的时候他也实行减赋。增赋是为了对付豪民，减赋则是照顾小民的利益。

　　减赋的情况有二，一是因灾的蠲免，二是宿欠的蠲免。前者如万历七年七月以苏松水灾，"先行振济，随赐蠲免"；八月，以频年河患，免泗州、宝应、盐城等的田租。这些就是典型的例子。"惠及困穷"，是政治家应有的宽政，张居正自不例外。后者情况就比较复杂了。万历元年实行考成法后，带征宿赋曾是雷厉风行，每年带征三分；万历四年改为征赋以九分为及一格，仍令带征宿欠二分，带征成数较前有宽减。但在万历四年这同一年的七月，又下令"蠲天下历年逋赋有差"，共达二百三十四万（《明通鉴》、《行实》），这应该说是为了减免小户贫民的欠赋，而非"惠养豪猾"，且事情是在财政状况已大有好转的条件下出现的。万历六年四月的免湖广、四川逋赋和七年三月的免淮扬积年逋赋，也都属于这种类型。经过多年的督促，大户在责完新赋的同时，又带征旧赋，积年拖欠减少了，有的更是老账已清了。可是小民完新赋（起码九分）再加带征旧欠（二分），就会感到力不能胜，越是贫民拖欠越难偿还，所以此时的免除陈年积欠，主要是为了照顾小户穷民，如再强调严追积欠，就将主要对下户穷民不利了。张居正这样做，说明他并非只是片面地追比宿欠，相反的，"蠲除宿逋，责完新赋"倒是他"久有此意"。但由于欠赋人中毕竟仍有若干大户豪民，所以是否把积欠完全一笔勾销，张居正还未最后拿定主意，免除积欠尚限于局部地区。直到万历十年，他才决心"免天下积年逋赋"，完了他实行考成法以来的一件未了之事。

就在万历十年的二月，张居正上疏说："夫百姓财力有限，即一岁丰收，一年之所入，仅足以供当年之数，不幸岁歉，现年钱粮尚不能办，岂复有余力完累岁之积逋哉？有司规避罪责，往往将现年所征，挪作带征之数，名为完旧欠，实则减新收也。今岁之所减，即为明年之拖欠，现在之所欠，又是将来之带征。如此连年，诛求无已，民不堪命矣。况头绪繁多，年分混杂，征票四出，呼役沓至。愚民竭脂膏以供输，未知结新旧之课，里胥指交纳以欺瞒，适足增溪壑之欲。甚者，不肖有司因而渔猎。与其朘民以实奸贪之橐，孰若尽蠲以施旷荡之恩。自隆庆元年至万历七年各省未完带征钱粮一百余万，而江南苏松两府至七十余万，盖以彼处税粮原重，故逋负独多。其间固有豪右奸猾恃顽不纳者，然穷民下户不能办者亦有之，而有司之令但能行于小民，不能行于豪右，故催科之苦，小民独当之。乞谕户部，核万历七年以前积负，悉行蠲免，止将现年正供之数，责令尽数完纳，有仍前拖欠者，将管粮官员比旧例倍加降罚。以当年之所入，完当年之所供，在百姓易办，在有司易征，是官民两利也。"（《请蠲积逋以安民生疏》）万历帝"从之"。"诏下，中外大悦。"（《明史纪事本末》）史称"是时帑藏充盈，国最完富，故有是举"（《明通鉴》）。事情也确是这样，财政已经稳定，结余已经不少，蠲除积逋就不妨事，与万历初年财政很困难时的严追旧欠，已不可同日而语了。张居正视情况而转移，灵活地调整他的政策，不是执着一端，僵硬不变，这一点确实值得称道。增赋与减税相结合，追欠与免逋相统一，张居正的财政政策与聚敛之臣的财政政策的区别，在这里已经表现得再清楚不过了。

三 一条鞭法——赋役制度的重大改革

张居正的整顿财政并没有到清丈土地为止，他还有一个更大的行动，就是在清丈土地的基础上，向全国推广一条鞭法，这在张居正的所有改革中占有最重要的地位。如果说前面所述的这些措施是单纯对田赋的整理的话，那么，推行一条鞭法就可以说是对包括田赋和徭役一起在内的整个赋役制度所进行的一次重大改革，尤其是在役法上变动更大，对当时和后世的影响也更深。

明中叶以来，役法的混乱比之田赋更甚，弊端更多。这是因为役的对象是丁口和资产，其生老病死、增殖衰落比之土地更难稽查；而且常役之外又有临时编派的散役，就是常役所需的人力物力也可多可少，这就给官吏里胥上下其手侵吞剥削以更多的机会。所以到了张居正时要实行经济改革，役法也不能不成为其重点之一。

役法在明初是以黄册（详记各户的丁口和土地等产业状况）为基础来进行征派的。民十六岁成丁，成丁而役，六十而免，亦有以职务地位而优免者。役有三种：即里甲、均徭、杂泛。"以户计曰甲役（里甲），以丁计曰徭役，上命非时曰杂役（杂泛），皆有力役，有雇役。府州县验册丁口多寡，事产厚薄，以均适其力。"（《明史·食货志·赋役》）三役中的"甲役"是一切役法之主干。有点像南宋时所确立的以保正甲头担任无偿差役的"保役法"，是"职役"的性质。除军户匠户有军匠之役外，普通民户都以一百十户为一"里"，一里之中，推丁粮最多的十户为"里长"（共有十个里长），其余百户分为十"甲"，每十户为一甲，有"甲首"一人。里甲成为民户执行官府行政事务最下层的组织单位。每年由里长一人，同甲首一名，率领一甲之户应役。十年之中，每个里长、甲首及每甲都轮役一次，当值称"当年"，轮次称"排年"。每十年清查各户丁口资产增减，重新编审里甲，仍以丁粮多少为先后。十年一周，周而复始。里甲的职责是管领一里之事务，如督征税粮，追摄公事，传达官府命令，编排各种差徭。凡编入里甲的"正户"必有丁有产，如无丁无产（鳏寡孤独）则列入册后为"畸零"。"均徭"之役，略似唐宋以来的色役。王安石行募役法，以钱代役，以后钱照收，役又起。在明初，规定以丁为单位，"验丁粮多寡、资产厚薄"（人丁、田亩和其他资产的多少）定差役的轻重，由里甲编第均输，故曰"均徭"。民户分上、中、下三等，各等又分三级（"三等九则"），户则高者应重役，低者应轻役。役的项目有：祗候、禁子、弓兵、巡拦、厨役、粮长、解户、库丁、斗级、仓脚夫、长夫、铺司、铺兵、馆夫等类，都以身亲充役（或由民户自行雇人），名曰"力差"。其他如岁贡、马匹、车船、草料、盘缠、柴薪、厨料、历纸、表笺、桑穰等公用之物，由民户供给，或以货币代输，名曰"银差"。力差中的解户、库丁（如宋代的衙前），为重难之役，以上户充之。均徭也是十年一次与里甲同时编定，每十年应役一次。"杂泛"，无一定的名目，修河、筑仓、运料、砍柴、造陵等都是。由于明初政府事务清简，三大类的役还不算太重，里甲财产分配平均，轮流派役负担还不算太偏，所以，对这种役法人民一时还能承受。

可是本来似乎整然有条理的役法，后来就日益变样了。役之轻重原按户则上下而定，户则的上、下又以丁粮资产的多寡为准，田地实占资产中的主要部分，但税田之数后来搞得很乱，富豪奸猾贿赂官吏里长，"花分诡寄"，串通作弊，隐没田地，以逃税粮，同时也就逃避了徭役；再加丁口在受贿嘱之后同样也可隐瞒，所以派役也就失去了一个公平的标准。这里面有将里甲应役次序挪移的，有遣放大户勾取下户应役的，有擅改户籍、捏甲作乙、以有为无、以亡为存、以下作上的。基本户则已经紊乱，舍大取小、避强削弱已成了普遍现象。结果是平民下户无势力者负担越重，上户则常巧于规避，负担越轻，贫户举家逃亡，里甲制度逐渐破坏。这是役法流弊之一。

流弊之二是牵涉面较广的徭役性质的"均徭"和"杂泛"后来日益加重。均徭只凭州县旧册任意"审编"，力差的名数多寡，都漫无标准，官吏里胥，肆为侵渔，诸徭"莫不浮于编额，率各加倍蓰以供"（傅维麟《明书》中语）。除了给行贿的势家富户故意出脱重差外，贫民下户受祸很深。本来十年轮一次差，太集中，"役重费繁"，已"力不能任"（刘光济：《差役疏》），这时役上加役，于是"倾家荡产者相比"了。其他杂泛，临时编金，本无定额，加派更便，小民更是首当其冲。许多力差明中叶虽变为银差，但到银差派成定例后，力差复不能免。"无名供应之费，不时科敛之需，其苦万状"，即遇灾荒蠲免，各项冗费冗役一概追征，形成了"两税输官者少，杂派输官者多"的怪现象（《续文献通考》卷十六，万历七年给事中郝维乔语）。

流弊之三是均徭中职役性质的、由丁粮较多户承担的"解户"和"库丁"，也越来越成了苦差使。上供物解至京师（"京徭"），收纳的太监故意留难不收，"往复改贸，至倾产以更"。库中的粮食有了损耗，要负责包赔。在州县值堂的，要供给官吏"诸日用费"，"至日费数十金"（见《明书》）。北宋衙前的苦况又见于明代。

役法中还有一弊是：里甲之役出了原定的范围，通过里甲，在役外派下了许多苛捐杂税。"若官府春秋领社，存恤日用诸经费，令里甲各赋钱以供，曰里甲银。"官府公私所需在收了里甲所输之银后又责里长营办，"给不能十二，供者或什百"；甚至一无所给，按月祗应。"官司外出，宾旅经由，诸夫马供张饮食，亦唯里甲是求"，因为

这不是"里甲正派","故豪有力者，例得高坐而免，而益并其重于平民。"（傅维麟《明书》）

积弊重重，役法的苛烦已给人民造成了极大的痛苦，不改革是不行了。

另外，在田赋上面除了上述的匿田漏税之弊以外，还有，税粮的征解也存在着很大的弊病。明初实行粮长制，由里中的有大量田产之家任"粮长"，主收一年的钱粮。这叫作"里甲催征，粮户上纳，粮长收解，州县监收"。后来粮长制逐渐变质，粮长或则将自己应输之税，令众民户包纳，倚公挟私，恣意逼迫；或则避强欺弱，对豪富不肯纳"加耗米"者庇而不问，而将耗折之数并征之于小民；粮长中之豪强者更至"大斛倍收，多力索取，所到之处鸡犬为空"（也有些孱弱的粮长，为豪强所凌，并为官府所迫，而至于变产赔纳的）。往时粮长不过正、副二人，后来多至十人以上，"其实收掌管粮之数少，而科敛打点使用年例之数多。州县一年之间辄破中人百家之产，害莫大焉"（顾鼎臣：《钱粮积弊疏》）。又，税粮征解之先后、仓口之远近，其初都有定则：上户输远仓，先解，下户输近仓，后纳；后来豪富之家与吏胥里甲以贿赂相勾结，变乱户则之高下，征解先后与仓口远近亦任意移换，使最大的重负悉归于贫弱之小户（见李剑农《宋元明经济史稿》），同役法之弊情况类同。税粮征解混乱之至，在改革役法时，这也是不可不考虑的问题。

针对役法和税粮征解中的这些问题，自嘉靖时起有些地方官员开始采取了一些改革措施，有的是对役法做部分调整，所取的措施其名不一，有的则改动较大，就名之为一条鞭法。部分调整役法者，如欧阳铎的"征一法"，在整顿田赋时也规定"以田出缗钱雇役"，打破里甲十年轮差之法；又如"鼠尾册法"，舍去其他财产不论，单以丁和田亩计算，由极大至极小（如鼠尾）将各户依册排列成册，丁粮多者出役多，反之出役少或免役；还有所谓"纲银"法，举民间应役岁费，丁四粮六总征之；等等。其名为"一条鞭（编）"者，最早是在嘉靖十年（1531年），由宁国知县甘澧创行（《湖北通志》卷一三六），"一条鞭"的名称盖始于此时。嘉靖四十年（1561年），都御史庞尚鹏奏准在广州府丛化县等处推行一条鞭法，四十五年他巡按浙江，又在浙江推行；隆庆三年（1569年）巡抚刘光济奏准在江西全省推行；在南直隶推行一条鞭法的是海瑞，隆庆三年、四年他在应天巡抚任内办此事甚力；万历四年至六年，庞尚鹏为福建巡抚，又在闽省推行一条鞭法。所谓"一条鞭法者，总括一州县之赋役，量地计丁，丁粮毕输于官。一岁之役，官为佥募。力差，则计其工食之费，量为增减；银差，则计其交纳之费，加以增耗（银耗）。凡额办、派办、京库岁需与存留、供亿诸费，以及土贡方物，悉并为一条，皆计亩征银，折办于官，故谓之一条鞭。立法颇为简便"（《明史·食货志·赋役》）。此法把均徭里甲与两税合而为一，"小民得无扰，而事亦易集"（《续文献通考》）。"但便于小民而不便于贪墨之官府，便于贫乏而不便于作奸之富家，便于里递而不便于造弊之吏胥。"（徐希明：《平赋役序》，见《图书集成·食货典》一五一卷）这就不能不遭到豪强权势之家的破坏；再加其他一些必要的条件尚不具备，所以这个比较公平的做法在嘉靖年间"数行数止"，在隆庆时也只能在局部地区推行。

张居正一向是改革派的中坚人物，深知役法之弊，因而他是赞成庞尚鹏等人推行的一条鞭法的。但在隆庆年间，朝中对此还有争论，有名的大臣户部尚书葛守礼就是一个反对者。万历四年，张居正开始推动一条鞭法。他先指示湖广巡抚，把一条鞭推行到他的故乡湖广，认为此法虽有"称其不便者"，但"在南方颇便，既与民宜，因之可也"，只要得"良有司行之"即可（《书牍》八，《答楚按院向明台》）。经过一年的时间，张居正对一条鞭法摸得更透了。万历五年，他信心十足地对人说："条编之法，近旨已尽事理，其中言不便，十之一二耳。法当宜民，政以人举，民苟宜之，何分南北"（《书牍》九，《答总宪李渐菴言驿递条编任怨》）；而不再说"法贵因地"，"任从其便，如有不便不必强行"（《书牍》九，《答少宰杨二山言条编》）了。到万历九年正月，张居正再用诏旨通行全国，一条鞭法遂成为通行的法制，成为明代后期通用的赋役名称了。由于张居正的推行，一条鞭法更有了长足的进展。除在湖广付诸实施外，在北方，如河南、山东、北直隶等也都推行了一条鞭法，至于云、贵、川、陕、山西等省以至甘、肃二州卫，则在张居正死后也都在推行一条鞭法。迟至万历二十年前一条鞭法已在全国通行。直到清初，孙承泽还在《春明梦余录》中缅怀此事，说："庞尚鹏按浙时乃奏行一条鞭法，……后江陵相当国，复下制申饬，海内通行者将百年。"

　　一条鞭法之所以能在万历时由张居正加以有力的推行，是因为当时已具备了必要的条件。万历四年，考成法已行了三年，豪强地主被限期责完新赋，追交宿逋，法令肃然，役与赋一起并入田亩之内，土地多者负担虽将加重，但在考成法实行后的官吏的督责下，也不敢拒而不交；而在此以前，他们会千方百计地抵制，役并入赋内将有更多的欠交的。可以说推行考成法不但整顿了田赋，而且也为推行役法的改革提供了有利条件。万历四年张居正推动一条鞭法，并非偶然之事。实行一条鞭法还要具备一个重要条件，即田亩数字要准，这样赋役负担才得均平，否则大地主隐瞒土地，即使履亩计征，也缺乏可靠的根据，而会发生规避税负的问题。万历六年起，经过三年时间，到万历九年，全国土地已基本上丈量清楚，再加户口也重新编查核实，这样，张居正就有条件在万历九年"请尽核天下徭赋"，并宣告全面推行一条鞭法了。清丈田亩与推行一条鞭法密切不可分离（欧阳铎行"征一法"也"履亩清丈"），定"通行一条鞭法"于清丈土地之后，也非偶然之事。由考成法到清丈田亩，到全面地推行一条鞭法，一步又一步地前进，张居正花了近十年的时间，才稳健地完成了他对整个赋役制度的改革部署。

实行一条鞭法只是将原有的赋役（折银）和其他各种征敛并在一起，按丁粮比例分摊（税粮一石纳银若干，每一丁纳银若干），大户多负担一点，小户就可减少一点负担，这是赋役负担在大小户之间比例的调整，并没有趁此增加赋税总额，所以并不会由此增加国家的财政收入，所以不能说张居正的力主推行一条鞭法的目的是为了挽救明政府的财政危机。万历五年，财政状况已大好转，到万历九年更强于前几年，已是"公府庾廪，委粟红、贯朽，足支九年，犹得以其赢余数十百巨万，征伐四夷，治漕，可谓至饶给矣"（《行实》）。这都是因"考成法行"，"正赋不亏"，"征解如期之故"（《奏疏》十，《文华殿论奏》，时在万历九年），一条鞭法在全国推行以前就已取得如此的成果，是确切无疑的历史事实。正因为万历九年以前财政已较宽裕，所以在万历七年才有"诏减蠲徭征派"之事："自嘉靖间行一条鞭法，民颇称简便，而诸役冗费，名去实存，有司追征如故，百姓苦之。至是核减银凡一百三十万有奇。"（《明通鉴》）由此可见，说万历九年这一年提出全面推行一条鞭法，并不是财政困难所致，应该是其理灼然了。既非财政上的原因，那么，全面推行一条鞭法是为了什么？是为了安定民生，缓和阶级矛盾，正是在这一点上，一条鞭法对统治阶级是有利的，是合乎他们的长远利益的。考成法，丈量土地都可增加财政收入，所以张居正以为急务，行之在前；一条鞭法只是为了安定民生，减轻役法之弊给人民造成的痛苦，非急办不可，所以稳妥从事，行之在后。张居正从统治者的利益出发，他对各项政策措施的实施，在时间上先后次序的安排，是有其精明的打算的。当然，他能够下令全面推行一条鞭法，是他的所有前任做不到的，在这上面也显出他作为一个改革家的很大的气魄。

一条鞭法在各地的具体办法不尽一致，实施程度有精粗深浅之分，但都包括了以下几点共同的内容。

第一是一条鞭法把一切征发项目——田赋、方物、土贡、常役、杂泛等合并为"一条"，统筹核计，剔除浮滥，按实际需要，统一征收，结束了历史上的三征（粟米之征、力役之征、布帛之征）体系，除繁为简，这是赋税制度的一大改进。

第二是赋役合一，摊力役于田赋，改变了原先按户、丁派役（里甲、均徭）的办法。虽然"役归于地"的程度各地有所不同，在人丁上面一般也仍须负担一部分税银——有的丁六粮（田赋的税粮）四，有的丁四粮六，有的丁粮各半，还有的"丁居四分之一而粮石居四分之三"，将役全都摊入土地的，是少数地区，但把户、丁负担的差役，计了价，或多或少地转加给地亩承担，这个原则是一致的。这是役法上的一大改革。

第三是赋役负担一律折收银两。过去田赋虽有折交银两的（"折色银"或"金花银"），而且折银比例续有提高，但在全国，夏税秋粮仍以"本色"为主。役之供纳主要仍是力差，银差的范围也尚有限。一条鞭法规定"概以银征收"，就是从法定意义上肯定了贵金属白银在赋役征收中的主要地位。

第四是由过去的受里甲安排的十年亲役一次，改为每年缴一次代役银，解除了沉重的力役负担。同时，过去十年轮充，太集中，役重费繁，一时更难以负担，新办法缴代役银分散在每年之内，负担就比较容易。以银代役，由官府雇人充役（"纳银于官，官府代为金募"），在法定意义上是完全以雇役制代替差役制了。

第五是旧的赋役制度人户分三等九则，而一条鞭法却是只按田亩数和人丁数计税，这样就必致取消这三等九则的规定（变为上中下三等：粮多丁少或丁粮俱多者为上户，有丁有粮者为中户，有丁无粮者为下户），大大减省了户等的编审工作量，堵塞了舞弊之门。

第六是过去的税粮由里甲督催、粮长收解，可称为"民收民解制"，流弊很多，以大户欺小户，侵蚀公帑、耗损公粮之事时有发生。

实行一条鞭法后，赋役的征纳都用银，折色银较体积大、数量多的本色实物（粮食）轻便，易于保管运输，这就有可能由民户直接赍银至官柜缴纳，由监收入直接送存官库，银两的收解运送也就可由官府自办。"官收官解"之制得以普及。这可减轻人民运输粮食之劳，而免除粮长制中的弊病。同时征税全由官办，实际上也意味着官僚政治的加强。

第七是一条鞭法以县为一单位，将全部赋役银统筹分配于一县的田亩和丁口上，改变了原来徭役按里平摊的办法。在按里平摊的情况下，人多田多的里负担较轻，人少田少的里负担较重；在里内各甲也是如此，因经济能力不同而负担有畸重畸轻之虞。现以一县的丁粮均派一县的徭役（折银），负担就比较平均。

一条鞭法的实行，着重改革了役法，而且引起了整个赋役制度在性质上的大变化。其变化有二：一是由对人税转为对物税。过去的按户丁派役，变为专以"丁""粮"（田产）为征役的标准，赋役的主要对象不是人而是物（土地）了。虽然对人的丁税还存在（有丁无粮者编为下户，仍纳一些"丁银"），但远不如对物（田）税之重要。这是自唐两税法以来，将人头税转变为财产税（物税）的进一步发展。二是由实物税转为货币税。一条鞭法立，把过去尚以实物征纳的范围一一挤掉，使封建剥削进一步货币化，除江南产米区是固定的漕粮地区缴纳实物外，其余地区缴纳税粮的也都变为缴纳税银；至于役，不仅工匠可代役缴银，对农村也实行以银代役。从赋税上来说，在推广实行一条鞭法后，征纳殆莫不为银，货币已成了赋税中的统治形式了。

一条鞭法受到人民的欢迎，有的县看到邻县先已实行，也自动要求推广。因为大家看到一条鞭法会给他们带来不少好处；一是田少的农民（佃雇农、贫农），释去了力役的负担（虽要交些"丁银"，但对比过去的差役，负担是很少的），使他们能有较多的时间去从事耕作，对发展农业生产有一定的作用。过去因差役繁杂苛扰，导致中小农民的破产与逃亡，对农业劳动力构成直接威胁，至此，情况一时得到了扭转。二是赋役合编为一，简化征税名目与征税手续，使人易于知晓，对过去长期以来徭役编派中里甲舞弊、胥吏敲剥的积弊，一时起到了很大的限制作用，这也能给农民带来不小的好处。所以一条鞭法，在当时可说是一种利民新政。"市人田夫，歌颂欣庆"（《行实》），在一定程度上可达到作为决策者的张居正所要求的安定人民生活、缓和阶级矛盾、促进社会生产的预期目的。

不过，在另一方面，一条鞭法却给大地主带来许多不便。过去官僚大户以至生员对差役享有优免的待遇，他们还往往采取种种非法手段逃避或减轻负担；实行一条鞭法后，要按田亩数分摊役银，田亩越多纳银也越多，"善于规避者无所用其计，巧于营为者无所施其术"（徐希明《平赋役序》），他们自然要多方阻挠。有些地方摊役入田的比例较小，也未始不是因大地主们的反对而作的退让。对于大户在一条鞭法中的增加负担，在张居正看来正是很必要的，只有抑一下"豪强兼并"才能免使"民贫失所"，好缓和阶级矛盾。按田亩向他们多征收一点有什么了不起呢？全县徭役派入丁粮，同样也要增加张居正私人的负担，但从统治阶级的整体利益出发，他还是甘愿增加这份负担的。

一条鞭法在实行过程中也产生了一些弊病。例如，病在雇役，工食给得太少，使人苦于应募；病在里甲，没有公平地比较田亩的肥瘠，而使下地暗包上地之粮；病在税吏，收银时火耗收得太多，形成变相的勒索；等等。但这些都不是制度上的问题，而属有司行之不善的问题；并且大都是在张居正死后发生较多，在张居正当政时吏治整饬，发生得还较少。即使有出些问题，与它的好处比，也是不能等量齐观的。

一条鞭法是王安石募役法以后封建统治者对役法所做的又一次重

大改革。王安石把差役改为雇役，可是后来又有反复，差役重起；张居正再把差役改折货币，由官府雇募他人充役，这同王安石的代役钱，精神也正一致。但时代不同了，张居正在一条鞭法中的差役改折货币同王安石的做法又有许多差异之处。①王安石的做法是：先把民户按照田产顷亩数和其他财物数，或按照纳税钱数，下种石数，或附所收租课等，分等论级，据此征收不同数额的免役钱；即使单按田亩多少计算，也是凭以评定户等而已，免役钱都只是和户等相联系的；一条鞭中的做法则是代役银两直接同田亩数相联系，摊入田亩，以及部分摊在丁口上面，不再按户等高低来定出银多少。②王安石的免役法收的是钱；一条鞭法是征银不征钱。③王安石的代役钱与田赋（主要收实物）分开；一条鞭法是赋役合为一编。④代役钱按户等征收，实行累进制，户等高下与各户人丁多少无关（部分地区出的身丁钱与役钱无关）；一条鞭法是按人丁、税粮（田赋）数比例平均分摊，田亩多的其税率不累进，但丁多的则出的丁银也多。⑤王安石时，于乡户缴代役钱之外，工商户也要缴助役钱；一条鞭法中规定工商业户无田地不纳役银。⑥募役法中的官户是减半交助役钱；一条鞭法中的官户按田亩和丁数交税，不减半。⑦王安石时的各色役钱，除雇役时用以支付工钱外，还有很多剩余，可充实财政；一条鞭法的差役折银数只照雇役的工食费用计算，没有另外增加财政上缴的任务。总之，张居正推行的一条鞭法中的役法改革，同王安石的募役法是有同有异，并非后者的简单照搬，相反的，有其自己的许多创新，在改革的深度上比王安石的做法大进了一步。

一条鞭法实为张居正柄政的一大贡献。实行一条鞭法，不但对赋役制度本身是一种改革，而且对当时的社会经济在客观上也发生了很多的影响，这是决策者当时所没有考虑到的事。

首先，一条鞭法的推行既是商品经济发展的产物（在商品经济比较发达的南方先推行，也比较顺利），它的以银交税、以银代役的制度，也适应了商品货币经济进一步发展的要求，反过来，又对明后期的商品货币经济（尤其是在东南地区）的活跃起了重要的促进作用。因为小有土地的自耕农民，需要有更多的货币来交"鞭银"，这样就同市场发生了更多的联系，按照市场需要，因地制宜地生产能多卖钱的东西，农产品商品化的倾向从而有所增大。地主富农，有的也雇人经营土地（地主成了经营地主），大量生产市场所需要的商品（如棉花）；在实行租佃制的情况下，地主中间更多的人则因受交纳税银的促进，而转向佃农征收货币地租，这也促使佃农多种易于赚钱的商品性的作物。所以，与"班匠银"能促进城市私营手工业的发展相平行，一条鞭法的"鞭银"是促进农村中农产品商品化发展的重要因素。当然，农民把农副产品换成铜钱，再把铜钱换成白银，在折兑上会受到损失，在产品价格上也会受到商人的抑勒，商品货币经济的发展不可否认对农民也有增加剥削的一面。

随着一条鞭法的推行，由过去的农民亲自供役，代以货币交纳，他们对封建政府通过徭役所加给的强制性的人身依附关系有所松弛，这就比较容易离开土地，离开农村，而转入其他生产部门，也就可给城市手工业开辟更多的劳动力来源。官府的以银雇役，对雇佣关系有促进作用，私营工商业中雇工制尤其比过去盛行。获得较大人身自由，不被差役和土地束缚的农村中的多余劳动力，变为私营手工业作坊和商人雇主的雇佣劳动者，其人数在不断地增加着。

一条鞭法实行后，摊力役入田亩，商人投资土地的兴趣相对地减弱。"一条鞭法行，富商大贾不置土田。"（吕坤《实政录》卷四，《民务编审均徭》）"商贾虽余资多"而"多不置田业"（《郡国利病书》卷三二，《江南》二十《徽州府志》）。这样，除了大商人大地主大官僚素来是三位一体、紧密结合以外，一般的商人就不是定要遵守"以末致财，用本守之"的信条，非得去追求与土地的结合不可了。同时，一条鞭法，让没有（或少占）土地的工商业者可以不纳（或少纳）税银，负担比过去减轻。"工匠佣力自给以无田而免差，富商大贾操资无算，亦以无田而免差"（《明隆庆实录》卷七）；"贾贩之流，权千金之资无坺亩之田者，征求不及焉"（《郡国利病书》卷三八，《山东》四《户役论》）。这样，经营工商业就得到很多便宜。因此，甚至有的富者"缩资以趋末"，卖掉土地而去经商。买田利薄，经商利厚，两方面的因素，对不（或少）与土地联系而多与手工业生产相结合（商业资本支配生产或转向生产）的新型商人的发展，起到了积极的推动作用。

商品经济的活跃，农产品商品化程度的增长，人身比较自由的劳动力的增加，雇工制的发展，都为资本主义萌芽的生长提供了良好的条件，等到商人参与生产，经营手工业，则资本主义的萌芽已经实实在在地出现了。当初张居正全面推行一条鞭法是为了缓和阶级矛盾以维持封建社会的秩序，事情发展的结果却是在封建社会的内部促进了一种新制度的萌芽的发生，这一点却是张居正自己所未意识到的，但在客观上确实起了这一种促进作用。一条鞭法合乎历史发展趋势的最大的进步意义就在这里。

四　量入为出，省用节支

张居正大力整顿财政，较快地改变嘉隆时财政短绌的情况，在他手中明政府太仓藏粟曾达到一千三百余万石（嘉靖时，"太仓所储，无一年之蓄"），国库积银多时也达六七百万两。这些成绩的取得，主要靠开源，通过考成官吏、督责田赋、清丈土地，以增加财政收入，但另一方面也靠节流，严格控制支出，这样才能消除财政的亏空而做到结余年增。

节省开支，张居正抓的事很多，抓得很细，抓得也很有成效。

压缩政府开支，是张居正所抓的一件大事。他下令黜退"有司贪酷及老疾者",不让这些人误事或不干事而白拿俸禄。通过吏部,他清汰内外冗官,"两京大小九卿及各属,有冗滥者裁之","郎署以缺少,需次者辄不得补"(《明史·张居正传》)。从中央再到地方,他裁革了许多司、府、州、县的佐贰杂职官员。总计,"汰冗员"达"什二三"(《行实》)。不但改变了"出令者多任事者鲜"的状况,而且相当程度上节省了财政支出。

与裁减官员相适应,他还"清庠序",淘汰生员,严行考选,规定"童生必择三场俱通者始行入学,大府不得过二十人,大州、县不得过十五人,如地方乏才,即四五名也不为少";已有的生员考试不合格的发放为吏或罢黜为民,限制并减少了作为官员后备军的生员(秀才)的学额。这就制止了"郡县入学太滥"的偏向,节省了国家的许多廪米负担("廪膳生员"每人每月领米一石,鱼肉盐醋由官供给,除本人免役外,全家还优免二丁差役;"增广生员"和"附学生员"无廪,但免役),也是对财政支出的紧缩。当然,由此也整顿了学风,有利于"敦本尚实",对"虚论横议"、无裨实用的士习能有所抑制;并清除了"学霸",使之不敢再恣意非为,贻害地方。

军费开支,在张居正当政时也大为节省,但他不是以裁减武备来达到这一点;相反的,他对武备大加修饬,用钱并不克扣。他用的办法是选择优秀的将领,制定正确的方略,处理好民族关系,使北边无事,避免了因触发战争而花费大量财力物力。由于他的"决策款虏,减客兵,清粮糗,有宿饱之士,无脱巾之忧,岁所省,凡得数十百万"(《行实》)。

以上这几件事对节省国家的财政支出起了一定作用,但张居正的节支俭用还不止于此,更为突出的是他竭力主张减少宫廷花销("内费"),节约节到两宫太后和皇帝的头上,在这上面,他费的心思更多,也更明确地体现出他所坚持的量入为出节支省用的正确的财政原则。

张居正当政之初，万历帝年龄尚少，在宫内的开支上首先是同太后打交道。万历五年五月，内宫传旨要重修慈庆、慈宁两宫（两太后所住），张居正认为这是不急之务，立即拒绝，上疏讲明道理，说："治国之道，节用为先，耗财之原，工作（工程造作）为大"，"于其可已而不已，谓之侈"。慈庆、慈宁两宫，"俱以万历二年兴工，本年告完"，"今未逾三年，壮丽如故，……此事之可已者"。"若浪费无已，后将何以继之？""事在可已，因此省一分，则百姓受一分之赐。"（《请停止内工疏》）疏上，工程停止。万历五年，国家财政已经有良好的基础，但张居正考虑到国防民生都需很大的费用，有余时应先计划减免徭赋，不能把财力花费在修建华美的宫殿上，这次他顶了一下，取得成功。但他也不是每事都能遂意。万历帝的生母慈圣太后，是个佞佛迷信的愚妇，妄想造"功德"，为己祈年，为国赐福。万历元年至二年就花费七万余两在涿州治桥建庙，张居正不同意由政府财政中拨款，太后坚持"自己出钱"（宫中供奉金），从内帑中发银完了工。其实内帑用银无不来自民脂民膏，宫中供奉如节省下来，大可以减少外廷向宫内供银，不这样做而唯事无益的兴建，显然是很大的浪费。以后那个太后又用老办法在多处建立寺庙，不断给佛门施舍。张居正虽然在建桥建寺之后每次都奉命撰文志功，但心窃非之，并认为"施舍一节尤当禁止"。一次，找了机会，直言不讳地对万历皇帝说："与其惠缁黄之流，以求福利，孰若赏恤百姓，全活亿兆之命，其功德为尤大乎？"（《文华殿论奏》）

其实那个万历皇帝，在用钱问题上也不是好对付的。小时候听张居正讲课，对节用爱民的道理曾点头称善，张居正驳回太监请买金珠宝石，万历帝也同意作罢。可是年岁渐长，变化就渐显露出来，史称万历帝"好货成癖"，嗜利的种子在他青年的时候已开始萌芽了。万历六年三月，十六岁的皇帝大婚，从此就算是大人了，宫廷开支也开始增加。"时上渐备六宫；太仓所储，屡有宣索"（《明通鉴》）。就在万历七年这一年中，在几件事情上张居正为节约内费同万历帝发生了争执。

第一件事是这年三月万历帝诏"征光禄寺十万金"。本来归宫中花销的金花银，每年由户部进奉百万两，自六年起已增为一百二十万两，这次万历帝又在要钱了，张居正感到很为难，上言："财赋有限，费用无穷。使积贮空虚，不幸有四方水旱之灾，疆场意外之变，可为寒心。此后望力加撙节，若再征金，臣等不敢奉诏矣。"为了让万历帝了解财政收支状况，张居正送上户部所进《御览钱粮数目》，请置之座隅，时加省览。就此张居正做了解释：万历六年一岁输入太仓银库者仅三百五十五万九千余两，已比万历五年少进八十余万两（原因是各处奏留蠲免数多，积年追逋追赃财产已尽，无可完纳），而六年所出乃至三百八十八万余两，比五年多用四十万余两。当年入不敷出达三十三万余两，这是靠两次奉旨取用，及凑补金花拖欠银两，"皆额外之需"。"岁出则浮于前，岁入则损于前，此不可不留心也！"张居正强调说："《王制》，以岁终计国用，量入以为出，计三年所入，必积有一年之余，而后可以待非常之事，无匮乏之虞。乃今一岁所出反多于所入，如此年复一年，旧积者日渐销磨，新收者日渐短少"，将"何以给之"？"天地生财，止有此数，设法巧取，不能增多。惟加意撙节，则其用自足。"望"总计内外用度，一切无益之费，可省者省之，无功之赏，可罢者罢之，务使岁入之数，常多于所出，……庶国用可裕，而民力亦赖以少宽"（《看详户部进呈揭帖疏》）。"疏上，留中"（《明通鉴》）。宣索勉强停止，但万历帝思想上并没有真正领会张居正的苦心。

第二件事是一个月以后万历帝又以内库缺钱赏赉为由，传谕内阁拟旨，命工部铸钱以进，供内库使用。张居正马上上疏劝阻。他说："先朝铸钱，量进少许呈样，非以进供上用者也。"万历二年进钱一千万，"其后岁半之，已非通币便民之本意"。"今若以赏用缺钱，径行铸造进用，则是以外府之储，取供内库，大失旧制矣。"建议"暂停铸钱进用之旨，待二三年后，如果民间钱少，再行铸造，亦未为晚"。结论仍是要求万历帝"敦尚俭德，撙节财用，诸凡无益之费，无名之赏，一切裁省。……不然，以有限之财供无穷之用，将来必有大可忧者"（《请停止输钱内库供赏疏》）。万历帝得疏以后传旨停铸。张居正制止了以铸钱为敛财之门的企图，避免通货滥增引起市场混乱，这与他的"量入为出"的稳健的财政思想是相一致的。

第三件事还是发生在这一年。七月间给事中顾九思、王道成以江南水灾，请停苏杭织造，召回督造的内臣（太监）。万历帝传谕，说："御用袍服紧急，……现有钱粮，不必加派。"拒绝了这个要求。张居正为之面请，委婉进言说："苏杭等处，水灾重大，地方钱粮，委难措处"，理宜召回督造内臣孙隆。万历帝说："彼处织造，不久当完，远不过来春尔。"张居正说："地方多一事则有一事之扰，宽一分则受一分之赐。今彼中织完，十未四五，物料钱粮，尚有未尽征完者，灾地疲民，不堪催督。暂去之，俟稍稔可复也。"结果是由内库发出银五千两，不全仰给于江南钱粮，"此一件织完回京，其余则皆停织"（《请罢织造内臣对》）。宫中服物的织造，经费或出于钱粮，或出于内库，都是财政支出，减少织造也就是节约了财政开支。再者，这笔织造开支，几经周折，民间所得有限，皇家派出内监投样督造，事实上往往形成需索，加重民间的负担，所以减停织造也就是减轻了人民的负担（物料钱粮，也征自人民）。然而万历帝说了不算，四个月后（十一月）又"命浙、直织造添织七万三千"。张居正又进谏说："添织之费，不下四五十万金，在库藏则竭，在小民则疲。浙、直水灾，蒙恩蠲济，方撤织监，又复加派，非所以爱养元元也。"（《明史纪事本末》卷六五，《矿税之弊》）万历帝不得已"命减其半"。张居正的力使织造得"减其半"，也是有苏民困之举，还不仅仅是为政府节支省用而已。此外，张居正复请停修武英殿工，万历帝也从之。

万历九年四月，张居正就给事中傅作舟疏言"江北淮凤、江南苏松连被灾伤，民多乞食，或相聚为盗，大有可忧"一事，再次向万历帝进言。他从救灾又转到节用，恳切地说："今大江南北，荒歉如此，河南又有风灾，畿辅之地，雨泽愆期，势将蠲赈。赋税所入，必不能如往年。"唯望万历帝"量入为出，加意撙节，如宫中一切用度及服饰之类，可减者减之，赏赉可裁者裁之"。万历帝辩解说："然，今宫中用度，皆从节省，赏赐亦照常例，无所增加。"张居正答道："所谓常例者，亦近年相沿，如今年暂行，明年即据为例，非祖宗旧例也。臣不暇远引，如嘉靖中，世宗皇帝用度最为浩繁，然内库银两尚有余积。隆庆初年冬，内库尚余百余万。今每岁金花银百二十万（按：比嘉、隆时增加二十万），每按季预进，随取随用，常称缺乏。有限之财，安能当无穷之费乎？为国家长久之虑，不敢不尽言。"（《文华殿论奏》）。这是张居正同万历帝在节省内费问题上的又一次争执。

　　一系列的事实表明张居正特别强调"节支省用"的原则，而且他坚持"量入为出"的原则表现得也十分突出。"天地生财，自有定数。取之有制，用之有节，则裕；取之无制，用之不节，则乏。"（《论时政疏》）只有量入为出，合理增加收入，严格节约支出，才能使财政充裕，留有结余，以备水旱灾荒等不时之需。只有用之有节，支出减省，才可以"取之有制"，减轻人民的负担。在有限的收入下，浪费滥用，吃光结余，财政困乏，必将重赋于民，造成很不好的后果。张居正能认识到这些，无疑是十分可贵的。量出为入，财政有赤字，用增加赋税、增发通货的办法来弥补，这是聚敛之臣之所为，张居正坚决不这样做。正因为他有正确的财政思想，所以作为一个政治家，他也能妥善地处理好财政问题。量入为出，省用节支，说来容易，不算多么新奇，而事实上张居正能做到这一点，是费了多大的周折和努力啊。

　　量入为出，过去的许多有作为的政治家，和有成就的经济改革家都有这样的思想，并非张居正所独创；张居正表现得比别人更难得的是，他敢于向宫廷的费用开刀，砍削皇家的奢侈性的消费支出，而且敢于一次又一次地诤诤直言，与最高统治者据理力争。虽然，张居正所处的地位特殊——幼主的监护人，但也由于他有正确的思想，从而才有坚定的行动。在过去的几位经济改革家中，似乎很难举出像张居正那样强调节约、强调减省宫廷费用的人。管仲虽也主张取之有度、用之有节，但在理财卓有成效后，齐桓公以及管仲本身的生活却是很豪奢的，在国家的公共支出上也是较豪奢的，管仲不属于节用的类型（但也不是量出为入者）。桑弘羊为汉武帝取得大量的财政收入，固然主要是用于国防以及兴修水利等公益事业上，但同时也为汉武帝的侈靡无度的宫廷消费提供了财政保证，使他更有恃无恐地尽情挥霍（市井、山泽、江海、陂湖、园池和公田的收入，以及口赋、献物等都属"内帑"，归宫廷支用）。王安石理财着重在开源、增收，而不强调节流省用。对宫廷费用之侈，更未闻曾插手加以干预。在他看来，赍赏无几，惜之不与，未足富国，徒伤大体，而且在"增吏禄"上多用了不少钱（每年一百十余万贯，一贯约合银一两），与张居正的"锱铢必较"，注意一点一滴的节约很不一样。看来张居正可算是经济改革家中有数的属于节用类型的人。在生产力发展水平不太高、社会财富增殖有限的封建时代，统治集团的奢侈性消费增加，平民百姓的必要的消费水平就会被压低，张居正强调节约，尤其是节约最高统治者的消费支出，应该说有其更大的进步意义。

五　在交通、水利方面的几项建树

张居正在当政期间，不但切实整顿财政收支，全面改革赋役制度，使国家财政经济总的得到好转，而且对一些部门性的工作，也通过出主意，立法规，行稽查，以及用人才，给以有力的领导。例如，在驿递、漕运和治河等几个方面，就因张居正的领导有方，从而工作有了很大的改进，或竟至解决了前所未能解决的难题。

明代从北京到各省的交通干线都设有驿站，这是当时唯一的交通制度。驿站有官吏主管，各种交通设备——车、马、驴、船都征自民间；夫役（马夫、船夫）也派自民间，自备工食，三年一轮。各驿还有馆户，馆户也来自民间，专为过往人等治造饭食，且不许片刻稽留。夫役原先有免粮（田赋）的权利，后来连这点权利也被取消了。驿站这一制度，给交通干线附近的人民增加了很大的负担。在明初，非军国大事不能使用驿站，公、侯、驸马、都督奉命出差也只许随带从人一名，因此问题还不太突出；后来使用驿站的条例日益放宽，对人民的压榨也就日益加紧了。如使用驿站的"勘合"（护照）发放单位虽有限制——兵部和各省的巡抚、巡按，但实际填发时却很随便，而且无交还限期。有的人就终身使用，有的人则借给亲友或转赠旁人。所以几乎任何官吏或官宦亲属都可乘驿传了。持有勘合的人，到驿站后，要粮、要柴、要炭、要菜、要酒、要伕、要马，百般需索，更有的把各种需索折成银两叫人交纳，才算了事。驿传制度至此极滥，有司既不胜其烦，人民更不胜其扰，长期以来因循未革。隆庆时海瑞为应天巡抚，曾"裁节邮传冗费，士大夫出其境，率不得供顿"，但"由是怨兴"（《明通鉴》卷六五）。不久海瑞去官，事又复旧。深知驿传之弊的张居正，执政后不怕招怨，决心在这方面进行整顿改革。

万历三年，张居正提出驿递的整顿方案。

（1）凡官员人等非奉公差，不许借行勘合；非系军务，不许擅用金鼓旗号。虽系公差人员，若轿杠夫马过溢本数者，不问是何衙门，俱不许应付。抚（巡抚，管行政）按（巡按，管监察）有违明旨，不行清查，兵部该科指实参治。若部、科相率欺隐，一体治罪。

（2）抚按司府各衙门所属官员，不许托故远行参谒，经扰驿递；违者抚按参究。

（3）有驿州县，过往使客，该驿供送应得廪粮蔬菜，州县止送油烛柴炭，不许重送下程纸札，如有借此科敛者，听抚按官参究。

（4）凡经过官员有勘合者，夫马中火，止令驿递应付，有司不许擅派里甲。其州县司府朝觐给由入京，除本官额编门皂量行带用外，不许分外又在里甲派取长行夫马，及因而计路远近，折干入己。

（5）凡官员经由地方，系京职方面以上者，虽无勘合，亦令巡路兵快防护出境，仍许住宿公馆，量给薪水烛炭，不许办送下程心红纸札，及折席折币礼物。

（6）凡内外各官丁忧、起复、给由、升转、改调、到任等项，俱不给勘合，不许驰驿（万历本《明会典》卷一四八）。

这年，又规定：自京往外省者，兵部发给"内勘合"，回京时缴回兵部，不回京者缴省抚按衙门，年终一并缴回兵部。自外省入京者，由抚按衙门给"外勘合"，至京后缴兵部，须回省者，另由兵部换给内勘合。

张居正认为，整顿驿递能"苏疲困之民"，是"致理安民"的大业，所以他从自己做起，为人树立表率：儿子回江陵应试，吩咐儿子自己雇车；父亲过生日，吩咐仆人背寿礼骑驴回里祝寿；次弟居敬病重，回江陵调理，保定巡抚发给勘合，张居正随即交还，并去信说明"为朝廷执法以身先之"的心意。为了切实贯彻新驿递法，他通过考成法，以六科控制抚按，用内阁控制六科，严格实行稽查。甘肃巡抚之子擅行驰驿，被弹劾，革去官荫，太原府太仆寺官员违反规定，经查出，即给以处分。在整顿驿递问题上，张居正也是"综核名实"，始终不懈。

由于贯彻有力，驿递供亿之繁大大减少。"士大夫非奉尺一，虽历郡国，无敢驰一轺传，县次不得续食，劳所在候望。"（《行实》）据张居正自己所说："畿辅诸郡，十减六七。行旅初觉不便，近来亦颇相安。若小民欢呼歌诵，则不啻管弦之沸溢矣。"看来确是深得人心之举。而且原先为驿递而置备的"钱粮""贮积甚多",省下来后,"将来裕国足民,更不外索",对财政上也有好处(《书牍》八,《答应天巡抚论大政大典》)。而"公卿群吏不得乘传,与商旅无别"(《明史·张居正传》),他们中间许多人始终以为不便,对张居正是怨气很深的。

从水路运输粮食至京师的漕运,在历代都是一项重要的制度。在明代,大运河是南北的重要交通线,漕运,即通过大运河把税粮运到通州。原先是叫送漕粮的各地区的人民,分别运粮于淮安、徐州、临清、德州诸仓,再由官军接运,如民运漕粮到淮安仓的,官军即由淮安到徐州、徐州到德州、德州到通州,分段节节接运,这叫作"支运"。由于民运漕粮至诸仓,往返时间很长,耽误农时,且里河民运,不习河事,失陷劳费,倍蓗于正粮,所以从宣德六年起,规定江南人民可运粮到淮安、瓜州,兑与卫所官军,由官军运往京师,人民贴给耗米和路上费用,叫作"兑运"。行之以后军民两便。成化时更改行"长运",让官军直赴江南水次接运漕粮,遂成定例。但漕运中还存在许多问题,在漕河可通的时候,其问题是"岁赋逾春发,水横溢,非决则涸",运输仍很不方便,有时甚至无法运输。张居正为确保四百万石粮食如期北上,决意解决这个问题。他同漕臣磋商,采纳合理的建议,提前运输的时间,"督艘卒以孟冬月兑运,及岁初毕发,少罹水患"。这样一改,果然有效。"行之久,太仓粟充盈,可支十年。"(《明史·张居正传》;《明通鉴》系于万历四年)原来张居正之所以能使国家的粮食储存充足,不仅仅是整顿田赋后征粮及时、很少拖欠,以及实行土地清丈后查出漏税,税粮有所增长所致;改进漕运,使粮食及时安全地运到国家粮库(太仓),在其中确实也起到了很大的积极作用。

在漕运中,治理黄河、淮河,减少水灾,通畅运道,是更大的问题,运输能不能维持,以此为先决条件。其实这个问题还不仅与漕运有关，而且也是如何变水害为水利的有关国计民生的严重问题。要解决这个问题，难度就大得多多了。如果说整顿驿递制度，改进漕运时间，张居正还能亲自主持、具体策划的话，治理黄、淮他就必须依靠真正的治水专家了。在这上面，他之能取得成功，就在于能正确地挑选人才，合理地使用人才，起了一个卓越的组织者的作用。

元至元二十年（1283年）黄河改道，夺淮入海。明中叶以来至隆、万之际，夺淮入海的黄河不时决口，淮水被逼倒灌运河，冲淤河道，阻塞漕运。为了保证南粮北运，保持运河的畅通，明王朝对于治理黄河还是比较重视的，因为着重漕运，也就不能不顾及黄河。但一般治河的官僚往往只要求保护运河，而对黄河的水患并不怎么关心。如何治理黄河，在统治集团内部有不同的看法：有的认为决口不必塞，应任其宣泄；有的认为多开支河以分其水势；有的主张只在黄河一面筑堤，只要不冲塞运道，而不问另一面人民田庐之被淹没。治理无方，黄河水患一次比一次加重，运河也一次比一次被冲塞得更严重。治河专家潘季驯在嘉靖、隆庆时就曾两次总理河道，取得成绩，但因他的主张和其他官员的意见不合，并且得罪的人多，于隆庆五年被言官弹劾罢职。治黄问题一直未获正确解决的途径。"治理岁费且万万，及其大决，所残无算。"（《行实》）

万历元年、二年漕粮总算安稳北上，可是万历三年"河（黄河）决砀山而北，淮决高家堰而东，高邮湖亦决清水潭口，淮城几没，徐、邳、山阳南北，漂荡千里，河道淤浅，阻漕者数年"（《明通鉴》）。面对全淮南徙、湖堤大坏、洪水滔天的严重局势，张居正深以为忧。大臣之间意见分歧，几个方案试了都无大功效，实未得要领。万历五年，黄河洪水已退，淮水归流，张居正决定把黄河、淮河好好整治一下。为此，他从组织上采取了措施。先是于万历六年初把经常闹摩擦的河道总督（管河南以下的黄河）和漕运总督（管漕运和淮安以下入海的黄河）两个机构合并为一，以使事权集中统一；接着于六年夏起用被斥的潘季驯，推荐他为右都御史兼工部左侍郎总理河漕，任用得人，自此河漕问题的解决才有了一个良好的开端。

张居正选拔了潘季驯，给予高度的信任，把河事漕事交给他全权处理。以万历帝之命，"使持节行治河，一切假以便宜。久任责成，出帑藏及所留折科漕粟八十余万金，不问出入"（《行实》）。"各该经委分任官员，如有玩愒推诿虚费财力者"，许"不时拿问参治"，使潘季驯全无掣肘之虞。潘季驯得到上头的支持，有了保障，就弹劾淮安水利道河南佥事杨化隆、淮安府通判王宏化治河无状，经张居正一手办理，上谕"都着革职，送吏部拟处，毋得概拟复职以致轻纵"（《明神宗实录》，万历六年）。御史林碧潭固执己见，处处与潘季驯意见相左，经潘季驯于书中陈说，张居正认为"条析事理，明白洞悉，鄙心乃无所惑"（《书牍》十，《答河道潘印川》），推翻了林碧潭的提议，一切放手让潘季驯去办。潘季驯的治河主张与别人不同的是，他认为"分疏"是造成河身淤塞而溃决的根本原因，他主张浚旧河，反对开新河，并主张"塞决口以导河，筑固堤以杜决"，使黄、淮归入正道，沙刷水深，畅流无阻。他的久经实践证明的治水理论是："淮清河浊，淮弱河强，河水一斗，沙居其六，伏秋则居其八，非极湍急，必至停滞。当借淮之清以刷河之浊，筑高堰束淮入清口，以敌河之强，使二水并流，则海口自浚。"（《明史·潘季驯传》）为此，他提出的原则是："筑堤束水，以水攻沙"。他所设计的堤有各种形式：遥堤（沿河两岸，去河身相当遥，以防洪水）、缕堤（在河身两旁，以束河水，使不旁决）、月堤（形如半月，两端接缕堤，缕堤冲决，水遇月堤即止），强调筑堤"必真土而勿杂浮沙，高厚而勿惜巨费，让远而勿与争地"，由此筑成三道坚固的防线。他更急调人力于洪泽湖筑高家堰，提高淮水水位，以蓄清刷黄，使河水不致倒灌入淮，二水并驱入海。黄、淮治浚，运河自然畅通，沿河、淮的城乡人民的田庐财产也就不致漂没，多年来所企求的目标也就可以达到了

（见《明通鉴》万历六年潘季驯《两河经略疏》）。潘季驯的治河"确有定见"，所以"不为异议所惑"，而"卒以成功"（《明通鉴》）。

在潘季驯这位水利专家的正确理论的指导下，"当事者人人惴恐，建官舍河上，胼胝沾涂，日夜焦劳"（《行实》）。经过一年多的时间，于万历七年冬，两河大功即告成，"计费不过五十余万"，省出银两二十四万，水灾既除，田庐尽出，"数十年弃地转为耕桑。而河上万艘，得捷于灌输"（《行实》）。并且以后一段时间里，"河道无大患"（《明通鉴》）。潘季驯被提升为工部尚书，进太子太保。他十分感激张居正给了他一个发挥专长的机会，张居正复书表示"惶愧"（《书牍》十一，《答河道潘印川论河道就功》）。这件事虽是潘季驯具体完成，但当初"言者蜂起，妒功幸败者，旁摇阴煽"，阻力还是很大的，如不是张居正的尽力支持，未必能这样顺利地取得成功，而且成功得这样快、这样好。尽管张居正本人不是水利专家，但他能任用专家，做专家的坚强后盾，在这上面他的大功自也不能抹杀。

以上三个方面的事迹虽是局部性的，不涉及大的体制问题，不能与赋役制度改革重大而深远的意义相比，但都能使国用民生俱受其利，因此也不可等闲视之。在古代的几位经济改革家中，除刘晏改革漕运成绩突出外，张居正在此也算有点建树。而驿递，自刘晏改革（官营，实行雇工制）后，至明代又恢复了捉差派役的做法（只是仍由官吏主管，不由富户包办），这是倒退。张居正虽未能做出根本的改革，但能在很少人敢碰的积习面前，毅然加以整顿，"去泰去甚"，这已经是很有成绩的了。至于修水利，治河道，则和其几个前辈一样，对之都付以极大的关注，大概这也是改革家的一个"共性"吧。

六　力主通贡互市，保持北边安定

张居正为相，他的目标是富国强兵。为了富国，他在财政经济方面实行了许多改革；为了强兵，他又整饬武备，巩固边防，大大加强了明王朝的军事力量。他虽未亲率大军，驰骋疆场，但他先后居于分管防务的阁臣的地位以至内阁首辅的地位，善用将领（王崇古、方逢时、戚继光、张家颜等），妥示兵略，几乎无一不确收实效，迭奏武功。同历史上有名的几位大改革家类似，他既是杰出的相才，又是卓越的帅才，而不仅仅是一位开源有方、节流有则的大理财家而已。张居正在军事方面的方略是：对西北主封贡，对东北主攻战，对介于东西之间为京师屏障的蓟镇则主固守。这里面，对一向是西北边患并不时威胁京师的鞑靼俺答部的问题的最终解决，是最值得大书之事。就是在张居正的具体策划下，才使俺答转而归顺明朝，从而长期保持了北边的安定。但是这个"奇迹"的出现并不全靠军事，经济也是在其中起作用的重要力量。是张居正的因势利导，通过通商互市，物资交流，同过去的敌人建立了和平共处的关系，使经济因素成了促进民族之间密切联系的强有力的纽带。

自从嘉靖"庚戌之变"后，俺答又屡次侵扰明边。俺答之悍，是因为有了内地叛人赵全等为其出谋划策。这些坏人投归鞑靼后，诱合沿边的汉人达几万人，筑城堡，开水田，所居之处被称为"板升"。首犯赵全，嗾使并引导俺答进攻大同、宣府等地，还计划尊俺答为帝，自己称王。可是连年征战的结果，鞑靼骑士的战斗力量有所削弱，而其内部统治阶层的矛盾却有所加深。俺答有个心爱的孙子叫把汉那吉，"多智，有口辩"，聘兔撦金的之女。而俺答这个老酋却看上了自己的美貌的外孙女三娘子，夺取之。三娘子已许配袄儿都司，袄尔恨极，将攻俺答。俺答无以自解，就以把汉那吉所聘的兔撦金的女偿之。那吉大怒，即带领十余人南走，叩关请降。这是隆庆四年（1570年）的事（据《明史纪事本末》卷六十，《俺答封贡》）。由张居正推荐在这一年新调来的大同巡抚方逢时、宣大总督王崇古，以为机不可失，即派五百骑把那吉迎来，奉为上宾。张居正得知这个情报，马上复书密示对策："戒励将士坚壁清野，扼险守要以待之。""使人以好语款之，曰：以彼慕义而来，又汝亲孙，不忍杀之，且给赐衣服饮食甚厚。汝欲得之，自当卑词效款，或斩赵全等之首，盟誓于天，约以数年，骑不入吾塞，乃可以礼遣归。称兵挟取，吾岂畏汝？今宣大人马，非复往年之比，汝来则来，吾有以待之！"希望方、王"坚持初意，审定计谋，毋为众言所惑"（《书牍》二，《与抚院王鉴川访俺答为后来入贡之始》）。按照张居正的指示，方、王联名上疏，要求批准受降的建议。朝中群臣中间立刻响起一片反对之声，但张居正主张受降，高拱也这样主张，事情就决定下来，那吉授指挥使，赏大红纻丝衣一袭。在宣大，俺答统兵前来索孙，但方、王已有很好准备，一点也不慌忙，暗中派人到俺答处谈判，要以交还赵全为条件。使者回来时俺答赠以一匹好马，以表示好感。张居正得悉后再指示方、王：要稳住俺答之心，令那吉穿了赐服，绯袍金带，以示宠异，对方"欲得之心愈急，而左券在我，然后重与为市，而求吾所欲，必可得也。"今日之事幸而办成，"即可以纾数年边患，其所省岂直数十百万？又何惜于目前之少费？"希望他们二人不要"为众议所格，措画少失，遂弃前功"（《书牍》二，《与王鉴川言制俺酋款贡事》）。但张居正还不放心，为防发生意外之事，又寄书与王崇古说："必责令将有名逆犯，尽数先送入境"，叫俺答返其所居，撤回游骑，然后以礼遣归其孙，事情要做得极端机密，不能令赵全察觉。如对方求和果出于至诚，不妨"假以封爵，许其贡市，我得以间修战守之具，兴屯田之利，边鄙不耸，稛人成功"，"数世之利也"，希望二人"兢兢图之"（《书牍》二，《与王鉴川谋取板升制虏》）。在周密的部署下，俺答出其不意地拿下赵全等十几个人，缚送大同，转解北京。穆宗在午门楼受俘，行祭天、告太庙大礼，然后把他们处死。这件事干得很漂亮，方、王都加了官秩，内阁全体阁臣一概受赏。那吉威风凛凛回到帐幕，俺答派人来致谢，立誓不侵大同。王崇古又开始实行第二步计划，派人劝说俺答完全放弃武力虏掠的做法，与明王朝通贡互市，指明这对俺答有莫大的利益。俺答愿意这样做，而他手下诸部，听说能以剩余的马匹，换取必需的物资，也都乐从，而"无间言"。

　　然而对这一计划，朝臣们又纷纷反对。他们认为封贡不便，嘉靖时曾开马市，俺答又来侵扰，后来只好禁市，如再封贡，得担保百年之内，边境无事。张居正听了十分激动，他两次去信对王崇古说："封贡事乃制虏安边大机大略，时人以媚嫉之心，持庸众之议，计目前之害，忘久远之利，遂欲摇乱而沮坏之。国家以高爵厚禄，畜养此辈，真犬马之不如也。"（《书牍》二，《与王鉴川议坚封贡之事》）"昔年奏开马市，官给马价，市易胡马，彼拥兵压境，恃强求市，以款段驽罢，索我数倍之利，市易未终，遂行抢掠，故先帝禁不复行。今则因其入贡之便，官为开集市场，使与边民贸易有无，稍为之约束，毋得阑出中国财物及应禁者，其期或三日，或二日而止，又岂马市可同语乎？""至于桑土之防，戒备之虞，此自吾之常事，不容一日少懈者，岂以贡不贡而有加损乎？"希望王崇古与新来的巡抚刘应箕（方逢时丁忧回里）共襄大事，上报贡市的具体办法，内阁"当备闻于上，请旨行之，浮议虽多，不足恤也"（《书牍》二，《答王鉴川计贡市利害》）。由于张居正在内策动，再由王崇古上疏，议封贡八事。兵部尚书郭乾犹豫不决，张居正向穆宗请旨廷议。经过大臣的廷议（御前会议）、穆宗的裁决，最后在隆庆五年三月通过，确定的政策叫作"外示羁縻，内修守备"，一面诏许封贡、互市，一面整顿国防，加强武备。诏"封俺答为顺义王，及其子弟部落为都督等官"，那吉封昭勇将军、指挥使如故。张居正则同王崇古再进一步计议封贡后的开市的具体事宜，确定：①开市之初，民间不愿和鞑靼交易，故最初须由官中布置，使人知有利，自易乐从。②鞑靼要求买铁锅，铁是武器来源，向属禁运物资，唯广锅不能铸造兵器，不妨出卖广锅，但买时要以旧换新。③使者不许入城，只许在边堡逗留。④休战后沿边将士失去掳掠机会，不免生怨，应加意防备。种种方面都考虑到了，布置是很周详的。

在隆庆时促成封贡互市的过程中，一步一步地进行具体指示的张居正，实起了关键的作用，这是他为穆宗时内阁阁臣任内的最大政绩。方针既定，王崇古执行就不困难了。"河西亦请如约"，经王崇古奏准，"三镇悉开贡市"，"广召商贩，听令贸易，因收其税，以充犒费"。至于入贡与回赐，实质上也是双方统治者之间的一种贸易形式，与民间的一般互市，相辅而行。"秋市既成，凡得俺答马五百余匹（隆庆五年九月）。"其西部诸部也都"利汉财物，无不踊跃趋之"。中国内地"以段布皮物"交换各部的马匹，自是"贸易不绝"，"边境休息"，"东自四海冶，西尽甘州，延袤五千余里，无烽火警，行人不持弓矢，近疆水陆屯田，悉垦治如内地"，"岁省费什七"，以数计，每年"不下数十万石"（《明通鉴》、《明史·王崇古传》、《行实》）。

万历年间，作为首辅的张居正，对于俺答继续实行隆庆时通贡互市的政策，"西鄙烽火寂然"（《明通鉴》）。万历元年，召宣大总督王崇古入为兵部尚书，张居正又推荐丁忧归里的方逢时起复为宣大总督。方逢时当年与王崇古共定贡市议，"及代崇古，仍申明约信。两人首尾共济，边境遂安"（《明通鉴》）。万历三年，因俺答子宾兔请市，立大市于甘州，小市于庄浪（《明史纪事本末·俺答封贡》）。万历五年，王崇古罢兵部尚书，方逢时代之。万历九年，方逢时总督宣大还京，议者又争言贡市利害。方上疏说："数年以来，九边生齿日繁，守备日固，田野日辟，商贾日通，边民始知有生之乐。而异议者或曰日益耗费，彼欲终不可足，或曰与寇盗狎，隐忧叵测，此皆未睹事机之论也。财货之赇，有市本，有抚赏，计三镇岁费二十七万，较之向时户部客饷七十万余，太仆马价十余万，十才二、三耳。而民间耕获之入、市贾之利不与焉。所省甚多，何有耗费！""方庚午（隆庆四年）以前，三军暴骨，万姓流离，城郭丘墟，刍粮耗竭，边臣首领不保，朝廷为之盱食，七、八年来幸无此事矣。若使臣等处置乖方，吝小费而亏大信，使一旦肆行侵掠，则前日之忧立见，何隐之有哉！"因复奏上《款贡图》。方逢时的这些话说出了自己深刻的体会，当初的主持者，其时的首辅张居正，对他当然还是绝对支持的。在方告老回乡时，张居正特请万历帝书"尽忠"二字赐之（《明通鉴》）。这就是万历君相对这位"才略明练，措置边事悉协机宜"的有功大臣所给的恰当评价。

俺答封贡后，兀良哈杂颜部酋长董呼哩连年入寇，尤其是常侵扰蓟门。万历元年，蓟镇总兵戚继光大败董呼哩，追获其弟长秃（察克图）。董呼哩率亲族三百人叩关请服，戚继光受降，放还长秃，重建了通贡互市关系（《明通鉴》）。在戚继光坐镇时，蓟门一直保持安定。

另外，在辽东，巡抚张学颜巡塞上，抚定王台、兀堂诸部，"俱听于所在贸易，而诸部利通市，遂不敢争"（《明通鉴》万历元年）。

在嘉靖时（三十一年），边将"骄纵"，"声言马市既通，无庸戍守，恣意朘克"，巡抚也"以通市放"，"即有警，辄匿不以闻"。所以俺答众出入关隘，无复顾忌，动以贡市为名进行抢掠，结果不得不罢马市（《明史纪事本末》卷六一，《俺答封贡》）。张居正是在加强边防的同时，或在战争取得胜利之后，许同沿边各族通商互市的，这就不会重蹈嘉靖马市的覆辙，相反的，事克有济，能取得很大成功。在处理好民族关系上，通商互市这一经济手段，正越来越起着重要的作用。

同沿边各族开展互市后，输入的主要是马，每年至数十万匹，马的来源大大增多了。于是张居正就考虑改革马政。明代的马政，制度很复杂。国初，有官牧（御马监、太仆寺、行太仆寺、苑马寺），有民牧（也属太仆寺管）。"后定制悉牧于民，视丁田授马。始曰户马，继曰种马"，种马由国家分发，草料由民间供给，"按岁征驹"，有法定的数额。起初刍牧地广，养马困难不大，以后耕地扩大，牧地缩小，"而孳生常不及数，马户无以偿，辄多逃窜"。马政成了一种虐政。这样，就转而采取加强买马的方式，以供军用。买马，有开原、广宁的马市（与辽东各族），有大同、宣化的马市（与鞑靼），还有在川、甘等地的茶马互市（与西番）；此外还有纳马（捐马授职），以为补充。隆庆间，太仆少卿戴金奏称："种马之设，专以孳生备用。备用马既别买，则种马可遂省。今备用马（买马）既足三万，宜令每马折银三十两解太仆，种马尽卖输兵部。一马十两，则直隶、山东、河南十二万匹可得银百二十万两，且收草豆银二十四万。"穆宗命部议，当时兵部请养、卖各半，从之，种马就剩下六万余匹。到了万历九年五月，因互市蓬勃发展，"马益多"，边马已经够用，于是张居正决定"尽卖种马，上马八两，下至五两，又折征草场地租银以供团营买马及各边之请"（引自《明通鉴》）。张居正这样做的目的是为了解除民间养马的困苦，同时也可增加一部分财政收入。由于迭次卖掉种马，太仆寺收入银两大增。万历年间，太仆寺（囧寺）积银多时竟达四百余万两，其中主要原因就是由于"互市饶马，乃减太仆种马，而令民以价纳"所致。太仆寺（囧寺）银多，有时也借支给财政上使用。在张居正的时候，边马多，废止民间养马还没有对国防发生什么影响。

在历史上，桑弘羊十分注意开展与沿边各族的贸易，同匈奴休战的年月就以内地的丝绸与匈奴交换驴、马，使"异物内流"而"国用饶"。王安石则利用官府榷买的川茶来同陕西边区的藏族换马，茶马互市更盛于唐时的"回纥入朝，驱马易茶"。张居正是继桑弘羊、王安石而后善于利用通商互市的方式来处理民族关系的人。没有贸易，他也不容易这样顺当地"御轻重而役诸侯"，把主动权稳操在自己手里。

七　指导改革的经济思想

张居正实行经济改革，以"强公室、杜私门"为施政方针，指导他这样做的，有一套成体系的思想，这个思想有比较大的进步性，既继承了过去改革家的历史遗产，又适应自己的时代，做出了某些新的发展。概括地说，张居正的经济思想表现了以下几方面的特点。

第一是计功谋利，不务空谈。

自从汉儒董仲舒大唱"正其谊不谋其利"的高调以后，标榜"仁义"而讳言财利的观点日益成为一种传统的教条。到宋代，改革家王安石曾昌言"理财乃所谓义也"，大胆否定这种陈腐观点。但南宋朱熹又大事颂扬"义理"而贱视"利欲"，其影响很大很坏，与之相对，叶适、陈亮则大倡功利之学，竭力主张要"义利双行"。在如何对待理财谋利的问题上，历来是进步的和保守的思想家主要分歧的集中点。张居正公开讲财利，重理财，姿态十分鲜明。他在早年的文章中，就揭橥这样的道理："夫财不足则争，信不足则伪，争与伪，大奸之所资也。何以守险？曰人；何以聚人？曰财。财赡而礼义生，即有大奸盗，莫之敢乘。"（《荆门州题名记》）他认定，物质财富丰足了，才能团聚人民，讲礼义才能蔚然成风，否则社会秩序就不能安定。"礼义生于富足"（《书牍》六，《答应天巡抚宋阳山论均粮足民》），这种思想，上承管子，由此出发，他一心探求赡财富国之道，在执政后即大力推行各项为达此目的的经济改革。

对于他的所作所为，有人看不惯。说："吾辈谓张公柄用，当行帝王之道，今观其议论，不过是富国强兵而已，殊使人失望。"张居正笑道：这是过誉了，"吾安能使国富兵强哉？孔子论政开口便说：足食足兵；舜命十二牧曰：食哉惟时；周公立政：其克诘尔戎兵，何尝不欲国之富且强哉？后世学术不明，高谈无实。剽窃仁义，谓之王道；才涉富强，便云霸术。不知王霸之辨，义利之间，在心不在迹，奚必仁义之为王，富强之为霸也。"（《书牍》十一，《答福建巡抚耿楚侗谈王霸之辨》）张居正根本否定这种无聊的王霸义利之辨。他不要空谈，而要能"于国家实为少裨"，愿"以足踏实地为功，以崇尚本质为行"（《书牍》九，《答南司成屠平石论为学》）。富国强兵就是他自己务实尚本、努力以赴的目标。理学家说他行霸道，张居正却认为那种理学"皆宋时奸臣卖国之余习，老儒臭腐之迂谈"（《杂著》），不值得一顾。他坚决重视功利，富国强兵就是最大的功利，而"足食乃足兵之本"（《书牍》三，《答王鉴川言边屯》），发展经济更是一切的基础。他之所以具体细致地抓各项经济工作，就来源于有这样明确的认识。

儒家好谈仁义，法家着重富强。张居正志在使国富强，这样，他就自然地有尊奉法家的倾向。在他柄政以前，国势几无异于汉唐末世，要扭转局势，必须"强其根本，振其纪纲"，破除积弊，在施政上循名责实，任法综核，赏罚明当，这其实就是法家的法治那一套，尽管他为了减少别人的反对，是打着"以遵守成宪为准"的旗号来推行他的新政的。他用"法术"来解释"儒术"，可说是一种"援法入儒"的方便论法（见陈翊林《张居正评传》）。实质上他并不是真的主张守成不变的。他说过，"法不可以轻变"，也"不可以苟因"。"苟因（苟且因循）则承敝袭舛，有颓靡不振之虞。""夫法制无常，近民为要，古今异势，便俗为宜。""法无古今，惟其时之所宜与民之所安耳。时宜之，民安之，虽庸众之所建立，不可废也；戾于时，拂于民，虽圣哲之所创造，可无从也。"他之所以推重明初之法，是欲取太祖的严峻，以正衰世之颓靡，并非对中叶以来的积弊不要改革。相反的，他正是出于宜时、安民的需要，对时政做了最大可能的改革，只是"实事求是，而不采虚声"罢了（《辛未会试程策》）。看来法家的革新精神对张居正还是有很大的影响的，不叫"变法"而叫"遵宪"，实乃一种策略。

第二是尊法尚严，不稍宽缓。

张居正反对儒家的宽缓、道家的放任，独吸取法家精神，严刑明教，厉行法治。他曾经说过："古称政之所予，在顺民心，有以咈（违逆）为顺者，子产是也。吾殆类是乎！"这是他"论治，欲儆官邪，齐民萌，不专姑息"的思想的表露（《行实》）。他又说过："诸葛孔明云：'法行而后知恩'。今人不达于治理，动以姑息疏纵为德，及罹于辟，然后从而罪之，是罔民也。仆秉政之初，人亦有以为严急少恩者，然今数年之间，吏斤斤奉法循职，庶务修举，贤者得以效其功能，不肖者亦免于罪戾，不蹈刑辟，其所成就者几何，安全者几何！故曰：小仁，大仁之贼也。子产铸刑书，制田里，政尚威猛，而孔子称之曰惠人也，然则圣贤之意，断可识矣。"（《书牍》九，《答闽抚庞惺庵》）在这里他抬出孔子来肯定子产，说明了为政宜严，严一点可使人少犯罪，比姑息养奸要好得多的道理。他还主张"用威"，说明太祖"治主威强"，"而海内人心晏然不摇"（《杂著》）。他向人表示：自己执政以来，"锄强戮凶，剔奸厘革，有不得已而用威者，惟欲以安民而已。奸人不便于己，猥言时政苛猛，以摇惑众听"。如不用威，"徒以惠奸宄、贼良民耳"（《书牍》十二，《答福建巡抚耿楚侗言致理安民》）。就当时的形势来说，也正是因为张居正的为政尚严（他喜用严字，不喜用猛字，说"法宜严而不宜猛"）尚威，所以才能够针对时弊，一时收到振衰起废的实效。

从上述的思想出发，张居正在推行他的经济政策、措施时，对于不肯守法的豪右，就硬是依法严治，不肯稍加宽贷。"吴中财赋之区，一向苦于赋役不均，豪民挠法，致使官民两困"；张居正派去宋阳山整顿田赋，"而人心玩惕日久，一旦骤绳以法，人遂不堪，谤议四起"。张居正"终不为动"，对宋"任之愈力"。以后又经继任的应天巡抚胡雅斋措画，终使"积岁恃势顽强梗，咸颡首祇奉约束（颡，同俯）"，"至是吴人始知有法矣"。为使为富不仁的豪右能知检点，而不挠法，张居正特创造了一种"以严治为善爱"的理论。他说："夫富者怨之府，利者祸之胎，而人所以能守其富，而众莫之敢攘者，恃有朝廷之法故耳。彼不以法自检，乃怙其富势，而放利以敛怨，则人亦将不畏公法，而挟怨以逞忿。是人也，在治世则王法之所不宥，在乱世则大盗之所先窥，乌能长有其富乎！今能奉公守法，出其百一之畜，以完积年之逋，使追呼之吏，足绝于门巷，驯良之称，见旌于官府，由是秉礼以持其势，循法以守其富。虽有金粟如山，莫之敢窥，终身乘坚策肥，泽流苗裔，其为利也，不亦厚乎？""此吴人之福，而彼不知也。"（《书牍》九，《答应天巡抚胡雅斋言严治为善爱》）张居正一面严厉打击不肯守法的豪绅地主，一面又以好言劝说他们转而奉公守法。守法才能守富，"忍于其所小苦，而成其所大快"，这些话不是宣传，而是出于张居正内心的真实思想，说明了他的政策措施是从包括大地主在内的整个地主阶级的全局利益、长远利益着想的——要大地主守分一点，免得在农民的反抗中不能长保其富。所以这不但是给封建政权所上的治安策，也是给守法的地主提供了一道护身符。

厉行法治、政尚威严的张居正，对触犯刑律的重犯，也坚决主张严办，反对宽纵。万历五年，李太后以神宗结婚为大喜，谕命暂免行刑，张居正以为不可。他说："释有罪而不诛，则刑赏失中。稂莠不锄，嘉禾不茂，冤愤不泄，戾气不消……不忍于有罪之凶恶，而反忍于无辜之良善，其用仁亦舛矣。"（《论决重囚疏》）结果把太后的谕旨顶了回去。他的理论是："杀以止杀，刑期无刑，不闻有纵释有罪以为仁也。"这种观点来自商鞅，"严刑明法"可以"制欲禁奸"，法家都是这样认识的。当然，张居正是地主阶级政治家，他的严明刑法的根本目的是为了维护封建统治秩序，这里面有其阶级性甚至反动性，但同时由于刑法严明，也带来了社会治安的一时大大好转，"凡山行蹈橇，水行载舟者，皆万里不持寸兵，有道不拾遗之风矣。"（《行实》）而治安状况的改善，能安定人民的生活，对发展农业生产、稳定社会经济有着一定的积极意义。

第三是固本安民，不事聚敛。

张居正进行改革是为了要安定民生，巩固国本（封建政权的统治基础），拿他自己的话来说，这叫作"固本安民"。他一再陈述："致理之道，莫要于安民。《书》曰：'民惟邦本，本固邦宁'。民安邦固，即有水旱盗贼敌国外侮之虞，而人心爱戴乎上，无土崩瓦解之势，则久安长治之术也。"（《请择有司蠲逋赋以安民生疏》）"唯百姓安乐，家给人足，则虽有外患，而邦本深固，自可无虞。惟是百姓愁苦思乱，民不聊生，然后夷狄盗贼乘之而起。盖安民可与行义，而危民易与为非，其势然也。"（《陈六事疏》）尽管张居正的"固邦本"的主张，是从防止外患内乱维持封建统治秩序来考虑的"久安长治之术"，但他毕竟看到了人民的利益也不容忽视，这总是可贵的。固本、安民之说，在他的奏疏、书牍、文章中反复地大量地出现，在中国历史上持"固本"论者并不乏人，而以张居正的见解更为深刻，也更为实际。

固本安民从何做起？张居正认为"农，生民之本也，国家用稼穑兴王业"（《学农园记》），所以他在这方面施政的重点就放在农民身上，注意鼓励农业生产，安定农民生活。如何"安民"？他认为"安民之道，在察其疾苦而已"（《请择有司蠲逋赋以安民生疏》）。知道了人民（主要指农民）的疾苦所在，就要坚决革除这些"病民"的弊端。弊端何在？他说："今风俗侈靡，官民（富民）服舍俱无限制。外之豪强兼并，赋役不均，花分诡寄，恃顽不纳田粮，偏累小民；内之官府造作，侵欺冒破，奸徒罔利，有名无实，各衙门在官钱粮漫无稽查，假公济私，官吏滋弊。凡此皆耗财病民之大者。若求其害财者而去之，则亦何必索之于穷困之民，以自耗国家之元气乎？"（《陈六事疏》）针对这些弊病，他除了在内紧缩开支、整饬吏治，使"民力亦赖以少宽"以外，在外就对豪强兼并之家督责欠粮，清丈土地，摊役入田，步步加紧，并对穷困小民一而再、再而三地实行减赋免税。所有这些政策和措施，整顿和改革，都是他的固本安民思想的具体贯彻。

在严行考成，整顿田赋，力纠富户侵欺拖欠之弊的过程中，他支持"任法行之"的地方官员，指出"清隐占，则小民免包赔之累，而得守其本业；惩贪墨，则闾阎无剥削之忧，而得安其田里"；"惩贪吏者，所以足民也；理逋负者，所以足国也；官民两足，上下俱益"。均粮足民，这是使农民免于逃亡而安于生产的"安攘之策"，并非操之过急（《应天巡抚宋阳山论均粮足民》）。对清丈土地，张居正认定"此举实均天下大政"（《书牍》十三，《答江西巡抚王又池》），"小民实被其惠"，可"慰主上子惠元元之心"（《答山东巡抚何来山》）。对推行一条鞭法，张居正也说"朝廷之意，但欲爱养元元，使之省便耳，未尝为一切之政以困民也"（《书牍》九，《答少宰杨二山言条鞭》）。深信这一兴革，是"顺天下之公"（同上）。总之，在赋役制度的改进与改革上，张居正确是想达到"民生可遂，而邦本获宁"的"固本安民"的目的，因此，大力排除障碍，积极督促各地实施。个人不怕由此颇招物议，"祸机毁怨身后名，都置之不顾"（《行实》），这种心情说明了他的安民论是实心为民，而且产生了实效，而不是虚情假意，空谈一番。

在张居正的思想里，尽可能地给穷困小民减赋免税，也是固本安民的重要措施，单纯的聚敛他也是坚决反对的。万历十年初，他建议："除金花银两系供上用例不议免外"，万历七年以前逋赋悉行蠲免，这就是体恤民困的一个突出的例子。据计算，在他秉政的十年之中，还"赈贷苏松等郡凡七，减漕七十余万，赈贷淮扬等郡凡十三，减漕九十三万"（《行实》）；而且万历四年已有"请蠲赋二百三十四万有奇"之事，固非自万历九年起始有较大数额的减免。看来，在整

顿田赋增加岁入这一方面外，张居正于减赋免税的另一个方面做得也是不错的。"辑宁邦本，未可谓刻急也。"（《行实》中语）

张居正经济改革的实质是，把豪民应负担赋役中逃避转嫁的部分，一一清理出来，责其向国家如期缴纳供办，借以增加国家的收入，减轻贫民的支出；民生的安定，邦本的加固，就由此而来。运用国家的权力，来均节赋役，调整国家、豪民与小民三者之间的关系，调整社会财富中剩余产品再分配的比例与方向，使之向比较有利于国家与小民而不利于豪强兼并之家的方向，做适当的改变，而不是一味加强聚敛，加重小民的负担，这就是张居正"固本安民"政策所包含的复杂的经济内容。这种做法，过去的改革家曾采取过，张居正是继承这一优秀的思想传统而在实践中更有发展了。

第四是资商利农，不重榷管。

张居正经济政策中对商人的态度比之王安石更为缓和，而不仅仅如后者那样主张利用中小商人而已。他已不提抑商，可以说，对工商业，张居正已是主要以实行开放政策为其特色了。

早在嘉靖中，病假回里之际，张居正在赠友人的文章中就阐发了这样的观点："古之为国者，使商通有无，农力本穑。商不得通有无以利农，则农病；农不得力本穑以资商，则商病。故农商之势，常若权衡，然至于病，乃无以济也。"（《赠水部周汉浦榷竣还朝序》）为此，他提出的口号是"省征发，以厚农而资商；轻关市，以厚商而利农"（同上）。在这里，张居正已相当深刻地认识到农业与商业的互相依存互相促进的关系，对传统的以农压商的重农抑商论给以否定，在当时是一种开风气之先的新观点。张居正执政后，其经济改革的矛头是针对豪强地主而不是针对商业资本，相反的，对商人倒真是有所照顾的。万历七年减少苏松的织造就是给江南工商业所办的一件好事：官府的催督减一分，两地机户的负担也就可以轻一分，这有利于当地丝织品生产和贸易的发展。对各地私自擅往的苛繁的商税也"累诏察革"，虽"不能去"，但总是不合法的了；张居正还曾具体要求革免荆州店税（《明史纪事本末·矿税之弊》中有"湖广荆州原有辛效忠店房，曾经辽藩窃据，后张居正私意革免"之语），荆州是他的家乡，故特别关心。这些都贯彻了他的"厚商"和"资商"的思想，其做法和想法与王安石变法中之有抑商（大商人奸商）措施（均输、市易、青苗）不尽相同，和桑弘羊的以官商排挤私商更是不同的。至于推行一条鞭法后，商人虽多积厚藏，但赋役却不及于身，其在张居正所行经济改革中所得的好处更可以想见。张居正的"厚商"和"资商"思想决定了他的政策很有自己的"个性"。

张居正从重视商业"通有无"的作用的观点出发，一方面要求轻"关市之征"，另一方面又主张不"言权利"，对官、商（特许的大商人）专利的商品专卖政策很是反感。如果说王安石还很推重桑弘羊，则可以说张居正是转而起来非议桑弘羊了。原因就是他不赞成桑弘羊的权利。他在答复友人（周汉浦）关于轻关市后"国用不足奈何"的问题时，认为只要在上面的人厉行节俭就是了。他指出："余尝读《盐铁论》。观汉元封始元之间，海内困敝已甚。当时在位者皆孳孳言权利"，而"文学诸生乃风以力本节俭。其言似迂，然昭帝行之，卒获其效"。"故古之理财者，汰浮溢而不骛厚入，节漏费而不开利源。不幸而至于匮乏，犹当计度久远，以植国本、厚元元也。贾生有言：生之者甚少，靡之者甚多，天下财力安得不绌？今不务除（治也）其本，而竞效贾竖以益之，不亦难乎！"（同上）这番话的中心思想是反权利，是不满意当时（嘉靖中后期）的重征商税和执政者的效商贾专商利，是有感而发的。他在同这位友人以及在其他场合下所说的"权使（权税使）亦颇骛益赋"（同上），"当嘉靖中年，商贾在位，货财上流，百姓嗷嗷，莫必其命"（《书牍》十二，《答福建巡抚耿楚侗言致理安民》），就揭露了这种情况。他说元封始元在位者的权利，不点名地触及桑弘羊，无非是指桑骂槐、弹乌及雀而已。其实他对桑弘羊并不完全了解，说汉武帝时只要在上者节俭就能财用不乏也不合事实；但他就是要以此作为历史类比，大讲榷利之非，以堵当世榷利者之口。说话有他的用意。当然，对桑弘羊大搞官营商业，力主由官府专商利，实行商品的专卖制度，这件事本身张居正也是不能首肯的。因为时至明代中叶，已不宜再大搞障碍商品经济发展的官商专利，而须扶植与生产结合的私营商业了。从王安石的"榷法不宜太多"，到张居正的反对"言榷利"，这也是历史发展的必然结果。

张居正初入仕时的不"言榷利"的思想，在他执政后继续保留下来。十年之中，财政收入增加不少，但没有一点是靠加强专卖增收榷利而得来的。他理财的重点已经摆到了另外的地方。

张居正的出生地——商业繁盛的江陵，和他与商业有关的家庭——叔父经商，自己家里在荆州有店房（《明史纪事本末·矿税之弊》中有"荆州辽府张居正店房已经没入变价解京"之语），对他厚商资商思想的形成有一定的影响。但他也不是一般地笼统地厚商资商，而是对不同商人区别对待。他痛诋"富民豪侈，莫肯事农，农夫藜藿不饱，而大贾持其赢余，役使贫民"的不合理现象，也要求"摧抑浮淫"（《明史纪事本末·矿税之弊》），这样，就当然不会再厚待那些兼并土地刻剥农民的大商人了。他反对"言榷利"，很看不惯官商合流，"竞效贾竖以益之"，这样就当然不会再厚待那些与官僚贵族勾结、在专卖制度中分取厚利的有特权的大商人了。他是要以中央集权制国家的力量来扶植新兴的——与资本主义萌芽有关，与土地、高利贷、封建官府关系少的工商业者。这一阶层的出现有其历史的进步性。抑商让位于资商，反映了新兴的城市工商业者的利益，是顺应了历史发展的趋势的。所以张居正的这一思想也有其历史的进步性。正由于张居正要扶植新型的与生产结合的私营工商业者，官商榷利的做法已与时代精神格格不入，他的非议桑弘羊就不是什么可奇怪的事情了。桑弘羊、张居正都维护中央集权制，都抑豪强兼并，但桑弘羊的任务是用中央集权制的力量来打击保守的腐朽的商人地主豪强势力，张居正则是要用中央集权制的力量来扶植新兴的工商阶层，这一阶层是桑弘羊时尚未产生的。两人的政策各有不同的重点对象，两人的思想也就各自有了不同的表述方法。

张居正作为一位究心当世之务、注意实行的政治家，他的经济改革切中时弊，在一定程度上符合当时经济发展的要求和"细民"（即农民）的利益，指导其政策的思想是值得称许的。虽然许多观点前人已经有过，但他更有自己深入、透辟的阐发，并在行动中有所前进。何况厚商资商思想更是一种新颖的观点、独到的见解，是前人所没有讲过的，这就尤其值得称许了。不能因为他是一位实干家而忽略他在经济思想方面的成就，更不能认为他的经济言论不多，仅仅是复述儒家传统的经济概念和原则而已。

八　保障改革的用人制度

要实现改革，必须有能切实推行改革的人才。张居正一再说："致理之道，莫要于安民。……然欲安民，又必加意于牧民之官"（《请择有司以安民生疏》）；"致理之要，莫急于安民生，安民之要，惟在于核吏治"（《请定面奖廉能仪注疏》）；"安民之要在于知人，辨论官材，必考其素"（《进职官书屏疏》）；"欲民之安，责在守令"（《书牍》七，《答山东抚院李渐庵言吏治河漕》）。可见他十分重视吏治与用人，把这件事视为能使他的以安民生、固邦本为务的经济改革得以胜利贯彻的重要保证。为此，他用综核名实的方法整顿用人制度，大量选拔人才，形成了自己的一套有效做法，从而真的为他经济改革的能收效于时创造了前提。

张居正的用人制度有许多好的内容，以下这几个方面很值得称道。

一是公诠选。即按公平原则选用人才。张居正引用人才着重质实一流，以"平淡为上"，要能"从实干"之人，不要"肤言阔论之士"（《杂著》）。他强调要发现人才，"曰世无才焉，臣不信也"（《陈六事疏》）。感叹"乏才"，不是真的缺乏人才，而是没有去用心发现人才，合理使用人才。他说"天生一世之才，自足一世之用。顾持衡者，每杂之以私意，持之以偏见，遂致品流混杂，措置违宜。乃委咎云乏才，误矣！"私意和偏见是阻挠人才的发现和进用的原因，归咎于"乏才"是错误的。要发现良才，应该是"无问是谁亲故乡党，无计从来所作眚过，但能办国家事，有礼于君者，即举而录之"（《书牍》九，《答总宪张崛峡言用人》）。"私意"一定要破。"内不敢任爱憎之私，外不轻毁誉之说"（《书牍》十一，《答南列卿陈我度》），秉公考察，知人贤否，才不会埋没人才。"专务资格"，致使"人莫得竟其才，官职至耗乱"（《行实》）的情况也必须加以改变。为了做好人才的诠选工作，他归纳出"六毋"原则，说："用舍进退，一以功实为准，毋徒炫于虚名，毋尽拘于资格，毋摇之以毁誉，毋杂之以爱憎，毋以一事概其生平，毋以一眚掩其大节。"（《陈六事疏》）特别是后面两"毋"，表明了他使用人才是扬长避短，而不求全责备。"事无全利，亦无全害，人有所长，亦有所短。要在权利害之多寡，酌长短之所宜，委任责成，庶克有济。"（《陈六事疏》）对人才要善于使用，发挥其长处，不能因人有缺点而不选拔。张居正是这样认识的，也是这样实行的。"虽越在万里，沉于下僚，或身蒙眥垢，众所指嫉，其人果贤，亦皆剔涤而简拔之。"（《书牍》七，《答刘虹川总宪》）他对所引用的人才，只望实心办事，不求其馈赠，如有馈赠反不加引用。正因为张居正任人唯公、任人唯贤，所以在他执政期间从上到下，人才济济，尤其是"南北督抚"，都是"能为国家尽忠任事之人"（《书牍》六，《答殷石汀言宜终功名答知遇》）。依靠这些骨干力量来推行改革，自然是能够成功了。

二是专责成。即既引用一人，就假以事权，给予信任，责任分明，指导具体，使人思感奋，乐于尽力。用一个人须审之于初，慎之于始，务求妥帖相当，一经任用，就"宜加信任，勿听浮言苟求"，使他难以开展工作。要"如魏文侯之用乐羊，虽谤书盈箧，而终不为之动。"（《陈六事疏》）在他们遇到非议和困难时，加以支持和保护是最要紧的。张居正认为"人臣能具诚担任，国之宝也"，自己"苟可以荐达之，保护之，即蒙嫌树怨亦所不避"（《书牍》四，《与河道万巡抚言河漕兼及时政》）。"今后凡任事任怨之人，宜预将护，俾得展布"（《书牍》十，《答应天巡抚》），不要待其被劾而后救之，那就来不及了。由于张居正如此信任人才，保护人才，所以人们也兢兢业业，担起应负的责任，努力把事办好。当然，张居正既慎用于信任之先，又常用书牍指示做事方法于信任以后。这样，在未信任以前无由幸致，既信任以后也不易溺职偾事，各项改革就能得到有力的贯彻实行了。

三是重久任。久任才能熟习事理，否则成功难见，无从综核名实。过去，"官不久任，事不责成，更调太繁，迁转太骤，资格太拘，毁誉失实"。"士大夫务为声称，舍其职业而出位是思，建白条陈，连篇累牍，至核其本等职业，反属茫昧。主钱谷者，不对出纳之数，司刑名者，未谙律例之文。"（《陈六事疏》）迁调太繁的弊害，必须革除。"仁必久而后洽，功必久而后成。"（《赠袁太守入觐奏绩序》）张居正认为，不仅在京各衙门佐贰官应久任，"使之讲究职业，赞佐长官"（《赠袁太守入觐奏绩序》），就是各级地方长官，也"不必互转数易以滋劳扰"。如"有所调选"，也"悉就近其地"（《行实》）。在张居正看来，"如此，则人有专职，事可责成，而人才亦不患其缺乏矣。"（《行实》）当然，久任制不等于终身制，年老者要"致仕"，不称职者要黜退或调动，官吏并不能因此就可以不动脑筋，而长保其禄位了。

四是严考察。借此以判断人之贤否，事之兴废，对其功过做出评估。张居正考察官吏主要用三种方法：第一是定期考察，第二是随事考成，第三是探访告诫。定期考察，就是在一定年限届满考察一切官吏，以定升降或罢免。这种制度以前就有——京官六年一考察，外官三年一考察；张居正更按期逐级严厉地进行考察，以"安静宜民者为最，其沿袭旧套，虚文矫饰者，虽浮誉素隆，亦列下等"，"不能悉心甄别而以旧套了事"，则主持考察的官员"为不称职"，要给以处分（《请择有司以安民生疏》）。随事考成，就是对每件公事要限期办完，不得拖延积压或推诿扯皮。"以大小缓急为限，误者抵罪。"官员前案未办完了结，就不许升迁离职。具体办法即上述的考成制。探访告诫，就是对中外大事的处置常派人实地调查采访，探究事实与奏报相合与否。如发现有不合，轻则以私函告诫，重则用诏令申斥，使人不敢不以实奏报，再事隐蔽。这样地厉行考察，自然人才立显，吏治日清，改革之令落到实处，而其效大见了。

五是明赏罚。即经严格考察之后，继之以赏罚，以最后确收综核名实之效。张居正坚信法家信赏必罚之说，丝毫不肯放松通融。凡法所当罚，虽权豪贵近，也不肯轻易宽宥；凡法所当赏，虽下吏也不会轻易忽略。如有冒赏或隐罪的，必严加追查，使一一归于明信。他赏罚严明的实际事例很多，且对信赏必罚之说颇有发挥。如说："慎重名器，爱惜爵赏，用人必考其终，授任必求其当。有功于国家即千金之赏、通侯之印，亦不宜吝；无功国家，虽嚬笑之微，敝袴之贱，亦勿轻予。"（《陈六事疏》）"人物品流，亦无定论，惟在试之而责其成功，毋徇虚名，毋求高调，则行能别矣。韩信驱市人而用之，卒以成功，赏罚明信，任当其才也。"（《书牍》十一，《答福建巡抚耿楚侗言治术》）"人之才具亦不甚相远，唯赏罚明，而信任笃，则人皆可使也。"（《书牍》十一，《答福建巡抚耿楚侗》）"导民以行不以言。今治吏亦然，科条既布，以身先之，有不如令者，姑令之申之，申令已熟，则不问官职崇卑，出身资格，一体惩之，必罪无赦。……若徒以言语教诏之，虽口破唇焦，毕竟何益？"（《书牍》十三，《答四川巡抚张濂滨》）张居正对赏罚严明如此高度地重视并加以切实的执行，可说是深得治国之道。他改革的法令，之所以能朝下而夕奉行，如疾雷迅风，无不披靡，看来也绝不是没有原因的了（参见陈翊林《张居正评传》）。

张居正一方面是奖廉，一方面是惩贪。他用刺举（检举）来揭发贪污，治罪之外还要追赃（"诸赃犯侵盗官银五十两，粮一百石者照数监追，押发各边自行输纳"）。这样对官员的廉贪进行严格的奖惩制度，官场贪风一时顿见收敛。

张居正的用人制度及其有关言论，是颇成体系的，其中不乏真知灼见，他的经济改革实与之不能分开。当年王安石变法，在执行中有些问题，与其选拔和使用人才有欠缺之处不无关系。张居正柄政的时间不比王安石长多少，而其改革推行得却较王安石快得多，而且顺当得多，由此更可看出这和他的善于用人有着密切的关系。在中国历史上的经济改革家中，善于用人的，曾推刘晏为最，迨张居正出，其用人的制度和办法又超刘晏而过之。刘晏善于用人，与他当过吏部尚书多年不无关系；张居正也曾任吏部侍郎，后并以建极殿大学士兼吏部尚书，时间虽不长，但这一段经历，也有助于为他柄政后在更大规模上合理地选拔、使用人才准备有利的条件。

九　生前的殊荣，身后的奇祸

万历帝以冲龄践位，太后居乾清宫，"抚视帝"，宫中任冯保，朝中"大柄悉以委居正"。万历帝将行大婚，慈圣太后准备还慈宁宫。有一天她嘱咐张居正说："我不能视皇帝朝夕，恐不若前者之向学、勤政，有累先帝付托。先生有师保之责，与诸臣异。其为我朝夕纳海，以辅台德，用终先帝凭几之谊。""因赐坐蟒、白金、缣币。"（《明史·张居正传》）这是万历五年之事。

　　可是不久发生了一件事情：张居正父张文明于万历五年九月病逝于江陵。讣闻传到北京，万历帝"遣司礼中官慰问，视粥药，止哭，络绎道路，三宫赙赠甚厚"。这时问题就来了：按照当时制度，官员逢父母丧应还原籍守孝二十七个月。张居正照例也报告"丁忧"；万历帝却大为不安，十五岁的年轻皇帝一天也离不开这个元辅的襄助啊。于是经万历帝、两宫太后商量，决定做特殊情况处理，援用先朝曾经有过的"夺情""起复"的前例，由皇帝特别降旨慰留张居正。在冯保的协助下，万历帝以半恳请半命令的方式恳留张居正在官守制。而翰林院的一些文士，却以为不可，要求放张居正回籍。更有的官员弹劾张居正贪恋禄位，置父母之恩于个人名利之下。万历帝大怒，以抗旨叛逆的罪名严惩了参与倒张活动的吴中行等四名官员，"皆坐廷杖，谪斥有差"。有一名进士叫邹元标继续在争，也予廷杖，充军贵州。这时"彗星从东南方起，长亘天。人情汹汹，指目居正，至悬谤书通衢"。万历帝"诏谕群臣，再及者诛无赦，谤乃已"。夺情的风波过去。万历帝命张居正的儿子嗣修与司礼太监驰传往江陵代司丧事，礼部主事治祭，工部主事治丧。张居正"请无造朝，以青衣、素服、角带入阁治政，侍经筵讲读，又请辞岁俸"，万历帝都允许，加赏了白银彩缎。张居正居丧治事，万历帝对他益加敬重，"常赐居正札"，"称元辅，称少师，称先生"，"皆尽古师臣之礼"（《明史·张居正传》）。

　　万历六年三月，由张居正一手筹措的万历帝大婚，典礼告成。这时他请求归里葬父。万历帝不得已，命尚宝少卿和锦衣指挥护归，以三月为期，葬毕即上道，说："先生虽行，国事尚宜留心。"乃特制"帝赉忠良"银印一枚，赐给张居正，如先朝杨士奇、张孚敬例，得密封言事。戒内阁次辅吕调阳等："有大事毋得专决，仍驰驿之江陵，听张先生处分。"临行前"帝及两宫赐赉慰谕有加礼"，并遗司礼太监供帐饯郊外，百僚班送。所过地，"有司饬厨传，治道路"。三个月将过去，张居正说"母老不能冒炎暑，请俟清凉上道"。于是内阁和两都部院寺卿、给事、御史俱上章请促张居正赶快还朝。万历帝派锦衣指挥"驰传往迎，计甘以俟"；"而令中官护太夫人以秋日由水道行"。张居正还朝路中，"守臣率长跪，抚按大吏越界迎送，身为前驱"。经襄阳、南阳，襄王、唐王分别宴请，具宾主礼（按旧例，张居正要执臣礼）。万历六年六月十五日，张居正还抵北京郊外，万历帝遣司礼太监宴劳，两宫太后也各遣大太监宣谕，"赐八宝金钉川扇、御膳、饼果、醪醴，百僚复班迎"。入朝，万历帝"慰劳恳笃"，"予假十日而后入阁，仍赐白金、彩币、宝钞、羊酒"。秋九月，司礼太监接张居正老母至京，"仪从烜赫，观者如堵"。老人到达后，万历帝与两宫"复赐赉加等，慰谕居正母子，几用家人礼"。张居正服将除，万历帝问期日，"敕赐白玉带、大红坐蟒、盘蟒"。"御平台召对，慰谕久之"。两宫也"皆有恩赉"（《明史·张居正传》）。张居正从夺情到归葬，到还朝，到除服，整个过程就算结束。所有这些，都说明他的权位并没有因夺情之争而有动摇，而万历帝确是表现了对他的极度信任和依靠。"慰问勤恳，赐赉优渥"，特殊的恩宠与荣誉，差不多已到了无以复加的程度。对此，张居正内心十分感激。他表示"当永肩一心，矢死靡他，虽举世非我，亦有所不暇顾矣"（《书牍》十，《答王鉴川》）。"苟利国家，敢惜捐躯而碎首"（《奏疏》八，《谢赐母首饰等物疏》），决心百折不挠地把改革进一步推行下去。

张居正回京后，几年之中又办了好几件大事。清丈全国土地，治理黄、淮二河（任用潘季驯），推行一条鞭法，蠲免穷民逋赋，就都是在万历六年至十年春以前一一完成或施行的，成绩也比前一阶段更大了。但繁重的国务，"昼作夜思"，使张居正十分劳瘁，渐感体力不支，疲于负担之重。万历八年，皇帝已十八岁，而张居正年已五十有六。身体已有点病的张居正，就想功成告退，"具疏乞休"，"再上，上慰留恳切"。最后，手书传慈圣口谕："张先生受先帝付托，岂忍言去！候辅尔至三十，却再审处，让后人，非晚也。"在这种情况下，并非揽权固位的张居正不得不仍回内阁办事。

万历九年十一月，张居正一品考满的时候，"赐金币及酒果甚厚"。万历帝手敕褒谕，有"精忠大勋，言不能尽，官不能酬"之语。这时，张居正已病了一场，养病期间万历帝让他在私宅办公，"兼理阁务"。万历十年二月中，张居正再度病倒（"劳瘵病脾"），这次较前更沉重，"四阅月不愈"。万历帝"频颁敕谕问疾，大出金帛为医药资"，但仍不许他以病退休。具体细务虽可由张四维等其他阁臣办理，大事却仍叫张居正"在家平章"。张居正起先还勉力支撑，"尚伏枕擘画天下大事"（《行实》），后来实在惫甚，文件不能批阅了。到六月中，张居正已经"糜饮不进"，进入昏迷状态。二十日溘然长逝于"门巷阒然、殆同僧舍"的北京寓所。张居正死后，万历帝为之辍朝，遣司礼太监监护丧事，"赐赙甚厚"。两宫太后及中宫俱赐金币，赐祭十六坛，赠上柱国（上年加上柱国，固辞），谥文忠（《明史·张居正传》、《明史纪事本末》）。张居正有六个儿子：长子敬修，礼部一个司的主事；次子嗣修进士及第，翰林院编修；三子懋修，进士及第，一甲一名，为翰林院修撰；四子简修为锦衣千户，指挥佥事，进同知；五子允修县秀才，廕尚宝丞；六子静修，尚幼。万历帝在张居正生前曾说过"先生功大，朕无可为酬，只是看顾先生子孙便了"。"工于谋国，拙于谋身"（海瑞语）的张居正，把全部心力和生命献给他所忠于的那个国家，一向抱着"不难破家沈族，以徇公家之务"的气概来从事改革，在临死前已无暇计及自己的儿孙了。

张居正生前柄政十年，"英敏善断，中外群誉之"。卒后，"余威尚在，言官奏事，尚称先太师"（《明史纪事本末》）。而太师、太傅、太保原倒是死后赠官，张居正在生前就晋太傅（九年），并进而升太师，文臣生加三公，实为旷古殊荣。所以如果单从万历帝对他生前的信任和尊重来看，似乎这位改革家是以令名告终了。然而，事情并不这样简单。半年多以后，形势骤变，"言官劾居正"，"新进者益务攻居正"（《明史·张居正传》）。风雨交袭着江陵故相的新坟，厄运像黑云压城似的笼罩到万历帝亲许看顾的张居正亲属的头上。

本来在宫中掌权的太监是冯保，万历帝称之为"大伴"。对冯保，张居正较能制驭，"假以辞色，俾就羁绁"，用他来当与万历帝的联络人；冯保对张居正也不拆台，宫中府中事无大小，悉咨于张居正而后行，未尝内出一旨，外干一事。但太监之中是有派系的。万历帝有个宠幸的太监张诚见恶于冯保，被斥在外。猜忌的万历帝"使密诇保及居正"。张居正死后，张诚复入宫中，检举冯保与张居正"两人交结恣横"之状，并说冯保贪污受贿，"其宝藏逾天府"。万历帝心动。左右亦浸言保过恶力。阁臣张四维的门人御史李植，极论冯保门客徐爵与冯保"挟诈通奸诸罪"。万历帝逮捕了徐爵，对冯保来了一个突然袭击，宣布十二条大罪，把这"大伴"终身软禁于南京明孝陵，"尽籍其家金银珠宝巨万计（一百余万两）"。阁臣张四维（其父是大盐枭）原为张居正推荐入阁，"恂恂若属吏，不敢以同僚自处"，其实他内心很不甘服。张居正南归时，辽东虚报战功，张四维给请赏，自己也得加武荫（荫其子），后被张居正查实，一概追夺，张四维十分难堪，嫌怨更积。张居正死，他"始当国政，知中外积苦居正，欲大收人心，因上疏言事，请荡涤烦苛，弘敷惠泽"。冯保被逐后，说张居正与冯保有牵连，攻击张居正的人更多了，其中就有张四维的这个门人李植，而其背后又有张诚的操纵（通过张四维）。万历帝"意已渐移"。于十一年三月开始追夺张居正的官阶，上柱国、太师一概作废，再废除"文忠"谥号，"斥其子锦衣卫指挥张简修为民"。张居正身殁至此仅仅九个月。在他柄政期间，"诸所引用者，先后斥削殆尽"。张四维"复引居正所沈抑者稍稍登用，时望颇属"。过去参奏张居正夺情的官员都召还，迁官有差。被斥的进士邹元标也复了官。"自此内中张先生、张太岳称谓，绝以为讳"了（《明史·张居正传》、《明通鉴》、《明史纪事本末》）。

　　张四维虽以丁忧去官，而对张居正的追究仍然有人在继续策动。万历十二年夏四月，御史羊立可追论张居正"构陷辽庶人宪㸅"的旧事。宪㸅原为辽王，封在荆州，横行不法，张居正的祖父张镇是被辽王灌酒醉死的，两家由此有了嫌隙。隆庆二年御史弹劾辽王淫虐僭拟诸不法事，列大罪十三，有诏废为庶人。由地方官经手办理，辽王废府借与人口日繁的张居正家使用，虽后来即退还（万历四年刘台劾张居正后），另构新第，辽废府归广元王管（见《张江陵新传》），但张居正家居辽王府一事，已落下了话柄。至此辽府次妃王氏因上疏讼冤，说张居正构陷辽王，并说："居正强占钦赐田产"，当时"辽邸金宝万计，悉入居正家"。于是万历帝"命司礼太监张诚及侍郎丘橓偕锦衣指挥、给事中籍居正家"。在这些人将至荆州前，"荆州守令先期录人口，锢其门，子女多遁避空室中。比门启，饿死者十余辈"。张诚等"尽发其诸子兄弟藏，得黄金万两，白金十余万两"。"长子礼部主事敬修不胜拷掠，自缢死"。这么一搞，"株连颇多，荆、楚骚动"。内阁首辅"申时行与六卿大臣合疏，请少缓之"；刑部尚书潘季驯复抗疏言"居正母年逾八旬，且暮莫必其命，语尤激楚"。万历帝这才下诏给"留空宅一所，田十顷，赡其母"。但潘季驯因此被革职为民，申时行也遭到申诫。"后言者复攻居正不已。"万历帝"诏尽削居正官秩，夺前所赠玺书、四代诰命，以罪状示天下，谓当剖棺戮尸而姑免之。""其弟都指挥居易，子编修嗣修，俱发戍烟瘴地。"（《明史·张居正传》、《明通鉴》、《明史纪事本末》）

　　对张居正死后仅二十二个半月，就要抄他的家，许多朝臣不赞成。于慎行就痛切地指出："江陵平生，以法绳天下，而间结以恩，此其所入有限矣。彼以盖世之功自豪，固不甘为污鄙，而以传世之业期其子，又不使滥有交游，其所入又有限矣。若欲概究株连，称塞上命，恐全楚公私，重受其困。"（转自周圣楷《张居正传》）不管主抄家者如何夸大，实际上连诸子兄弟各房全部在内，罗掘俱尽，"其产不及严嵩二十分之一"（《明史纪事本末》）。查抄财物一百一十台被抬进宫门，其中并没有发现值得注意的珍品。黄金白银之数诚然比刘晏被抄时的家产要多得多，但这是一族几房营生、一门八人服官的共有财产，金银是连家中器皿妇女首饰都一起搜括进去了。被抄财产除了是受之于赏赉（帑金文绮）和官俸的积余以外，江陵张家（包括张居正的兄弟）经商所入之厚，应是黄金白银的又一主要来源。明代商品经济比较发达，大商人藏镪百万，二三十万则中贾而已，在江陵这样繁盛的商业区，张家做官再加做买卖，积银二十来万两（金一两合银八两）不算是骇人的数字，谈不上是"富甲全楚"。在万历帝所宣布的张居正的罪状中，就无法给这位故相安上贪赃枉法的罪名。

张居正实行改革，不能不侵犯许多人的利益，在他生前遭到许多人的攻击，死后遭到更多的谩骂，这并不是奇怪的事。他行考成，"奉行不便者相率为怨言"。他减学额，"大邑士子额隘，艰于进取，亦多怨之者"（《明史·张居正传》）。他责逋赋，豪猾者怨之。他省冗官，被澄汰者怨之。他清驿传，公卿群吏怨之。他痛折言官（请行宽大之政的给事中余懋传被削职；抗章论居正专恣不法的御史刘台被充军），"诸给事御史益畏之而心不平"。张四维及其门人就是收集了这种种怨毒之气，交煽并构，攻击张居正的改革为"苛烦"的。后来在新的内阁的手里，先后取消了乘驿之禁（李植建议），恢复了冗官之设，放宽了学额，停止了考成（申时行所请），张居正所遗的制度在不断地被打消。新当权者就是为了要誉博宠，故示宽大，以达到其收人心、保禄位的目的。但是这些人在张居正在世时并没有能够把张打倒，张居正身后的遭遇，关键也不是在于他们的反对，真正起作用的不在朝外，而在宫中。在宫中有权的太监换了班，新上台的都是和张居正不合的，许多人是张居正得罪过的。过去张居正采取以阉制阉的策略，说服冯保"裁抑其党，毋与六部事。其奉使者，时令缇骑阴诇之。其党以是怨居正，而心不附保"。万历帝爱幸太监孙海、客用，由他们"引导游戏"，冯保奉太后命"捕海、用，杖而逐之"；张居正"复条其党罪恶，请斥逐，而令司礼及诸内侍自陈上裁去留"（《明史·张居正传》）。张居正还同冯保合作，大批撤换了管理仓库向人索取"铺垫费"的宦官（参与其间的外戚李伟也受到申斥），并禁绝了这种陋习。凡此种种都为太监们所不满，管他们的冯保既去，他们就要乘势向已死的张居正来发泄旧愤了。太监张诚曾求领真定木税，张居正不许，他恨排斥他的冯保，也恨掌握政府的张居正。复入宫中后他想法广献金宝，怂恿抄冯保家的是他，抄张居正家的也是他。这个人特别受万历帝赏识，所起的坏作用也特别大。万历帝的生母慈圣太后，和她的皇帝儿子一样，在张居正生前，先生长先生短，原是为了要利用这位能干的辅臣办事，至其衰病，也不肯松套，棘手的问题是非找张居正不可的。至于内心则疙瘩很多：自己将还慈宁宫，想再装修一番，为张居正所阻；父亲李伟以外戚受封，想请恩准伯爵世袭，为张居正所扼。死人更对她毫无价值了。于是她就由过去对张居正的说好一变而为道坏，抄张居正的家就有她想为潞王婚礼筹备珠宝的意图在内。作为太后，对于万历帝改变对张居正的态度，影响当是更大。就这样，从外面到宫中，围在万历帝身边、灌进万历帝耳中的，无非是反对张居正的人和反对张居正的话，一场"非张居正"的斗争已经酝酿成熟。

但是，最后能决定发动这一"非张"斗争的正是万历帝自己。万历帝之所以对张居正生前死后态度截然改变，有各种因素。史称：张居正"威权震主，上虽虚己以听，面内顾不堪"。"初上在讲筵，读《论语》'色勃如也'，误读作'背'字。居正忽从旁厉声曰：当作'勃'字。上悚然而惊，同列皆失色。上由此惮之。及居正卒后蒙祸，时比之霍氏之骖乘。"（《明史纪事本末》）逐孙海、客用后，张居正"因劝帝戒游宴以重起居，专精神以广圣嗣，节赏赉以省浮费，却珍玩以端好尚，亲万几以明庶政，勤讲学以资治理。帝迫于太后，不得已，皆报可，而心颇嗛保、居正矣。"（《明史·张居正传》）这些史料是说张居正当国，等于万历帝失位，而张居正的教育又过于严格，都使万历帝难堪，万历受压抑，内心不服，等张居正死后，报复心理就迸发而出了。史又称：万历帝生性贪财好货，"疑居正多蓄，益心艳之"（《明史·张居正传》），"潞王婚礼，所需珠宝未备"，万历帝说"办此不难，尽献冯张二家耳"（《明史纪事本末》）。这是说万历帝贪张居正的家财。诚然，这两方面都是促使万历帝在张居正死后采取行动的因素，不过还不能算是根本的原因。何况夺爵在前，抄家在后，非张开始之时还未涉及经济问题，如依史所说，万历帝走出的第一步就只是出于报复心理了，这就把复杂的事情简单化了。历史事件归结于个人的心理和气质，社会的阶级的原因又何在呢？

其实万历帝推倒张居正，经济上的原因的确是根本的，可是主要不是在张居正的家产，而是在张居正的政策，即万历帝不赞成张居正那套不便于官豪之家的经济政策，尤其是清丈土地这件事，万历帝受宗室、太监、勋戚、权贵势豪所进谗言的影响，印象是越来越坏。据说张居正的被参是从万历帝的一道诏书开始引起的。诏书内称：过去丈量全国土地，出现许多不法行为，主要是各地强迫田主多报耕地，或虚增面积，或把房屋坟地也列为耕地，而地方官则以此争功。鉴于弊端如此严重，那一次丈量不能作为实事求是的税收依据（《神宗实录》，并参看黄仁宇《万历十五年》）。风起于青萍之末。这样一来，善观气色的人觉察到风向已变，当今皇上已不像当年斥刘台和杖吴中行时那样站在张居正一边了。于是他们造舆论，揭罪状，攻击去世仅半年的张居正的奏章就纷然而来。推倒张居正经济改革中最有摧抑豪强意味的丈田政策，并以此开头，逐一修改张居正所定的各项制度，这才是事情发生的最主要的原因。在万历帝给张居正所列的罪名中，除了笼统的"诬蔑亲藩，箝制言官，蔽塞朕聪，专权乱政，罔上负恩，谋国不忠"这几句话以外，涉及具体的政策问题的就只是"假以

丈量遮饰，骚动海内"一事（《明史纪事本末》），可见万历帝注意
力之所在。所以张居正死后一系列事件的发生，实是在万历帝亲自
主持下政策开始改变的一个标志。同以宗室、太监、勋戚、权贵势
豪为主体的豪强大地主阶级言和修好，表明决心，要维护他们的利
益，允许他们向前十年的改革进行反攻倒算，问题的要害原来就在
这里！万历帝自己所要推行的另一套政策，并非没来由之事，而正
是有其复杂的社会背景和深刻的阶级根源的。在大地主阶级的联合
反攻之下，曾经收效一时的张居正经济改革，或被明令废除，或在
暗中变质，终致前功尽弃。"江陵十年拮据尽瘁而不足，神宗一旦败
坏而有余"（《张江陵新传》中语）。万历十一年、十二年的非张行
动，作为历史的一大转折，被记录在案，从此明王朝就重新陷于国
事萎靡、民生困苦的衰颓境地而不可复振了。

十　万历中后期政策的改变及其后果

万历帝非张后，他自己之所为是务以改变张居正的改革为能事。
由抑制兼并变为包容豪强大地主，给以种种优免；由利农安民变为增
税加派，不断加重农民的负担；由厚商资商变为税监四出，野蛮掠夺
城市的新兴工商业：这些就是万历中后期政策的特色。在以后的三十
多年，农民境况趋于恶化，新兴的工商业阶层经受打击，资本主义萌
芽遭到摧残，得到利益的是封建的豪强大地主阶级以及与官僚贵族相
勾结的大商人，他们在专卖制度中分取厚利，猖狂兼并土地，残酷剥
削农民。当然，皇室的得利更大，奢侈糜烂的宫廷生活再也没有人来
加以干涉，用钱完全可以如意称心了（一次下令采办珠宝用银二千四
百万两，重修三大殿采木楚中用四百二十万余两，修定陵用八百余万
两，皇长子及诸皇子册封、冠婚至九百三十四万两，而袍服之费复二
百七十余万两）。张居正所要竭力避免的事，在万历帝手里都一一发

生。而万历帝由于方针既定，已把政务托给务为宽简的内阁，内外联系则由太监来办，自己可以高枕无忧。因此从其在位的第十七年起，这个抽大烟的皇帝就躲在宫中，纵情享乐，不御讲筵，不见朝臣了。

在万历帝指责张居正丈量土地之事以后，是非就完全倒转过来：过去严格丈量土地的官员一概被斥为佞臣，没有彻底执行丈量的地方官反变成仁爱的民之父母。已量出的土地许多又缩了回去，未量出的继续隐漏。瞒田匿税的现象又重新抬头。"逋粮愈多，规避亦益巧"，愆限欠交，已没有考成法来督责。张居正整顿田赋丈量土地的成果很快就被冲销。而万历帝又不断地给王子公主赐庄田，"赉予过多，求无不获"，"庄田侵夺民业"，兼并扩张，已无"逾额、隐占"之说，不用如张居正时的要按章纳课了。大地主兼并土地也日益剧烈，但很多人又享有免税的特权，时"免田有至二三千者"，对非免税田，也仍施其欺隐之故技，情况的严重比张居正改革前更有过之而无不及了（见《明史·食货志》）。

一条鞭法虽未明令取消，仍在许多地区继续推广，但"行十余年，规制顿紊，不能尽遵"张居正时的法度，而开始逐渐变质。"粮长、里长，名罢实存，诸役卒至，复金农氓。"（《明史·食货志》）役（已摊入丁、粮之中）外有役（新的差役），虽名曰金发大户，实际是大地主由于优免之例日多，"应役者什仅四五"，富民得免，"中人之产辄为之倾"。"自变为条鞭法，以境内之役均于境内之粮，宜少苏矣。乃民间仍岁奔走，罄资津贴，是条鞭行而大户未尝革也。"张居正旨在抑大户的一条鞭法已不起应有的作用，役法扰民之弊又不减于改革以前。这种情况在万历中期已经出现，以后日见其严重（见《明史·食货志》载崇祯三年河南巡抚范景文之言，但情况非自崇祯初开始）。"万历以后，营建织造，溢经制数倍，加以征调、开采，民不得少休"（《明史·食货志》），这是一条鞭法被破坏的原因所在。

爱财成癖的万历皇帝，即使"内帑充积"，也"靳不肯发"，休想叫他匀一点出来给户部弥补财政开支，或向户部少要一点供奉银两。度田均税之制既废，国家财政收入不够，就让主政者自己设法去加派田赋。"三大征"已"颇有加派"，但还是"事毕旋已"。到辽东后金兴起，战事紧急，军费浩大，万历帝一钱不给，户部就以"辽饷"的名义，从万历四十六年起在每亩田上加派了三次饷银，前后累加，合计是征银九厘，年额五百二十万两，遂为岁额，所不加者畿内八府及贵州八府而已。加派从京城下来，实际地方上还有"私派"，数字更大。在土地兼并下农村日益凋敝，条鞭以外又有差役，田赋以外又有加派，加派以外又有私派，农民的生活就日益贫困化了。

在张居正死后，田赋的征收和加派又出现"奸胥意为增减之弊"，农民不但要负担自己田亩的田赋和加派、私派，而且大地主逃避的负担也转嫁在他们身上，非属他们的土地，也要由他们来出粮出银。"小民所苦者，无田之粮，无米之丁，田鬻富室，产去粮存，而犹输丁赋"，土地已被兼并而去，丁粮仍归原主缴纳；如原主逃亡就由里甲包赔。真是贫民有赔累之苦，有司有逋赋之患。旧时之弊复见于万历之时，真是"民不堪命，怨声四起。"（《明史·食货志》记天启元年给事中甄淑之言，其实这种情况也自万历时就已开始）而那些大地主"产无赋，身无徭，田无粮，廛无税"（《复社纪略》卷三），好不逍遥自在。不是万历帝政策的改变，怎能允许这种人物的存在？

万历帝大量的宫廷花销光靠定额的户部供奉（金花银）是不够的（宫女的胭脂费一年就得用银四十万两），临时索取，甚至把内外库藏扫数提去充实内廷，最终也有限度。那么从哪里去广开生财门路呢？目标就自然地指向工商业。这个端居深宫的皇帝，竟撇开财政主管部门（户部），另外组织了一帮宦官，以其宠妃郑氏"为内主"，想方设法到各地去搜括钱财。"有献则已，无则谴怒"（《明史·雒于仁传》）。"以金钱珠玉为命脉"（《明史·田大益传》）的万历帝，其喜怒忧乐完全视经手人供钱之多少而转移。

万历帝从工商业敛钱的方法，首先是继承明中叶掠夺性的"采造"制度而加以发展。对织染业的征派日益加重。张居正死后，即"添织渐多"。除苏杭松嘉湖五府岁造之外，又令浙江、福建、常、镇、徽、宁、扬、广德诸府州分造。南直、浙江纻丝、纱罗、绫绸、绢帛，山西潞绸，皆视旧制加丈尺。这与张居正时的停织减织完全两样，加织加尺而不加费，无异是对手工业的掠夺，而所支之费也是取给于户工二部，"搜括库藏，扣留军国之需"（《明史·食货志》），既困小民，又困财政，占便宜的是万历帝自己。另外，宫中所需的食物果品牲畜，万历中其费增至三十万两，比隆庆时增加一倍。"而铺户之累滋甚。"铺垫钱又恢复，"费不訾，所支不足相抵，民不堪命，相率避匿"。时"京民一遇金商，取之不遗毫发，资本悉罄"（《明史·食货志》）。这种采办制度是对商人的掠夺。张居正主张的扶植工商业的政策至此已为病商之政所取代。

但事情还决非至此为止。织造采办这些常规的剥削方式尚远不能满足万历帝无厌的贪欲，从万历二十四年（1596年）起，他更派出太监到各地任矿监税监（兼司织造），用专制手段，借政治权力，对工商业进行全国性的掠夺。有明一代的暴政，至此达到空前严重的程度。

自从派出税监后，真是"征榷之使急于星火，搜括之命密如牛毛"。水陆交通要道、关隘添设无数税卡："长江顺流扬帆，一日可行三四百里"，税卡就设五六个，拦江把截，一天之内要上税五六次（《神宗实录》卷三五九）。运河沿岸，"临清至东昌仅百里，东昌至张秋九十里，张秋至济宁仅二百里"，中间也是"遍插黄旗，层关叠征"。仪真与京口一江之隔，也收税两次（《神宗实录》卷四一八、卷三三〇）。"河西务大小货船，船户有船料矣，商人又有船银；进店有商税矣，出店又有正税。……百里之内辖者三官，一货之来榷者数税。"（《明经世文编》卷四〇七，萧彦《敬陈末议以备采择以裨治安》）替税监收税的尽是地痞流氓，"视商贾懦者，肆为攘夺，没其全赀。负戴行李亦被搜索"（《明史·食货志》），简直是"如狼如虎，如盗如虏"！

税监之外还有矿监（有的相互兼任）。那些矿监并非来开矿，而是来掠夺财物。"矿不必穴"，"民间丘陇阡陌皆矿也"。（《明史·田大益传》）矿监到处强占土地，编富户为矿头，招贫民为矿夫，而宦官为矿使监督之。"矿砂银砂，强科民买"；"良田美宅，则指为下有矿脉"，即行采掘，得贿乃已。"矿头以赔累死，平民以逼买死，矿夫以倾压死。"（《明史·食货志》）

税监矿监还大肆掠夺手工业，在苏杭的税监孙隆，兼司织造，规定机户"每机一张，税银三钱"，又创立新法："凡缯之出市者，每匹纳银三分。"（沈瓒《近事丛残》）

重捐叠税，横征暴敛，搜刮到大量金银财宝。仅临清一地每年抽税即不下十五六万两。万历二十五年到三十三年，诸阉进缴皇帝矿银几及三百万两。万历二十九年一年之中，送北京的税款就有白银九十余万两，黄金一千五百七十五两，又有金刚钻、水晶、珍珠、纱罗、红青宝石等物。另外，矿税监及其爪牙装进私囊的更不知有多少（"入内帑者一，克于中使者二，瓜分于参随者三，指骗于土棍者四"），但只要他们能进奉银两和金珠宝玩，"嗜利"有名的万历皇帝对此都庇而不问。

掠夺工商业的矿税政策，是对当时正在向上发展的商品经济的一个惨重打击。临清、河西务的店铺大量倒闭；户部估计，天下殷实富户比前十减其五。淮安关报告：河南货物为税监"差人挽捉"，商人畏缩不敢前来了，各关告苦告急之文也无日不至。因商旅减少，常规的商税反而缩减，万历二十九年各个钞关收入不及原额的三分之二。由于商业衰落，"平昔富庶繁丽之乡，皆成凋敝。"（谢肇淛：《五杂组》卷四）就连京师，因"行旅艰难，水陆断绝，以致百物涌贵，市井萧条"（《明经世文编》卷四四〇冯琦疏）。明后期商品经济不能有更大的发展，与封建统治者的暴力摧残很有关系。本来随着商业的发展，已有商人用雇工经营，或以投资设坊、加工付值等方式，控制生产，万历后期的大征工商之税使这些作坊矿场有被迫停工之虞，"机户牙行相率改业力"，"佣工无所趁食"。这当然会影响资本主义萌芽的成长。只有与封建政权结合的大商人可以例外。如盐商，随着万历末年"纲法"（商专卖）的推行，由过去的官收商销，改为商收商销，这个"商"是官府特许的对食盐经营有垄断权的世袭专商，食盐销地——"引岸"为其永占，这类商人（运商）与生产无关，与资本主义萌芽无关，是维护封建制度的保守势力，与新兴的同生产结合的中小工商业者分属不同的类型，在后者不大景气的时候，他们却有封建特权的保障、封建官府的庇护而飞黄腾达。这种情况表现了万历时工商业政策的另一面，与他的维护豪强地主的利益如出一辙。

矿税使监的横行，曾激起各地商民的反对。万历后期的二十多年中，各较大城市的民变达二十几起之多。这一方面说明万历时对工商业掠夺的野蛮性达到如何严重的地步，另一方面也说明由于商品经济的发展，以从事工商业为人口主体的市民阶层已逐渐成长，而形成了一股政治力量。张居正的厚商资商政策符合这一阶层的要求，而万历帝的剥商病商政策就不能不引起他们的激烈反抗了。

万历中后期的做法，使社会矛盾重新激化，明王朝的衰亡之势在万历中后期已日见明显。"迨其末年"，"因循弗治"，"贫馑交迫，截若旷代"（奭良《张文忠公祠堂记》中语）。这就是取消张居正的改革，推行保护豪强、掠夺人民的政策所带来的恶果。

非张行动后，"终万历世，无敢白居正者"，即使有人说张居正有功，万历帝也根本不听。但万历初十年的承平气象与中后期的大混乱，前后形成强烈的对比，使人心里逐渐明白了是非曲直。熹宗（朱由校）时，"廷臣稍稍追述"张居正。而当年因夺情问题反对过张居正、挨过廷杖的进士邹元标，天启时已为左都御史，后悔年少时的孟浪，挺身出来为张居正说了些话（"功在社稷"），因他的建议，追复张居正的官职，重予葬祭。到崇祯三年（1630年），礼部侍郎罗喻义等更进一步为张居正讼冤，思宗（朱由检）令部议，"复二荫（张居正生前屡辞恩命，故只有二子得恩荫可径为官）及诰命"。崇祯十三年，张敬修孙同敞请复武荫，并复敬修官。思宗"授同敞中书舍人，而下部议敬修事"。尚书李日宣等说："故辅居正，受遗诏辅政，事皇祖者十年。肩劳任怨，举废饬弛，弼成万历初年之治。其时中外乂安，海内殷阜，纪纲莫不修明。功在社稷，日久论定，人益追思。"崇祯"可其奏，复敬修官"（《明史·张居正传》）。另外，居正之第五子允修，则荫尚宝丞。张同敞是文武全才，在明亡后随永历帝至广西，总督军务，在桂州与大学士瞿式耜一起守城，城破为清兵所执，不屈死，没有辱没他的曾祖。张居正的第三子状元郎懋修在抄家时两次自杀未死，"遂脱屣一切"，日抱乃父手迹，每有感触，则呜咽不成声，崇祯时"公论昭雪，始搜其散亡，梓之"（《文忠诸子传》，见康熙《荆州府志》）。张居正的文章和事迹，多亏他和乃兄嗣修一同收集，才得有十分之八被保存下来，使我们今天对张居正这位建功一代而又蒙垢一时的历史人物能有一个基本的了解。

"明之中叶，百度废弛，民困滋甚"，张居正"不避怨毒，悉心整顿"（陈銮：《张太岳先生全集序》）。"立考成以督抚按，节驿递以恤民穷，限进取以重学校，核地亩以杜分欺，额举刺以塞私门，并催科以绳势逋，重诛遣以儆贪残。裁冗滥之员，核侵渔之饷，清隐占之屯，严大辟之刑。俾九围之人，兢兢辑志；慢肆之吏，凛凛奉法。……内难不萌，外患不作。北无敌国之礼，南无擅命之雄。五兵朽钝，四民乂康：此之为功，伊谁功哉？"（吕坤：《书太岳先生文集后》）扼要地说，张居正的功绩大致就是如此。其作为确是不小，特别是他"核名实，辨职掌，久视为具文者按实行之"（林潞：《论江陵为救时之相》），决壅疏窒，使法行如流水，朝下令而夕能行，中外"盖无不奉法之吏，而朝廷亦无格焉而不行之法"（沈鲤：《张居正集序》），这更是为他人所不及。在"人情惮检束而乐因循，积玩既久"的官僚政治下，能"持之益坚，争之益力"地做到这点（文字有溢美之处），确非容易之事（同上）。万历初期和中后期亦如"开元之治，衰于天宝"。"覆辙频闻，后先对照"，更足以看出张居正的功绩是"良不可泯也已！"（沈鲤：《张文忠公论》）

在这里考察张居正的历史功绩，特别要注意他的经济改革。就经济改革来说，似乎有两点情况值得一提，一是张居正的经济改革声势较大而方面较窄，二是张居正的经济改革收效较快而失败较易。张居正施政，行考成，饬吏治，革除了许多弊事，声势很大，但具有重大改革意义的经济政策就只是清丈田亩和推广一条鞭法，所以说他改革的方面还是比较狭窄的。张居正秉政时间不长，仅十年，但丈出土地，扭转财政困难，由试办到推广一条鞭法都在此期间实现，收效是很快的，不过等他一死，半年多时间就遭清算，改革就被否定，一时的成效又最后归于失败。这种情况是怎么产生的呢？原来这也是为时代所决定。张居正的时代是封建社会后期，已进入它的最末阶段，新的因素——资本主义萌芽虽已出现，而封建制度仍很牢固，封建阶级的腐朽性与日俱深，但决不肯自动退出历史舞台。为了维护封建统治，一些有识之士主张抑制兼并，减轻对农民的压迫剥削，试图对封建制度的弊政有所改革，即依靠皇权的支持，通过上层建筑的补缀，来调整各阶层各阶级的关系，以缓和矛盾，把封建秩序稳定下来。张居正就是这样的人，但这时封建大官僚大地主阶级的势力十分强大，除了丈田亩，行条鞭，再加对田赋进行整顿，已没有其他地方可以下手了（限田均田都不能行）。王安石变法时还行抑商的政策（均输、市易、青苗），张居正时新兴的工商业需要扶植，抑商已不便且不能再提，对大商人只能从他们兼并土地而隐匿田赋、逃避差役的问题上来进行处理。因之，张居正经济改革的方面就显得比较狭窄。即便如此，大官僚大地主豪门势力心里还是很不愿意，在他们看来，只要加强榨取，加强压制，加强封建的专制统治，就可以叫农民多出负担而不敢反抗，用不着搞什么改革，以致损及他们当前的利益。仅有的一些改革，他们也是竭力反对而加以破坏的。张居正在世时被严峻的法令压住，不敢多说话；张居正一死，势力强大的大官僚大地主势豪集团，就通过种种关系，影响万历帝，一下子把这些改革都推翻了。因之张居正经济改革失败就显得很容易。这个问题说明，解决封建社会阶级矛盾的根本办法是革命，是农民起义。改革家的那条单纯抑制兼并，缓和矛盾，给封建制度修修补补的路子是越来越走不通的，其进步作用和历史的进程成反比例。在封建社会后期，封建制度的腐朽性越来越厉害，保守势力越来越反动，地主阶级对农民的压榨越来越沉重，从历史的长过程来看，抑兼并的进步作用及其效果也就越来越微弱了。王安石的抑兼并已不能与桑弘羊比，而与王安石比，张居正的抑兼并更是低调了，只是由于他持之有力，在某些具体方面（如丈土地）效果一时较著，但很快还是一样归于失败了。

　　尽管张居正的经济改革方面较窄、失败较易，但别人都不能而张居正独能做这样的改革，这已是十分难能可贵的。这些改革措施在一段时间里对促进政治的安定、经济的发展还是起了一定的积极作用。尤其是张居正不避嫌怨，不恤毁誉，不顾自己身家利害进行改革的决心和精神更是感人。他说过这样的话："念己既忘家殉国，遑恤其他，虽机穽满前，众镞攒体，不之畏也。"（《书牍》十，《答河漕按院林云源言为事为怨》）说过这样正气凛然的话，并能真正地加以身体力行，历史上能见几人？

　　生前殊荣，死后奇褐。改革家最终落得这样的下场，真是千古罕闻之事。不幸究何缘袭来？污垢究何时洗雪？偌大的历史悬案，尚有待妥善的解决。正确的剖析、公允的结论，如何做出，应该并非存在太多的争议。

如前所提及，明末的一些有识之士（吕坤、林潞、沈鲤、陈鎏等）从收罗张居正的遗文、为之编集时已开始肯定这位故相的功业。进入清代，事情越益清楚，对张居正的评价更向着有利的方面发展。原先他给人以揽权专恣的印象，也渐为人所谅解。康熙帝论之曰："彼时主少国疑，使居正不朝纲独握，则道旁筑室，谁秉其成？亦未可以揽权罪居正矣。"（见张同奎《上六部禀帖》，又见《张文忠公遗事》、杨铎《张江陵年谱》附录）晚清大臣（时为江苏巡抚）陶澍重刻张居正全集，为之作序论功，张居正的形象又日益高大了。但是在今天我们评价张居正，则主要是肯定他的政策和思想中有适应历史发展趋势的进步因素。清康熙末到雍正时的摊丁入田（地丁合一、丁随地起），把丁银全部转入田赋之中，彻底改变过去丁、粮计税的两重标志法，彻底废除了封建社会长期以来的人头税，这一政策不但减轻了无地农民的负担，而且对促进商品经济的发展有重大的意义。而摊丁入地之所以能实现，就是受到一条鞭法的启发，有一条鞭法替它做了许多准备工作。对张居正要论历史功绩，在这一点上就是功莫大焉。张居正的厚商资商，对清代的思想界也有很大的影响。黄宗羲提出的"工商皆本"论——"世儒不察，以工商为末，妄议抑之。夫工固圣王之所欲来，商又使其愿出于途者，盖皆本也"（《黄黎洲文集·财计三》），不能不说是受了张居正的启发。扶植新兴的工商业者，促进资本主义的成长，在新的历史进程中有它的进步性，这种进步性是新的，前所未有的。张居正的"资商厚商"的思想就体现了这种历史进步性。在明清时期的惠商、重商思想中，张居正实开其先声。

张居正逝世，距今已过四百多年，时代变迁，制度更易，可是他推行经济改革的精神和经济思想中特有的历史进步性，仍然值得我们今天格外重视。

图书在版编目（CIP）数据

中国古代经济改革家：镜鉴兴衰三千年 / 吴慧著
. -- 修订本. -- 北京：社会科学文献出版社，2016.6
（2021.4 重印）
ISBN 978 - 7 - 5097 - 8001 - 5

Ⅰ. ①中… Ⅱ. ①吴… Ⅲ. ①经济史 - 研究 - 中国 -
古代 Ⅳ. ①F129.2
中国版本图书馆 CIP 数据核字（2015）第 208970 号

中国古代经济改革家：镜鉴兴衰三千年（修订本）

著　　者 / 吴　慧

出 版 人 / 王利民
项目统筹 / 陈凤玲
责任编辑 / 陈凤玲

出　　版 / 社会科学文献出版社·经济与管理分社（010）59367226
　　　　　　地址：北京市北三环中路甲 29 号院华龙大厦　邮编：100029
　　　　　　网址：www.ssap.com.cn
发　　行 / 市场营销中心（010）59367081　59367083
印　　装 / 北京虎彩文化传播有限公司

规　　格 / 开　本：787mm × 1092mm　1/16
　　　　　　印　张：28.75　字　数：385 千字
版　　次 / 2016 年 6 月第 1 版　2021 年 4 月第 3 次印刷
书　　号 / ISBN 978 - 7 - 5097 - 8001 - 5
定　　价 / 89.00 元

本书如有印装质量问题，请与读者服务中心（010 - 59367028）联系